座安浩史
Zayasu Hirofumi

ウチナーヤマトゥグチの研究

森話社

はじめに

　筆者は、沖縄県に生まれ育ち、両親ともに沖縄県出身という環境にもかかわ
らず、伝統的な琉球方言をほとんど意識することなく、大学に進学した。琉球
方言ということばが存在していることは知っていたが、日常で耳にすることは
ほとんどなく、祖父母との会話も「共通語」と思って話すことばで行っていた。
そんな中、大学での講義を通じ、琉球方言が本土方言と唯一の姉妹語であるこ
とや、琉球方言の中には日本語の古い姿が留められている語があることを知り、
次第に琉球方言へと惹かれていくようになった。

　また、祖父母の話すような、伝統的な琉球方言を全く話すことのできない筆
者の世代にも、琉球方言の影響していることばがあることを知り、大きな衝撃
を受けた。全国各地で話されているのとほとんど同じことばを話していると思
っていたが、実は方言の色合いが含まれていることを知り、強く関心をもつよ
うになっていった。そして、このようなことばがいわゆる「ウチナーヤマトゥ
グチ」と呼ばれるものであることを知り、その実態を明らかにしたいと考えた
のである。

　本書では、北琉球方言圏に属する沖縄本島方言に、南琉球方言に属する八重
山方言を加え、両方言のウチナーヤマトゥグチを比較することによって、その
特徴を明らかにしたい。琉球方言の多様性を考えれば、琉球方言の影響を受け
て生まれたウチナーヤマトゥグチも多様性に富んでいることが推測される。本
書が、琉球方言の共時態であるウチナーヤマトゥグチ研究の一端となれば幸い
である。

　なお、本書は平成28年度國學院大學課程博士論文出版助成金の交付を受け、
出版されたものである。

目次

はじめに

＊

序章　本研究の位置づけ ································ 9

第1節　研究の目的と方法　9
第1項　研究目的　9
第2項　研究方法　11

第2節　ウチナーヤマトゥグチの定義・先行研究　12
第1項　共通語の誤用として　13
第2項　ウチナーヤマトゥグチの定義に関して　14
第3項　地域共通語としてのウチナーヤマトゥグチ　18
第4項　方言としてのウチナーヤマトゥグチ　19

第3節　調査地概況・インフォーマント　21
第1項　豊見城市上田の概況　22
第2項　インフォーマント　23
第3項　石垣市の概況　24
第4項　インフォーマント　24

第1章　琉球方言・音韻の記述的研究 ················ 31

第1節　上田方言の音韻　31
第1項　音素　31
第2項　音素分析　31
第3項　拍体系　36
第4項　音韻対応　42

第2節　石垣市方言の音韻　76
第1項　音素　76

第 2 項　音素分析　76

第 3 項　拍体系　81

第 4 項　音韻対応　88

第 3 節　豊見城市方言若年層の音韻　121

第 1 項　音素　121

第 2 項　音素分析　122

第 3 項　拍体系　125

第 4 項　音韻対応　131

第 2 章　琉球方言・助詞の記述的研究 ……………………… 170

第 1 節　助詞の分類　170

第 2 節　上田方言の助詞用法　171

第 1 項　格助詞　171

第 2 項　副助詞　183

第 3 項　係助詞　191

第 4 項　終助詞　200

第 3 節　石垣市方言の助詞用法　208

第 1 項　格助詞　208

第 2 項　副助詞　218

第 3 項　係助詞　224

第 4 項　終助詞　231

第 4 節　豊見城市方言若年層の助詞用法　238

第 1 項　格助詞　239

第 2 項　副助詞　245

第 3 項　係助詞　250

第 4 項　終助詞　254

第 3 章　ウチナーヤマトゥグチの助詞「カラ」の用法 ……… 260

第 1 節　共通語の格助詞「で」に対応する「カラ」　260

第 1 項　上田方言　260

第 2 項　石垣市方言　265

第2節　共通語の格助詞「を」に対応する「カラ」　269

第1項　上田方言　269

第2項　石垣市方言　273

第3節　共通語の格助詞「に」に対応する「カラ」　277

第1項　上田方言　277

第2項　石垣市方言　280

第4節　「カラ」の世代差について　282

第1項　上田方言　282

第2項　石垣市方言　284

第5節　「カラ」の地域差について　287

第1項　共通語「で」に対応する「カラ」　288

第2項　共通語「を」に対応する「カラ」　291

第3項　共通語「に」に対応する「カラ」　297

第4項　中年層にみられる使い分けについて　300

第4章　係助詞「は」「も」の前に付く「ガ」の用法 ……………… 302

第1節　上田方言　302

第1項　老年層　302

第2項　中年層　307

第3項　若年層　308

第4項　世代差について　309

第2節　石垣市方言　311

第1項　老年層　311

第2項　中年層　312

第3項　若年層　313

第4項　世代差について　313

第3節　「ガは」「ガも」の地域差　314

第1項　上田方言の「が」に対応する語　314

第2項　石垣市方言の「が」に対応する語　315

第3項　「ウチ・ソト意識」と「がは」「がも」　317

第4項　ウチナーヤマトゥグチの「ガは」「ガも」　319

第5項 「が」の〈卑下〉と「ウチ・ソト意識」 320

第4節 まとめ 322

第5章 格助詞に後接する「ガ」の用法 323

第1節 上田方言 323

第1項 老年層 323
第2項 中年層 324
第3項 若年層 324
第4項 世代差について 325

第2節 石垣市方言 325

第1項 老年層 325
第2項 中年層 327
第3項 若年層 328
第4項 世代差について 329

第3節 格助詞に後接する「ガ」の地域差について 330

第1項 格助詞「が」に対応する語について 331
第2項 上田方言と石垣市方言の比較 333

第4節 まとめ 336

第6章 ウチナーヤマトゥグチの終助詞の用法 338

第1節 「サー」 338
第2節 「ネー」 341
第3節 「ハズ」 348
第4節 まとめ 349

第7章 ウチナーヤマトゥグチの
「～ショッタ」・「～シテアル」形式について 351

第1節 「～シテアル」形式について 351

第1項 上田方言 353
第2項 石垣市方言 363

第3項 「〜シテアル」形式の世代差と地域差 376

第2節 「〜ショッタ」形式について 378

第1項 上田方言 379

第2項 石垣市方言 393

第3項 「〜ショッタ」形式の地域差と世代差 407

終章 ウチナーヤマトゥグチ研究のこれから 411

第1節 まとめと今後の課題 411

第1項 「カラ」 411

第2項 係助詞「は」「も」の前に付く「ガ」 413

第3項 格助詞に後接する「ガ」 414

第4項 文末表現 414

第2節 ウチナーヤマトゥグチに関する研究の展望 415

＊

参考文献 418

資料編 423

資料① 上田方言 助詞の用法 423

資料② 石垣市方言 助詞の用法 443

初出一覧 461

おわりに 462

索引 464

序章　本研究の位置づけ

序章
本研究の位置づけ

第1節　研究の目的と方法

第1項　研究目的

　現在の琉球方言圏には、伝統的な琉球方言と全国共通語（以下、共通語）の中間に位置する「ウチナーヤマトゥグチ（沖縄大和口）」と称されることばがある。このことばは、共通語に対する伝統的な琉球方言の干渉によって生まれたものであると考えられているが、その学術的研究は未だ部分的にしかなされていない。本永（1994）では「方言と共通語の混同によって生じたもの」であり、「共通語化の過程で、方言的なまりをもった共通語」であると述べられている。また、高江洲（2002）は「話者は標準語を話そうと志向しているが、方言が基盤にあって、その干渉を受けてあらわれる言語現象」（p.152）と述べる一方で、「ヤマトゥウチナーグチ」[*1]「ウチナースラング」[*2]を設定し、類似する言語現象の区別を図っている。

　ウチナーヤマトゥグチは共通語への琉球方言の干渉によって現れた言語現象であるが、その「ウチナー」が指すのは沖縄本島方言であるとされている。一方で、共通語への奄美方言の干渉の結果生まれた言語は「トン普通語」[*3]と呼ばれるなど、同じ琉球方言圏にありながらも名称が異なるという現象が見られる。よって、共通語と琉球方言の混淆した言語は、その名称も含めて多くの課題が残っている。本書ではこれらの総称として、便宜的に「ウチナーヤマトゥグチ」と名付け、その定義については差し当たって高江洲（2002）に則ることとする。

9

本書では、北琉球・南琉球におけるウチナーヤマトゥグチを、その特徴が色濃く現れると思われる助詞という側面から比較・考察し、その実態を明らかにすることを目的とする。助詞は、日常生活においてもあまり意識されることなく用いられる語であり、それゆえに話者も自身の使用法を共通語だと強く認識している。特に、琉球方言と共通語の間には、形態的に一致しているが意味の面では完全に対応していない助詞もあるため、ウチナーヤマトゥグチの現れやすい環境にあると考えられる。

　また、ウチナーヤマトゥグチの文末表現である「～シテアル」「～ショッタ」についても記述する。ウチナーヤマトゥグチのアスペクト体系については、工藤（2014）に詳しく分析されている。そして、琉球方言のアスペクト体系と共通語のアスペクト体系に差異があることによって、独特な体系を成していることが指摘されている。本書では、工藤（2014）を参考に、北琉球と南琉球のウチナーヤマトゥグチに違いがみられるかを記述していく。

　さらに、北琉球・南琉球の二地点及び各地の世代ごとの現れ方を見ることで、琉球方言圏内の広範囲に及ぶウチナーヤマトゥグチの特徴を明示できると共に、これらの語の成立過程についても考察できるだろう。同時に、琉球方言の共時態の研究であることも念頭に置きながら研究を進めていきたいと考えている。現在の琉球方言圏に属する地域は、交通機関やマスメディアの発達、教育の普及によって共通語化が顕著に進んでいる。よって、琉球方言の痕跡を残しながら現在の共時態として存在するウチナーヤマトゥグチを研究対象とすることは、今後の琉球方言の変遷過程を考える上で非常に重要である。以上の観点から、ウチナーヤマトゥグチの研究を深めていくことは有意義である。

　ウチナーヤマトゥグチは、現在の琉球方言圏では地域共通語としての役割を果たしている。共通語化が進んだことで、伝統的な琉球方言は母語として継承されにくくなった。その伝統的な琉球方言に代わり、どの世代にも通じることばとして定着し、継承されるようになったのが、ウチナーヤマトゥグチである。伝統的な琉球方言を母語に持つ世代も、それを母語に持たない世代との会話ではウチナーヤマトゥグチを用いる。また、ウチナーヤマトゥグチはあらゆる世代に通じることばとして日常的に用いられている。そこには、話者自身が「共

序章　本研究の位置づけ

通語である」として使用しているという心理的な要因もあると推測する。「共通語である」という意識によって、どの世代にも通じることばとして使用されているのである。

　一方、そのウチナーヤマトゥグチに地域差や世代差に関する研究は少ない。特に、沖縄本島中南部方言以外のウチナーヤマトゥグチについては、ほとんど明らかになっていないと言える。沖縄本島中南部は、かつての琉球方言圏内で共通語としての役割を果たしていた首里方言を含む地域である。現在でも、経済的・文化的中心地である那覇市を含む地域であるため、ウチナーヤマトゥグチ研究も首里・那覇方言を中心に行われている。その背景には、伝統的な琉球方言ほどの多様性が実感されにくいことも影響していると考えられる。

　伝統的な琉球方言では、北琉球方言圏と南琉球方言圏の間の方言差は非常に大きい。それぞれの伝統的な方言では意思疎通が不可能とされるほどである。また、同じ北琉球方言圏であっても奄美方言と沖縄方言の間では意思疎通は難しいとされる。南琉球方言圏も同様に、宮古方言、八重山方言、与那国方言の間での意思疎通はやはり難しい。さらに、伝統的な琉球方言の最下位区分は字であるとされていることからもその多様性が窺える。

　そして、ウチナーヤマトゥグチが伝統的な琉球方言を基盤として生まれていることを考えれば、ウチナーヤマトゥグチにも方言差に基づく地域差が現れることは容易に推測できる。本書では、北琉球方言圏と南琉球方言圏のウチナーヤマトゥグチを比較することで、その地域差を明らかにしたい。

　また、ウチナーヤマトゥグチには世代差もあると考えられる。伝統的な琉球方言を母語に持つ世代は琉球方言の干渉が強く現れる一方で、ウチナーヤマトゥグチを母語に持つ世代では、共通語の影響により、琉球方言としての特徴が薄くなっていく面もあるだろう。そのような傾向や特徴を捉えることも、本書の目的である。

第2項　研究方法

　本書では、北琉球方言圏から沖縄本島南部方言、南琉球方言圏から八重山方言を選定する。これらのウチナーヤマトゥグチの助詞用法を分析することで、

各方言圏の特徴を明らかにできると考えられる。具体的には沖縄本島南部方言から豊見城市字上田方言、八重山方言から石垣市方言を選定した。

ウチナーヤマトゥグチ調査の前段階として、伝統的な上田方言及び石垣市方言（以下、単に上田方言、石垣市方言とすることもある）における音韻体系・音韻対応及び助詞用法を明らかにする。ウチナーヤマトゥグチは当地の方言を基盤としているため、方言の助詞用法の調査だけでなく、調査した例文に現れる語彙やその語構成についても理解しておく必要がある。そこで、まずは当地の生え抜きの老年層話者を対象として基礎語彙調査票[4]（1067語）を基に明らかにしていく。上田方言及び石垣市方言の助詞用法については助詞調査票を用いて、当地の生え抜きの方言話者に調査を行い、その用法を明らかにする。助詞は、ウチナーヤマトゥグチとして現れやすいと考えられる格助詞・副助詞・係助詞・終助詞について用法を分析する。また、参考として、若年層の音韻体系・音韻対応、助詞用法についても記述した。

ウチナーヤマトゥグチに関しては筆者が独自に作成した調査票を用いて、老年層・中年層・若年層について調査を行った。世代の分類については、共通語が沖縄に入ってくる要因となったであろう、太平洋戦争の終戦（1945年）と本土復帰（1972年）という社会的背景を考慮し、戦前生まれを老年層、戦後で本土復帰前生まれを中年層、本土復帰後生まれを若年層に設定した[5]。

調査は面接形式によって行った。具体的には、ウチナーヤマトゥグチの文に対し、それを共通語として使用するかどうかを答えてもらう形式で行った。また、共通語との使い分けがあるかを聞き、使い分けがある場合には、どのような観点に基づくものかを答えてもらっている。

最後にまとめとして、各世代の特徴や世代間における差異などについて比較・分析していくと共に、上田方言と石垣市方言の用法を比較することによってウチナーヤマトゥグチの現れる要因についても明らかにしていく。

第2節　ウチナーヤマトゥグチの定義・先行研究

ウチナーヤマトゥグチは伝統的な琉球方言と共通語との接触によって生まれ

序章　本研究の位置づけ

た、中間的な言語であり、その誕生は比較的新しい。以下に、ウチナーヤマト
ゥグチに関する先行研究についてまとめていく。

第1項　共通語の誤用として

　ウチナーヤマトゥグチという名称が定着する以前にも、琉球方言圏内に独特
な共通語が話されていたことが指摘されている。例えば、次のようなものであ
る。

　　○かみ（髪）をつんできた。又は、かみをかつてきた。を、アタマヲキッ
　　　テきた。「断髪屋に行つて早くアタマヲキツテ来い」
　　○いく（行く）を、クル。「あす君のうちに遊びにいくよ」と云ふべきを、
　　　「あす君のイへに遊びにクルよ」
　　○「へ・に・を」を脱していふ悪い習慣がある。例えば「山へ行つて来
　　　た」「那覇に行つて来た」「八月末頃になつたら」「本を読む」などを、「山
　　　行ツテキタ」「那覇行ツテキタ」「八月末頃ナツタラ」「本ヨム」
　　○「から」を使用すべき所に「ヲ」を使ふ。「学校から帰つて来た僕」「学
　　　校から帰つて来ると」などを「学校ヲ帰ツテ来タ僕」「僕が学校ヲ帰ツ
　　　テ来ルト」
　　○「が」を使用すべきところに「ヲ」を使ふ。「目がさめて」「熱がでて」
　　　などを、「目ヲさめて」「熱ヲでて」
　　（桑江　1930 p.11, p.30, pp.32-33, p.34：漢字は新字体を使用、符号は省略）

　桑江（1930）は、沖縄県内の児童・生徒の間に話されていることばのうち、
共通語の「誤謬」と考えられる例があることを指摘している。そして、これら
を「各自の故郷たる沖縄の言葉及び其の語法の上から来た、根拠のある誤謬で
ある」(p.2) とし、伝統的な琉球方言の影響によるものであると述べている。
伝統的な琉球方言が、共通語に影響した結果生まれたものである点は、ウチナ
ーヤマトゥグチと通じるものである。つまり、この時期にはウチナーヤマトゥ
グチの萌芽的現象が見られていたことが分かる。桑江（1930）には、語彙、助

13

詞など多くの例が挙げられており、伝統的な琉球方言の影響が強かったことが窺える。

また、成田（1960）でも桑江（1930）と同様、伝統的な琉球方言と「標準語」の「二言語併用からくる混用のために」（p.86）現れた言語現象をまとめている*6。成田（1960）は沖縄における方言と「標準語」の二つが併用される状況を、「沖縄でみられる Bilingalism」と称している。そして、それらの併用によって生まれたことばについて、「標準日本語」と比較し、音韻や文法、語彙などの特徴を記述している。これらは伝統的な琉球方言を「標準日本語」に置き換えて使用している例であり、現在のウチナーヤマトゥグチに共通するものである。

桑江（1930）や成田（1960）は、ウチナーヤマトゥグチという名称を使用してはいないが、伝統的な琉球方言と共通語の接触によって生まれたことばがあり、日常的に使われていることを指摘している。外間（1970）によると、明治期には、琉球方言圏にも共通語が普及されようとしており、それに伴う方言と共通語の接触も多くの地域で始まっていたと考えられる。国語教育の立場からは共通語の誤用として捉えられていたが、琉球方言圏内に独特の共通語が使用されていたことは意識されていたことが窺える。

第2項　ウチナーヤマトゥグチの定義に関して

ウチナーヤマトゥグチの定義を明確に示したものに、屋比久（1987）が挙げられる。屋比久（1987）は「「ウチナーヤマトゥグチ」の指すものは（中略）日本語が沖縄方言に取って替わる言語転移の過程において起こった様々な干渉又はその結果うまれてきた色々な言語作品等を含む多種多様な言語現象である」（p.291）とし、琉球方言圏内には伝統的な琉球方言と共通語の接触によって生まれたことばがあることを述べている*7。また、ウチナーヤマトゥグチが生まれた要因として環境的要素*8、精神・心理的要素*9、言語・文化的要素*10の3点を挙げている。この内、環境的要素が「言語の転移に有利に働いたといえるであろう」（p.293）とし、「日本語の圧倒的な優位性及び学校教育を通しての標準モデル提示の不断の努力は、日本語獲得の動機づけの要因となった」（p.293）

と続けている。つまり、本土のことばである「日本語」の話される地域と沖縄方言の話される地域の、地理的・歴史的関係に伴って現れる相対的優位性が影響したことで、沖縄社会においても「日本語」化が進み、同時に共通語励行の教育もその転移に強く影響したことを述べているのである。

　さらに、沖縄における「日本語」への言語転移を可能にした最大の要因として、琉球方言と「日本語との間に基本的には対応関係が成立し、類似する部分が相違する部分を圧倒的にうわまわっている」（p.293）ことを挙げ、「日本語」と琉球方言が姉妹関係にあることも「日本語」化が急速に進む大きな要因となったとしている。

　屋比久（1987）はウチナーヤマトゥグチの今後に対する見解として、「教育や日本語のモデルを通して比較的簡単に矯正されていくものと、世代から世代へと受け継がれ根強くのこっているものがあり、言語の変化の過程を解明するてがかりや国語教育に対し色々の示唆を秘めていると思われるものが多い」（p.294）と述べている。また、「単語や分節音素のように、その外形が比較的はっきり示せるものは矯正され、統語的或いは語用論的に条件付けられる内容の表現は、アクセントや音調のように生き続け、日本語の新沖縄方言を特徴づける要素になるのではないか」（p.295）とし、助詞や文末表現には特徴が残りやすい可能性があることを指摘している。屋比久（1987）はウチナーヤマトゥグチをクレオールやその前段階に位置するピジンではないとしながらも、沖縄の新方言と成り得るべき要素は秘めていると述べており、今後の科学的な分析・記述的研究が期待されるとしている。

　続いて、ウチナーヤマトゥグチについて詳しく述べたものに、高江洲（1994）が挙げられる。高江洲（1994）は、首里・那覇を中心とする沖縄中南部方言圏のウチナーヤマトゥグチを蒐集し、さらにそれらを音韻、文法、語彙に類別している。そして、これらの特徴について豊富な例を挙げながら述べている。この中で、ウチナーヤマトゥグチを「琉球方言から標準語に移行する過程でうまれた、方言の干渉をうけた標準語」（p.246）であると設定している。また、ウチナーヤマトゥグチは世代間によって違いが現れるとも述べ、世代差の存在にも言及している。さらに、「方言の用法がそのまま標準語にもちこま

れるばあいがおおいが、また、方言の用法の直接的な干渉ではなく、標準語との混同によって新たな現象をうみだしているばあいもある」(p.247) とし、続けて「わかい世代の人々は方言をまったくはなせないばあいがおおく、もっぱら標準語をはなしているが、自分のはなすことばが方言の干渉をうけているという認識はほとんどない」(p.247) と述べている。つまり、方言を母語としていない世代においても伝統的な方言の干渉とみられることばがあり、ウチナーヤマトゥグチの様相が複雑である点に言及している。

さらに、高江洲 (2002) では、ウチナーヤマトゥグチの重要な要素として「話し手がはなそうと志向しているのが標準語である」(p.152) ことを述べ、ウチナーヤマトゥグチの定義を改めて示した。これにより、ウチナーヤマトゥグチとは「話者は標準語をはなそうと志向しているが、方言が基盤にあって、その干渉をうけてあらわれる言語現象」(p.152) となり、高江洲 (1994) で述べたウチナーヤマトゥグチをより具体的なものにしている。その一方で、高江洲は「ヤマトゥウチナーグチ」「ウチナースラング」を設定し、これまで同列に扱われることの多かったことばを区別することで、ウチナーヤマトゥグチの定義をより明確にした。しかしながら「世代によっても、家庭環境によっても異なり、個々人においてウチナーヤマトゥグチのあらわれ方は異なっている」(pp.152-153)、「ウチナーヤマトゥグチは方言の干渉をうけた標準語中に現象するものの総体といえる」(p.153) とし、ウチナーヤマトゥグチを総合的に定義するのは難しいとも述べている。その点を踏まえると、共時態を研究することにより、新たな定義が生み出される可能性もある。

ウチナーヤマトゥグチの助詞の用法について、具体例を挙げているのは高江洲 (1994) である。高江洲 (1994) はウチナーヤマトゥグチの格助詞、係助詞、終助詞について具体例を挙げながら説明している。以下に、各々の項目について概略して述べていく。

格助詞の項では「はだか格」「から格」「よりか格」を設定し、各々の特徴や共通語との相違について用例を挙げている。「はだか格」とは助詞が省略される用法であり、「標準語では、数量や程度をあらわすばあいや、文のなかで独立語としてもちいるようなかぎられたばあいに「はだか格」をもちいる。ウチ

ナーヤマトゥグチでは、動作の対象、動作の主体、ゆくさきなどをあらわすばあいにもちいられ、標準語よりもそのもちいられ方がかなりひろい」(p.254)としている。そして、「はだか格」の現れる要因の一つとして、「ウチナーヤマトゥグチの格は、くっつきの形を標準語からかり、その形のもつ文法的な意味には方言の干渉をうけている」(p.255) と述べている*11。

「から格」については「方言の干渉によって、標準語の「から格」よりも用法がひろく、特徴的である」(p.256) と述べ、ウチナーヤマトゥグチと共通語の用法の差異を詳細に述べている。「から格」の用法で特徴的なのは、共通語よりも意味する用法が大幅に増大している点である。そして、その要因は琉球方言 kara の用法によるものとし、伝統的な琉球方言と共通語で同じ形態の助詞で、意味用法が重ならないことがある点を指摘している。

「よりか格」については「用法は標準語とおなじであるが、方言の―ヤカ― jaka, ―ユカ― juka を標準語的にいいかえた形になっている」(p.258) と述べ、方言の形態を取り込んで表現する例として挙げている。

続いて、係助詞の項では、ウチナーヤマトゥグチの特徴として「「太郎がは」のように「が」というくっつきがついた形にさらにとりたてのくっつきをつけてあらわすこと」(p.258) を挙げている*12。共通語の文法では格助詞「が」には係助詞「は」「も」は接続することができないが、沖縄中南部方言では用いられるため、その用法が反映された例としている。

最後に、終助詞についてである。終助詞については、「ウチナーヤマトゥグチ」の終助詞用法の特徴として「「ね」というくっつきの用法が標準語とかなりずれていること」(p.281) を挙げている。そして、「標準語とおおきく異なることは（中略）たずねの意味をあらわすこと」(p.281) であるとし、「標準語では「か」をつけてあらわすが、ウチナーヤマトゥグチでは（中略）「ね」をくっつけるたずねの文は性別に関係なくひろくつかわれる」(p.281) としている。加えて「一人称の意志をあらわす文をつくるとき、いいおわりのくっつき「ね」がつくこともウチナーヤマトゥグチの特徴である」(p.282) と述べ、終助詞「ね」が意味を拡大させ、共通語とは異なる用法をもっていることを強調している。

第3項　地域共通語としてのウチナーヤマトゥグチ

　次に、本永（1994）では沖縄における児童・生徒のことばの誤用の例を「地域共通語」という言葉を用いて表している。ここで言う「誤用」とは、国語教育の観点からの記述であり、全国共通語とは異なる共通語が沖縄県内で使われていることを指す。本永（1994）は沖縄の「地域共通語」とは「方言の干渉をうけた独特の」（p.211）ことばであり、「方言的なまりの混在した」（p.212）ことば、「新しい方言とでもいうべき」（p.212）ことばであるとしている。そして、沖縄の国語教育においては、この「地域共通語」が共通語習得の妨害となっていると述べている。同時に、教育現場でも「地域共通語」を取り上げ、その特徴を明らかにすることで、「地域に即した国語教育の基礎資料を得ることができる」（p.212）とした。本永（1994）は「地域共通語」を生活語としては認めながらも、共通語の獲得を目指す国語教育の立場から考えれば、児童・生徒だけではなく、教師自身もこれらの区別を認識する必要があると述べている。本永（1994）が「誤用」として取り上げた「地域共通語」は、伝統的な方言の干渉を受けたことばであり、ウチナーヤマトゥグチに通ずるものである。

　また、本永（1994）は「沖縄では、共通語化の過程で、方言的なまりをもった共通語が発生した。これを地元では「ウチナーヤマトグチ」（沖縄大和口）と呼んでいる」（p.505）としている。そして「方言と共通語の混同によって生じたもので、バイリンガリズムにあらわれる共通の現象である」（p.505）と述べ、琉球方言と共通語の接触によって出現したことばであることを述べている。さらに、地域によっても相違が見られるとしている。本永（1994）の述べる「ウチナーヤマトグチ」は、先述の「地域共通語」と同意だと解釈できるだろう。しかし、本永（1994）は国語教育の立場から追究しているため、「ウチナーヤマトグチ」はあくまでも誤用であるとしており、詳細については言及していない。

　さらに、終助詞については、「方言地域においては文末表現が乏しく、多様な表現を妨げている」（p.10）と述べるのに続けて、共通語による表現に対する心理的な抵抗が大きな要因になっているとしている。また、終助詞には「方言的ニュアンスをもった語も入りこみやすい」（p.225）とし、方言としての特徴

序章　本研究の位置づけ

が残りやすい点も指摘している。この点は屋比久（1987）の指摘と一致し、終
助詞を含めた文末表現には方言的な特徴が現れやすいと考えていたことが窺え
る。

第4項　方言としてのウチナーヤマトゥグチ

　これまでみた先行研究は、ウチナーヤマトゥグチが琉球方言圏内で共通語と
意識されて用いられている点で共通していた。一方、永田（1996）では「方言
からの干渉によって結果的に琉球独特になることが不可避であった共通語」
（p.10）を「新方言」と呼んでいる。そして、伝統的な方言である「旧方言」
に対称させた名称にし、琉球方言圏各地の「新方言」を列挙している。永田
（1996）はあえて「方言」とした理由について「若い世代では方言としての姿
を整えている」（p.11）と述べており、また、「新方言は旧方言と全国共通語の
接触によって作り出された言語であることには間違いはないが、世代が若くな
るに従って共通語の影響が顕著に現れる」（p.11）と述べることで、共通語化に
よって引き起こされたことばであることを示唆している。永田（1996）の「新
方言」の定義は、屋比久（1987）や高江洲（2002）のウチナーヤマトゥグチと
比較すると、共通語に対する方言の干渉で生まれたことばという面では一致し
ているが、老年層では共通語、中・若年層では方言だと認識している点で違い
がある。永田（1996）は「ウチナーヤマトゥグチ＝新方言」と捉えているが、
世代ごとにその言語への意識が異なるという点では、屋比久（1987）や高江洲
（2002）のウチナーヤマトゥグチの定義と若干の違いがある。

　永田（1996）は「新方言」を話し手の在外歴・性別や場面を考慮に入れ、旧
方言と新方言がどのように使い分けられているかという社会言語学的観点から
分析し、その結果、世代差・年齢差が一番大きな要因として共通語化に働いて
いることを指摘している。そして、新方言の今後の移行については「新方言の
将来については、琉球地域社会が地域性を保とうとするのか、また、中央にの
みこまれ地域性を失うのかという将来進んでいくであろう方向と歩調を合わせ
同じ将来を進むものと思われる」（p.169）と推測している。

　先述のように、永田（1996）は「新方言」が方言であることを前提に研究を

行っている。また、「新方言」の語例は挙げているが、その語の形態的特徴や意味用法については詳細を明らかにしておらず、琉球方言が共通語に与える影響について具体的に説明しているわけではない。しかしながら、現在の琉球方言圏に共通語とも方言とも言えない曖昧なことばが存在していることを示すと同時に、その言語が世代や社会的属性等によって方言や共通語と住み分けを図っている点や、世代差による相違を明らかにした点は非常に意義深い。

　また、中本（1990）も、琉球方言圏には伝統的に話されてきた方言（「旧来方言」と呼んでいる）に対し、「一見、標準語らしくみえ、また、これをつかう個人もそのつもりでいる」(p.913)「改新方言」と呼ばれる方言があることを指摘している。この「改新方言」は「東京語でもない」(p.913) し、「旧来方言と全くちがっているだけでなく、標準語そのものでもない」(p.913) という特徴をもっていることを指摘している。そして、「語や文法的言いまわしが東京語に近いというだけのことで（中略）、ある部分は、やはり旧来方言のものを引き継いでいる」(p.914) としている。よって、中本（1990）の「改新方言」も、形態は共通語だが、意味の面では伝統的な方言を継承していることばを指しており、ウチナーヤマトゥグチの存在を示唆している。

　このほか、大野（1995）は「標準語の習得あるいは標準語との接触の過程で、基盤にある琉球方言の干渉を受けて生じた沖縄独自の中間方言形の集合」(p.179) と位置付け、沖縄の言語生活に対する意識の実態を明らかにしている。また、かりまた（2008）は、ウチナーヤマトゥグチがクレオールとして認められると述べている。その中で、ウチナーヤマトゥグチの文法形式の具体例を挙げるとともに、ウチナーヤマトゥグチの地域差についても言及している。さらに、ダニエル・ロング（2010）は言語接触論の立場からウチナーヤマトゥグチを分析し、ウチナーヤマトゥグチが独自の特徴を有していることを指摘している。

　以上、ウチナーヤマトゥグチに関する先行研究をまとめた。これまで伝統的な琉球方言の研究に主眼が置かれていたこともあり、ウチナーヤマトゥグチの学術的研究は、部分的にしか行われていないのが現状である。上記の先行研究

序章　本研究の位置づけ

におけるウチナーヤマトゥグチへの見解の共通項としては「共通語に方言が干渉したことで生まれたことば」という点が挙げられる。また、その代表的な例として、語の形態は共通語であるが、意味は琉球方言の影響がみられる点が挙げられる。共通語との意味的な隔たりが起こった結果、ウチナーヤマトゥグチのようなことばが生まれたとしているのである。本書では高江洲（2002）の定義に則って豊見城市上田方言及び石垣市方言を蒐集し、分析・考察を行う。同時に、両地域の用法を比較することによって北琉球的・南琉球の特徴についても考察し、ウチナーヤマトゥグチの問題点についても随時言及していく。

第3節　調査地概況・インフォーマント

　まず、中本（1981）より琉球方言区画を引用し示す。本書で取り扱う豊見城市上田方言は沖縄方言の中でも沖縄中南部方言に分類される。

　また、石垣市方言は八重山方言に属する。また、石垣市方言が話される地域は登野城（とのしろ）、大川（おおかわ）、石垣（いしがき）、新川（あらかわ）の四つの字からなる。本書ではまとめて「石垣市方言」として取り上げる。

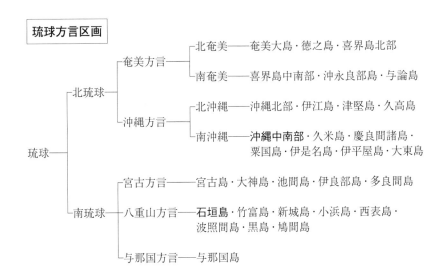

琉球方言区画

21

第1項　豊見城市上田の概況

　豊見城市(とみぐすく)は、沖縄本島南部に位置し、北は県都の那覇市に隣接、東は南風原町、八重瀬町、南は糸満市に隣接している。面積は19.45km²。本土復帰を境に人口が急激に増加し、平成14年に豊見城村から豊見城市へ移行した。

　上田は、市内ほぼ中央部に位置する集落である。戦前まで、隣接する部落に役場があり、島尻方面から那覇へ至る道も集落の近辺にあったため、生活や交通の便は市内においても比較的良好な環境にあった。戦後、当時の豊見城村役場が上田に移転し、このような環境から字周辺には、農協や郵便局、小中学校が立地し、本土復帰前後から市内で最も早く宅地等の開発が進行した地域である。人口52,516人（男25,566人・女26,950人）、世帯数16,688戸（平成17年4月現在）。

　豊見城市は、首里・那覇方言と同じ沖縄本島中南部方言の地域に分類される。上田は豊見城市のほぼ中央にあり、那覇市の市街地から5kmほどの場所に位置し、那覇市への通勤・通学圏でもある。豊見城市はことばの面でも県庁所在地である那覇市の影響を受けており、ウチナーヤマトゥグチについても那覇市とほとんど差がない。このことから、上田方言のウチナーヤマトゥグチを沖縄本島方言のウチナーヤマトゥグチの代表として扱っても問題は無いと考える。

【地図1】豊見城市の位置

序章　本研究の位置づけ

第 2 項　インフォーマント

(1)　老年層

話者：T・O 氏（男）

生年月日：1931（昭和 6）年 12 月 3 日生　満 80 歳

現住所：沖縄県豊見城市字上田

職業：無職（元タクシー運転手）

言語歴

　0～13 歳　：豊見城村字上田

　13～16 歳：宮崎県

　16～28 歳：豊見城村字上田

　28～33 歳：浦添市

　33～現在　：豊見城村字上田

(2)　中年層

話者：Y・O 氏（男）

生年月日：1956（昭和 31）年 9 月 17 日生　満 55 歳

現住所：沖縄県豊見城市字上田

職業：土木業

言語歴

　0～26 歳　：豊見城村字上田

　26～47 歳：同村字平良

　47～現在　：同村字上田

(3)　若年層

話者：D・K 氏（男）

生年月日：1988（昭和 63）年 9 月 12 日生　満 23 歳

現住所：沖縄県豊見城市字上田

職業：学生

23

言語歴
　　0～現在：豊見城市字上田

第3項　石垣市の概況

　石垣市は、日本の最西端に位置する八重山諸島の主島・石垣島と、その周辺の小島および尖閣諸島からなっている。石垣島の面積は229km^2。石垣市は1964（昭和39）年に大浜町を合併し、石垣島全体が石垣市域となった。市街地にある石垣市役所は、日本最南端の市となっている。

【地図2】石垣市の位置

　旧石垣市の字区分のうち、登野城、大川、石垣、新川の四つの字（四箇字(しか あざ)）は、それぞれ海岸に向かう縦道をもって区分され、かねてより産業・行政・文化の中心であった。人口3,871人（男1902人・女1969人）、世帯数1,727戸（平成18年5月現在）。

　本書では、四箇字の方言をまとめて「石垣市方言」とする。四箇字は石垣島において、経済的・文化的な中心地である。したがって、石垣市方言のウチナーヤマトゥグチを石垣島のウチナーヤマトゥグチの代表とできる。

第4項　インフォーマント

(1) 老年層

① C・C氏（男）

生年月日：1923（大正12）年11月14日生　満90歳

現住所：沖縄県那覇市国場

職業：無職

言語歴

0～40代後半：石垣市字石垣

40代後半～現在：那覇市国場

②S・U氏（女）

生年月日：1927（昭和2）年2月25日生　満88歳

現住所：石垣市字登野城

職業：会社役員

言語歴

0～現在　：石垣市字登野城

③T・O氏（女）

生年月日：1934（昭和9）年10月12日生　満79歳

現住所：沖縄県石垣市字石垣

職業：無職（元会社員）

言語歴

0～24歳　：石垣市字大川

24～35歳：東京都

35～現在　：石垣市字石垣

④K・S氏（女）

生年月日：1935（昭和10）年8月29日生　満78歳

現住所：沖縄県石垣市字新川

職業：元事務職員

言語歴

0～25歳　：石垣市字新川

25～46歳：石垣市字石垣

46～現在　：石垣市字大川

⑤ N・K 氏（男）

生年月日：1936（昭和 11）年 2 月 1 日生　満 78 歳

現住所：沖縄県石垣市字登野城

職業：農業

言語歴

　　0〜現在　：石垣市字登野城

⑥ S・Y 氏（女）

生年月日：1937（昭和 12）年 8 月 21 日生　満 77 歳

現住所：沖縄県石垣市字登野城

職業：事務員

言語歴

　　0〜19 歳　：石垣市字登野城

　　19〜39 歳：東京都、那覇市、外国など

　　39〜現在　：石垣市字登野城

（2）中年層

⑦ T・K 氏（男）

生年月日：1950（昭和 25）年 8 月 31 日生　満 63 歳

職業：公務員

言語歴

　　0〜18 歳　：石垣市字登野城

　　18〜22 歳：東京都

　　22〜29 歳：石垣市字登野城

　　29〜42 歳：沖縄本島

　　42〜現在　：石垣市字登野城

⑧ T・G 氏（女）

生年月日：1951（昭和 26）年 8 月 11 日生　満 62 歳

現住所：沖縄県石垣市字石垣

職業：無職

言語歴

　0〜現在　：石垣市字石垣

⑨ Y・T 氏（女）

生年月日：1958（昭和 33）年 7 月 12 日生　満 55 歳

現住所：沖縄県石垣市字登野城

職業：織物業

言語歴

　0〜18 歳　：石垣市字登野城

　18〜19 歳：宜野湾市

　19〜22 歳：那覇市首里

　22〜現在　：石垣市字登野城

⑩ T・U 氏（男）

生年月日：1960（昭和 35）年 11 月 13 日生　満 54 歳

現住所：沖縄県石垣市字大浜

職業：教員

言語歴

　0〜18 歳　：石垣市字大川

　19〜22 歳：宜野湾市

　22〜23 歳：与那国島久部良

　24〜25 歳：石垣市竹富町

　25〜26 歳：石垣市字新川

　27〜30 歳：石垣市字平得

　30〜31 歳：鳩間島

　31〜34 歳：石垣市字登野城

　35〜現在　：石垣市字大浜

⑪ K・K 氏（女）

生年月日：1961（昭和 36）年 7 月 23 日生　満 53 歳

現住所：沖縄県石垣市真栄里

職業：社会福祉士

言語歴

　0〜18 歳　：石垣市字登野城

　18〜20 歳：東京都

　20〜23 歳：石垣市字登野城

　23〜27 歳：石垣市新栄町

　27〜51 歳：石垣市字大川

　51〜現在　：石垣市真栄里

（3）若年層

⑫ Y・I 氏（男）

生年月日：1987（昭和 62）年 7 月 18 日生　満 24 歳

現住所：沖縄県石垣市字石垣

職業：接客業

言語歴

　0〜16 歳　：石垣市字石垣

　16〜18 歳：那覇市

　18〜20 歳：東京都

　20〜現在　：石垣市字石垣

注 ────────────────────────────────

　＊1　ヤマトゥウチナーグチ：「話者は方言を話そうと志向しているが、標準語が基
　　　盤にあって、その干渉をうけて表れる言語現象」（高江洲 2002）。

　＊2　ウチナースラング：「方言を知らない世代が方言を断片的に取り入れた会話。
　　　同世代の仲間うちで話される俗語」（高江洲 2002）。

　＊3　トン普通語：「鹿児島では、その訛りのはいっている共通語を、卑下して『カ

ライモ普通語』と言っているようです。奄美では、カライモのことを、トン
またはハンスと言っているので、『トン普通語』は『カライモ普通語』を言い
換えたようなものです」（倉井 1987）。

＊4　基礎語彙調査票：アメリカの言語学者スワディシュ（Morris Swadesh, 1907～
　　　1967）が考案した言語年代学において用いられるリストを基に、服部四郎氏
　　　が補訂を加えて作成した票。

＊5　藤原（1996）は、「終戦」「本土復帰」が教育においても大きな節目であった
　　　ことを指摘している。

＊6　先行研究の「標準語」は、本書の「共通語」と同義であると考える。

＊7　ここでは北琉球方言に属する沖縄本島方言のことを指す（屋比久 1987）。

＊8　環境的要素とは、接触する言語の地理・歴史的な関係、相対的な優位性、優
　　　位言語の標準モデルの教育等を含む（屋比久 1987）。

＊9　精神・心理的要素とは、言語接触の起こっている社会のそれぞれの言語に対
　　　する心理的、感情的な態度及びその強弱の度合を指す（屋比久 1987）。

＊10　言語・文化的要素とは、言語の外的形式（音韻・音声・文字等）と言語の内
　　　的形式（意味構造・統語構造等）を指す（屋比久 1987）。

＊11　「くっつき」とは助詞のことである。

＊12　「とりたてのくっつき」とは係助詞のことである。

第1章 琉球方言・音韻の記述的研究

第1章
琉球方言・音韻の記述的研究

第1節　上田方言の音韻

第1項　音素

上田方言には以下の音素が認められる。

母音音素 / i, e, a, o, u /【5個】

子音音素 / ', ʔ, h, k, g, t, d, n, m, r, c, s, z, p, b /【15個】

半母音音素 / j, w /【2個】

拍音素 / N, Q /【2個】

第2項　音素分析

上田方言の音素は以下の手順で設定される。

(1) 最小対立（ミニマル・ペア minimal pair）

1. 母音音素

母音音素 / i, e, a, o, u / はそれぞれ次のように他の母音と最小対立をなす。

/ i /　　［˥ti:］/ tii / (手)　　［tu˥:］/ tuu / (十)

/ e /　　［me˥:］/ mee / (前)　　［mo˥:］/ moo / (野原)

/ a /　　［˥ka:］/ kaa / (皮)　　［ko˥:］/ koo / (甕)

/ o /　　［ʔu˥ko:］/ ʔukoo / (香)　　［ʔu˥ke:］/ ʔukee / (粥)

/ u /　　［˥ʔuɴ］/ ʔu'N / (運)　　［˥ʔiɴ］/ ʔi'N / (犬・縁)

以上の最小対立により、母音音素 / i, e, a, o, u / が抽出される。

31

2．子音音素

　子音音素 / ’, ʔ, h, k, g, t, d, n, m, r, c, s, z, p, b / はそれぞれ次のように他の子音と最小対立を示す。

/ ’ /　［˥jaː］/ ’jaa /（家）　［ʔja:］/ ʔjaa /（お前）

/ ʔ /　［ʔaˈʃi］/ ʔasi /（汗）　［haˈʃi］/ hasi /（橋）

/ h /　［haˈtʃa:］/ hacjaa /（蜂）　［ʔaˈtʃa:］/ ʔacjaa /（明日）

/ k /　［kaˈɲi］/ kani /（鐘）　［gaˈɲi］/ gani /（蟹）

/ g /　［maˈgiːɴ］/ magii’N /（曲げる）　［maˈkiːɴ］/ makii’N /（負ける）

/ t /　［˥ta:］/ taa /（誰）　［˥ka:］/ kaa /（皮）

/ d /　［de˥:］/ dee /（代）　［˥te:］/ tee /（二人）

/ n /　［˥nunu］/ nunu /（布）　［˥munu］/ munu /（物）

/ m /　［˥ma:］/ maa /（何処）　［˥na:］/ naa /（もう）

/ r /　［raˈki］/ raki /（竹）　［taˈki］/ taki /（丈・滝）

/ c /　［tsu̥ˈki］/ cuki /（月）　［su̥ˈki］/ suki /（鋤）

/ s /　［saˈtʃi］/ saci /（先）　［taˈtʃi］/ taci /（刀）

/ z /　［˥dʒiː］/ zii /（地）　［˥ʃiː］/ sii /（巣）

/ p /　［pa:ˈpa:］/ paapaa /（お婆さん）　［ba:ˈba:］/ baabaa /（ぼうぼう）

/ b /　［ʔaˈbiːɴ］/ ʔabii’N /（呼ぶ）　［ʔaˈkiːɴ］/ ʔakii’N /（開ける）

　以上の最小対立により、子音音素 / ’, ʔ, h, k, g, t, d, n, m, r, c, s, z, p, b / が抽出できる。

3．半母音音素

　半母音音素 / j, w / は次のような対立を示す。

/ j /　［˥ʔja:］/ ʔjaa /（お前）　［˥ʔwa:］/ ʔwaa /（豚）

/ w /　［waˈtʃi］/ ’waci /（脇）　［jaˈtʃi］/ ’jaci /（やきもち）

　以上の最小対立により、半母音音素 / j, w / が抽出できる。

4．拍音素

　拍音素 / N, Q / はそれぞれ次のような対立を示す。これらの拍音素は単独で

32

拍を形成する。

/ N /　　［ˈkiːɴ］/ kiiʼN /（蹴る）　［ˈkiː］/ kii /（木・毛）

/ Q /　　［ʔutˈtu］/ ʔuQtu /（弟）　［ʔuˈtu］/ ʔutu /（音）

以上の最小対立により、拍音素 / ʼN, Q / が抽出できる。

(2) 相補分布

/ h / ┬── ［ç］－［i］　の前
　　　├── ［ɸ］－［u］　の前
　　　└── ［h］－［e, a, o］　の前

以上の環境において、［ç, ɸ, h］は相補分布の関係をなす。

【例】

［ˈçiː］（屁），［ˈçitiːɴ］（捨てる），［hanaˈçiːɴ］（くしゃみ）

［ɸuˑ］（帆），［ˈɸu̥kuru］（袋），［ʔuɸu̥ˈtʃu］（大人）

［heˑ］（南），［haˑ］（歯），［hoˑtʃaː］（包丁）

/ c / ┬── ［tʃ］－［i］　の前
　　　└── ［ts］－［u］　の前

以上の環境において、［tʃ, ts］は相補分布の関係をなす。

【例】

［ˈtʃiː］（血），［ˈtʃiru］（筋），［tʃitʃiˈmuɴ］（包む），［taˈtʃi］（刀）

［tsu̥ˈki］（月），［kaˈtsuː］（鰹），［ˈku̥tsuguiɴ］（くすぐる）

/ s / ┬── ［ʃ］－［i］　の前
　　　└── ［s］－［a, u, e, o］　の前

以上の環境において、［ʃ, s］は相補分布の関係をなす。

【例】

［ˈʃiː］（巣），［ˈʃirubi］（印），［ˈhaʃiru］（雨戸・戸），［ˈmatabaʃi］（股）

［ˈsaba］（草履），［ˈsu̥su］（煤），［ˈseɴ］（千・線），［soːkiˈbuɲi］（肋骨）

/ z / ┬── [dʒ]−[i] の前
　　　└── [dz]−[a, u] の前

以上の環境において、[dʒ, dz] は相補分布の関係をなす。

【例】

[dʒiːꜜ]（字）, [dʒiꜛnaɴ]（次男）, [haꜛdʒitʃi]（入れ墨）, [kakuꜛdʒi]（顎）

[ꜛkudzara]（皿）, [kuꜛdzu]（去年）

/’N / ┬── [m]−[p, b, m] の前
　　　├── [n]−[t, d, n] の前
　　　├── [ɲ]−[ɲ] の前
　　　├── [ŋ]−[k, g] の前
　　　└── [ɴ]−[s, ʃ] の前、語末

以上の環境において、[m, n, ŋ, ɴ] は相補分布の関係をなす。

【例】

[mꜛmeː]（お爺さん）, [ʔaꜛʃimma]（竹馬）, [temꜜbusu]（臍）

[ꜛnnatu]（湾／港）, [nꜛtʃa]（土）, [ꜛtintʃi]（天気）, [ꜛkunda]（ふくらはぎ）

[ꜛɲɲi]（稲）

[ꜛŋkaʃi]（昔）, [moŋꜛku]（文句）, [suŋꜛkaɴ]（椀）

[haɴꜛsuɴ]（放す・ほどく）, [saɴꜛʃiɴ]（三味線）, [ʔuːꜛmuɴ]（雄）, [tʃiꜛɴ]（着物）

/ Q / ┬── [k]−k
　　　├── [t]−t, tʃ
　　　├── [p]−p
　　　├── [s]−s
　　　└── [ʃ]−ʃ

以上の環境において、[k, t, p, s, ʃ] は相補分布の関係をなす。

【例】

[sakꜛkubi]（しゃっくり）, [miːkꜛkwa]（甥・姪）, [mikꜛkwa]（めくら）

[ꜛttʃu]（人・人間）, [ꜛmusattu]（全然）, [çitꜛtʃeː]（額）

34

[tiˑppuː](鉄砲), [ʔapˈpiː](兄・お兄さん), [ʔipˈpe:](非常に)

[ˈtʃassaga](いくら), [çiˈssaɴ](薄い), [wasˈsaɴ](悪い)

[waˈʃʃiːɴ](忘れる)

(3) 自由異音

① [s] ～ [ʃ]

ただし、この揺れは以下の語彙の場合に現れる。

【例】

[saˈtʃi] ～ [ʃaˈtʃi](先), [ˈseɴ] ～ [ˈʃeɴ](千・線), [ˈɲiːse:] ～ [ˈɲiːʃe:](青年),

[saˈsuɴ] ～ [saˈʃuɴ](刺す・突き刺す), [soːgaˈtʃi] ～ [ʃoːgaˈtʃi](正月),

[ˈsuːdzuːsaɴ] ～ [ˈʃuːdzuːsaɴ](塩辛い), [saˈɲi] ～ [ʃaˈɲi](種),

[jaˈse:] ～ [jaˈʃe:](野菜)

② [ts] ～ [tʃ]

ただし、この揺れは以下の語彙の場合に現れる。

【例】

[ˈʔitsuku] ～ [ˈʔitʃuku](従兄弟), [ˈkatsuɴ] ～ [ˈkatʃuɴ](書く),

[kaˈtsuɴ] ～ [kaˈtʃuɴ](勝つ), [ʔiːˈtsu] ～ [ʔiːˈtʃu](絹),

[ʔenˈtsu] ～ [ʔenˈtʃu](ねずみ), [tsukuˈɾiɴ] ～ [tʃukuˈɾiɴ](作る),

[tsuˈra:] ～ [tʃuˈra:](美人), [sunˈtsuɴ] ～ [sunˈtʃuɴ](引っ張る),

[saˈtsuɴ] ～ [saˈtʃuɴ](裂く), [naˈtsuɴ] ～ [naˈtʃuɴ](泣く),

[maˈtsuɴ] ～ [maˈtʃuɴ](待つ・巻く), [muˈtsuɴ] ～ [muˈtʃuɴ](持つ),

[jaˈtsuɴ] ～ [jaˈtʃuɴ](焼く)

③ [dz] ～ [dʒ]

ただし、この揺れは以下の語彙の場合に現れる。

【例】

[ʔiriˈdzuˈmi] ～ [ʔiriˈdʒuˈmi](入れ墨), [ˈʔudzu] ～ [ˈʔudʒu](渦),

[nanˈdza] ～ [nanˈdʒa](銀), [dzaˈçitʃi] ～ [dʒaˈçitʃi](座敷・床),

[「suːdzuːsaɴ] 〜 [「suːdʒuːsaɴ]（塩辛い）, [dzoˑ「kiɴ] 〜 [dʒoˑ「kiɴ]（雑巾）,

[çi「dzai] 〜 [çi「dʒai]（左）, [mimi「dzaː] 〜 [mimi「dʒaː]（みみず）

④ [d] 〜 [r]

ただし、この揺れは以下の語彙の場合に現れる。

【例】

[ka「du] 〜 [ka「ru]（角）, [jusan「di] 〜 [jusan「ri]（夕暮れ）, [「duː] 〜 [「ruː]（自分）,

[「raioɴ] 〜 [「daioɴ]（ライオン）, [ti「da] 〜 [ti「ra]（太陽・日）,

[「doː] 〜 [「roː]（銅）, [「nada] 〜 [「nara]（涙）, [nu「diː] 〜 [nu「riː]（のど）,

[「hadaka] 〜 [「haraka]（裸）

第3項　拍体系

(1) 拍構造

　上田方言の拍構造は以下の六種類である。なお、C は子音、V は母音、S は半母音、N は撥音、Q は促音を表す。

　V, CV, CSV, Q, CN, N

(2) 拍表

　次頁に示す。

(3) 具体例

/ ʼi / 　[ʔai「koː]（蟻）, [「nuiɴ]（乗る・塗る）, [kan「nai]（雷）

/ ʼe / 　[je「sa]（餌）, [「jebi]（海老）, [ju「jeː]（祝い）

/ ʼa / 　[ʃi̥「tʃaˀago]（おとがい）, [ɲiaˀtuɴ]（似合う）

/ ʼo / 　[kweːoki]（肥桶）, [「ʃio]（潮）

/ ʼu / 　[ma「maˀuja]（義母）

/ ʔi / 　[「ʔiritʃi]（鱗）, [「ʔiː]（絵）, [「ʔirara]（鎌）

/ ʔe / 　[ʔeˑ「dza]（間）, [「ʔeːku]（櫂）

第1章　琉球方言・音韻の記述的研究

【拍表1】

/'i/	/'e/	/'a/	/'o/	/'u/		/'ja/	/'jo/	/'ju/		/'wa/
[i]	[je]	[a]	[o]	[u]		[ja]	[jo]	[ju]		[wa]
				[wu]						
/ʔi/	/ʔe/	/ʔa/	/ʔo/	/ʔu/		/ʔja/				/ʔwa/
[ʔi]	[ʔe]	[ʔa]	[ʔo]	[ʔu]		[ʔja]				[ʔwa]
/hi/	/he/	/ha/	/ho/	/hu/		/hja/				/hwa/
[çi]	[he]	[ha]	[ho]	[ɸu]		[ça]				[ɸa]
/ki/	/ke/	/ka/	/ko/	/ku/		/kju/	/kwi/	/kwe/	/kwa/	
[ki]	[ke]	[ka]	[ko]	[ku]		[kju]	[kwi]	[kwe]	[kwa]	
/gi/	/ge/	/ga/	/go/	/gu/		/gjo/		/gwi/		/gwa/
[gi]	[ge]	[ga]	[go]	[gu]		[gjo]		[gwi]		[gwa]
/ti/	/te/	/ta/	/to/	/tu/						
[ti]	[te]	[ta]	[to]	[tu]						
	/de/	/da/	/do/	/du/						
	[de]	[da]	[do]	[du]						
/ni/	/ne/	/na/	/no/	/nu/						
[ɲi]	[ne]	[na]	[no]	[nu]						
/ri/	/re/	/ra/	/ro/	/ru/		/rjo/				
[ri]	[re]	[ra]	[ro]	[ru]		[rjo]				
/ci/				/cu/	/cje/	/cja/	/cjo/	/cju/		
[tɕi]				[tsu]	[tʃe]	[tʃa]	[tʃo]	[tʃu]		
/si/	/se/	/sa/	/so/	/su/	/sje/	/sja/	/sjo/	/sju/		
[ɕi]	[se]	[sa]	[so]	[su]	[ʃe]	[ʃa]	[ʃo]	[ʃu]		
/zi/		/za/	/zo/	/zu/						
[dʒi]		[dza]	[dzo]	[dzu]						
		[dʒa]	[dʒo]	[dʒu]						
/mi/	/me/	/ma/	/mo/	/mu/						
[mi]	[me]	[ma]	[mo]	[mu]						
/pi/	/pe/	/pa/		/pu/						
[pi]	[pe]	[pa]		[pu]						
/bi/	/be/	/ba/	/bo/	/bu/		/bjo/				
[bi]	[be]	[ba]	[bo]	[bu]		[bjo]				
/i/	/e/	/a/	/o/	/u/	/N/					
[ː]	[ː]	[ː]	[ː]	[ː]	[ː]					

/Q/ [t, p, s, ʃ, k]　　　/'N/ [m, n, ɲ, ŋ, ɴ]

/ ʔa / [ˈʔaːiɴ]（会う）, [ˈʔanda]（油）, [ʔaˈssaɴ]（浅い）

/ ʔo / [ˈʔoːˈsaɴ]（青い）, [ˈʔoːiɴ]（喧嘩する）, [ˈʔoːdʒi]（扇）

/ ʔu / [ʔuˈnai]（妹）, [ʔuˈriɴ]（織る）, [ʔuˈkami]（神）, [ʔuˈtaˈgeːɴ]（疑う）

/ hi / [çiˈˈsaɴ]（寒い）, [ˈçiː]（火・日）, [ʔiˈːçitʃa]（上下）, [naːˈçiɴ]（もっと）

/ he / [ˈheˈʃi]（囃子）, [ˈheː]（灰）, [ʔiˈheː]（位牌）

/ ha / [haɴˈsuɴ]（ほどく・放す）, [ˈhaː]（葉）, [ʔatʃihatiɴ]（飽きる）

/ ho / [hoːˈtʃaː]（包丁）, [ˈhoː]（女陰）, [ʔoˈhoːku]（沢山）

/ hu / [ɸuˈkkwiːɴ]（腫れる）, [ˈɸuː]（穂）, [ʔuɸu̥ˈtʃu]（大人）

/ ki / [kibuˈʃi]（煙）, [ˈkiː]（木・毛）, [ˈʔikiga]（男）, [ˈʔuːki]（桶）

/ ke / [keˈˈiɴ]（変える）, [ˈkeːna]（腕）, [ʔuˈke:]（粥）

/ ka / [ˈkanda]（芋づる）, [ˈkaː]（皮）, [ʔakaˈsaɴ]（赤い）, [ɸu̥ˈka]（外）

/ ko / [koˈtuː]（琴）, [koˈˈ]（甕）, [ʔuˈko]（線香）, [soˈko]（倉）

/ ku / [kuːˈbaː]（蜘蛛）, [deːˈku̥ni]（大根）, [ˈteːku]（太鼓）

/ gi / [giːˈtaː]（片足跳び）, [maˈgiːɴ]（大きい）, [kaˈgi]（影）

/ ge / [teˈge:]（大概）, [taˈgeɲi]（互いに）, [juˈge]（湯気）

/ ga / [ˈgara]（空）, [kaˈgaɴ]（鏡）, [ˈkuːga]（卵）

/ go / [goˈdʒuː]（五十）, [ˈʔiːgoːsaɴ]（痒い）, [ʃiˈtʃaˈago]（おとがい）

/ gu / [gumˈboː]（牛蒡）, [ˈguː]（碁）, [ku̥tsuguˈiɴ]（くすぐる）, [ˈçiŋgu]（垢）

/ ti / [ˈtiɴ]（空）, [ˈtiː]（手）, [çi̥tiˈmiti]（朝）, [ʔasaˈti]（明後日）

/ te / [ˈteˈku]（太鼓）, [ˈteː]（二人）, [guˈte]（力）

/ ta / [takaˈsaɴ]（高い）, [ˈtaː]（誰）, [ʔuˈtaki]（お嶽）, [ˈwata]（腹・はらわた）

/ to / [toːmorokoʃi]（とうもろこし）, [dʒoˈtoː]（良い）

/ tu / [tuˈbuɴ]（飛ぶ）, [tuˈˈ]（十）, [keːtuˈiɴ]（奪う）, [tʃinˈtu]（丁度）

/ de / [deːˈku̥ni]（大根）, [deˈˈ]（代）, [ˈtʃoːde:]（兄弟）

/ da / [damaˈsuɴ]（騙す）, [ʔunˈdaːgiː]（ブランコ）, [ˈʔanda]（油）

第1章　琉球方言・音韻の記述的研究

/ do /　［ˈdoːgu］（道具），［tʃuːdokuˈsuɴ］（中毒する）

/ du /　［ˈduru］（泥），［duːˈte:］（体），［tutʃiˈdutʃi］（時々）

/ ni /　［ɲinˈdʒuɴ］（寝る），［ˈɲi:］（根），［meːˈɲitʃi］（いつも・常に），［kaˈɲi］（鉄）

/ ne /　［ˈne:ɴ］（無い），［ˈne:］（地震・苗），［ma:koːˈne:ɴ］（まずい），

　　　　［ʔaˈne］（あれ）

/ na /　［nagaˈsaɴ］（長い），［ˈna:］（もう），［ʔinaˈgu］（女），［ʃina］（砂）

/ no /　［noˈiɴ］（縫う），［no:ˈsuɴ］（直す・治す），［no:dʒi］（名）

/ nu /　［ˈnu:ʃi］（主人），［ˈnu:］（何），［so:nuˈgi:ɴ］（驚く），［tʃinu］（角）

/ ri /　［riˈka:］（さあ），［ʔiˈri:ɴ］（入れる），［juˈri:］（幽霊），［nukuˈdʒiri］（鋸）

/ re /　［naˈre:ɴ］（習う），［ʔure:maˈsaɴ］（羨む），［ʔireː］（いらっしゃいませ）

/ ra /　［raˈki］（竹），［garasa:］（烏），［ka:ra］（川）

/ ro /　［rokuˈdʒu:］（六十），［noroi］（呪い）

/ ru /　［ʔuturuˈsaɴ］（怖い），［ʔo:ˈru:］（青・緑），［juɸuru］（風呂）

/ ci /　［tʃiˈra］（顔），［tʃiˈ:］（釣瓶），［ʔatʃine:］（商い），［ʔi:tʃi］（息）

/ cu /　［tsu̥ˈki］（月），［katsu:］（鰹），［ku̥tsuguiɴ］（くすぐる）

/ si /　［ʃiˈba］（舌），［ˈʃi:］（巣），［ʔaʃidʒa］（足駄），［jukuʃi］（嘘）

/ se /　［seisunˈra:ra:］ ～ ［seiʃunˈra:ra:］（かまきり）

/ sa /　［sa:ˈta:］（砂糖），［saɴˈʃiɴ］（三味線），［guˈsaɴ］（杖），［ʔa:sa］（石蓴）

/ so /　［so:ˈki］（笊），［so:］（竿），［menˈso:re:］（いらっしゃいませ），

　　　　［guˈso:］（後生）

/ su /　［su:］（酢），［suri］（袖），［ma:su］（塩）

/ zi /　［dʒiri］（どれ），［dʒi:］（地），［ɲidʒiri］（右），［kaˈdʒi］（風）

/ za /　［kudzara］（皿），［gaˈdzaɴ］（蚊），［ʔe:ˈdza］（間）

/ zo /　［dʒoˈ:］（門），［dʒo:dʒi］（上手），［tinˈdʒo:］（天井）

39

/ zu / [「tsudzumi]（鼓），[kuˉdzu]（去年）

※ [dzo] は単独では認められず，[dʒo] に揺れている形で抽出された（例：
雑巾 [dzo:「kiɴ]〜[dʒo:「kiɴ]）。よって，上田方言においては [dzo] は口蓋
化が進み，[dʒo] に移行する傾向があると考えられる。

/ mi / [mi「dʒi]（水），[「mi:]（目・芽），[kami「muɴ]（食べ物），[「ma:mi]（豆）

/ me / [「me:ʃi]（箸），[「me:]（前），[ha:「me:]（祖母）

/ ma / [「ma:i]（まわり），[「ma:]（何処），[「dʒi:mami]（落花生），[ʔaˉma]（彼処）

/ mo / [mo:ˉiɴ]（踊る），[mo:ˉ]（野原），[「ko:mori]（蝙蝠），[çi「mo]（紐）

/ mu / [mu「tʃi]（餅），[「mu:]（藻），[ʔitʃi「muʃi]（動物），[tu「mu]（腿）

/ pi / [ʔap「pi:]（兄）

/ pe / [ʔip「pe:]（非常に），[ʃim「pe:]（唾），
[tapperake:ˉnasuɴ]（ぺしゃんこにする）

/ pa / [「pa:pa]（お婆さん），[ʔiˉppai]（一杯），[çiˉppaiɴ]（引っ張る）

/ pu / [ʔiˉppu:]（一俵），[tiˉppu:]（鉄砲）

/ bi / [「biɴ]（瓶），[ʔata「bi:]（蛙），[ku「bi]（壁・首）

/ be / [「ha:be:ru]（蝶々），[ʃi:「be:]（小便）

/ ba / [ba「sa]（馬車），[ʔa「ba:]（お姉さん），[saba「tʃi]（櫛），[na:「ba]（きのこ）

/ bo / [「bo:]（棒），[gum「bo:]（牛蒡）

/ bu / [「bura]（ほら貝），[temˉbusu]（臍），[「ku:bu]（昆布）

/ 'ja / [ja:「saɴ]（飢える・ひもじい），[「ja:]（家・屋），[「ha:ja]（柱）

/ 'jo / [jo:ˉgariɴ]（痩せる），[jo:「saɴ]（弱い），[jo:「tu:ɴ]（弱る）

/ 'ju / [「jui]（百合），[「ju:]（湯），[maju「taɴ]（迷う），[「ʔiju]（魚）

/ ʔja / [「ʔja:]（貴方・お前）

/ 'wa / [wa「ku]（泉），[wa:「bi]（上），[kuwa「saɴ]（固い），[ʃi「wa]（心配）

/ 'wu / [「wutu]（夫）

第 1 章　琉球方言・音韻の記述的研究

/ ʔwa / [˹ʔwaː] (豚), [ʔwaː˹jaː] (豚小屋)

/ hja / [˹çaːku] (百), [˹çaːi] (日照り), [ɲi˹çaku] (二百)
/ hwa / [ʔuː˹ɸaː˹suɴ] (背負う), [˹teːɸa] (冗談)

/ kju / [kjuː˹dʒuː] (九十)

/ kwe / [˹kweː] (鍬), [kweː˹iɴ] (肥える・ふとる)
/ kwa / [kwamu˹jaː] (子守), [kwaː˹ʃi] (菓子), [naŋ˹kwaː] (南瓜), [mak˹kwa] (枕)
/ kwi / [˹kwiːɴ] (与える・呉れる), [˹kwiː] (声), [ju˹kkwiːɴ] (暮れる),
　　　[˹sakkwi] (咳)

/ gjo / [ɲiŋ˹gjoː] (人形)

/ gwa / [gwaŋ˹kuː] (頑固), [ʃeː˹gwaː] (ばった), [ʔakaŋ˹gwa] (赤ん坊)
/ gwi / [miŋ˹gwiːɴ] (濁る)

/ rjo / [˹rjoː] (漁), [˹rjoːri] (料理)

/ cje / [çit˹tʃeː] (額)
/ cja / [tʃaː˹suɴ] (消す), [tʃaː˹] (茶), [katʃaː˹suɴ] (混ぜる), [çi˹tʃa] (下)
/ cjo / [˹tʃoːde] (兄弟), [ɲi˹tʃoːɴ] (似ている)
/ cju / [˹ttʃu] (人・人間), [˹ʔiːtʃuː] (糸), [ʔi˹tʃuɴ] (行く)

/ sje / [ʃe˹ku] (大工), [ʃeː˹gwaː] (ばった)
/ sja / [ʔi˹ʃa] (医者)
/ sjo / [ʃoː˹ju] (醤油), [˹baʃoː] (芭蕉), [˹baʃoːɸu] (芭蕉布)
/ sju / [duː˹ ʃi ʃuɴ] (自分でする)

41

/ zja / 　[kadʒaˈiɴ]（添える）, [çiːˈdʒaː]（山羊）, [ˈʔaʃidʒa]（足駄）

/ zju / 　[dʒu]（尾）, [dʒuːˈʃiː]（雑炊）, [kanˈdʒuɴ]（被る）, [ˈʔundʒu]（貴方）

/ bjo / 　[bjoːˈki]（病気）

/ i / 　[ˈʔiːbi]（指）, [ʔiˈriːɴ]（入れる）, [tʃiruˈmiː]（同朋）

/ e / 　[ˈkeːna]（腕）, [tʃikeːɴ]（使う）, [ˈʔatʃineː]（商い）

/ a / 　[ˈʔaːbukuː]（泡）, [ˈkuraːgwaː]（雀）, [nuˈma]（蚤）

/ o / 　[ˈʔoːdʒi]（扇）, [ˈhagoːsaɴ]（汚い）, [dʒoˈtoː]（良い）

/ u / 　[ˈʔuːʃi]（臼）, [ʔutʃiˈtʃuːmeː]（月）, [tʃiˈruː]（黄色）

/ 'N / 　[ɲˈɲi]（胸）, [ˈmmu]（芋）, [ˈŋkaʃi]（昔）

/ N / 　[ˈnːna]（皆）

/ Q / 　[ˈʔuttiː]（昨日）, [ʔaˈssaɴ]（浅い）, [sakˈkubi]（しゃっくり）

第4項　音韻対応

　共通語と上田方言の音韻対応を以下に示す。語例は音声記号で示し、語頭と語中・語末の形で示す。意味と異なる場合には（意味／対応する語）で表し、古語に求める際には㊒を用いて示す。

（1）母音対応

　上田方言の母音と共通語の母音は、次のような対応関係にある。

共通語	ア	イ	ウ	エ	オ
上田方言	'a	'i	'u	'i	'u

※語頭に現れる場合には ［ʔ］ を伴って現れる。

第1章　琉球方言・音韻の記述的研究

アの対応例

【語頭の例】

[ʔaːˈɾiɴ] (会う・出会う), [ʔaˈkaː] (赤), [ʔakaˈɾsaɴ] (赤い),

[ʔakaŋˈgwa] (赤ん坊), [ʔagaˈɾiɴ] (上がる), [ˈʔakaɾusaɴ] (明るい), [ʔaˈɾki] (秋),

[ˈʔatʃineː] (商い), [ˈʔatʃihatiɴ] (飽きる／厭き果てる), [ʔaˈɾkiːɴ] (開ける),

[ʔaˈɾgiɴ] (上げる), [ʔaˈɾgiːɴ] (吐き出す・吐く／あげる), [ʔaˈɾsa] (朝),

[ʔaˈɾsa] (麻), [ʔaˈɾtu] (後), [ʔasaˈɾti] (明後日／⊕明後日), [ˈʔaida] (間),

[ˈʔaʃidʒa] (足駄), [ʔaˈɾdʒi] (味), [ʔaˈɾtʃaː] (明日), [ʔaˈɾʃi] (汗),

[ʔaˈɾma] (彼処／彼＋間), [ʔaˈɾʃiˈɾbuɴ] (遊ぶ), [ʔaˈɾtʃiˈɾsaɴ] (厚い),

[ˈʔatʃisaɴ] (暑い), [ʔamaˈɾsaɴ] (甘い), [ʔaˈɾkiˈgata] (明け方), [ʔaˈɾna] (穴),

[ʔaˈɾnu] (あの), [ˈʔanda] (油), [ʔaˈɾne] (あれ), [ˈʔattaː] (彼たち), [ˈʔami] (網),

[ˈʔami] (雨), [ˈʔamigwaː] (飴／飴＋接尾辞 小), [ˈʔarasaɴ] (荒い),

[ˈʔareːɴ] (洗う), [ʔaˈɾssaɴ] (浅い), [ˈʔaiko:] (蟻／蟻＋接尾辞 子),

[ˈʔaɴ] (有る), [ˈʔattʃuɴ] (歩く), [ˈʔawa] (粟), [ˈʔaːbuku:] (泡／⊕泡),

[ˈʔawatiːɴ] (慌てる), [ˈʔatʃimaiɴ] (集まる・寄る), [ˈʔatʃimiːɴ] (集める),

[ʔaˈɾkubi] (あくび), [ˈʔammaː] (お母さん／⊕母＋指小辞 a),

[ʔaˈɾri] (彼／あれ), [ʔaˈɾʃimma] (竹馬／足馬), [ʔaˈɾtiːɴ] (殴る／当てる),

[ˈʔagari] (東／上がり辺), [ʔaʃiˈɾbaɴ] (昼飯／朝＋飯)

【語中の例】

[ʃiˈɾtʃaˈɾago] (おとがい／下顎), [niaˈɾtuɴ] (似合う／似合っている)

イの対応例

【語頭の例】

[ˈʔiːɴ] (言う), [ʔiˈɾtʃa] (烏賊), [ʔiːtʃi] (息), [ʔiˈɾtʃuɴ] (行く), [ˈʔikusa] (戦),

[ʔikuˈɾtʃi] (いくつ), [ʔiˈɾʃi] (石), [ʔiˈɾta] (板), [ˈʔitʃinitʃi] (一日), [ˈʔitʃi] (いつ),

[ˈʔiːtʃu:] (糸), [ˈʔittu] (一斗), [ʔitʃiˈɾbaɴ] (一等／一番), [ˈʔippai] (一杯),

[ʔiˈɾppu:] (一俵), [ˈʔinaka] (田舎), [ˈʔiɴ] (犬), [ˈʔiːɴ] (射る), [ʔiˈɾriːɴ] (入れる),

[ˈʔirigutʃi] (入口), [ˈʔiru] (色), [ˈʔiritʃi] (鱗／⊕鱗), [ˈʔiju] (魚／⊕魚),

[ʔiˈɾʃigaˈɾtʃi] (垣／石垣), [ˈʔireːɴ] (答える／⊕答ふ),

[ʔitʃiˤrmuʃi] (動物／生き虫), [ʔiˤriː] (西／入り辺), [ˤʔiːɴ] (入る／入る),
[ʔipˤpeː] (非常に／いっぱい), [ˤʔitʃitʃi] (五つ), [ˤʔimi] (夢／⊞夢)

【語中・語末の例】

[ˤʔaida] (間), [ˤkai] (貝), [ˤnoroi] (呪い), [ˤbai] (倍), [dʒuːˤritʃi] (十一),
[taˤi] (二人), [joːiˤsuɴ] (用意する)

ウの対応例

【語頭の例】

[ʔuˤtʃuɴ] (浮く), [ʔuˤki] (浮標), [ˤʔukiːɴ] (受ける), [ʔuˤsadʒi] (兎),
[ˤʔuʃi] (牛), [ˤʔuʃinujaː] (牛小屋／牛の屋), [ˤʔuːʃi] (臼), [ʔuˤta] (歌),
[ʔutaˤrɴ] (歌う), [ʔuˤtʃuɴ] (打つ), [ʔuˤtaˤgeːɴ] (疑う), [ʔuˤmi] (海),
[ˤʔumi] (膿), [ˤʔumiːɴ] (埋める), [ˤʔuiɴ] (売る), [ˤʔuɴ] (運),
[ˤʔumiˤbata] (浜／海 ＋ 端), [ˤʔureːmasaɴ] (羨む／羨ましい)

【語中・語末の例】

語中・語末において、ウに対応する語は見られなかった。

エの対応例

【語頭の例】

[ˤʔiː] (柄), [ʔiːˤjuɴ] (得る・貰う／得る), [ʔiraˤbuɴ] (選ぶ), [ˤʔiɴ] (縁)

【語中・語末の例】

語中・語末において、エに対応する語は見られなかった。

オの対応例

【語頭の例】

[ʔuːˤɴ] (追う), [ˤʔutʃuɴ] (置く), [ʔuˤkiɴ] (起きる), [ʔukuˤɴ] (送る),
[ʔuku̥ˤsuɴ] (起こす), [ʔuˤtu] (音), [ʔuˤtiɴ] (落ちる), [ʔutˤtu] (弟／⊞弟),
[ˤʔutʃitʃuːmeː] (月／御月 ＋ 前), [ʔuɸu̥ˤtʃu] (大人／大人), [ˤʔubiːɴ] (覚える),
[ʔuˤni] (鬼), [ˤʔuːbi] (帯), [ʔumuˤɴ] (思う), [ˤʔuja] (親), [ʔuˤriɴ] (降りる),
[ʔuˤɴ] (織る), [ʔuˤkami] (神／御神), [ʔuˤkeː] (粥／御粥),

第1章　琉球方言・音韻の記述的研究

[ʔuˎko:] (香／御香)，[ˎʔudʒiɴ] (膳／御膳)，[ʔuˎtaki] (お嶽)，

[ʔuɲiˎge:suɴ] (頼む／お願いする)，[ˎʔutumu] (お供)，

[ʔuˎɸu̜ku̜ˎnaiɴ] (ふえる／多くなる)，[ˎʔujanutʃa:] (両親／親達)，

[ˎʔuturusaɴ] (怖じる・恐ろしい・怖がる／⊕恐ろしの転訛「おとろし」)，

[ʔu:ˎɸa:ˎsuɴ] (背負う／負わせる)

【語中の例】

[maˎmaˎuja] (義母／継親)

※語頭の母音が撥音になっている語も見られる。

[ˎmmu] (芋)，[mˎma] (馬)，[mbuˎsuɴ] (蒸す／燻す)，[mˎmaˎriɴ] (生まれる)，

[mbuˎsaɴ] (重い)

※イが ʼju に対応している語も見られる。

[jukuˎiɴ] (休む・休息する／憩う)

※エが ʼje に対応している語も見られる。

[ˎjebi] (海老)，[jeˎri] (襟)，[jeˎsa] (餌)

※共通語の影響によって、オが残っている語もある。

[ʔoˎki] (沖)，[ʔo:muˎgi] (大麦)，[ʔoˎho:ku] (沢山／⊕多く)，[ʔowaˎiɴ] (終わる)

(2) 子音対応

　上田方言と共通語のカ行における対応は、次のような関係になる。

共通語	カ	キ	ク	ケ	コ
上田方言	ka	ci	ku	ki	ku

カの対応例

【語頭の例】

[ˎka:] (井戸／川)，[ˎkanda] (芋づる／⊕鬘)，[ˎkai] (貝)，[kaˎgaɴ] (鏡)，

[kaˎtsuɴ]～[kaˎtʃuɴ] (書く)，[kaˎtʃuɴ] (掻く)，[ˎkakegoto] (賭／賭け事)，

[kaˎgi] (影)，[ˎkaki:ɴ] (掛ける)，[kaˎki:ɴ] (欠ける・賭ける)，[kaˎdʒi] (風)，

[kaˎta] (肩)，[ˎkatatʃi] (形)，[kaˎtsu:] (鰹)，[kaˎtsuɴ]～[kaˎtʃuɴ] (勝つ)，

45

[kaˈɲi]（鐘），[kaˈma]（釜），[ˈkaradʒi]（髪），[kaˈbi]（紙），[kanˈnai]（雷），

[kaːˈmiː]（亀），[kaːˈmi]（甕），[ˈkaiɴ]（借りる），[kaˈriːɴ]（枯れる），

[ˈkaː]（皮・皮膚），[ˈkaːra]（川／川原），[kaːˈkiːɴ]（乾く），[kaŋˈgeˈiɴ]（考える），

[kaˈmuˈɴ]（食う・食べる／噛む），[kadʒaˈiɴ]（添える／飾る），

[kaˈɲi]（鉄・金(かね)），[kamiˈmuɴ]（食べ物／噛み物），

[katʃaːˈsuɴ]（混ぜる／かき合わせる），[ˈkadʒi]（櫓／舵）

【語中・語末の例】

[ʔaˈkaː]（赤），[ʔakaˈsaɴ]（赤い），[ʔakaŋˈgwa]（赤ん坊），[ˈkaː]（井戸／川），

[ˈʔakarusaɴ]（明るい），[ˈʔinaka]（田舎），[ˈʔukasaɴ]（おかしい），

[sakaˈdʒitʃi]（杯），[ʔiˈʃigaˈtʃi]（垣／石垣），[ɸu̥ˈka]（外／外(ほか)），[takaˈsaɴ]（高い），

[tʃi̥kaˈriːɴ]（疲れる），[ˈtuikagu]（鳥籠），[ˈnaka]（仲），[hakaˈiɴ]（計る），

[ˈheːnukadʒi]（南風／南の風），[ˈhaˈka]（墓），[ˈhadʒikasaɴ]（恥ずかしい），

[ˈhadaka]〜[ˈharaka]（裸），[ˈjuka]（床(ゆか)），[ku̥ˈtʃikadʒi]（東風／東(こち)＋風），

[ɸu̥kaˈsaɴ]（深い），[maˈnnaka]（真ん中），[mudʒikaˈsaɴ]（難しい），

[mu̥ˈʃika]（もしか），[ˈjunaka]（夜中），[ˈmakai]（椀／鋺(まかり)），[wakaˈsaɴ]（若い），

[wakaˈmuɴ]（若者），[wakaˈiɴ]（知る・分かる），[suːkaraˈsaɴ]（塩辛い）

キの対応例

【語頭の例】

[tʃiːˈruː]（黄色），[tʃiˈtʃuˈɴ]（聞く），[tʃiˈreːɴ]（嫌う），[tʃiˈnuː]（昨日），

[ˈtʃiːba]（牙），[tʃiˈmu]（肝），[ˈtʃiːɴ]（着る），[ˈtʃiːɴ]（切る），

[tʃiˈreːkuɲi]（人参／黄＋大根）

【語中・語末の例】

[ˈʔatʃineː]（商い），[ˈʔatʃihatiɴ]（飽きる／厭き果てる），[ˈʔiːtʃi]（息），

[ˈʔiːtʃisuɴ]（息をする），[ʔitʃiˈtʃoːɴ]（生きている），[ʔiˈʃigaˈtʃi]（垣／石垣），

[sabaˈtʃi]（櫛／「捌く」の連用形「捌き」），[sakaˈdʒitʃi]（杯），

[ˈtʃi̥tʃi]（年月／月），[ˈtintʃi]（天気），[ʔitʃiˈmuʃi]（動物／生き虫），[ˈtutʃi]（時），

[tu̥tʃiˈdutʃi]（時々），[misaˈtʃi]（岬），[jaˈtʃi]（やきもち／焼き），[ˈjutʃi]（雪），

[rinˈtʃi]（悋気），[ˈwatʃi]（脇），[ku̥tʃiˈdzaˈtʃi]〜[ku̥tʃiˈdʒaˈtʃi]（くちばし／口先）

第1章　琉球方言・音韻の記述的研究

クの対応例

【語頭の例】

[kuˈmuˀɴ]（編む／組む）, [kuˈbi]（壁／くべ垣）, [kuːˈiɴ]（噛む／食う）,

[kuˈdʒi]（釘）, [kṳˈsa]（草）, [kusaˈriːɴ]（腐れる）, [ˈkṳsui]（薬）, [ˈkṳʃi]（癖）,

[kuˈtʃi]（口）, [kṳtʃiˈbiru]（唇）, [ˈkudʒira]（鯨）, [kuˈbi]（首）, [kuˈmuɴ]（汲む）,

[kuˀmu]（雲）, [kṳtʃiˈdzaˀtʃi]〜[kṳtʃiˈdʒaˀtʃi]（くちばし／口先）, [kuˈra]（倉）,

[kuraˀsaɴ]（暗い）, [ˈkuruma]（車）, [ˈkuru:]（黒い）, [ˈkṳtsuguiɴ]（くすぐる）,

[kuraˀbiːɴ]（比べる）, [ˈkṳsu]（糞）, [kṳˈɸuː]（細工／工夫）, [ˈkuraʃiɴ]（闇／くらすみ暗隅）

【語中・語末の例】

[nukuˈsaɴ]（温かい／温い）, [ˈʔaːbukuː]（泡／あぶく泡）, [ʔaˈkubi]（あくび）,

[ʔikṳˈtʃi]（いくつ）, [ʔukuˀiɴ]（送る）, [dʒikuˀsuɴ]（熟する）,

[ʃeːˈku]（大工／細工）, [ʔoˈhoːku]（沢山／おほ多く）, [tʃṳkuˈiɴ]（建てる／作る）,

[tʃuːdokuˀsuɴ]（中毒する）, [tʃiːnukuˀbi]（乳首／ち乳の首）, [rokuˈdʒuː]（六十）,

[tiːnuˀkubi]（手首／手の首）, [ˈduku]（毒）, [ˈçaːku]（百）, [ˈniçaku]（二百）,

[ˈraku]（楽）, [ˈɸṳkuru]（袋）, [ʔuˈɸṳkuˀnaiɴ]（ふえる／多くなる）,

[moŋˀku]（文句）

ケの対応例

【語頭の例】

[ˈkiː]（木／け木）, [ˈkiː]（毛）, [ˈkiːɴ]（蹴る）, [kibuʃi]（煙／けぶり煙）,

[ˈkiːdʒiraː]（棒切れ／け木＋切れ＋指小辞 a）

【語中・語末の例】

[ʔaˈkiːɴ]（開ける）, [ʔaˈkiˀgata]（明け方）, [ˈʔukiɴ]（受ける）, [ˈʔuːki]（桶・樽）,

[kaˈkiːɴ]（欠ける・賭ける）, [ˈkakiːɴ]（掛ける）, [saˈki]（酒）,

[saˈkiːɴ]（裂ける）, [taˈki]（丈）, [raˈki]（竹）, [ʔuˈtaki]（お嶽）,

[tʃiki̥ˀmuɴ]（漬け物）, [hataˈki]（畑）, [tṳˈkiːɴ]（溶ける）, [maˈkiːɴ]（負ける）,

[miːˀtʃiki:ɴ]（見つける）, [waˈkiːɴ]（分ける）, [ˈʔikiga]（男／ゑけり）

47

コの対応例

【語頭の例】

　[「kumui] (池／こもり), [ku:「dʒuN] (扱ぐ), [kuwa「saN] (固い／ᵒ強し),

　[kuwa「iN] (固まる／ᵒ強し), [ku「dzu] (去年／ᵒ去年), [「kugaɲi] (黄金),

　[ku:「dʒuN] (漕ぐ), [ku「ma] (此処／此＋間), [ku̥ku「nutʃi] (九つ),

　[「ku̥kuru] (心), [「ku̥ʃi] (腰), [「ku̥tuba] (言葉), [「kumi] (米),

　[ku「ri] (これ・それ), [「kunu] (この・その／この), [ku「ru˭suN] (殺す),

　[「kudzara] (小皿), [ku̥「tʃi] (東／ᵒ東), [ku̥「tʃikadʒi] (東風／ᵒ東風),

　[「kunda] (ふくらはぎ／ᵒ腓)

【語中・語末の例】

　[「ʔitsu̥ku] ～ [「ʔitʃu̥ku] (従兄弟), [ʔuku̥「suN] (起こす), [gwaŋ「ku:] (頑固),

　[「ku̥kuru] (心), [「dʒu:baku] (重箱), [「te:ku] (太鼓), [ta「ku] (蛸),

　[「tabaku] (煙草), [「tu̥kuru] (処), [de:「ku̥ɲi] (大根), [nuku「iN] (残る),

　[nuku「dʒiri] (鋸), [ha「ku] (箱), [haku˭buN] (運ぶ), [「ɸu̥kui] (埃),

　[mu:「ku] (婿), [juru「kubuN] (喜ぶ), [「juku] (横)

　[juku「iN] (休息する・休む／ᵒ憩ふ),

※カが口蓋化している例も見られる。

　[ʔi「tʃa] (烏賊)

※キが ki に対応している例も見られる。

　[ʔa「ki] (秋), [ʔu「ki:N] (起きる), [ʔu「ki] (浮標), [ʔo「ki] (沖), [ki「dʒi] (傷),

　[ki̥「ta] (北), [ki「ri] (霧), [kwe:oki:] (肥桶), [su̥「ki] (鋤), [ta「ki] (滝),

　[「teki] (敵), [bjo:「ki] (病気)

※キが ku に対応している例も見られる。

　[ku̥「tʃi˭saN] (きつい)

※ケが ke に対応している例も見られる。

　[「kakegoto] (賭／賭け事), [「kegawa] (毛皮)

※コが ko に対応している例も見られる。

　[kotu:] (琴), [「to:morokoʃi] (とうもろこし)

上田方言と共通語のガ行における対応は、次のような関係になる。

共通語	ガ	ギ	グ	ゲ	ゴ
上田方言	ga	zi	gu	gi	gu

ガの対応例

【語頭の例】

　［gaˎdzaɴ］（蚊／蛾＋助詞「つ」＋蟻）

【語中・語末の例】

　［ʔaˎgaˉiɴ］（上がる），［ʔaˎkiˉgata］（明け方），［ɲigaˎiɴ］（祈る・願う／願う），

　［ˎʔugamuɴ］（拝む），［kaˎgaɴ］（鏡），［ʔiˎʃigaˉtʃi］（垣／石垣），［ˎkegawa］（毛皮），

　［ˎkugaɲi］（黄金），［soːgaˎtʃi］～［ʃoːgaˎtʃi］（正月），［nagaˎɲi］（背中／長胸），
　　　　　　こがね

　［nagaˎsaɴ］（長い），［nagaˎriːɴ］（流れる），［ˎʔagari］（東／上がり辺），

　［çigaʃi］（東），［magaˉiɴ］（曲がる），［hanaˎʃiˉ munugatai］（物語／話＋物語）

ギの対応例

【語頭の例】

　［ˎdʒiri］（義理）

【語中・語末の例】

　［ʔuˎsadʒi］（兎），［ˎʔoːdʒi］（扇），［ˎʔuːdʒi］（荻），［kuˎdʒi］（釘），［ˎɲidʒiːɴ］（握る），

　［riːˎdʒi］（御礼／礼儀），［nukuˎdʒiri］（鋸），

　［ˎkiːdʒiraː］（棒切れ／木＋切れ＋指小辞 a），［ɲidʒiri］（右／⊕右），
　　　　　　　　　　　　　　　　　　　　　　　　　　　　　　　みぎり

　［ˎmudʒi］（麦），［nˎnadʒi］（うなぎ）

グの対応例

【語頭の例】

　［guˎtʃi］（愚痴）

【語中・語末の例】

　［ʔirigutʃi］（入口），［ˎʔiːguiɴ］（えぐる），［ˎku̥tsuguiɴ］（くすぐる），

49

［「doːgu］（道具），［miːgurisaɴ］（みにくい／見苦しい），［migu˥iɴ］（めぐる）

ゲの対応例

【語頭の例】

　語頭において、ゲに対応する語は見られなかった。

【語中・語末の例】

　［ʔaˈgiːɴ］（上げる），［kaˈgi］（影），［naˈgiːɴ］（投げる），［haˈgiːɴ］（禿げる），
　［ʔaˈgiːɴ］（吐き出す・吐く／あげる），
　［tsuraˈkaːgiː］〜［tʃuraˈkaːgiː］（美人／清ら影），［çiru˥giːɴ］（広げる），
　［maˈgiːɴ］（曲げる），［matʃiˈgi］（睫）

ゴの対応例

【語頭の例】

　［guˈsoː］（後生），［gumˈboː］（牛蒡），［「guː］（碁）

【語中・語末の例】

　［「ʃigutu］（仕事），［「tuikagu］（鳥籠）

※カが濁音化して ga になっている例も見られる。

　［「gara］（空^{から}），［gaˈɲi］（蟹），［「garasaː］（烏／烏＋指小辞 a），
　［「jagamasaɴ］（うるさい／喧しい）

※ギが gi に対応している例も見られる。

　［「giɴ］（銀），［suˈgiːɴ］（過ぎる），［ʔoˈmuˈgi］（大麦），［「komugi］（小麦）

※ゲが zi に対応している例も見られる。

　［çi˥dʒi］（髭）

※ゲが ge に対応している例も見られる。

　［juˈge］（湯気）

※ゴが go に対応している例も見られる。

　［ʃiˈtʃaˈago］（おとがい／下あご），［「kakegoto］（賭／賭け事），［goˈdʒuː］（五十）

50

第1章　琉球方言・音韻の記述的研究

上田方言と共通語のサ行における対応は、次のような関係になる。

共通語	サ	シ	ス	セ	ソ
上田方言	sa	si	si / su	si	su

サの対応例

【語頭の例】

　[sakaᶜdʒitʃi]（杯）, [saᶜki]（酒）, [saᶜkiːɴ]（裂ける）, [saːᶜtaː]（砂糖）, [saːᶜruː]（猿）,

　[saᶜsuɴ] 〜 [saᶜʃuɴ]（刺す）, [saːʔiɴ]（触る）, [saᶜmiːɴ]（覚める）,

　[sanᶜdʒuː]（三十）, [saɴᶜʃiɴ]（三味線／三線）,

　[sabaᶜtʃi]（櫛／「捌く」の連用形「捌き」）, [saᶜ ŋnitʃi]（三日／<ruby>三日<rt>さんにち</rt></ruby>）

【語中・語末の例】

　[ʔaᶜsa]（朝）, [ʔaːᶜsa]（麻）, [ʔasaᶜti]（明後日／⊕<ruby>明後日<rt>あさて</rt></ruby>）, [ᶜʔikusa]（戦）,

　[jeᶜsa]（餌）, [ku̥ᶜsa]（草）, [kusaᶜriːɴ]（腐れる）, [dʒuːᶜsaɴ]（十三）,

　[haᶜsaɴ]（鋏）, [misaᶜtʃi]（岬）

シの対応例

【語頭の例】

　[ʃiᶜtʃaᶜago]（おとがい／下顎）, [ᶜʃio]（潮）, [ᶜʃigutu]（仕事）, [ᶜʃinuɴ]（死ぬ）,

　[ʃibuᶜsaɴ]（渋い）, [ᶜʃima]（島）, [ʃiᶜmiːɴ]（締める）, [ʃidʒiᶜmuɴ]（沈む）,

　[ʃimiᶜtʃiːɴ]（締め付ける）, [ʃiᶜraɴ]（虱）, [ʃiːᶜru]（汁）, [ʃiᶜruː]（白い）,

　[ʃinᶜdʒiːɴ]（信じる）, [ᶜʃirubi]（印／⊕<ruby>標<rt>しるべ</rt></ruby>）, [ᶜʃiʃi]（肉／⊕<ruby>肉<rt>しし</rt></ruby>）

【語中・語末の例】

　[ᶜʔaʃidʒa]（足駄）, [ᶜnuːʃi]（主人／<ruby>主<rt>ぬし</rt></ruby>）, [ʔiᶜʃi]（石）, [ʔuᶜʃi]（牛）,

　[kwaːᶜʃi]（菓子）, [ku̥tʃiᶜbaʃi]（くちばし）, [ᶜku̥ʃi]（腰）, [ʔitʃiᶜmuʃi]（動物／生き虫）,

　[ᶜtu̥ʃi]（年）, [ᶜhaʃi]（端）, [haᶜʃi]（橋・はしご）, [hanaᶜʃi]（話）, [ᶜheːʃi]（囃子）,

　[ᶜçigaʃi]（東）, [ᶜçiːbaːʃi]（火箸）, [ᶜɸuʃi]（節）, [buᶜʃi]（武士）, [ɸuᶜʃi]（星）,

　[ᶜŋkaʃi]（昔）, [ᶜmatabaʃi]（股／股 + 端）, [muᶜʃi]（虫）, [muᶜʃi̥ka]（もしか）,

　[ᶜmeːʃi]（箸／御御 + 箸）, [ᶜtoːmorokoʃi]（とうもろこし）,

　[hanaᶜʃiː munugatai]（物語／話 + 物語）, [ᶜhaʃiru]（雨戸・戸／走り戸）

51

スの対応例

【語頭の例】

　[ˈʃiː]（巣），[ˈʃina]（砂），[ˈʃimi]（隅），[ʃiːˈsaɴ]（酸っぱい／㊨酸し），
　[ˈʃiːɴ]（こする／磨る）

　[ˈsuː]（酢），[suːˈiɴ]（吸う），[su̥ˈki]（鋤），[suˈgiːɴ]（過ぎる），[ˈsu̥su]（煤），
　[ˈsumi]（炭），[ˈsu̥su]（裾）

【語中・語末の例】

　[ˈkuraʃiɴ]（闇／暗隅くらすみ），[taʃiˈkiːɴ]（助ける），[ˈʔuːʃi]（臼），[waˈʃʃiːɴ]（忘れる），
　[ʔaˈʃiˈbuɴ]（遊ぶ／遊あすぶ）

　[ˈku̥sui]（薬），[nusuˈmuɴ]（盗む）

セの対応例

【語頭の例】

　[ʃiˈwa]（心配／世話）

【語中・語末の例】

　[ʔaˈʃi]（汗），[ˈku̥ʃi]（癖），[miˈʃiːɴ]（見せる），[ˈjuʃiːɴ]（寄せる），
　[nuˈʃiːɴ]（乗せる），[saɴˈʃiɴ]（三味線／三線）

ソの対応例

【語頭の例】

　[ˈsudatiːɴ]（育てる），[ˈsuri]（袖），[suˈba]（側），[suˈmiːɴ]（染める），[suˈɴ]（損），
　[suˈiɴ]（剃る），[suˈriːɴ]（揃う）

【語中・語末の例】

　[ˈku̥su]（糞），[ˈnuːmisu]（脳みそ），[nˈsu]（味噌），[ˈsu̥su]（裾），
　[temˈbusu]（臍／出で＋㊨臍ほそ）

※共通語のソに si が対応している例も見られる。

　[ˈʔiʃigaiɴ]（急ぐ・走る／忙しい）

※ sju からの音韻変化と思われる語もある。

52

［「su:］（お父さん・義父／主）

上田方言と共通語のザ行における対応は、次のような関係にある。

共通語	ザ	ジ	ズ	ゼ	ゾ
上田方言	za	zi	zi	zi	zu

ザの対応例

【語頭の例】

　［「dza:］〜［「dʒa:］（座）, ［dzaçi「tʃi］〜［dʒaçi「tʃi］（座敷）

【語中の例】

　［「kudzara］（小皿）, ［ʔo:dzara］（大皿）

ジの対応例

【語頭の例】

　［「dʒi:］（字）, ［dʒi「naɴ］（次男）, ［dʒi「maɴ］（自慢）

【語中・語末の例】

　［ko:「dʒi］（かび・麴／麴）, ［「de:dʒi］（大事・大変）, ［tuˀdʒi］（妻／⊕刀自）,

　［「ɲidʒi］（虹）, ［hadʒiˀmi:ɴ］（始める）, ［madʒiˀmuɴ］（幽霊／蠱物）

ズの対応例

【語頭の例】

　語頭にズが対応する語は見られなかった。

【語中の例】

　［ki「dʒi］（傷）, ［「dʒo:dʒi］（上手）, ［ʃin「dʒi:ɴ］（信じる／信ずる）

ゼの対応例

【語頭の例】

　［「dʒiɴ］（銭／銭の i 欠落）

【語中・語末の例】

[kaᶜdʒi](風・台風)、[ᶜʔudʒiɴ](膳／御膳)、[ᶜheːnukadʒi](南風／南の風)、

[ku̥ᶜtʃikadʒi](東風／㊐東風)

ゾの対応例

【語頭の例】

　語頭において、ゾに対応する語は見られなかった。

【語中の例】

　[kuꜜdzu](去年／㊐去年)

※ za が口蓋化して現れている語も見られる。

　[kadʒaꜜiɴ](添える／飾る)

※シがジに濁って現れている語も見られる。

　[ᶜkaradʒi](髪／頭の音位転倒)

※ zu が共通語のズに対応し、なおかつ口蓋化を起こしている語も見られた。

　[ᶜʔudzu]〜[ᶜudʒu](渦)

※ゾに対応する zu が口蓋化を起こしている語も見られた。

　[ndʒuᶜgwaː](溝／溝＋指小辞 小)

上田方言と共通語のタ行における対応は、次のような関係にある。

共通語	タ	チ	ツ	テ	ト
上田方言	ta	ci	ci	ti	tu

タの対応例

【語頭の例】

　[ᶜtaː](田)、[taᶜtʃi](刀／太刀)、[takaᶜsaɴ](高い)、[taᶜki](滝・丈)、[taᶜku](蛸)、

　[taʃi̥ᶜkiːɴ](助ける)、[tadʒiːɲiːɴ](尋ねる)、[taᶜgeːɲi](互いに)、[ᶜtataɴ](畳)、

　[taᶜgeːsuɴ](耕す)、[taᶜtʃuɴ](立つ)、[ᶜtana](棚)、[ᶜtabi](旅)、[ᶜtabaku](煙草)、

　[taᶜi](二人)、[taᶜmuɴ](薪／焚き物)

【語中・語末の例】

[ʔa⌈ki⌉gata]（明け方）, [ʔi⌈ta]（板）, [ʔu⌈ta]（歌）, [ʔuta⌈iɴ]（歌う）, [ka⌈ta]（肩）,
[ʔu⌈ta⌉geːɴ]（疑う）, [wa⌈ta]（腹・はらわた／腸(わた)）, [⌈katatʃi]（形）,
[kata⌈miː]（片目）, [⌈tʃiːtatʃi]（元日／一日(ついたち)）, [ki̥⌈ta]（北）, [ʔu⌈taki]（お嶽）,
[ha⌈ta⌉ratʃuɴ]（働く）, [⌈hataratʃaː]（働き者／働き屋）, [hata⌈ki]（畑）,
[ʔumi⌈bata]（浜／海＋端）, [⌈ɸu̥ta]（蓋）, [⌈matabaʃi]（股／股＋端）, [wa⌈ta]（綿）,
[hana⌈ʃiː⌉ munugatai]（物語／話＋物語）

チの対応例

【語頭の例】

[⌈tʃiː]（血）, [tʃi̥ka⌈saɴ]（近い）, [tʃi⌉ː]（乳／(古)乳(ち)）,
[tʃi⌈ːnuku⌉bi]（乳首／(古)乳(ち)の首）

【語中・語末の例】

[ʔutʃi⌈tʃi]（痣／内＋血）, [⌈ʔitʃi̥ɲitʃi]（一日(いちにち)）, [⌈ʔirigutʃi]（入口）, [⌈katatʃi]（形）,
[⌈meːɲitʃi]（いつも・常に・毎日／毎日）, [⌈nutʃi]（命／命の語頭 i 欠落）,
[ta⌈tʃi]（刀／太刀(たち)）, [⌈tʃiːtatʃi]（元日／一日(ついたち)）, [ku̥⌈tʃi]（口）, [⌈ku̥tʃi⌈biru]（唇）,
[ku̥tʃi⌈dza⌉tʃi]～[ku̥tʃi⌈dʒa⌉tʃi]（くちばし／口先）, [gu⌈tʃi]（愚痴）,
[ku̥⌈tʃi]（東／(古)東(こち)）, [ku̥⌈tʃikadʒi]（東風／(古)東風(こち)）, [dʒuːi⌈tʃi]（十一）,
[⌈hatʃidʒuː]（八十）, [⌈mitʃi]（道）, [sa⌉ɲɲitʃi]（三日／三日(さんにち)）, [mu⌈tʃi]（餅）,
[ʔitʃi⌈baɴ]（一等／一番）, [mu⌈tʃi]（鞭）, [⌈matʃijaːgwaː]（店／町屋＋接尾辞 小(ぐゎ)）

ツの対応例

【語頭の例】

[⌈tʃiburu]（頭／(古)頭(つぶり)）, [⌈tʃira]（顔・頬／(古)面(つら)）, [tʃiː⌈ta⌉tʃi]（元日／一日(ついたち)）,
[⌈tʃibi]（尻／(古)屎(つび)）, [tʃi̥⌉keːɴ]（使う）, [tʃi̥ka⌉riːɴ]（疲れる）, [tʃi⌈tʃuɴ]（突く）,
[⌈tʃi̥tʃi]（年月／月）, [⌈tʃi̥⌈tʃu⌉ɴ]（着く・搗く）, [tʃi⌈dʒuɴ]（注ぐ）, [⌈tʃina]（綱）,
[tʃi̥ki⌉muɴ]（漬け物）, [tʃidʒi⌉tʃuɴ]（続く）, [tʃidʒi⌉kiːɴ]（続ける）, [⌈tʃinu]（角(つの)）,
[tʃi⌉bu]（壺）, [⌈tʃiru]（蔓）, [tʃi̥tʃi⌈muɴ]（包む）, [⌈tʃiːɴ]（釣る）,
[tʃiru⌈buɴ]（交尾する／(古)交尾(つる)ぶ）

【語中・語末の例】

[⌜ʔatʃisaɴ]（温かい／熱い）, [ʔatʃi⌜saɴ]（厚い）, [⌜ʔatʃisaɴ]（暑い）, [⌜ʔatʃimaiɴ]（集まる・寄る）, [ʔatʃimi⌜ːɴ]（集める）, [ʔiku̥⌜tʃi]（いくつ）, [⌜ʔitʃi]（いつ）, [ku̥⌜tʃi⌝saɴ]（きつい）, [ʃimi⌜tʃiːɴ]（締め付ける）, [na⌜tʃi]（夏）, [soːga⌜tʃi]～[ʃoːga⌜tʃi]（正月）, [sumu⌜tʃi]（書物）, [⌜ɲitʃi]（熱）, [tiː⌜tʃi]（一つ）, [taː⌜tʃi]（二つ）, [miː⌜tʃi]（三つ）, [⌜juːtʃi]（四つ）, [⌜ʔitʃitʃi]（五つ）, [⌜muːtʃi]（六つ）, [nana⌜tʃi]（七つ）, [⌜jaːtʃi]（八つ）, [kukunu⌜tʃi]（九つ）, [maː⌜tʃi]（松）, [matʃi⌜gi]（睫）, [miː⌝tʃi̥kiː ɴ]（見つける）, [⌜ʔutʃitʃuːmeː]（月／御月(おつき)＋前）

テの対応例

【語頭の例】

[⌜tiɴ]（空／天）, [⌜tiː]（手）, [ti⌜ːnu⌝kubi]（手首／手の首）, [ti⌝ppuː]（鉄砲）, [⌜tintʃi]（天気）, [tiːra⌝suɴ]（照らす）, [⌜tiːɴ]（照る）, [tin⌜dʒoː]（天井）

【語中・語末の例】

[çi̥ti⌜miti]（朝／(古)つとめて）, [ʔasa⌜ti]（明後日／(古)明後日(あさて)）, [⌜ʔawatiːɴ]（慌てる）, [ʔu⌜tiːɴ]（落ちる）, [⌜çi̥tiːɴ]（捨てる）, [⌜sudatiːɴ]（育てる）, [çi̥timiti⌜muɴ]（朝食／(古)つとめて＋物）, [⌜ʔatiːɴ]（殴る／当てる）, [çira⌜tiɴ]（隔てる）

トの対応例

【語頭の例】

[tura⌜suɴ]（与える／取らせる）, [tu⌝ː]（十／十(とお)）, [tu⌝dʒi]（妻／(古)刀自(とじ)）, [tuː⌝saɴ]（遠い）, [⌜tutʃi]（時）, [tu̥tʃi⌜dutʃi]（時々）, [⌜tu̥kuru]（処(ところ)）, [⌜tu̥ʃi]（年）, [tuː⌜dʒuɴ]（研ぐ）, [turu⌜tʃuɴ]（届く）, [tu⌜buɴ]（飛ぶ）, [tu⌜miːɴ]（止める）, [tuma⌝iɴ]（泊まる）, [tu⌜ra]（虎）, [⌜tui]（鳥）, [⌜tuikagu]（鳥籠）, [⌜tuiɴ]（取る）, [tu̥⌜kiːɴ]（溶ける）, [tu̥⌜sui]（年寄り）

【語中・語末の例】

[ʔa⌜tu]（後(あと)）, [ʔi⌝ttu]（一斗）, [⌜wutu]（夫／(古)夫(をっと)）, [ʔu⌝tu]（音）,

第1章　琉球方言・音韻の記述的研究

[ʔutˈtu]（弟／㊁弟），

[ˈʔuturusaN]（怖じる・恐ろしい・怖がる／㊁恐ろしの転訛「おとろし」），

[ˈmutu]（旧／㊁旧），[koˈtu:]（琴），[ˈku̥tuba]（言葉），[ʃigutu]（仕事），

[ˈʔutumu]（お供），[ɲi:muˈtu]（根元），[ho̞ˈ:tu]（鳩），[ˈnnatu]（湾／港）

※タが口蓋化している語も見られる。

[ʃi̥ˈtʃaˈago]（おとがい／下顎），[çi̥ˈtʃa]（下），[çi̥tʃa ŋke:]（下へ）

※ツに hi が対応している語も見られる。

[çi̥ti̥ˈmiti]（朝／㊁つとめて），[çi̥timitiˈmuN]（朝食／㊁つとめて＋物）

※ツに cu が対応している語も見られる。

[tsu̥ˈki]（月），[tsudzuˈmi]（鼓），[kaˈtsu:]（鰹）

※トに ti が対応している語も見られる。

[çi̥tiˈmiti]（朝／㊁つとめて），[çi̥timitiˈmuN]（朝食／㊁つとめて＋物）

※トが tu に対応し、なおかつ口蓋化している語も見られる。

[ˈʔi:tʃu:]（糸），[ˈʔitsu̥ku]〜[ˈʔitʃu̥ku]（従兄弟）

上田方言と共通語のダ行における対応は、次のような関係にある。

共通語	ダ	ヂ	ヅ	デ	ド
上田方言	da	zi	zi	ri	du

ダの対応例

【語頭の例】

[damaˈriN]（黙る），[damaˈsuN]（騙す），[daruˈsaN]（だるい）

【語中・語末の例】

[ˈʔaida]（間），[ˈjuda]（枝），[ˈsudati:N]（育てる）

ヂの対応例

【語頭の例】

[ˈdʒi:]（地／地），[ˈdʒi:ma:mi:]（落花生／地豆）

57

【語中・語末の例】

[ʔaˤdʒi]（味／味ぢ）, [ˈkudʒira]（鯨／鯨）, [hanaˤdʒiː]（鼻血）, [çidʒi]（肘／肘ひぢ）,
[ˈkadʒi]（櫓／舵かぢ）

ヅの対応例

【語頭の例】

　語頭において、ヅに対応する語は見られなかった。

【語中・語末の対応例】

　[sakaˤdʒitʃi]（杯／杯さかづき）, [ʃidʒiˤmuɴ]（沈む／沈む）,
[ˈtadʒiːniːɴ]（尋ねる／尋たづねる）, [tʃidʒiˤtʃuɴ]（続ける）, [tʃidʒiˤkiːɴ]（続ける）,
[miˤdʒi]（水／水みづ）, [ˈhadʒikasaɴ]（恥ずかしい／恥づかしい）,
[haˤdʒiːɴ]（脱ぐ／外す）, [muˤdʒiˤkasaɴ]（難しい／⊕難むづかしい）

デの対応例

【語頭の例】

　語頭において、デに対応する語は見られなかった。

【語中・語末の例】

　[ˈsuri]（袖）

ドの対応例

【語頭の例】

　[ˈduku]（毒）, [ˈduru]（泥）

【語中・語末の例】

　[tu̥tʃiˤdutʃi]（時々）

※ダが za に対応し、なおかつ口蓋化している語も見られる。

　[ʔeːˤdza]（間）, [ʔaʃidʒa]（足駄）

※ダが ra に対応している語も見られる。また、da と ra で揺れている語もある。

　[ˈʔanda]（油）, [dʒiˤːandaː]（脳みそ／髄＋油）, [ˈmaːra]（まだ）, [juˤraɴ]（油断）,

[çira⌐ti:N] (隔てる), [「hadaka] ～ [「haraka] (裸)

※ヅに zu が対応している語も見られる。

[「tsudzumi] (鼓)

※ドが do に対応している語も見られる。

[tʃu:doku⌐suN] (中毒する), [「do:gu] (道具)

※ドが ru に対応している語も見られる。

[turu⌐tʃuN] (届く), [「nusuru] (盗人／盗人)

上田方言と共通語のナ行における対応は、次のような関係にある。

共通語	ナ	ニ	ヌ	ネ	ノ
上田方言	na	ni	nu	ni	nu

ナの対応例

【語頭の例】

[na⌐suN] (産む／生す), [nara:⌐suN] (教える／習わせる),

[naga⌐ɲi] (背中／長胸), [「naka] (仲), [naga⌐saN] (長い), [naga⌐ri:N] (流れる),

[na⌐gi:N] (投げる), [na⌐tʃi] (夏), [na⌐ri:N] (撫でる), [nana⌐tʃi] (七つ),

[na:⌐bi] (鍋), [「namari] (鉛), [na⌐mi] (波), [na⌐i:N] (鳴る), [na⌐ri:N] (慣れる),

[na⌐re:N] (習う), [na⌐mi:N] (舐める), [nana⌐dʒu:] (七十),

[nama⌐muN] (なまもの)

【語中・語末の例】

[ʔa⌐na] (穴), [「ʔinaka] (田舎), [「ke:na] (腕／腕), [n⌐nadʒi] (うなぎ),

[hana⌐çi:N] (くしゃみ／鼻＋放る), [「ʃina] (砂), [「tʃina] (綱), [nana⌐tʃi] (七つ),

[「tana] (棚), [hana⌐] (花), [「hana] (鼻), [hana⌐ʃi] (話), [hana⌐suN] (話す),

[hana⌐dʒi:] (鼻血), [nana⌐dʒu:] (七十), [ʔuɸuku⌐naiN] (増える／多くなる),

[ma⌐nnaka] (真ん中), [「n:na] (皆), [hana⌐ʃi:⌐ munugatai] (話／話＋物語),

[「junaka] (夜中), [「nnatu] (湾／港), [wa⌐na] (罠), [ʔu⌐nai] (妹／をなり)

ニの対応例

【語頭の例】

　[「ɲiːɴ] (焚きつける／煮る), [「ɲi] (荷), [ˌɲiaˀtuɴ] (似合う), [「ɲidʒiːɴ] (握る),

　[ɲiˈdʒuː] (二十), [ɲiˈçaku] (二百), [ɲiˈtʃoːɴ] (似ている), [ɲiŋˈgjoː] (人形),

　[「ɲidʒi] (虹)

【語中・語末の例】

　[「ʔitʃiɲitʃi] (一日／一日), [「meːɲitʃi] (いつも・常に・毎日), [ʔuˈɲi] (鬼),

　[gaˈɲi] (蟹), [taˈgeɲi] (互いに), [dʒuːˈɲi] (十二), [saˀŋɲitʃi] (三日／三日)

ヌの対応例

【語頭の例】

　[nukuˈsaɴ] (温かい／温い), [「nuːʃi] (主人／主), [nusuˈmuɴ] (盗む),

　[「nunu] (布), [「nusuru] (盗人／盗人), [「nuiɴ] (塗る), [nuˈdʒuɴ] (抜く)

【語中・語末の例】

　語中・語末において、ヌに対応する語は見られなかった。

ねの対応例

【語頭の例】

　[nigaˈiɴ] (祈る・願う／願う), [「niː] (根), [niːmuˈtu] (根元), [「nitʃi] (熱)

【語中・語末の例】

　[「ŋɲi] (稲), [kaˈɲi] (鐘), [「kugaɲi] (黄金), [nagaˈɲi] (背中／長胸), [ɲˈɲi] (胸),

　[「ʔuɲiˈgeːsuɴ] (頼む／お願いする), [kaˈɲi] (鉄／金), [haˈɲi] (羽), [「ɸuɲi] (舟),

　[ɸuˈɲi] (骨), [jaˈɲi] (屋根)

ノの対応例

【語頭の例】

　[「nutʃi] (命／命の語頭 i 欠落), [nukuˈiɴ] (残る), [nuˈbuɴ] (伸びる),

　[nubaˀsaɴ] (伸ばす), [nuˈʃiɴ] (乗せる), [nuˈmaː] (蚤／蚤＋指小辞 a),

　[nuˈmuɴ] (飲む), [「nuiɴ] (乗る), [nukuˈdʒiri] (鋸)

60

【語中・語末の例】

[ʔa⸢nu]（あの）, [ʔanu⸢tʃu]（ある人／あの人）, [⸢ʔuʃinujaː]（牛小屋／牛の屋）, [tʃi⸢nuː]（昨日）, [ku̥ku⸢nutʃi]（九つ）, [⸢kunu]（この・その）, [⸢tʃinu]（角）, [tʃi⸢ːnuku⸣bi]（乳首／㊂乳の首）, [ti⸢ːnu⸣kubi]（手首／手の首）, [⸢nunu]（布）, [⸢heːnukadʒi]（南風／南の風）, [⸢munu]（飯・物／物）, [⸢wa⸢tʃi nu çi̥⸣tʃa]（脇の下）, [hana⸢ʃiː⸣munugatai]（物語／話＋物語）

※ミが ni に対応している語も見られる。

[⸢ɲidʒiri]（右／㊂右）

※ヌが母音の欠落によって撥音化している語も見られる。

[⸢ʔiɴ]（犬）, [⸢nriːɴ]（濡れる）

※ノが母音の欠落によって撥音化している語も見られる。

[kami⸢muɴ]（食べ物／噛み物）, [ɸuru⸢muɴ]（古物）, [ta⸢muɴ]（薪／焚き物）, [nama⸢muɴ]（なまもの）, [ʔuː⸣muɴ]（雄／雄＋物）, [waka⸢muɴ]（若者）, [çi̥timiti⸢muɴ]（朝食／㊂つとめて＋物）, [⸢ʔuːɴ]（斧）

上田方言と共通語のハ行における対応は、次のような関係にある。

共通語	ハ	ヒ	フ	ヘ	ホ
上田方言	ha	hi	hu	hi	hu

ハの対応例

【語頭の例】

[⸢haʃiru]（雨戸・戸／走り戸）, [hana⸣çiːɴ]（くしゃみ／鼻＋放る）, [ha⸢ku]（箱）, [⸢haːbeːruː]（蝶々／㊂はべる）, [ha⸢dʒiːɴ]（脱ぐ／外す）, [haː⸢]（歯）, [⸢haː]（葉）, [ha⸢tʃuɴ]（吐き出す・吐く／吐く）, [haka⸢iɴ]（計る）, [ha⸢ka]（墓）, [ha⸢saɴ]（鋏）, [ha⸢giːɴ]（禿げる）, [haku⸣buɴ]（運ぶ）, [⸢haʃi]（端）, [ha⸢ʃi]（橋・はしご）, [hadʒi⸣miːɴ]（始める）, [ha⸢ta⸣ratʃuɴ]（働く）, [⸢hataratʃaː]（働き者／働き屋）, [⸢hadʒikasaɴ]（恥ずかしい／恥づかしい）, [hata⸢ki]（畑）, [hana⸢]（花）, [⸢hana]（鼻）, [ha⸢tʃaː]（蜂／蜂＋指小辞 a）, [hana⸢ʃi]（話）, [hana⸢suɴ]（話す）,

[haɴˈsuɴ] (放す・ほどく), [hanaˈdʒiː] (鼻血), [haˈɲi] (羽), [hamˈbuɴ] (半分),
[haˈma] (浜), [ˈhaːi] (針), [ˈharu] (春), [haˈriːɴ] (晴れる), [ˈhatʃidʒuː] (八十),
[hanaˈʃiːˈmunugatai] (物語／話＋物語)

【語中・語末の例】

[ˈʔatʃihatiɴ] (飽きる／厭き果てる), [jaharaˈsaɴ] (柔らかい／柔らかい)

ヒの対応例

【語頭の例】

[ˈçiː] (火・日), [ˈçiːbaːʃi] (火箸), [ˈçigaʃi] (東), [çikaˈriɴ] (光る), [çiˈdʒi] (髭),
[çiku̜ˈsaɴ] (低い), [ˈçidʒi] (肘), [çiˈtʃeː] (額), [çiˈppaiɴ] (引っ張る), [ˈçima] (暇),
[çiˈmo] (紐), [ˈçiru] (昼), [ˈçiːɴ] (干る), [ˈçiːɴ] (放る), [çiˈruˈgiːɴ] (広げる),
[çiruˈsaɴ] (広い), [çiɴsuː] (貧しい／貧相)

【語中・語末の例】

[hanaˈçiːɴ] (くしゃみ／鼻＋放る)

フの対応例

【語頭の例】

[ɸu̜kaˈsaɴ] (深い), [ɸu̜ˈtʃu̜ːɴ] (吹く), [ˈɸuʃi] (節), [ɸu̜ˈta] (蓋), [ˈɸuɲi] (舟),
[ɸuˈkkwiɴ] (ふくれる・腫れる／ふくれる), [ˈɸukuru] (袋), [ˈɸuju] (冬),
[ˈɸuiɴ] (降る・振る), [ɸuruˈsaɴ] (古い), [ɸuruˈmuɴ] (古物)

【語中・語末の例】

[ku̜ˈɸuː] (細工／工夫), [ˈbaʃoːɸu] (芭蕉布), [ˈjuːɸuru] (風呂／湯＋風呂)

への対応例

【語頭の例】

[ˈçiː] (屁), [çiraˈtiːɴ] (隔てる), [ˈçira] (箆)

【語中・語末の例】

語中・語末において、へに対応する語は見られなかった。

ホの対応例

【語頭の例】

　　[ɸu̥ˈka]（外／外{ほか}），[ˈɸu:]（穂），[ˈɸu:]（帆），[ˈɸu̥kui]（埃），[ɸu̥ˈʃi]（星），

　　[ɸu̥ˈni]（骨），[ɸuˈmi:ɴ]（ほめる），[ɸuˈiɴ]（掘る），[ɸunˈto:]（本当）

【語中・語末の例】

　　[ʔuɸu̥ˈtʃu]（大人／大人{おほひと}）

※ハが ba に対応している語も見られる。

　　[ʔaʃiˈbaɴ]（昼食／朝＋飯），[ju:ˈbaɴ]（夕食／夕＋飯）

※ホが ho に対応している語も見られる。

　　[ʔoˈho:ku]（沢山／⊕多{おほ}く）

※ハ行転呼音（連母音化している例も見られる。）

　　[ʔa:iɴ]（会ふ），[ʔo:ˈdʒuɴ]（扇{あふ}ぐ），[ʔe:ˈdza]（間{あひだ}），[ˈʔatʃine:]（商ひ），

　　[ˈke:na]（腕／⊕腕{かひな}），[ˈʔo:dʒi]（扇{あふぎ}），[tʃu:]（今日／今日{けふ}），

　　[ko:ˈiɴ]（飼う・買う／かふ），[ke:ˈiɴ]（帰る），[tʃiˈnu:]（昨日／昨日{きのふ}），

　　[ke:ˈiɴ]（変える／変へる），[ʔire:iɴ]（答える／⊕答ふ{いら}），[ne:]（苗{なへ}），

　　[ke:raˈsuɴ]（こぼす／返{かへ}らす），[ˈke:ri:ɴ]（転ぶ／返{かへ}る），[ʔiˈçitʃa]（上下／上下{うへした}），

　　[dʒu:ˈʃi:]（雑炊{ぞふすい}），[dzoˈkiɴ]～[dʒo:ˈkiɴ]（雑巾{ざふきん}），[taˈge:ɲi]（互ひに），

　　[taˈge:ˈsuɴ]（耕す／⊕耕{たがへ}す），[tu:ˈsaɴ]（遠{とほ}い），[ju:ˈbaɴ]（夕食／夕飯{ゆふはん}），

　　[ʔuɲiˈge:suɴ]（頼む／お願ひする），[ˈhe:]（灰{はひ}），[no:ˈsuɴ]（治す・直す／なほす），

　　[he:]（蠅{はへ}），[çi̥tˈtʃe:]（額{ひたひ}），[dʒu:iˈtʃi]（十一{じふいち}），[dʒu:ˈɲi]（十二{じふに}），[dʒu:ˈsaɴ]（十三{じふさん}），

　　[ɲiˈdʒu:]（二十{にじふ}），[sanˈdʒu:]（三十{さんじふ}），[jonˈdʒu:]（四十{よんじふ}），[goˈdʒu:]（五十{ごじふ}），

　　[rokuˈdʒu:]（六十{ろくじふ}），[nanaˈdʒu:]（七十{ななじふ}），[ˈhatʃidʒu:]（八十{はちじふ}），[kjuˈdʒu:]（九十{きうじふ}），

　　[ˈme:]（前{まへ}），[ʔo:muˈgi]（大麦{おほむぎ}），[ˈka:]（皮{かは}），[ˈka:ra]（川／川原{かは}），

　　[ˈka:]（井戸／川{かは}），[naraˈsuɴ]（教える／習はせる），[saˈiɴ]（触{さは}る），

　　[katʃa:ˈsuɴ]（混ぜる／掻き合はせる），[katʃa:riˈtuɴ]（乱れる／掻き合はせている）

上田方言と共通語のバ行における対応は、次のような関係にある。

共通語	バ	ビ	ブ	ベ	ボ
上田方言	ba	bi	bu	bi	bu

バの対応例

【語頭の例】

[ˈbaʃoː] (芭蕉), [ˈbaʃoːɸu] (芭蕉布), [ˈbaɴ] (番), [baˈsa] (馬車), [ˈbai] (倍)

【語中・語末の例】

[ˈtʃiːba] (牙), [sabaˈtʃi] (櫛／「捌く」の連用形「捌き」), [ˈku̥tuba] (言葉),

[ˈdʒuːbaku] (重箱), [suˈba] (側), [ˈtabaku] (煙草), [nubaˈsuɴ] (伸ばす),

[ʔumiˈbata] (浜／海＋端), [ˈçiːbaʃi] (火箸), [ˈmatabaʃi] (股／股＋端),

[ʔitʃiˈbaɴ] (一等／一番)

ビの対応例

【語頭の例】

[ˈbiɴ] (瓶)

【語中・語末の例】

[ʔaˈkubi] (あくび), [ˈjebi] (海老), [ˈʔuːbi] (帯), [ku̥tʃiˈbiru] (唇), [kuˈbi] (首),

[ˈtʃibi] (尻／㊀屎), [ˈtabi] (旅), [tʃiˈːnukuˈbi] (乳首／㊀乳の首),

[ˈʔiːbi] (指／㊀指), [tiˈːnuˈkubi] (手首／手の首),

[dʒumˈbiˈsuɴ] (用意する／準備する)

ブの対応例

【語頭の例】

[buˈʃi] (武士)

【語中・語末の例】

[ˈtʃiburu] (頭／㊀つぶり), [ˈʔaːbukuː] (泡／㊀泡), [kibuˈʃi] (煙／㊀煙),

[ˈkuːbu] (昆布／㊀昆布), [hamˈbuɴ] (半分), [mbuˈsuɴ] (蒸す／燻す),

[ʃibuˈsaɴ] (渋い)

第1章　琉球方言・音韻の記述的研究

べの対応例

【語頭の例】

　語頭において、べに対応する語は見られなかった。

【語中・語末の例】

　　[waːˈbi]（上／上辺），[kuˈbi]（壁／㊂垣），「warabi]（子供／㊂童），

　　[「ʃirubi]（印／㊂標），[naːˈbi]（鍋）

ボの対応例

【語頭の例】

　語頭において、ボに対応している例は見られなかった。

【語中・語末の例】

　　[tʃiˈbu]（壺）

　上田方言と共通語のパ行における対応は、次のような関係にある。

共通語	パ
上田方言	pa

パの対応例

【語頭の例】

　　[papaˈjaː]（パパイヤ）

【語中・語末の例】

　　[「ʔippai]（一杯），[çiˈppaiɴ]（引っ張る），[papaˈjaː]（パパイヤ）

　上田方言と共通語のマ行における対応は、次のような関係にある。

共通語	マ	ミ	ム	メ	モ
上田方言	ma	mi	mu	mi	mu

65

マの対応例

【語頭の例】

[maˈmaˀuja]（義母／継親〈ままおや〉）, [ˈmaːsu]（塩／真塩）, [magaˀiɴ]（曲がる）,

[makˀkwa]（枕）, [maˈkiːɴ]（負ける）, [maˈgiːɴ]（曲げる）, [ˈmaːi]（まわり）,

[maːˀiɴ]（まわる）, [mˀmaga]（孫／孫＋指小辞 a）, [ˈmatabaʃi]（股／股＋端）,

[maːˀtʃi]（松）, [matʃiˀgi]（睫）, [ˈmaːmi]（豆）, [maˀju]（眉）, [maˈruː]（丸）,

[maˀnnaka]（真ん中）, [ˈmaːra]（まだ）, [maˀta]（又）, [ˈmakai]（椀／〓鋺〈まがり〉）,

[madʒiˀmuɴ]（幽霊／蠱物〈まじもの〉）, [ˈmatʃija:gwaː]（店／町屋＋指小辞 小〈ぐゎ〉）,

[maːˈsaɴ]（おいしい／美味いの u 欠落）

【語中・語末の例】

[ʔaˀma]（彼処／彼＋間）, [ʔamaˀsaɴ]（甘い）, [ˈʔatʃimaiɴ]（集まる・寄る）,

[mˀma]（馬）, [ˈʔure:masaɴ]（羨ましい）, [mˀmaˀriɴ]（生まれる）, [kaˀma]（釜）,

[ˈjama]（山）, [ˈjagamasaɴ]（うるさい／喧しい）, [ˈkuruma]（車）,

[dʒiˀmaɴ]（自慢）, [ˈçima]（暇）, [kuˀma]（此処／此＋間）,

[kumaˈsaɴ]（細かい）, [ˈʃima]（島）, [damaˀriɴ]（黙る）,

[ʔaˀʃimma]（竹馬／足＋馬）, [damaˀsuɴ]（騙す）, [ˈdʒiːma:miː]（落花生／地豆）,

[tumaˀiɴ]（泊まる）, [ˈnamari]（鉛）, [haˀma]（浜）, [namaˀmuɴ]（なまもの）

ミの対応例

【語頭の例】

[miːˈtʃi]（三つ）, [miˈjuɴ]（見える）, [miˈʃiːɴ]（見せる）, [misaˀtʃi]（岬）,

[ˈmiːgurisaɴ]（みにくい／見苦しい）, [miˀdʒi]（水）, [ˈmitʃi]（道）,

[miˀtʃuɴ]（満つ）, [miːˀtʃikiːɴ]（見つける）, [ˈmimi]（耳）

【語中・語末の例】

[ˈʔami]（網）, [ʔuˀmi]（海）, [ˈʔumi]（膿）, [ʔuˀkami]（神／御神）, [ˈʃimi]（隅）,

[ˈsumi]（炭）, [kamiˀmuɴ]（食べ物／噛み物）, [ˈnami]（波）,

[ˈnuːmisu]（脳みそ）, [ʔumiˀbata]（浜／海＋端）, [ˈmimi]（耳）, [juˀmi]（弓）

第1章　琉球方言・音韻の記述的研究

ムの対応例

【語頭の例】

　[ˈmuːtʃi]（六つ），[ˈmudʒi]（麦），[muːˈku]（婿），[muˈʃi]（虫），[muˈra]（村），

　[muˈdʒiˈkasaɴ]（難しい／㊉難しい），[muˈtʃi]（鞭）

【語中・語末の例】

　[ʔitʃiˈmuʃi]（動物／生き虫），[ʔoːmuˈgi]（大麦），[ˈkomugi]（小麦）

メの対応例

【語頭の例】

　[ˈmiː]（目・芽），[miguˈiɴ]（めぐる），[mikˈkwa]（めくら）

【語中・語末の例】

　[çi̥tiˈmiti]（朝／㊉つとめて），[ˈʔami]（雨），[ˈʔamigwaː]（飴／飴＋指小辞 小），

　[ˈʔatʃimiːɴ]（集める），[ˈʔumiːɴ]（埋める），[kataˈmiː]（片目），[kaˈmiː]（亀），

　[kaˈmi]（甕），[ˈkumi]（米），[saˈmiːɴ]（覚める），[ʃiˈmiːɴ]（締める），

　[ʃimiˈtʃiːɴ]（締め付ける），[suˈmiːɴ]（染める），[ˈdʒiːmaːmiː]（落花生／地豆），

　[çitimitiˈmuɴ]（朝食／㊉つとめて＋物），[ˈtʃimi]（爪），[tuˈmiːɴ]（止める），

　[naˈmiːɴ]（舐める），[hadʒiˈmiːɴ]（始める），[ɸuˈmiːɴ]（ほめる），[ˈmaːmi]（豆），

　[jaˈmiːɴ]（やめる），[ˈʔimi]（夢／㊉夢），[ˈjumi]（嫁）

モの対応例

【語頭の例】

　[ˈmutu]（旧／旧），[ˈmuru]（全部／諸），[ˈmunu]（飯・物），[ˈmuː]（藻），

　[muˈtʃi]（餅），[muˈʃi̥ka]（もしか），[muˈtsuɴ]〜[muˈtʃuɴ]（持つ），

　[ˈmumu]（桃），[muˈiɴ]（漏れる）

【語中・語末の例】

　[ˈmmu]（芋），[ʔuːˈmuɴ]（雄／雄＋物），[ʔumuˈiɴ]（思う），[tʃiˈmu]（肝），

　[kuˈmu]（雲），[ˈsumutʃi]（書物），[kamiˈmuɴ]（食べ物／噛み物），

　[ˈʔutumu]（お供），[çitimitiˈmuɴ]（朝食／㊉つとめて＋物），

　[tʃi̥kiˈmuɴ]（漬け物），[niːmuˈtu]（根元），[namaˈmuɴ]（なまもの），

[ɸuruˈmuɴ] (古物), [hanaˈʃiˑ] munugatai] (話／話＋物語),

[taˈmuɴ] (薪／焚き物), [ˈmumu] (桃), [madʒiˈmuɴ] (幽霊／蠱物),

[wakaˈmuɴ] (若者)

※ミに bi が対応している語も見られる。

　[kaˈbi] (紙)

※ミが母音の欠落により撥音化している語も見られる。

　[nˈsu] (味噌), [ndʒuˈgwaˑ] (溝／溝＋指小辞 小), [ˈnˑna] (皆),

　[ˈnnatu] (湾／港), [ˈtataɴ] (畳)

※ムが母音の欠落により撥音化している語も見られる。

　[ˈŋkaʃi] (昔), [ɲˈɲni] (胸)

※モが bu に対応している語も見られる。

　[mbuˈsaɴ] (重い)

※モが mo に対応している語も見られる。共通語形がそのまま残っていると思
われる。

　[ˈtoˑmorokoʃi] (とうもろこし), [çiˈmo] (紐), [moŋˈku] (文句)

　上田方言と共通語のラ行における対応は、次のような関係にある。

共通語	ラ	リ	ル	レ	ロ
上田方言	ra	ʼi / ri	ru	ri	ru

ラの対応例

【語頭の例】

　[ˈraku] (楽)

【語中・語末の例】

　[turaˈsuɴ] (与える／取らせる), [ʔarasaɴ] (荒い), [ʔiraˈbuɴ] (選ぶ),

　[ˈgara] (空), [naraˈsuɴ] (教える／習わせる), [tʃira] (顔／面), [ˈgarasaˑ] (烏),

　[ˈkudʒira] (鯨), [ˈkaradʒi] (髪／頭の音位転倒), [ˈkaˑra] (川／川原),

　[tʃuraˈsaɴ] (綺麗／清らさ), [kuraˈsaɴ] (暗い), [kuraˈbiˑɴ] (比べる),

68

第1章　琉球方言・音韻の記述的研究

[「warabi](子供／童), [ʃi「raɴ](虱), [「kugarasuɴ](焦がす／焦がらす),

[「kudzara](小皿), [ti:ra「suɴ](照らす), [tu「ra](虎), [ha「taꜜratʃuɴ](働く),

[「çira](箆), [「hataratʃa:](働き者／働き屋), [mu「ra](村),

[tsura「ka:gi:]〜[tʃura「ka:gi:](美人／清ら影), [「tʃira](頬／面),

[「kuraʃiɴ](闇／暗隅), [ku「ra](倉), [jahara「saɴ](柔らかい／⊕柔らかい)

リの対応例

【語頭の例】

[「riʃi](利子), [rin「tʃi](悋気)

【語中・語末の例】

[ʔai「ko:](蟻／蟻＋接尾辞 子), [「kumui](池／こもり), [ʔu「nai](妹／⊕をなり),

[kan「nai](雷), [「ku̥sui](薬), [「ha:i](針), [çi「dzai]〜[çi「dʒai](左), [「tui](鳥),

[「ma:i](まわり), [hana「ʃi:ꜜ munugatai](物語／話＋物語), [ja「ri](槍), [「jui](百合),

[「tuikagu](鳥籠), [tu̥「sui](年寄り), [「ɸu̥kui](埃), [「makai](椀／⊕鋺),

[「ʔirigutʃi](入口), [je「ri](襟), [ki「ri](霧), [「dʒiri](義理), [「ko:mori](蝙蝠),

[ʔi「ri:](西／入り辺), [nuku「dʒiri](鋸), [ʔagari](東／上がり辺),

[「namari](鉛), [çi̥「kari](光), [「ɲidʒiri](右／⊕右), [「rjo:ri](料理)

ルの対応例

【語頭の例】

語頭において、ルが対応している語は見られなかった。

【語中・語末の例】

[tʃiru「buɴ](性交する・交尾する／⊕交尾ぶ), [ku̥tʃi「biru](唇), [「kuruma](車),

[sa「ru:](猿), [ʃi「ru](汁), [「ʃirubi](印／⊕標), [daru「saɴ](だるい), [「tʃiru](蔓),

[「ha:be:ru:](蝶々／⊕はべる), [「haru](春), [「çiru](昼), [ɸuru「saɴ](古い),

[ɸuru「muɴ](古物), [juru「suɴ](許す), [ma「ru:](丸い), [juru「saɴ](緩い),

[「ʔakarusaɴ](明るい)

69

レの対応例

【語頭の例】

　語頭において、レに対応する語は見られなかった。

【語中・語末の例】

　［ʔaˈri］（彼／あれ），［kuˈri］（これ・それ），［naˈriːN］（慣れる）

ロの対応例

【語頭の例】

　語頭において、ロに対応する語は見られなかった。

【語中・語末の例】

　［ˈʔiru］（色），［tʃiːˈru:］（黄色），［ˈku̥kuru］（心），［ˈkuˈruˈsuN］（殺す），［ˈtu̥kuru］（処），

　［ˈʔuturusaN］（怖じる・恐ろしい・恐がる／㊀恐ろしの転訛「おとろし」），

　［ˈmuru］（全部／諸），［ˈduru］（泥），［çiˈruˈgiːN］（広げる），［çiruˈsaN］（広い），

　［ˈɸu̥kuru］（袋），［ˈjuːɸuru］（風呂／湯＋風呂），［ˈjuru］（夜），［juruˈkubuN］（喜ぶ）

※ラが da と混同している語も見られ、両音で揺れている語も見られる。

　［raˈki］（竹），［ˈnada］〜［ˈnara］（涙），［ˈkunda］（ふくらはぎ／㊀腓），

　［çiraˈtiN］（隔てる）

※リが ri と di で揺れている語も見られる。

　［jusanˈri］〜［jusanˈdi］（夕暮れ・夕方／㊀夕去り）

※ロが ro に対応している語も見られる。

　［ˈto:morokoʃi］（とうもろこし），［ˈnoroi］（呪い），［rokuˈdʒu:］（六十）

(3)　半母音対応

　上田方言と共通語のヤ行における対応は、次のような関係にある。

共通語	ヤ	ユ	ヨ
上田方言	'ja	'ju	'ju

第1章　琉球方言・音韻の記述的研究

ヤの対応例

【語頭の例】

　　[「ja:] (家・屋／屋), [ja「muɴ] (痛い・病む), [「ja:tʃi] (八つ), [「ja「mi:ɴ] (やめる),

　　[ja「saɴ] (飢える・ひもじい／㊥飢し), [「jagamasaɴ] (うるさい／喧しい),

　　[「ja] (矢), [ja「tʃi] (やきもち／焼き), [ja「tsuɴ]～[ja「tʃuɴ] (焼く),

　　[ja「se:]～[ja「ʃe:] (野菜), [「jama] (山), [ja「ɲi] (屋根), [ja「ri] (槍),

　　[jahara「saɴ] (柔らかい／㊥柔らかし)

【語中・語末の例】

　　[「ʔuʃinuja:] (牛小屋／牛の屋), [ma「ma「uja] (義母／継親), [「ʔuja] (親),

　　[papa「ja:] (パパイヤ), [ʔwa:「ja:] (豚小屋／豚屋),

　　[「matʃija:gwa:] (店／町屋＋指小辞 小)

ユの対応例

【語頭の例】

　　[ju「kkwi:ɴ] (暮れる／夕＋暮れる), [jusan「di]～[jusan「ri] (夕方／㊥夕去り),

　　[「ju:] (湯), [「jutʃi] (雪), [「juka] (床), [ju「ge] (湯気), [ju「raɴ] (油断),

　　[「jui] (百合), [ju「mi] (弓), [juru「suɴ] (許す), [juru「saɴ] (緩い)

【語中・語末の例】

　　[ʃo:「ju:] (醤油), [「ɸuju] (冬), [ma「ju] (眉)

ヨの対応例

【語頭の例】

　　[ju「muɴ] (数える／㊥読む), [「ju:tʃi] (四つ), [「juʃi:ɴ] (寄せる), [「junaka] (夜中),

　　[juru「kubuɴ] (喜ぶ), [ju「muɴ] (読む), [「juku] (横), [「juru] (夜), [「jumi] (嫁)

【語中・語末の例】

　　語中・語末において、ヨに対応する語は見られなかった。

※ヨが ’jo に対応している語も見られる。

　　[jon「dʒu:] (四十)

71

上田方言と共通語のワ行における対応は、次のような関係にある。

共通語	ワ	ヰ	ヱ	ヲ
上田方言	'wa	'i	'i	'wu / 'u

※ヰ・ヱ・ヲが語頭に来る場合には［ʔ］を伴って現れることがある。

ワの対応例

【語頭の例】

[waː˹bi]（上／上辺(うわべ)の u 欠落）, [˹wata]（腹・はらわた／腸(わた)）, [˹warabi]（子供／童）, [waka˹iɴ]（知る・分かる／分かる）, [waka˹toːɴ]（知っている／分かっている）, [wa˹ta]（綿）, [waka˹saɴ]（若い）, [˹wa]（輪）, [waka˹muɴ]（若者）, [wa˺na]（罠）, [wa˹kiːɴ]（分ける）, [wa˺ʃʃiːɴ]（忘れる）, [˹waɴ]（私／㊄吾）, [˹wareːɴ]（笑う）, [wa˹iɴ]（割る）, [was˹saɴ]（悪い）, [˹watʃi]（脇）, [wa˹tʃi nu çi̥˺tʃaː]（脇の下）

【語中・語末の例】

[˹ʔawa]（粟）, [˹ʔawatiːɴ]（慌てる）, [ʔowa˺iɴ]（終わる）, [˹kegawa]（毛皮）, [kuwa˹saɴ]（固い／㊄強(こわ)し）, [kuwa˹iɴ]（固まる／㊄強(こわ)し）, [ʃi˹wa]（心配／世話）, [tʃa˹waɴ]（茶碗・椀／茶碗）

ヰの対応例

【語頭の例】

[˹ʔiː]（藺草）, [˹ʔinaka]（田舎）, [ʔiː˹heː]（位牌）

【語中・語末の例】

語中・語末において、ヰに対応する語は見られなかった。

ヱの対応例

【語頭の例】

[ʔiː]（絵）, [˹ʔiːguiɴ]（えぐる）

【語中・語末の例】

語中・語末において、ヱに対応する語は見られなかった。

ヲの対応例

【語頭の例】

[ʔu⌜nai]（妹／(古)をなり），[⌜ʔukasaɴ]（おかしい／(古)をかし），[⌜ʔugamuɴ]（拝む），
[⌜ʔuːdʒi]（荻），[⌜ʔuːki]（桶・樽），[ʔuː⌝muɴ]（雄／雄＋物），[⌜ʔuːɴ]（斧），
[ʔu⌝ɴ]（居る），[ʔuː⌜iɴ]（折る），[ʔuː⌜riːɴ]（折れる）
[⌜wutu]（夫／(古)夫《をっと》）

【語中・語末の例】

語中・語末において、ヲに対応する語は見られなかった。

※ワ行子音が 'j に対応している語も見られる。
[⌜ʔiju]（魚／(古)魚《いを》），[je⌜sa]（餌／(古)餌《ゑさ》）

(4) 拍音素対応

上田方言と共通語における撥音の対応は、次のような関係にある。

共通語	ン
上田方言	'N

【語中・語末の例】

[gwaŋ⌜kuː]（頑固），[⌜tiɴ]（空／天），[⌜suɴ]（損），[⌜tintʃi]（天気），[⌜baɴ]（番），
[tin⌜dʒoː]（天井），[ɲiŋ⌜gjoː]（人形），[ham⌜buɴ]（半分），[⌜ʃeɴ]（千），[⌜biɴ]（瓶），
[⌜ʔudʒiɴ]（膳／御膳），[ɸun⌜toː]（本当），[ma⌜nnaka]（真ん中），[moŋ⌜ku]（文句），
[çin⌜suː]（まずしい／貧相），[sa⌝ɲɲitʃi]（三日／三日《さんにち》），[ju⌜raɴ]（油断）

上田方言と共通語における促音の対応は、次のような関係にある。

共通語	ッ
上田方言	Q

【語中・語末の例】

[ʔit⌝tu]（一斗），[⌜ʔippai]（一杯），[ʔip⌜peː]（非常に／いっぱい），[ti⌝ppuː]（鉄砲），

[çi˥ppaiɴ]（引っ張る）

(5) 連母音対応

共通語	アイ	アウ	アウ	アウ	アエ
上田方言	ee	aa	uu	oo	ee

アイの対応例

[˥meːɲitʃi]（いつも・常に・毎日）, [ʔip˥peː]（非常に／いっぱい）, [ʔiːʳheː]（位牌）,

[˥tʃoːdeː]（兄弟）, [deː˥]（代）, [teːʳgeː]（大概）, [˥teːku]（太鼓）, [deːʳkuɲi]（大根）,

[ʃeːʳku]（大工／細工）, [duːʳteː]（体／胴体）, [˥deːdʒi]（大事・大変／大事）,

[tʃireːkuʳɲiː]（人参／黄＋大根）, [jaʳseː] 〜 [jaʳʃeː]（野菜）

アウの対応例

[saːʳtaː]（砂糖／砂糖）, [hoːʳtʃaː]（包丁／包丁）, [gaːʳdʒuː]（強情／強情）

アウの対応例

[ti˥ppuː]（鉄砲／鉄砲）, [gaːʳdʒuː]（強情／強情）, [˥nuːmisu]（脳みそ／脳みそ）

アウの対応例

[tʃoːdeː]（兄弟）, [soːʳko]（倉／倉庫）, [ʔuʳkoː]（香／御香）,

[guʳsoː]（後生／後生）, [koːʳdʒi]（かび・麴／麴）, [˥koːmori]（蝙蝠／蝙蝠）,

[˥dʒoːbu]（丈夫／丈夫）, [soːgaʳtʃi] 〜 [ʃoːgaʳtʃi]（正月／正月）,

[ʃoːʳjuː]（醬油／醬油）, [tinʳdʒoː]（天井／天井）, [˥doːgu]（道具／道具）,

[ɲiŋʳgjoː]（人形／人形）, [bjoːʳki]（病気／病気）, [˥boː]（棒／棒）,

[ɸunʳtoː]（本当／本当）, [boːʳko]（膀胱／膀胱）, [dʒoːʳtoː]（良い／上等）,

[˥dʒoːdʒi]（上手／上手）, [gumʳboː]（牛蒡／牛蒡）,

[˥toːmorokoʃi]（とうもろこし／玉蜀黍）, [hoːʳtʃaː]（包丁／包丁）,

[çinʳsuː]（貧しい／貧相）

74

第1章　琉球方言・音韻の記述的研究

アエの対応例

　　[neːˈriːɴ]（萎れる・萎える／萎える），[heˈː]（南／南風），[kanˈgeːiɴ]（考える）

共通語	イエ
上田方言	ii

イエの対応例

　　[miˈjuɴ]（見える），[ɲiˈːtuɴ]（煮える／煮えている）

共通語	ウイ	ウオ
上田方言	ii	uu

ウイの対応例

　　[ˈtʃiːtatʃi]（元日／一日），[dʒuːˈʃiː]（雑炊），[dʒiˈːandaː]（脳みそ／髄＋油）

ウオの対応例

　　[kaˈtsuː]（鰹）

共通語	エイ	エウ
上田方言	ii	oo

エイの対応例

　　[riːˈdʒi]（御礼／礼儀），[juːˈriː]（幽霊）

エウの対応例

　　[ʔiˈppuː]（一俵／一俵）

共通語	オウ	オエ
上田方言	oo	ee

オウの対応例

　　[duːˈteː]（体／胴体），[ˈdoː]〜[ˈroː]（銅），[joːiˈsuɴ]（用意する）

オエの対応例

　　［meːˀiɴ］（燃える・萌える）

※半母音 / w / の唇音退化によって、連母音を起こしている語例も見られる。

　　［ʔoˀːsaɴ］（青い／青い）, ［˺ʔaːsa］（石蓴／石蓴）, ［kaˀːkiːɴ］（乾く）, ［˺soː］（竿／竿）,

　　［jaˀːsaɴ］（飢える・ひもじい／⊕飢し）, ［˺neː］（地震／⊕なゐ）, ［tuˀː］（十／十）,

　　［jo˺ːsaɴ］（弱い）, ［jo˺ːtuːɴ］（弱る／弱っている）, ［ʔiˀːjuɴ］（植える／⊕植う）

第2節　石垣市方言の音韻

第1項　音素

　石垣市方言には次の24個の音素が認められる。

　母音音素 / i, ï, e, a, o, u /【6個】

　子音音素 / ’, h, k, g, t, d, n, m, r, c, s, z, p, b /【14個】

　半母音音素 / j, w /【2個】

　拍音素 / N, Q /【2個】

第2項　音素分析

　石垣市方言の音素は以下の手順で設定される。

(1) 最小対立

1. 母音音素

　母音音素 / i, ï, e, a, o, u / はそれぞれ次のように他の母音と最小対立をなす。

　/ i /　　［kiˀː］ / kii /（毛）　　［kuˀː］ / kuu /（粉）

　/ ï /　　［˺pï：］ / pïi /（屁）　　［˺piː］ / pii /（火）

　/ e /　　［meː˥］ / mee /（もう）　　［maː˥］ / maa /（孫）

　/ a /　　［aˀdzï］ / ’azï /（味）　　［ïˀdzï］ / ’ïzï /（魚）

　/ o /　　［so：˥］ / soo /（竿）　　［su：˥］ / suu /（酢）

　/ u /　　［˺jui］ / ’ju’i /（柄）　　［jo˺i］ / ’jo’i /（祝い）

76

2. 子音音素

子音音素 /', h, k, g, t, d, n, m, r, c, s, z, p, b / はそれぞれ次のように他の子音と最小対立をなす。

/ ' /　　［ˈaː］/ 'aa /（粟）　　［ˈhaː］/ haa /（歯）

/ h /　　［ɸuˈdi］/ hudi /（筆）　　［uˈdi］/ 'udi /（腕）

/ k /　　［aˈkeːɴ］/ 'akee'N /（開ける）　　［aˈgeːɴ］/ 'agee'N /（上げる）

/ g /　　［guˈː］/ guu /（碁）　　［kuˈː］/ kuu /（粉）

/ t /　　［tuˈsi̥］/ tusï /（年）　　［duˈsi̥］/ dusï /（友）

/ d /　　［duˈ˦］/ duu /（体）　　［tuˈː˦］/ tuu /（十）

/ n /　　［ɲiˈ˦］/ nii /（荷）　　［miˈː˦］/ mii /（目）

/ m /　　［miˈtsï］/ micï /（道）　　［ɲiˈtsï］/ nicï /（熱）

/ r /　　［juˈreɴ］/ 'juree'N /（揺れる）　　［juˈneːɴ］/ 'junee'N /（夜）

/ c /　　［tsïˈ˦］/ cïï /（乳）　　［dzïˈ˦］/ zïï /（地）

/ s /　　［si̥ˈsï］/ sïsï /（煤）　　［sïˈdzï］/ sïzï /（筋）

/ z /　　［dzïˈː˦］/ zïï /（地）　　［sïˈː˦］/ sïï /（巣）

/ p /　　［paˈˀï］/ pa'ï /（蛇）　　［maˈ˦ï］/ ma'ï /（米）

/ b /　　［kaˈbi］/ kabi /（かび）　　［kaˈmi］/ kami /（甕）

3. 半母音音素

半母音音素 / j, w / は次のような対立を示す。

/ j /　　［ˈjui］/ 'ju'i /（柄）　　［uˈˀi］/ 'u'i /（上）

/ w /　　［ˈwaɴ］/ 'wa'N /（貴方）　　［ˈjaɴ］/ 'ja'N /（病気）

以上の最小対立により、半母音音素 / j, w / が抽出できる。

4. 拍音素

拍音素 / N, Q / はそれぞれ次のような対立を示す。これらの拍音素は単独で拍を形成する。

/ N /　　［aˈmiɴ］/ 'ami'N /（編む）　　［aˈmi］/ 'ami /（網）

/ Q /　　［katˈtaː］/ kaQtaa /（ばった）　　［kaˈtaː］/ kataa /（肩）

以上の最小対立により、拍音素 / 'N, Q / が抽出できる。

(2) 相補分布

/ h / ── [ç] ── [i] の前
　　　├─ [ɸ] ── [u] の前
　　　└─ [h] ── [e, a, o] の前

以上の環境において、[ç, ɸ, h] は相補分布の関係をなす。

【例】

[çi̥kuˈsaɴ] / hikusa'N (低い), [taiˈçi] / ta'ihi (肥／堆肥)

[ɸu̥ˈtugi] / hutugi (神／仏), [ˈɸuː] / huu (穂), [saiˈɸu] / sa'ihu (大工／細工)

[ˈhaː] / haa (歯), [dzoːˈheɴ] / zoohe'N (濡れる), [ˈhoːɴ] / hoo'N (食べる)

/ c / ── [tʃ] ── [i] の前
　　　└─ [ts] ── [ï, a, u] の前

以上の環境において、[tʃ, ts] は相補分布の関係をなす。

【例】

[tʃiˈbi] / cibi (尻／㊉屎)

[tsɨ̥ˈkɨ] / cïkï (月), [atˈtsa] / 'aQca (明日), [uˈtsuɴ] / 'ucu'N (打つ)

/ s / ── [ʃ] ── [i] の前
　　　└─ [s] ── 上記以外

以上の環境において、[ʃ, s] は相補分布の関係をなす。

【例】

[ʃiˈma] / sima (島), [jukuˈʃi̥] / 'jukusi (嘘), [uʃi] / 'usi (牛)

[sɨ̥ˈsaɴ] / sïsa'N (虱), [aˈse] / 'ase (汗), [sḁina] / sa'ina (海老),

[suˈiɴ] / su'i'N (吸う), [soːkibuˈɲi] / sookibuni (肋骨)

/ z / ── [dʒ] ── [i] の前
　　　└─ [dz] ── [ï, a, u, o] の前

第1章　琉球方言・音韻の記述的研究

以上の環境において、[dʒ, dz] は相補分布の関係をなす。

【例】

［˥dʒiː] / zii /（字）, [kudʒi˥ra] / kuzira /（鯨）, [kadʒi˥] / kazi /（台風・風）

[dzïː˥] / zïï /（地）, [dzaː˥] / zaa /（座）, [ki˥dzu] / kizu /（傷）, [dzoː˥] / zoo /（門）

```
/ 'N / ── [m] ── [b, m] の前
     ├─ [n] ── [t, d, n] の前
     ├─ [ɲ] ── [ɲ] の前
     ├─ [ŋ] ── [k, g] の前
     └─ [ɴ] ── [s, ʃ] の前、語末
```

以上の環境において、[m, n, ŋ, ɴ] は相補分布の関係をなす。

【例】

[m˥boɴ] / 'Nbo'N /（ご飯）, [hom˥ma] / ho'Nma /（長姉）

[aːn˥ta] / 'aa'Nta /（東）, [n˥diɴ] / 'Ndi'N /（出る）

[hantsa˥suɴ] / ha'Ncasu'N /（ほどく）, [n˥na] / 'Nna /（貝）

[ɲ˥ɲi]（胸）, [saŋɲi˥tʃi] / sa'Nnici /（三日／三日）

[teŋ˥ki] / te'Nki /（天気）, [doŋ˥gu] / do'Ngu /（道具）

[pïn˥soː] / pï'Nsoo /（貧しい／貧相）, [sa˥ɴʃiɴ]（三味線／三線）,

[ti˥ɴ] / ti'N /（空／天）

```
/ Q / ── [t] ── [t, ts, tʃ] の前
     ├─ [k] ── [k] の前
     ├─ [s] ── [s] の前
     ├─ [p] ── [p] の前
     └─ [ɸ] ── [ɸ] の前
```

以上の環境において、/ Q / は相補分布の関係をなす。

【例】

[a˥ttaː] / 'aQtaa /（彼たち）, [at˥tsa] / 'aQca /（明日）, [ɸu̥˥ttʃaː] / huQcja: /（長兄）,

[ak˥koɴ] / 'aQko'N /（芋）, [p̥ïs˥saɴ] / pïQsa'N /（薄い）, [ap˥paː] / 'aQpaa /（母）,

［ɸɸaˢsaɴ］/ Qhwasa'N /（暗い）

（3）自由異音

① / 'i / ［i］〜［ji］

ただし、この揺れは以下の語彙の場合に現れる。

【例】

［ˈiː］〜［ˈjiː］（絵）

② / 'e / ［e］〜［je］

ただし、この揺れは以下の語彙の場合に現れる。

【例】

［eˢsa］〜［jeˢsa］（餌），［eˢri］〜［jeˢri］（襟），［eˢɴ］〜［jeˢɴ］（縁）

③ / zï / ［dzï］〜［zï］

ただし、この揺れは以下の語彙の場合に現れる。

【例】

［sïdzïˢmiɴ］〜［sïzïˢmiɴ］（沈む），［haˢdzï］〜［haˢzï］（蜂）

④ / ho / ［ho］〜［ɸo］

ただし、この揺れは以下の語彙の場合に現れる。

【例】

［ˈhoːɴ］〜［ˈɸoːɴ］（食べる）

⑤ / pï / ［pï］〜［p̥ï］

ただし、この揺れは以下の語彙の場合に現れる。

【例】

［pïˢssaɴ］〜［p̥ïˢssaɴ］（薄い），［pïˢtuˢtaːra］〜［p̥ïˢtuˢtaːra］（一俵），

［pïˢtu］〜［p̥ïˢtu］（人），［pïturïˢmuɴ］〜［p̥ïturïˢmuɴ］（男やもめ・女やもめ）

⑥ / bï /　[bï] ～ [b^{z}ï]

ただし、この揺れは以下の語彙の場合に現れる。

【例】

[⌈bïː] ～ [bzïː]（藺草）

⑦ [i] ～ [ï] ～ [u]

ただし、この揺れは以下の語彙の場合に現れる。

【例】

[u⌈ʃi] ～ [u⌈sï]（牛），[⌈tʃiː] ～ [⌈tsïː]（血），

[tsï̥⌈kuɴ] ～ [tsu̥⌈kuɴ]（突く・着く・搗く），[tsï̥⌈kauɴ] ～ [tsu̥⌈kauɴ]（使う），

[bïgari⌈ʃaɴ] ～ [bugariʃaɴ]（疲れる），[tsïmu⌈guɴ] ～ [tsumu⌈guɴ]（紡ぐ），

[tsï̥ku⌈ruɴ] ～ [tsu̥ku⌈ruɴ]（作る），[p^{s}ï̥⌈tu] ～ [pi̥⌈tu]（人），

[ɲiga⌈iɴ] ～ [ɲiga⌈uɴ]（願う），[nukku⌈ri] ～ [nukku⌈rï]（鋸），

[kasï̥⌈kuɴ] ～ [kasï̥⌈kiɴ]（走る），[pi⌉ɲi] ～ [pï⌉ɲi]（髭），

[pi⌈diri] ～ [pi⌈dïri]（日照り），[dabï⌈ra] ～ [dabu⌈ra]（ふくらはぎ），

[dzamadu⌈riɴ] ～ [dzamadu⌈ruɴ]（迷う），[ma⌈tsïɴ] ～ [ma⌈tsuɴ]（待つ）

第 3 項　拍体系

(1)　拍構造

石垣市方言の拍構造は以下の五種類である。なお、C は子音、V は母音、S は半母音、Q は促音、N は撥音を表す。

V, CV, CSV, Q, CN

(2)　拍表

次頁に示す。

(3)　具体例

/ 'i /　[i⌈kuɴ]（行く），[⌈iː]（胃），[ai⌈koː]（蟻），[aki⌈nai]（商い）

/ 'ï /　[ï⌈dzï]（魚／[古]魚《いを》），[aï⌈da]（蛙），[na⌉ï]（地震／[古]地震《なゐ》）

【拍表2】

/ ʼi /	/ ʼï /	/ ʼe /	/ ʼa /	/ ʼo /	/ ʼu /		/ ʼja /	/ ʼjo /	/ ʼju /	/ ʼwa /	/ ʼwe /
[i] [ji]	[ï]	[e] [je]	[a]	[o]	[u]		[ja]	[jo]	[ju]	[wa]	[we]
/ hi /		/ he /	/ ha /	/ ho /	/ hu /		/ hja /		/ hju /	/ hwa /	
[çi]		[he]	[ha]	[ho]	[ɸu] [ku]		[ça]		[çu]	[ɸa]	
				[ɸo]							
/ ki /	/ kï /	/ ke /	/ ka /	/ ko /	/ ku /			/ kjo /	/ kju /	/ kwa /	
[ki]	[kï]	[ke]	[ka]	[ko]	[ku] [ku]			[kjo]	[kju]	[kwa]	
/ gi /	/ gï /	/ ge /	/ ga /	/ go /	/ gu /		/ gja /	/ gjo /			
[gi]	[gï]	[ge]	[ga]	[go]	[gu]		[gja]	[gjo]			
/ ti /		/ te /	/ ta /	/ to /	/ tu /						
[ti]		[te]	[ta]	[to]	[tu]						
/ di /	/ dï /	/ de /	/ da /	/ do /	/ du /						
[di]	[dï]	[de]	[da]	[do]	[du]						
/ ni /		/ ne /	/ na /	/ no /	/ nu /						
[ɲi]		[ne]	[na]	[no]	[nu]						
/ ri /	/ rï /	/ re /	/ ra /	/ ro /	/ ru /		/ rja /	/ rjo /			
[ri]	[rï]	[re]	[ra]	[ro]	[ru]		[rja]	[rjo]			
/ ci /	/ cï /		/ ca /		/ cu /		/ cja /	/ cjo /	/ cju /		
[tʃi]	[tsï]		[tsa]		[tsu]		[tʃa]	[tʃo]	[tʃu]		
/ si /	/ sï /	/ se /	/ sa /	/ so /	/ su /	/ sje /	/ sja /	/ sjo /	/ sju /		
[ʃi]	[sï]	[se]	[sa]	[so]	[su]	[ʃe]	[ʃa]	[ʃo]	[ʃu]		
/ zi /	/ zï /		/ za /	/ zo /	/ zu /	/ zje /	/ zja /	/ zjo /	/ zju /		
[dʒi]	[dzï] [zï]		[dza]	[dzo]	[dzu]	[dʒe]	[dʒa]	[dʒo]	[dʒu]		
/ mi /		/ me /	/ ma /	/ mo /	/ mu /		/ mja /				
[mi]		[me]	[ma]	[mo]	[mu]		[mja]				
/ pi /	/ pï /		/ pa /	/ po /	/ pu /		/ pja /				
[pi]	[pï] [pʼï]		[pa]	[po]	[pu]		[pja]				
/ bi /	/ bï /	/ be /	/ ba /	/ bo /	/ bu /		/ bja /		/ bju /		
[bi]	[bï] [bʼï]	[be]	[ba]	[bo]	[bu]		[bja]		[bju]		
/ i /	/ ï /	/ e /	/ a /	/ o /	/ u /						
[:]	[:]	[:]	[:]	[:]	[:]						

/ Q / [t, k, s, p, ɸ]　　　/ ʼN / [m, n, ɲ, ŋ, ɴ]

/ ʼe / [「jeri](襟), [「kaeruɴ](帰る), [naˈe](苗)

/ ʼa / [aˈɴ](ある), [aːraˈï](洗う), [niaˈïɴ](似合う)

/ ʼo / [oŋˈgi](扇), [「oː](豚), [aonuˈri](藻／⊕青海苔), [「ao](青)

/ ʼu / [「ukuɴ](置く), [uːˈnai](うなぎ), [auˈsaɴ](青い)

/ hi / [çiːˈruɴ](呉れる), [meːˈçiɴ](もっと), [taiˈçi](肥／堆肥)

/ he / [dzoːˈheɴ](濡れる)

/ ha / [haˈku](箱), [haˈː](葉), [muˈnuˈhanasï](物語／物＋話)

/ ho / [hoimuˈnu](食べ物), [「hoːɴ](食べる)

/ hu / [ɸu̥ˈtaːrï](二人), [「ɸuː](帆), [juˈɸuru](風呂), [saiˈɸu](大工／細工)

/ ki / [kiˈɴ](粟), [「kiː](木), [ikiraˈsaɴ](少ない), [joːˈki](斧／⊕斧)

/ kï / [kïˈsuɴ](切る), [bïkïˈduɴ](男), [tsïˈkï](月)

/ ke / [keˈsuɴ](消す), [maˈkeːɴ](負ける), [taˈke](丈)

/ ka / [kaˈdʒi](風), [「kaː](皮), [akaˈsaɴ](赤い), [ɸu̥ˈka](外)

/ ko / [koːˈsaɴ](固い), [aˈkkoɴ](芋), [aiˈkoː](蟻)

/ ku / [ku̥ˈsï](腰), [kuˈː](粉), [ɸu̥ˈkui](埃), [tʃu̥ˈku](非常に)

/ gi / [giˈɴ](銀), [piˈŋiːɴ](逃げる), [pïragiˈsaɴ](涼しい), [iˈragi](鱗／⊕鱗)

/ gï / [bïgïˈmunu](雄), [gaˈgï](鎌)

/ ge / [kuˈgeːɴ](漕ぐ), [tokaˈgeː](とかげ)

/ ga / [gaˈttʃaː](次男), [gaːˈdzïː](強情), [kuˈgaɲi](黄金), [tu̥ˈnaga](卵)

/ go / [goˈdʒuː](五十), [ɲigoˈriɴ](濁る), [haˈʃiˈgoː](はしご)

/ gu / [guˈriː](御礼), [「guː](碁), [uguˈkuɴ](動く), [taːˈŋgu](肥桶)

/ ti / [tiˈɴ](天), [「tiː](手), [sïˈtiɴ](捨てる), [taˈti](縦)

/ te / [teˈŋki](天気)

/ ta / [taˈru](誰), [「taː](田), [kataˈtsï](形), [ʃiˈnta](北)

/ to / [toːmorokoˈʃi](とうもろこし), [dʒoːˈtoː](良い)

/ tu / [tuˀdzï] (妻／㊉刀自), [tuˀː] (十), [uˈtudu] (弟／㊉弟人), [asï̥ˈtu] (明後日)

/ di / [ˈdiː] (さあ), [nˈdiɴ] (出る), [suˈdi] (袖)

/ dï / [ɸu̥taːˈdï] (二つ)

/ de / [deːˈdzï] (非常に)

/ da / [daruˈsaɴ] (だるい), [waˈdaː] (お前たち), [kjoːˀdai] (兄弟・姉妹), [juˈda] (枝)

/ do / [doŋˈgu] (道具)

/ du / [duˀsï̥] (友), [ˈduː] (体), [buˈdudui] (一昨日), [buˈdu] (夫)

/ ni / [ɲiˈgiɴ] (握る), [ˈɲiː] (荷), [kaɲiˀhai] (鍬), [paˈɲi] (羽)

/ ne / [ˈneːɴ] (無い), [juˈneːɴ] (夜)

/ na / [naˈma] (今), [ˈnaː] (名), [tsï̥kanaˈiɴ] (飼う), [nˈna] (貝)

/ no / [noːˈsuɴ] (治す), [ˈnoː] (どう), [iˀnoː] (砂)

/ nu / [nukuˈsaɴ] (温かい), [nuˀː] (野), [kuˈkuˀnutsï] (九つ), [aˀnu] (あの)

/ ri / [riˈʃi] (利子), [iˈriːɴ] (入れる), [bïgariˈʃaɴ] (疲れる), [aˀri] (あれ)

/ rï / [turïkaˈgu] (鳥籠), [ˈtsïburï] (頭)

/ re / [akiˈreːɴ] (飽きる), [ɸaˀːmureː] (子守)

/ ra / [raˈku] (楽), [ɸaˈra] (柱), [kaːˈraguɴ] (乾く), [kaˈra] (川)

/ ro / [rokuˈdʒuː] (六十), [pïˀroːma] (昼), [soːˀroɴ] (お盆), [ˈtokoro] (処)

/ ru / [aruˈguɴ] (歩く), [kuˈruː] (黒い), [ku̥kuˈru] (心)

/ ci / [tʃiˀbi] (尻／㊉屎), [ˈtʃiː] (血), [ku̥tʃibaʃi] (くちばし), [maˀɲitʃi] (毎日)

/ cï / [ˈtsï̥ra] (顔), [ˈtsïː] (乳), [atsï̥ˈsaɴ] (暑い), [nuˈtsï] (命)

/ ca / [atˀtsaɴ] (厚い), [sï̥tˀtsa] (荻)

/ cu / [tsumuˈguɴ] (紡ぐ), [uˀtsuɴ] (打つ), [naˈtsu] (夏)

/ si / [ʃiˀnta] (北), [ʃiˀsaɴ] (酸っぱい), [saˀɴʃiɴ] (三味線), [uˈʃi] (牛)

/ sï / [sï̥ˈkuɴ] (聞く), [ˈsïː] (巣), [gusï̥ku] (垣), [kwaːˈsï] (菓子)

第1章　琉球方言・音韻の記述的研究

/ se /　[seːˈneɴ]（青年）

/ sa /　[ˈsaina]（海老），[aˈsaː]（麻），[ɸusaˈsaɴ]（臭い），[ikuˈsa]（戦）

/ so /　[soːkibuˈɲi]（肋骨），[ˈsoː]（竿），[pïɴˈsoː]（貧しい）

/ su /　[suˌki]（鋤），[ˈsuː]（酢），[kiˌˈsuɴ]（着る），[maːˈsu]（塩）

/ zi /　[ˈdʒiɴ]（銭），[ˈdʒiː]（字），[haˌdʒiˈmiɴ]（始める），[koːˈdʒi]（麹）

/ zï /　[dzïːmaˈmi]（落花生／地豆），[dzïːˈ]（地），[sïdzïˈmuɴ]（沈む），[haˌdzï]（蜂）

/ za /　[dzamaduˈruɴ]（迷う），[ˌdzaː]（座），[buˌdzasa]（おじさん），

　　　　[ˈkadza]（かずら）

/ zo /　[dzoːˈkiɴ]（雑巾），[dzoːˈ]（門）

/ zu /　[dzuˈma]（何処），[ˈdzuː]（尾），[sakadzuˈki]（杯），[kuˈdzu]（去年／㊊去年）

/ mi /　[miŋguˈrï]（きのこ），[ˈmiː]（目），[haˌdʒiˈmiɴ]（始める），[ˈaːmi]（雨）

/ me /　[ˈmeːda]（まだ），[ˈmeː]（もう），[uˈmeɴ]（埋める）

/ ma /　[maˌï]（米），[ˈma]（孫），[aˌmaˈsaɴ]（甘い），[mˈma]（馬）

/ mo /　[toːmorokoˈʃi]（とうもろこし），[moˈmo]（桃）

/ mu /　[muˈɲi]（言葉），[muˌru]（全部），[ikimuˌsï]（動物），[kuˈmu]（蜘蛛）

/ pi /　[pidaˈrï]（左），[ˈpi]（屁），[piˌsaɴ]（寒い・冷たい）

/ pï /　[pˀïssaɴ]（薄い），[uˌpˀïtu]（大人）

/ pa /　[paˌɴ]（足），[apˈpa]（母），[iˌpai]（位牌）

/ po /　[poːˈguɴ]（掃く）

/ pu /　[puˌɲi]（骨），[tiˌppuː]（鉄砲）

/ bi /　[iˈbiːɴ]（植える），[ɲibiˈsïkiɲi]（床），[nuˈbi]（首）

/ bï /　[bïˈruɴ]（座る），[ˈbˀï]（藺草），[ˈhabïru]（蝶）

/ be /　[kuraˌbeːɴ]（比べる）

/ ba /　[baˈnu]（私），[baˈki]（籠），[sïˈbari]（小便），[aˈba]（油）

/ bo /　[ˈboːkoː]（膀胱），[ˈboː]（棒），[gumˈboː]（牛蒡）

85

/ bu / [buˈdu]（夫），[ˈbuː]（緒），[aːbuˈkuː]（泡），[aˈʃabu]（膿）

/ 'ja / [jaˈdu]（戸），[ˈjaː]（家），[ujanˈtʃu]（鼠），[uˈja]（親）

/ 'jo / [ˈjoi]（祝い），[joːˈki]（斧／⊞斧）

/ 'ju / [jukṳˈʃi]（嘘），[ˈjuː]（湯），[ɸuˈju]（冬）

/ 'wa / [waˈnu]（あなた），[ˈwaː]（輪），[uˈwaˈruɴ]（終わる），[keˈgawa]（毛皮）

/ 'we / [weːˈku]（櫂）

/ hja / [ɲiçaˈku]（二百）

/ hju / [oŋˈgiˈçuɴ]（扇ぐ）

/ hwi / [ɸi̥ˈtuˈgara]（一羽）

/ hwa / [ɸaˈraː]（柱），[ˈɸaːna]（赤ん坊），[niːˈɸaiˈjuː]（ありがとう），
[buiˈɸaː]（甥・姪）

/ kjo / [kjoːˈdai]（兄弟）

/ kju / [ˈkjuː]（今日），[kjuːˈdʒuː]（九十）

/ kwa / [ˈkwambaku]（竈），[kwaːˈsï]（菓子），[dakˈkwaːˈsuɴ]（くっつける）

/ gja / [hataraˈgjaː]（働き者）

/ gjo / [ɲiŋˈgjoː]（人形）

/ gwa / [gwanˈtaɴ]（元旦）

/ rja / [oːˈrjaː]（いらっしゃいませ）

/ rjo / [rjoːˈri]（料理）

/ cja / [ˈtʃaː]（茶），[gaˈttʃaː]（次男），[gagïˈttʃai]（かまきり）

第1章　琉球方言・音韻の記述的研究

/ cjo / 　[tʃoːˈdo]（丁度），[ˈtʃoːtʃoː]（蝶）

/ cju / 　[taˈtʃuː]（双生児）

/ sje / 　[ˈʃeɴ]（千），[ɸu̥ˈʃe]（癖）

/ sja / 　[kaiˈʃa]（きれい），[aˈʃabu]（膿），[iˈʃa]（医者）

/ sjo / 　[ʃoˈːŋgatsï]（正月），[guˈʃo]（後生）

/ sju / 　[ʃuˈba]（側），[uʃuˈmai]（お爺さん），[miˈʃu]（味噌）

/ zje / 　[dʒenˈdʒeɴ]（全然）

/ zja / 　[aˈdʒaːma]（三男），[pïˈbidʒa]（山羊）

/ zjo / 　[ˈdʒoː]（義理），[dʒoːˈto]（良い）

/ zju / 　[tʃiˈdʒuˈːku]（非常に），[mandʒuˈmai]（パパイヤ），[ganˈdʒuː]（丈夫）

/ mja / 　[mjaˈːɴ]（見る）

/ pja / 　[pjaːˈku]（百）

/ bja / 　[ˈbjaːɴ]（酔う）

/ bju / 　[bjuˈsaɴ]（痒い）

/ i / 　　[iˈki]（息），[saˈmiːɴ]（覚める），[kataˈmiː]（片目）

/ ï / 　　[iˈrï]（西），[gaˈdzï]（強情）

/ e / 　　[deˈdzï]（非常に），[kaˈkeɴ]（欠ける），[juˈreː]（幽霊）

/ a / 　　[saˈgu]（咳），[naˈraˈsuɴ]（教える），[inˈnaː]（犬）

/ o / 　　[ˈsoːki]（笊），[ɲiˈgoːɴ]（願う），[aiˈkoː]（蟻）

/ u / 　　[uˈnai]（うなぎ），[ˈkaːbutʃaː]（南瓜），[tsïˈnuː]（角）

/ Q / 　　[ɸɸaˈsa]（闇），[pʼïˈssaɴ]（薄い），[atˈtsa]（明日），[mikˈkwaː]（めくら）

/ 'N / 　[ˈmmasaːɴ]（美味しい），[nˈnaˈgara]（空{から}），[kaŋˈgaɴ]（鏡），[ˈjaɴ]（病気）

87

第4項　音韻対応

　共通語と石垣市方言の音韻対応を以下に示す。語例は音声記号で示し、語頭と語中・語末の形で示す。また、調査語彙と異なる場合には（調査語彙／対応する語）で表し、古語に求める際には㋶を用いて示す。

（1）母音対応

　石垣市方言と共通語の母音は、次の様な対応関係にある。

共通語	ア	イ	ウ	エ	オ
石垣市方言	'a	'i, 'ï	'u	'i	'u

アの対応例

【語頭の例】

　[aˈuɴ]（会う）, [aˈo]（青・緑／ʌ青）, [auˈsaɴ]（青い／ʌ青い）, [aˈka]（赤）, [aˈki]（秋）,

　[akaˈsaɴ]（赤い）, [agaˈruɴ]（上がる）, [akaraˈsaɴ]（明るい）, [aˈkeːɴ]（開ける）,

　[aˈgeɴ]（上げる）, [aˈsaː]（麻）, [aˈdza]（痣）, [asïˈtu]（明後日）, [aˈtu]（後・跡）,

　[aiˈda]（間）, [asïˈdza]（足駄）, [aˈdzï]（味／ʌ味）, [atˈtsa]（明日）,

　[aˈma]（彼処／彼＋間）, [atˈtsaɴ]（厚い）, [atsïˈsaɴ]（暑い）, [aˈmaˈsaɴ]（甘い）,

　[aˈkeː]（明け方／明け）, [ˈana]（穴）, [aˈnu]（あの）, [aˈri]（あれ・彼）,

　[ˈami]（網）, [ˈamiɴ]（編む）, [ˈaːmi]（雨）, [amaˈdu]（雨戸）, [aˈmi]（飴）,

　[araˈsaɴ]（荒い）, [aːraˈï]（洗う）, [asaˈsaɴ]（浅い）,

　[aiˈkoː]（蟻／蟻＋指小辞 子）, [aˈɴ]（有る）, [aːbuˈkuː]（泡／ʌ泡）,

　[akuˈbi]（欠伸）, [atsïmaˈriɴ]（集まる）, [atsïˈmiːɴ]（集める）, [aruˈdzï]（主人／主）,

　[ˈaː]（粟）, [apˈpaː]（お母さん／ʌ吾母＋指小辞 a）, [akiˈnai]（商い）,

　[aˈkaˈgaɲi]（銅／銅）, [aˈrri]（東／上がり辺）, [aːrïkaˈdzï]（東風／上がり風）,

　[aonuˈrï]（藻／ʌ青海苔）

【語中・語末の例】

　[ɲiaˈiɴ]（似合う）

第1章　琉球方言・音韻の記述的研究

イの対応例

【語頭の例】

　[iˈka]（烏賊）, [iːˈki]（息）, [iˈkuɴ]（行く）, [iku̥ˈsa]（戦）, [iˈɸu̥tsï]（いくつ）,

　[iˈke]（池）, [iˈʃi]（石）, [isuˈgiːɴ]（急ぐ）, [iˈʃa]（医者）, [iˈta]（板）, [iˈtsï̥]（いつ）,

　[iˈtsï̥tsï]（五つ）, [iˈtsïɴ]（いつも）, [iˈtu]（糸）, [itsïˈbaɴ]（一等／一番）, [iˈru]（色）,

　[ipˈpai]（一杯）, [inˈnaː]（犬＋指小辞 naa）, [iˈɲi]（稲）, [iˈriːɴ]（入れる）,

　[iˈragi]（鱗／⻤鱗）, [ikimuˈsï]（動物／生き虫）, [iˈmi]（夢／⻤夢）,

　[iˈdzï]（魚／⻤魚）, [iːˈri]（西／入り辺）, [iˈdzïˈturï]（漁／⻤魚＋取り））

【語中・語末の例】

　[ipˈpai]（一杯）, [iːpai]（位牌）, [kjoːˈdai]（兄弟・姉妹／兄弟）,

　[kwaˈi]（回／⻤回）, [taiˈçi]（肥／堆肥）, [ˈdai]（代）, [taiˈgai]（大概）,

　[taiˈku]（太鼓）, [saiˈɸu]（大工／細工）, [daiˈkoɴ]（大根）, [ˈbai]（倍）,

　[dʒuːiˈtʃi]（十一）, [jaˈsai]（野菜）, [maiɲiˈtʃi]（毎日）, [joːiˈsuɴ]（用意する）,

　[maˈi]（米）

ウの対応例

【語頭の例】

　[uˈi]（上）, [uˈkaˈbiɴ]（浮かぶ）, [uˈki]（浮標）, [uˈsagi]（兎）, [uˈʃi]（牛）,

　[uʃinuˈjaː]（牛小屋／牛の屋）, [uˈsï]（臼）, [uˈdzu]（渦）, [uˈta]（歌）,

　[uˈtaˈiɴ]（歌う）, [uˈtsuɴ]（打つ）, [uˈtagaˈiɴ]（疑う）, [uguˈkuɴ]（動く）,

　[uraˈmiɴ]（羨む）, [uˈdi]（腕）, [uːˈnai]（うなぎ）, [uˈmi]（海）, [uˈmeːɴ]（埋める）,

　[uˈmuɴ]（熟する／熟む）, [uiˈsï̥ta]（上下）

【語中・語末の例】

　語中・語末において、ウに対応する例は見られなかった。

エの対応例

【語頭の例】

　[iraˈbuɴ]（選ぶ）, [ˈiːruɴ]（貰う・得る）

89

【語中・語末の例】

　　［ubuiˈruɴ］（覚える）、［haiˈkadʒi］（南風／南<ruby>風<rt>はえ</rt></ruby>＋風）

オの対応例

【語頭の例】

　　［uˈtudu］（弟・妹／㊀<ruby>弟<rt>おとと</rt></ruby>人）、［uiˀɴ］（追う）、［uˈkiɴ］（起きる）、［ˈukuɴ］（置く）、

　　［ukuˈruɴ］（送る）、［uku̥ˈsuɴ］（起こす）、［uˈsuɴ］（押す）、［uˈtu］（音）、［ˈubi］（帯）、

　　［uːˈp̥ˀitu］（大人／<ruby>大人<rt>おほひと</rt></ruby>）、［ubuiˈruɴ］（覚える）、［ˈuɲi］（鬼）、［umuˈiɴ］（思う）、

　　［uˈja］（親）、［ujuˀɡuɴ］（泳ぐ）、［uˈriːɴ］（降りる）、［uˈruɴ］（織る）、

　　［uˈɡaɴ］（御嶽／御願）

【語中・語末の例】

　　語中・語末において、オに対応する例は見られなかった。

※イが／’ju／に対応している例も見られる。

　　［jukuˈiɴ］（休息する・休む／憩う）

※イが撥音化している例も見られる。

　　［nˈdiɴ］（出る／㊀<ruby>出<rt>い</rt></ruby>づ）

※エが／’e／に対応している例も見られる。

　　［ˈjeɴ］（縁）、［ˈjeri］（襟）

※エに対応する／’i／の摩擦が強まり、／hi／に対応している例も見られる。

　　［çiˈˀruɴ］（呉れる／得る）

※オが撥音化している例も見られる。

　　［mbuˀsaɴ］（重い）

（2）子音対応

　石垣市方言と共通語のカ行の子音は、次の様な対応関係にある。

共通語	カ	キ	ク	ケ	コ
石垣市方言	ka	ki / kï	ɸu / ku	ki	ku

第 1 章　琉球方言・音韻の記述的研究

カの対応例

【語頭の例】

　　[kaˑ˦ra](川／川原), [kaˑ˥](井戸／川), [kaˑ˧suɴ](売る／買わす), [ka˦uɴ](買う),

　　[˦kaeruɴ](帰る), [kae˦ruɴ](変える), [kaŋ˦gaɴ](鏡), [ka˦ku˥ɴ](書く・掻く),

　　[kadu](角), [ka˦ge](影), [ka˦keːɴ](欠ける), [ka˦kiːɴ](掛ける),

　　[ka˦ke˦ruɴ](賭ける), [ka˧dʒi](風), [ka˧taː](肩), [kata˦tsï](形), [kata˦na](刀),

　　[katama˦riɴ](固まる), [kata˦miː](片目), [ka˦tsuo](鰹), [ka˦tsuɴ](勝つ),

　　[ka˧ɴ](蟹), [ka˦ɲi](鐘), [˦kaːbu˦tʃaː](南瓜), [kama˧du](釜／釜戸),

　　[ka˧bi](紙), [ka˦bi](かび), [kanna˦rï](雷), [ka˦muɴ](嚙む), [˦kaːmiː](亀),

　　[ka˦mi](甕), [˦kai](粥), [ka˦ruɴ](借りる／㊀借る), [˦kaː](皮),

　　[kaːra˧guɴ](乾く／㊀乾らぐ), [ka˦ruɴ](変わる), [kaŋ˦geːɴ](考える),

　　[kadza˧ruɴ](添える／飾る), [kai˧suɴ](耕す／反す), [˦kaɲi](鉄／金),

　　[ka˦dza](匂い／㊀香)

【語中・語末の例】

　　[a˧ka](赤), [aka˦saɴ](赤い), [akara˦saɴ](明るい), [i˦ka](烏賊), [i˦naka](田舎),

　　[u˦ka˦biɴ](浮かぶ), [sï˦kaɴ](嫌い／好かん), [sakadzu˦ki](杯),

　　[ɸu̥˧ka](外／外), [taka˧saɴ](高い), [tsïka˦saɴ](近い), [tsï˦karaː](力),

　　[toka˦geː](とかげ), [turïka˦gu](鳥籠), [a˦ka˧gaɲi](銅／銅), [na˦ka](仲),

　　[hai˧kadʒi](南風／南風＋風), [haka˦ruɴ](計る), [ha˧ka](墓),

　　[aːrïka˦dzï](東風／上がり風), [pi̥ka˦ruɴ](光る), [pi̥˦kari](光),

　　[pu̥ka˦saɴ](深い), [manna˦ka](真ん中), [muka˦sï](昔),

　　[˦mutsïkasaɴ](難しい), [˦moʃika](もしか), [ju˦naka](夜中)

キの対応例

【語頭の例】

　　[˦kiːro](黄色), [ki˦dzu](傷), [ki˦ttsaɴ](きつい), [ki˧noː](昨日), [ki˦mu](肝),

　　[ki˦rï](霧), [ki˧nu](絹), [˦kiːɴ](来る)

【語中・語末の例】

　　[tsi̥˦ki](月)

91

[ḁ⌈ki]（秋），[aki⌈nai]（商い），[iː⌈ki]（息），[u⌈ki]（浮標），[joː⌈ki]（斧／(古)斧《よき》），
[su̥⌈ki]（鋤），[sakadzu⌈ki]（杯），[sa⌈ki]（先），[dzoː⌈kiɴ]（雑巾），[ta⌈ki]（滝），
[te⌈ki]（敵），[oːtsï̥⌈ki]（天気／上つ気），[ikimu⌈sï]（動物／生き虫），
[ɸuroʃi̥⌈ki]（風呂敷），[mi⌈saki]（岬），[jakimo⌈tʃi]（やきもち），[ju⌈ki]（雪），
[riŋ⌈ki]（悋気）

クの対応例

【語頭の例】

[ɸu⌉ɴ]（釘），[⌈ɸu̥sa]（草），[ɸu̥sa⌈saɴ]（臭い），[ɸu̥sa⌈reːɴ]（腐れる），[ɸu⌉si̥]（櫛），
[ɸu̥⌈ʃe]（癖），[ɸu̥⌈tsï]（口），[ɸu⌈miɴ]（汲む），[ɸu̥⌈su]（糞），[ɸu̥⌈sï]（背中／後《くし》），
[⌈ɸuburuɴ]（縛る・締め付ける・結ぶ／くびる），[ɸu̥sï⌈ri]（薬），
[ku̥⌈tʃibiru]（唇），[kudʒi⌈ra]（鯨），[ku̥⌈tʃibaʃi]（くちばし），[ku⌉mu]（雲），
[⌈kumu]（蜘蛛），[ku⌈ra]（倉），[kuru⌈ma]（車），[kuruː]（黒い），
[kura⌉beːɴ]（比べる）

【語中・語末の例】

[i⌈ɸu̥tsï]（いくつ），[heː⌈rï⌉ɸu̥tsï]（入り口／入《はひ》り口《くち》），[jana⌉ɸu̥tsï]（愚痴／嫌な口），
[sai⌈ɸu]（大工／細工）
[nuku⌈saɴ]（温かい／温い），[aːbu⌈kuː]（泡／(古)泡《あぶく》），[aku⌈bi]（欠伸），[iku̥⌈sa]（戦），
[uku⌉ruɴ]（送る），[⌈gusï̥ku]（垣／城《ぐすく》），
[sakku⌈i]（くしゃみ・しゃっくり／(古)さくり），[tsï̥ku⌈bi]（乳首），
[tsï̥⌈kuruɴ]（作る），[tiːnuku⌈bi]（手首／手＋の＋首），[do⌈ku]（毒），
[ɲiçaː⌈ku]（二百），[çi̥ku⌈saɴ]（低い），[roku⌉dʒuː]（六十），[pjaː⌈ku]（百），
[ɸu̥⌈ku⌉reːɴ]（膨れる），[pu̥⌈kuru]（袋），[ra⌈ku]（楽）

ケの対応例

【語頭の例】

[⌈kiː]（木／(古)木《け》），[ki⌈ː]（毛），[ki⌈bu⌉saː]（煙／(古)煙《けぶり》），[ki⌈ruɴ]（蹴る）

【語中・語末の例】

[⌈uːki]（桶），[ka⌈kiːɴ]（掛ける），[sa⌈ki]（酒），[ta⌉ki]（竹），[ta⌈ki⌉mma]（竹馬），

[mitsï̥⸢kiːɴ]（見つける）

コの対応例

【語頭の例】

[ku⸢dzu]（去年／(古)去年(こぞ)）, [ku⸢ː]（粉）, [⸢kui]（声）, [ku⸢iɴ]（越える）,
[ku⸢gaɲi]（黄金）, [ku⸢gara⸣sï]（焦がす／焦がらす）, [ku⸢ma]（此処／此＋間）,
[ku̥kunu⸢tsï]（九つ）, [ku̥ku⸢ru]（心）, [ku̥⸢sï]（腰）, [ku̥⸢tu]（琴）, [ku⸢ri]（これ）,
[ku⸢nu]（この）, [ku⸢bu]（昆布(こぶ)）, [kuru⸣buɴ]（転ぶ・滑る）, [kuru⸣suɴ]（殺す）,
[kubu⸣suɴ]（壊す／こぼす）, [⸢kusuɴ]（こする）

【語中・語末の例】

[uku̥⸢suɴ]（起こす）, [gaŋ⸢kuː]（頑(ぐわん)固）, [⸢kwambaku]（龕／棺(くわん)箱）,
[ku̥kunu⸢tsï]（九つ）, [juku⸢iɴ]（休息する・休む／憩う）,
[kubu⸢suɴ]（崩す／こぼす）, [ku̥ku⸢ru]（心）, [ɸu̥⸢kuri]（埃）, [tai⸢ku]（太鼓）,
[ta⸣ku]（蛸）, [nuku⸢ruɴ]（残る）, [ha⸢ku]（箱）, [haku⸣buɴ]（運ぶ）, [mu⸣ku]（婿）,
[juruku⸢buɴ]（喜ぶ）, [ju⸣ku]（横）

※カが有声音化して / ga / に対応している例も見られる。

[gara⸢sï]（烏）, [ga⸢dzaɴ]（蚊／(古)蚊＋つ＋あみ）, [baga⸢ruɴ]（分かる）,
[baga⸣suɴ]（焚きつける／沸かす）, [pada⸢gaː]（裸）,
[jubiŋga⸢ɲi]（指輪／指＋の＋金(かね)）, [baga⸢saɴ]（若い）, [baga⸢munu]（若者）,
[baga⸢ruɴ]（分かる）

※カ行子音の合拗音も見られる。

[kwaː⸢sï]（菓子／(古)菓子(くわし)）, [kwa⸢i]（回／(古)回(くわい)）, [⸢kwambaku]（龕／棺(くわん)箱）

※キが有声音化して / gï / に対応している例も見られる。

[ba⸢gï]（脇）, [bagï nu sï̥⸢ta]（脇の下）

※クが有声音化して / gu / に対応している例も見られる。

[gu⸢dzï⸣gurïɴ]（くすぐる）

※ [kur —] が融合して [kw], [ɸɸ], [ɸ] になっている例も見られる。

[mik⸢kwaː]（めくら）

[ɸɸaˈsaɴ]（暗い），[ˈɸaːna:]（赤ん坊・子ども／子ら＋指小辞 naa），

[maˈɸaː]（枕），[ɸaːˈmure:]（子守／子ら＋守り＋屋），[ɸɸaˈsa]（闇／暗さ）

※ケが有声音化して / gi / や / gï / に対応している例も見られる。

[ɸu̥ˈtugi]（神／仏），[pataˈgi]（畑），[bagïˈruɴ]（分ける）

※ケが共通語の影響で / ke / に対応している例も見られる。

[aˈkeː]（明け方／明け），[iˈke]（池），[kaˈkeˈruɴ]（賭ける），[keːˈsuɴ]（消す），

[taˈke]（丈）

※コが共通語の影響で / ko / に対応している例も見られる。

[aiˈkoː]（蟻／蟻＋指小辞 子），[daiˈkoɴ]（大根），[to:morokoˈʃi]（とうもろこし），

[ˈtokoro]（処）

※コが有声音化して / gu / に対応している例も見られる。

[gumaˈsaɴ]（細かい・小さい），[tabaˈgu]（煙草）

石垣市方言と共通語のガ行の子音は、次の様な対応関係にある。

共通語	ガ	ギ	グ	ゲ	ゴ
石垣市方言	ga	gi / gï	gu	gi	gu

ガの対応例

【語頭の例】

[gaˈmaɴˈsïɴ]（我慢する）

【語中・語末の例】

[agaˈruɴ]（上がる），[uˈtagaˈiɴ]（疑う），[ugaˈmuɴ]（拝む），[kaŋˈgaɴ]（鏡），

[kuˈgaraˈsï]（焦がす／焦がらす），[kuˈgaɲi]（黄金），[taiˈgai]（大概），

[aˈkaˈgaɲi]（銅／銅^{あかがね}），[nagaˈsaɴ]（長い），[nagaˈriːɴ]（流れる），

[ŋgaˈsaɴ]（苦い），[magaˈruɴ]（曲がる）

ギの対応例

【語頭の例】

語頭において、ギに対応する例は見られなかった。

第1章　琉球方言・音韻の記述的研究

【語中・語末の例】

[oŋ⌐giˀçuɴ]（扇ぐ／扇する）, [u⌐sagi]（兎）, [oŋ⌐gi]（扇）, [su⌐giːɴ]（過ぎる）,

[ɲi⌐giːɴ]（握る）

[「migï]（右）

グの対応例

【語頭の例】

[「gusïku]（垣／城）

【語中・語末の例】

[gu⌐dziˀgurïɴ]（くすぐる）, [su⌐gu]（直ぐ）, [doŋ⌐gu]（道具）

ゲの対応例

【語頭の例】

　語頭において、ゲに対応する例は見られなかった。

【語中・語末の例】

[naŋ⌐giːɴ]（投げる）, [ma⌐giːɴ]（曲げる）, [matsï⌐gi]（睫）

ゴの対応例

【語頭の例】

[gu⌐ʃoː]（後生）, [gu⌐riː]（御礼）, [gum⌐boː]（牛蒡）, [「guː]（碁）

【語中・語末の例】

[ugu⌐kuɴ]（動く）, [ʃi⌐gutu]（仕事）, [turïka⌐gu]（鳥籠）

※ガ行合拗音 / gwa / が直音化して / ga / に対応している例も見られる。

[ʃoˀːŋgatsï]（正月）, [gaŋ⌐kuː]（頑固）, [u⌐gaɴ]（御嶽／御願）

※ギが撥音化している例も見られる。

[paˀɴ]（足／脛）, [ɸuˀɴ]（釘）, [「muɴ]（麦）

※ギの子音 / g / が脱落している例も見られる。

[uː⌐nai]（うなぎ）

95

※ゲが / ge / に対応している例も見られる。

　[kaˈge]（影）, [tokaˈge:]（とかげ）, [juˈge]（湯気）

※ゴが / go / に対応している例も見られる。

　[goˈdʒu:]（五十）, [haʃiˈgo:]（梯子）

石垣市方言と共通語のサ行の子音は、次の様な対応関係にある。

共通語	サ	シ	ス	セ	ソ
石垣市方言	sa	sï / si	sï / su	si	su

サの対応例

【語頭の例】

　[sakkuˈi]（くしゃみ・しゃっくり／㊐さくり）, [sakadzuˈki]（杯）, [saˈki]（先・酒）,

　[satˈta:]（砂糖）, [ˈsa:ru:]（猿）, [ˈsara]（皿）, [saˈᵑruɴ]（触る）, [saˈmi:ɴ]（覚める）,

　[saˈɴʃiɴ]（三味線／三線）, [saiˈɸu]（大工／細工）, [sanˈdʒu:]（三十）,

　[saɲɲiˈtʃi]（三日／㊟三日）

【語中・語末の例】

　[a:ˈsa]（石蓴）, [aˈsa:]（麻）, [asaˈsaɴ]（浅い）, [ikɯˈsa]（戦）, [uˈsagi]（兎）,

　[jeˈsa]（餌）, [ˈɸu̥sa]（草）, [ɸu̥saˈsaɴ]（臭い）, [ɸu̥saˈre:ɴ]（腐れる）,

　[paˈsaɴ]（鋏）, [miˈsaki]（岬）, [dʒu:ˈsaɴ]（十三）, [jaˈsai]（野菜）

シの対応例

【語頭の例】

　[sï̥ˈta:]（舌）, [sï̥ˈta]（下）, [sïbuˈsaɴ]（渋い）, [sïˈmiɴ]（閉める）, [sïdziˈmuɴ]（沈む）,

　[sïraˈgi:ɴ]（精げる）, [ˈsïru]（汁）, [mukaˈsï]（昔）, [muˈsï]（虫）

　[ʃiˈgutu]（仕事）, [ˈʃima]（島）, [ʃiˈmiɴ]（締める）, [ʃiˈruʃi]（印）, [ʃiˈru:]（白い）,

　[ʃinˈdʒi:ɴ]（信じる）, [ʃi:ˈʃi]（肉／㊟肉）, [ʃiˈdʒu:]（四十）

【語中・語末の例】

　[asiˈdza]（足駄）, [ɸuˈsï̥]（櫛）, [kɯˈsï]（腰）, [uiˈsï̥ta]（上下）, [ɸu̥ˈsï]（背中／後）,

　[ikimuˈsï]（動物／生き虫）, [tuˈsï̥]（年）, [duˈsï]（友／㊟同士）, [haˈsï]（橋）,

[hana⌐sï] (話), [bu⌐sï] (節), [ti˥mbusï] (星／天＋星),

[mu⌐nu˥hanasï] (物語／物＋話), [bagï nu sɯ̥⌐ta] (脇の下)

[i⌐ʃi] (石), [u⌐ʃi] (牛), [uʃinu⌐ja:] (牛小屋／牛の屋), [kɯ̥⌐tʃibaʃi] (くちばし),

[ʃi⌐ruʃi] (印), [to:moroko⌐ʃi] (とうもろこし), [ʃi:⌐ʃi] (肉／㊁肉), [ha⌐ʃi] (端),

[haʃi⌐go:] (梯子), [haja⌐ʃi] (囃子), [ɸuroʃi⌐ki] (風呂敷), [bu⌐ʃi] (武士),

[ri⌐ʃi] (利子), [「moʃika] (もしか)

スの対応例

【語頭の例】

[sɯ̥⌐kaɴ] (嫌い／好かん), [「sï:] (巣), [sï⌐dzï] (筋), [sï⌐si] (煤), [sï⌐tiɴ] (捨てる),

[sï⌐muɴ] (済む), [sï⌐mi] (炭)

[「su:] (酢), [su⌐iɴ] (吸う), [sɯ̥⌐ki] (鋤), [su⌐gi:ɴ] (過ぎる), [su⌐gu] (直ぐ),

[「sumi] (隅), [「suɴ] (する)

【語中・語末の例】

[u⌐sï] (臼), [kwa:⌐sï] (菓子／㊁菓子), [gara⌐sï] (烏),

[ku⌐gara˥sï] (焦がす／焦がらす), [sï⌐sï] (煤), [tasɯ̥⌐kiɴ] (助ける),

[nusï⌐muɴ] (盗む), [basɯ̥⌐ki:ɴ] (忘れる), [ɸɯ̥sï⌐ri] (薬)

セの対応例

【語頭の例】

語頭において、セに対応する例は見られなかった。

【語中・語末の例】

[sa˥ɴʃiɴ] (三味線／三線), [nu⌐ʃi:ɴ] (乗せる), [mi⌐ʃi:ɴ] (見せる),

[ju⌐ʃi:ɴ] (寄せる)

ソの対応例

【語頭の例】

[suda˥ti:ɴ] (育てる), [su⌐di] (袖), [su⌐ba] (側), [su˥miɴ] (染める), [su⌐riɴ] (剃る),

[「suruiɴ] (揃う), [「su˥ɴ] (損)

【語中・語末の例】

　[isuᵣgiːɴ]（急ぐ）, [ɸu̥ᵣsu]（糞）, [timbusu]（臍／出＋臍ほそ）

※サが / sï / に対応する例も見られる。

　[asï̥ᵣtu]（明後日）

※スが / si / に対応している例も見られる。

　[ʃiːᵣsaɴ]（酸っぱい／酸いっぱ）

※スが / hju / になる例も見られる。

　[oŋᵣgiᵍçuɴ]（扇ぐあふぎ／扇する）

※スが有声音化して / zï / に対応している例も見られる。

　[guᵣdzïᵍgurïɴ]（くすぐる）

※セが拗音化して / sje / に対応している例も見られる。

　[ɸu̥ᵣʃe]（癖）, [ᵣʃeɴ]（千）

※ソが / sju / に対応している例も見られる。

　[miᵣʃu]（味噌）

※子音 / s / が脱落している例も見られる。

　[ibaᵣsaɴ]（狭い／狭しせば）

　石垣市方言と共通語のザ行の子音は、次の様な関係にある。

共通語	ザ	ジ	ズ	ゼ	ゾ
石垣市方言	za	zï / zi	zï / zu	zi	zu

ザの対応例

【語頭の例】

　[ᵣdzaː]（座）

【語中・語末の例】

　[aᵍdza]（痣）, [kadzaᵍruɴ]（添える／飾る）, [kaᵣdza]（匂い／香かざ）

98

ジの対応例

【語頭の例】

　[ˈdʒiː]（字），[dʒiˈmaɴ]（自慢）

【語中・語末の例】

　[aruˈdʑï]（主人／主），[deːˈdʑï]（非常に・大変／大事），[tuˈdʑï]（妻／㊁刀自）

　[koːˈdʑi]（麹），[dʒuːˈdʑiro]（辻／十字路），[ɲiˈdʑi]（虹），[haˈdʑïˈmiɴ]（始める）

ズの対応例

【語頭の例】

　語頭において、ズに対応する例は見られなかった。

【語中・語末の例】

　[kiˈdzu]（傷），[mimiˈdzu]（みみず）

　[dʒoːˈdzï]（上手）

ゼの対応例

【語頭の例】

　[ˈdʒiɴ]（膳）

【語中・語末の例】

　[kaˈdʒi]（風），[haiˈkadʒi]（南風／南風＋風）

ゾの対応例

【語頭の例】

　語頭において、ゾに対応する例は見られなかった。

【語中・語末の例】

　[kuˈdzu]（去年／㊁去年）

※ゼが拗音化して / zje / に対応している例も見られる。

　[dʒenˈdʒeɴ]（全然）

※ゼが / zï / に対応している例も見られる。

［a:rïka「dzï］（東風／上がり風）

石垣市方言と共通語のタ行の子音は、次の様な関係にある。

共通語	タ	チ	ツ	テ	ト
石垣市方言	ta	cï	cï	ti	tu

タの対応例
【語頭の例】

　［tai「çi］（肥／堆肥），［「ta:］（田），［tai「gai］（大概），［tai「ku］（太鼓），［taka˥saɴ］（高い），

　［ta「ki］（滝），［ta「ke］（丈），［ta˥ki］（竹），［ta「ki˥mma］（竹馬），［ta˥ku］（蛸），［「tabi］（旅），

　［tasi̥「kiɴ］（助ける），［ta「tsuɴ］（立つ），［ta「ti:ɴ］（建てる），［tanu「muɴ］（頼む），

　［ta「na］（棚），［ta˥ɲi］（種），［ta「ru］（樽），［taba「gu］（煙草），［ta「munu］（薪／焚き物）

【語中・語末の例】

　［i「ta］（板），［pi̥「tu˥ta:ra］（一俵／一俵），［u「ta］（歌），［u「ta˥iɴ］（歌う），［kata「na］（刀），

　［u「taga˥iɴ］（疑う），［ka「ta:］（肩），［kata「tsï］（形），［katama「riɴ］（固まる），

　［kata「mi:］（片目），［si̥「ta:］（舌），［si̥「ta］（下），［ui˥si̥ta］（上下），［ɸu̥「ta:rï］（二人），

　［patara「guɴ］（働く），［hatara「gja:］（働き者／働き屋），［pata「gi］（畑），

　［ɸu̥ta:「dï］（二つ），［ɸu̥「ta］（蓋），［ma「ta］（股），［「mata］（又），［wa「ta］（綿），

　［bagï nu si̥「ta］（脇の下）

チの対応例
【語頭の例】

　［tsi̥ka「saɴ］（近い），［tsi̥「kara:］（力），［「tsï:］（乳／乳），［tsi̥ku「bi］（乳首）

【語中・語末の例】

　［itsï「baɴ］（一等／一番），［nu「tsï］（命／語頭 / ʔi / の欠落），

　［he:「rï「ɸutsï］（入り口／入り口），［kata「tsï］（形），［ɸu̥「tsï］（口），

　［jana˥ɸu̥tsï］（愚痴／嫌な口），［ma「tsï˥ja］（店／町＋屋），［mi˥tsï］（道），

　［「mutsï］（鞭），［「muttsï］（餅），［hana「tsï:］（鼻血）

100

第1章　琉球方言・音韻の記述的研究

ツの対応例

【語頭の例】

　[tsï̥ˈburï] (頭／⊕つぶり), [tsï̥ˈkï] (月), [tsï̥ˈkuruɴ] (作る), [ˈtsïna] (綱),

　[tsï̥ˈnuː] (角／⊕角), [tsï̥ˈmi] (爪), [tsï̥ˈru] (蔓), [ˈtsïra] (顔・頬／面)

【語中・語末の例】

　[atsï̥ˈsaɴ] (暑い), [atsïmaˈrïɴ] (集まる), [atsï̥ˈmiːɴ] (集める), [iˈɸu̥tsï] (いくつ),

　[iˈtsï] (いつ), [iˈtsï̥tsï] (五つ), [iˈtsïɴ] (いつも), [ʃoːˈŋgatsï] (正月), [ɲiˈtsï] (熱),

　[ku̥kunuˈtsï] (九つ), [sïmuˈtsï] (本／書物), [nanaˈtsï] (七つ), [miːˈtsï] (二つ),

　[ˈjuːtsï] (四つ), [ˈmuːtsï] (六つ), [jaˈtsï] (八つ), [maˈtsï] (松), [matsï̥ˈgi] (睫),

　[mitsï̥ˈkiːɴ] (見つける), [oːtsï̥ˈki] (天気／上つ気)

テの対応例

【語頭の例】

　[tiˈɴ] (空／天), [ˈtiː] (手), [tiːnukuˈbi] (手首／手＋の＋首), [tiˈppuː] (鉄砲),

　[tiraˈsuɴ] (照らす), [tiˈmbusï] (星／天＋星)

【語中・語末の例】

　[taˈtiːɴ] (建てる), [pidaˈtiːɴ] (隔てる)

トの対応例

【語頭の例】

　[tuˈrïɴ] (奪う・取る), [tuˈdzï] (妻／⊕刀自), [tuˈsaɴ] (遠い), [tuˈsï] (年),

　[tuˈguɴ] (研ぐ), [tuduˈkuɴ] (届く), [tuˈbuɴ] (飛ぶ), [tuˈmiːɴ] (止める),

　[tumaˈruɴ] (泊まる), [tuˈmu] (お供／供), [tuˈra] (虎), [tuˈrï] (鳥),

　[turïkaˈgu] (鳥籠), [tuˈrïɴ] (取る), [tu̥ˈkiɴ] (溶ける), [tu̥ˈsuri] (老人／年寄り)

【語中・語末の例】

　[sï̥ˈtuˈmudi] (朝／⊕つとめて), [aˈtu] (後・跡), [iˈtu] (糸),

　[pï̥ˈtuˈtaːra] (一俵／一俵), [uˈtudu] (弟・妹／⊕弟人), [uˈtu] (音),

　[uˈˈpï̥ˈtu] (大人／大人), [ɸu̥ˈtugi] (神／仏),

　[pᵋ̥ï̥turïˈmuɴ] (男やもめ・女やもめ／独り者), [ku̥ˈtu] (琴), [ʃiˈgutu] (仕事),

101

[sịtumuˈdiˀmboɴ]（朝食／㊁つとめて＋ご飯），[niːmuˈtu]（根元），[haˈtu]（鳩），
[iˈdziˀturï]（漁／㊁魚＋取り），[nˈnatu]（湾／港）

※タが有声音化して / da / に対応している例も見られる。

[baˈda]（腹／腸）

※チに対応する / cï / が有声音化して / zï / に対応している例も見られる。

[paˈzï]（蜂）

※チが / ci / に対応している例も見られる。

[ku̥ˈtʃibiru]（唇），[ku̥ˈtʃibaʃi]（くちばし），[dʒuːiˈtʃi]（十一），[hatʃiˀdʒuː]（八十），
[maiɲiˈtʃi]（毎日），[saɲɲiˈtʃi]（三日／三日），[jakimoˈtʃi]（やきもち）

※ツの破裂が弱まり、/ sï / になる例も見られる。

[sị̊ˈtuˀmudi]（朝／㊁つとめて）

※ツが / dï / に対応している例も見られる。

[pị̊ˈtiːdï]（一つ），[ɸu̥taːˈdï]（二つ）

※ツが / ci / や / cu / に対応している例も見られる。

[tʃiˀbi]（尻／㊁屁）

[tsuˀguɴ]（注ぐ），[tsuˈbo]（壺），[tsu̥tsuˀmiɴ]（包む），

[kaˈtsuo]（鰹），[naˈtsu]（夏），

※テに対応する / ti / が有声音化して / di / になる例も見られる。

[sị̊ˈtuˀmudi]（朝／㊁つとめて）

※テが / tu / に対応する例も見られる。

[asị̊ˈtu]（明後日）

※テが共通語の影響で / te / に対応している例も見られる。

[teˈki]（敵）

※トが有声音化して / du / に対応している例も見られる。

[buˈdudui]（一昨日／一昨日），[uˈtudu]（弟・妹／㊁弟人），[buˈdu]（夫）

※トが / ti / に対応している例も見られる。

[pị̊ˈtiːdï]（一つ）

※トが共通語の影響で / to / に対応している例も見られる。

第 1 章　琉球方言・音韻の記述的研究

[tokaˈgeː]（とかげ），[ˈtokoro]（処）

石垣市方言と共通語のダ行の子音は、次の様な関係にある。

共通語	ダ	ヂ	ヅ	デ	ド
石垣市方言	da	zï / zi	zï / zu	di	du

ダの対応例

【語頭の例】

　　[ˈdai]（代），[daiˈkoɴ]（大根），[damaˈriɴ]（黙る），[damaˈʃiɴ]（騙す），

　　[daruˈsaɴ]（だるい）

【語中・語末の例】

　　[aiˈda]（間），[kjoːˈdai]（兄弟・姉妹／兄弟^{きやうだい}），[sudaˈtiːɴ]（育てる），[ˈnada]（涙），

　　[padaˈgaː]（裸），[hanaˈdaraː]（鼻ったれ／鼻だれ＋指小辞 a），[piˈdari]（左），

　　[pidaˈtiːɴ]（隔てる），[juˈdaɴ]（油断）

ヂの対応例

【語頭の例】

　　[dzïˈ]（土・地^ち），[dzïːmaˈmi]（落花生／地豆^ち）

【語中・語末の例】

　　[aˈdzï]（味^{あぢ}），[sïˈdzï]（筋^{すぢ}），[piˈdzï]（肘^{ひぢ}）

　　[kudʒiˈra]（鯨^{くぢら}）

ヅの対応例

【語頭の例】

　　語頭において、ヅに対応する例は見られなかった。

【語中・語末の例】

　　[uˈdzu]（渦^{うづ}），[sakadzuˈki]（杯^{さかづき}），[dzuˈma]（何処／㊀何＋間^{いど}）

　　[sïdzïˈmuɴ]（沈む^{しづ}），[miˈdzi]（水^{みづ}）

103

デの対応例

【語頭の例】

　語頭において、デに対応する例は見られなかった。

【語中・語末の例】

　[uˈrdi]（腕）, [suˈrdi]（袖）, [naˈrdiːɴ]（撫でる）

ドの対応例

【語頭の例】

　[ˈduː]（体／胴）, [duˈsï]（友／㊉同士）, [ˈduru]（泥）

【語中・語末の例】

　[amaˈrdu]（雨戸）, [bïkïˈrduɴ]（男／㊉ゑけり＋共）, [buduˈrruɴ]（踊る）, [ˈkadu]（角）,

　[miˈrduɴ]（女／女＋共）, [kamaˈrdu]（釜／釜戸）, [jaˈrdu]（戸／㊉屋戸）,

　[ˈnudu]（喉）, [tuduˈrkuɴ]（届く）

※ダの摩擦が強まり、/ za / に対応している例も見られる。

　[asïˈrdza]（足駄）

※ヅが無声音化し / cï / に対応している例も見られる。

　[ˈmutsïkasaɴ]（難しい）

※デが / ti / に対応している例も見られる。

　[timbusu]（臍／出＋㊉臍）

※ドの破裂が弱まり、/ zu / に対応している例も見られる。

　[dzuˈrma]（何処／㊉何＋間）

※ドが共通語の影響で / do / に対応している例も見られる。

　[tʃoːˈrdo]（丁度）, [doŋˈrgu]（道具）, [doˈrku]（毒）

　石垣市方言と共通語のナ行の子音は、次の様な関係にある。

共通語	ナ	ニ	ヌ	ネ	ノ
石垣市方言	na	ni	nu	ni	nu

104

第1章 琉球方言・音韻の記述的研究

ナの対応例

【語頭の例】

[naˤsuN](産む／生す), [naˤraːˀsuN](教える／習わす), [nanaˤdʒuː](七十),

[naˤï](地震／㊍地震), [naˤruN](出来る／成る), [ˤnaː](名), [naˤe](苗),

[naˤka](仲), [nagaˤsaN](長い), [nagaˤriːN](流れる), [naˤkuN](泣く),

[naŋˤgiːN](投げる), [naˤtsu](夏), [naˤdiːN](撫でる), [nanaˤtsï](七つ),

[naˤbi](鍋), [namaˤrï](鉛), [naˤmi](波), [ˤnada](涙), [naˤriN](鳴る),

[naˤriːN](慣れる), [naraˤiN](習う), [naˀmeːN](舐める),

[namaˤmunu](なまもの)

【語中・語末の例】

[akiˤnai](商い), [ˤana](穴), [iˤnaka](田舎), [uˤnai](うなぎ), [ˀnna](貝／蜷),

[kataˤna](刀), [kannaˤrï](雷), [janaˀɸu̜tsï](愚痴／嫌な口), [nanaˤdʒuː](七十),

[taˤna](棚), [ˤtsïna](綱), [nanaˤtsï](七つ), [ˤpana](花), [paˤna](鼻),

[hanaˤsï](話), [hanaˀsuN](放す), [hanaˤtsïː](鼻血),

[hanaˀdaraː](鼻ったれ／鼻だれ + 指小辞 a), [mannaˤka](真ん中),

[muˤnuˀhanasï](物語／物 + 話), [juˤnaka](夜中), [nˤnatu](湾／港),

[waˤna](罠)

ニの対応例

【語頭の例】

[ˤɲiː](荷), [ɲiaˀiN](似合う), [ɲiːˀruN](煮える), [ɲiˤgiːN](握る), [ɲiˤdʒuː](二十),

[ɲiˤneN](二年), [ɲiçaˤku](二百), [ɲiŋˤgjoː](人形), [ɲiˤdʒi](虹)

【語中・語末の例】

[ˤuɲi](鬼), [kuˤgaɲi](黄金), [paˤɲi](羽), [dʒuːˤɲi](十二), [mainiˤtʃi](毎日),

[saɲɲiˤtʃi](三日／三日)

ヌの対応例

【語頭の例】

[nuku̥ˤsaN](温かい／温い), [uʃinuˤjaː](牛小屋／牛の屋),

105

［nuˈkuɴ］（刺す／抜く），［nusïˈmuɴ］（盗む），［nuːˈʼiɴ］（縫う），［nuˈnu］（布），

　　［nuˈɾuɴ］（塗る），［nuˈguɴ］（脱ぐ）

【語中・語末の例】

　　［kiˈnu］（絹）

ネの対応例

【語頭の例】

　　［ˈɲiː］（根），［ɲiːmuˈtu］（根元），［ɲiˈbuɴ］（寝る／㊦眠る），［ɲiˈtsï］（熱）

【語中・語末の例】

　　［ˈiɲi］（稲），［kaˈɲi］（鐘），［taˈɲi］（種），［ˈkaɲi］（鉄／金），［aˈkaˈgaɲi］（銅／銅），

　　［ɸuˈɲi］（舟），［puˈɲi］（骨），［ɴˈɲi］（胸），［jubiŋgaˈɲi］（指輪／指＋の＋金）

ノの対応例

【語頭の例】

　　［nuˈtsï］（命／語頭／ʼi／の欠落），［nukuˈɾuɴ］（残る），［nuˈbiːɴ］（伸びる），

　　［nuˈɴ］（蚤），［nubaˈsuɴ］（伸ばす），［nuˈʃiːɴ］（乗せる），［nuˈmuɴ］（飲む），

　　［nuˈɾuɴ］（乗る），［ˈnudu］（喉），［nuˈː］（野原／野）

【語中・語末の例】

　　［aˈnu］（あの），［ˈbuːnu］（斧），［ku̥kunuˈtsï］（九つ），［kuˈnu］（この），

　　［tanuˈmuɴ］（頼む），［tsïˈnuː］（角），［tiːnukuˈbi］（手首／手＋の＋首），

　　［namaˈmunu］（なまもの），［nuˈnu］（布），［taˈmunu］（薪／焚き物），

　　［aonuˈrï］（藻／㊦青海苔），［muˈnuˈhanasï］（物語／物＋話），

　　［bagaˈmunu］（若者），［bagï nu sï̥ˈta］（脇の下）

※ニが撥音化している例も見られる。

　　［nˈna］（貝／蜷），［kaˈɴ］（蟹），［ŋgaˈsaɴ］（苦い）

※ヌが撥音化している例も見られる。

　　［inˈnaː］（犬＋指小辞 naa）

※ネが共通語の影響で／ne／に対応している例も見られる。

[se:「neɴ] (青年), [ɲi「neɴ] (二年)

※ノが撥音化している例も見られる。

[p̥ï turi「muɴ] (男やもめ・女やもめ／独り者), [ɸuru「muɴ] (古物), [「muɴ] (物),
[jubiŋga「ɲi] (指輪／指＋の＋金_{かね})

石垣市方言と共通語のハ行の子音は、次の様な関係にある。

共通語	ハ	ヒ	フ	ヘ	ホ
石垣市方言	pa / ha	pï / pi	pu / hu	pi	pu / hu

ハの対応例

【語頭の例】

[pa「ɴ] (足／⊕脛_{はぎ}), [pa「i] (灰), [「pai] (蠅), [pa「ɲi] (羽), [「pa:] (歯), [「pa:] (葉),

[pa「ne:ɴ] (はねる), [pa「saɴ] (鋏), [pada「ga:] (裸), [patara「guɴ] (働く),

[pata「gi] (畑), [pa「zï] (蜂), [「pana:] (花), [pa「na] (鼻), [pana「suɴ] (話す),

[pa:「ma] (浜), [pa「ri:ɴ] (晴れる)

[「habïru] (蝶々／⊕はべる), [hai「kadʒi] (南風／南風＋風), [ha「ku] (箱),

[haka「ruɴ] (計る), [ha「ka] (墓), [haku「buɴ] (運ぶ), [ha「sï] (橋), [ha「ʃi] (端),

[haʃi「go:] (梯子), [ha「dʒi「miɴ] (始める), [hatara「gja:] (働き者／働き屋),

[hana「sï] (話), [hana「suɴ] (放す), [hana「tsï:] (鼻血),

[hana「dara:] (鼻ったれ／鼻だれ＋指小辞 a), [ha「tu] (鳩), [ham「buɴ] (半分),

[haja「ʃi] (囃子), [「hari] (針), [ha「ru] (春), [ha「riɴ] (腫れる), [hatʃi「dʒu:] (八十)

【語中・語末の例】

[i「:pai] (位牌)

[mu「nu「hanasï] (物語／物＋話)

ヒの対応例

【語頭の例】

[「pï:] (火), [pï̥「tu「ta:ra] (一俵／一俵_{ひとたわら}),

[p̥ï turi「muɴ] (男やもめ・女やもめ／独り者),

107

[pïroːˈmaˈ mboɴ]（昼食／昼間＋ご飯），[pj̈ˈkuɴ]（引く），[pj̈ˈtiːdï]（一つ），

[pïˈroːma]（昼間），[pj̈ˈsuɴ]（干る），[pïɴˈsoː]（貧しい／貧相），[pj̈ˈsuɴ]（放る）

[pi̥kaˈruɴ]（光る），[piˈdarï]（左），[pi̥ˈkari]（光），[piˈdzï]（肘），[piˈma]（暇），

[piruˈᵑgiɴ]（広げる）

【語中・語末の例】

[uːˈp̊ïˈtu]（大人／<ruby>大人<rt>おほひと</rt></ruby>）

[taiˈçi]（肥／堆肥）

フの対応例

【語頭の例】

[pu̥kaˈsaɴ]（深い），[pu̥ˈkuɴ]（吹く），[pu̥ˈkuru]（袋），[puruˈsaɴ]（古い），

[ɸu̥ˈtugi]（神／仏），[ɸu̥ˈtaːrï]（二人），[ɸu̥ˈkuɴ]（拭う・拭く），[ɸu̥taːˈdï]（二つ），

[ɸu̥ˈkuˈreːɴ]（膨れる），[ɸu̥ˈta]（蓋），[ɸuˈɲi]（舟），[ɸuˈmuɴ]（踏む），[ɸuˈju]（冬），

[ɸuˈiɴ]（降る），[ɸuˈruɴ]（振る），[ɸuruˈmuɴ]（古物），[ɸuroʃi̥ˈki]（風呂敷）

【語中・語末の例】

[basoːˈɸu]（芭蕉布），[juːˈɸuru]（風呂／湯＋風呂）

への対応例

【語頭の例】

[ˈpiː]（屁），[pidaˈtiːɴ]（隔てる），[ˈpira]（箆）

【語中・語末の例】

語中・語末において、へに対応する例は見られなかった。

ホの対応例

【語頭の例】

[ˈpuː]（穂），[puˈɲi]（骨），[pu̥ˈsï]（星），[puˈmiːɴ]（褒める），[puˈruɴ]（掘る）

[ɸu̥ˈka]（外／<ruby>外<rt>ほか</rt></ruby>），[ɸu̥ˈː]（帆），[ˈɸuntoː]（本当），[ɸu̥ˈkuri]（埃）

【語中・語末の例】

語中・語末において、ホに対応する例は見られなかった。

108

第1章　琉球方言・音韻の記述的研究

※ヒが共通語の影響で / hi / に対応している例も見られる。

　[çi̥kuˈsaɴ]（低い），[çiruˈsaɴ]（広い）

※フ・ホが有声音化して / bu / に対応している例も見られる。

　[buˈsï]（節），[timbusu]（臍／出＋㊀臍）

※ハ行転呼音（連母音化している例もある）

　[akiˈnai]（商い／商ひ），[aiˈda]（間），[buˈdudui]（一昨日），[uˈi]（上），

　[uːˈpï̥tu]（大人／大人），[heːˈriˈɸu̥tsï]（入り口／入り口），

　[oŋˈgiˈçuɴ]（扇ぐ／扇する），[oŋˈgi]（扇），[naˈraˈsuɴ]（教える／習はす），

　[kaˈra]（川／川原），[kaː]（井戸／川），[kaˈsuɴ]（売る／買はす），

　[jaˈsaɴ]（飢える・ひもじい／㊀飢し），[ˈkaeruɴ]（帰る），

　[kaeˈruɴ]（変える／変へる），[koˈsaɴ]（固い／㊀強し），

　[buiˈɸaː]（甥・姪／甥子ら），[kiˈnoː]（昨日），[ˈkjuː]（今日），[niˈdʒuː]（二十），

　[goˈdʒuː]（五十），[nanaˈdʒuː]（七十），[saːˈruɴ]（触る），[maˈsu]（塩／真塩），

　[uiˈsï̥ta]（上下），[dzuːˈʃiː]（雑炊），[dzoːˈkiɴ]（雑巾），[kaiˈsuɴ]（耕す／反す），

　[dʒuːˈdʒiro]（辻／十字路），[tuˈsaɴ]（遠い），[naˈe]（苗），[noːˈsuɴ]（治す），

　[noːˈsuɴ]（直す），[nuːˈiɴ]（縫ふ），[paˈi]（灰），[ˈpai]（蠅），[peːˈruɴ]（入る），

　[dʒuːiˈtʃi]（十一），[dʒuːˈni]（十二），[dʒuːˈsaɴ]（十三），[niˈdʒuː]（二十），

　[sanˈdʒuː]（三十），[ʃiˈdʒuː]（四十），[rokuˈdʒuː]（六十），[hatʃiˈdʒuː]（八十），

　[kjuːˈdʒuː]（九十），[jaːraˈsaɴ]（柔らかい）

石垣市方言と共通語のバ行の子音は、次の様な関係にある。

共通語	バ	ビ	ブ	ベ	ボ
石垣市方言	ba	bi	bu	bi	bu

バの対応例

【語頭の例】

　[baˈsoː]（芭蕉），[basoːˈɸu]（芭蕉布），[ˈbaɴ]（番），[baˈʃa]（馬車），[ˈbai]（倍）

109

【語中・語末の例】

　[itsï˥baɴ]（一等／一番），[˥kwambaku]（龕／棺箱），[ku̥˥tʃibaʃi]（くちばし），

　[iba˥saɴ]（狭い／㊣狭し），[su˥ba]（側），[taba˥gu]（煙草），[nuba˥suɴ]（伸ばす）

ビの対応例

【語頭の例】

　[bi˥ɴ]（瓶）

【語中・語末の例】

　[aku˥bi]（欠伸），[˥ubi]（帯），[ka˥bi]（かび），[ku̥˥tʃibiru]（唇），[nu˥bi]（首），

　[˥tabi]（旅），[tʃi˥bi]（尻／㊣屁），[tsi̥ku˥bi]（乳首），

　[tiːnuku˥bi]（手首／手＋の＋首），[˥jubi]（指），[nu˥biːɴ]（伸びる），

　[jubiŋga˥ɲi]（指輪／指＋の＋金）

ブの対応例

【語頭の例】

　[bu˥ʃi]（武士）

【語中・語末の例】

　[tsï˥burï]（頭／㊣つぶり），[aːbu˥kuː]（泡／㊣泡），[ki˥bu˥saː]（煙／㊣煙），

　[ku˥bu]（昆布），[jabu˥riɴ]（裂く／破る），[jabu˥riːɴ]（裂ける／破れる），

　[sï̥bu˥saɴ]（渋い），[ham˥buɴ]（半分）

べの対応例

【語頭の例】

　語頭において、べに対応する例は見られなかった。

【語中・語末の例】

　[na˥bi]（鍋），[˥habiru]（蝶々／㊣はべる）

第1章　琉球方言・音韻の記述的研究

ボの対応例

【語頭の例】

　語頭において、ボに対応する例は見られなかった。

【語中・語末の例】

　　[ubuⁱ˹ruɴ]（覚える），[˹ka:bu:tʃa:]（南瓜），[kubu˹suɴ]（崩す／こぼす），

　　[kubu˹suɴ]（壊す／こぼす），[ti˹mbusï]（星／天＋星）

※ボが共通語の影響で／bo／に対応している例も見られる。

　　[tsu˹bo]（壺）

石垣市方言と共通語のマ行の子音は、次の様な関係にある。

共通語	マ	ミ	ム	メ	モ
石垣市方言	ma	mi	mu	mi	mu

マの対応例

【語頭の例】

　　[ma˹ï]（米），[ma:˹su]（塩／真塩），[maka˹ri]（茶碗／㊄鋺），[maga˹ruɴ]（曲がる），

　　[ma˹ɸa:]（枕），[ma˹ke:ɴ]（負ける），[ma˹gi:ɴ]（曲げる），[ma:˹ri]（まわり），

　　[ma:˹riɴ]（回る），[ma˹dza˹suɴ]（混ぜる／混ぜ合わせる），[ma˹ta]（股），

　　[ma:˹tsï]（松），[matsï˹gi]（睫），[ma˹mi]（豆），[ma˹ju]（眉），[ma˹ru]（丸），

　　[manna˹ka]（真ん中），[˹mata]（又），[maɲi˹tʃi]（毎日），[ma˹kuɴ]（巻く），

　　[ma˹tsï˹ja]（店／町＋屋）

【語中・語末の例】

　　[a˹ma]（彼処／彼＋間），[a˹ma˹saɴ]（甘い），[ama˹du]（雨戸），

　　[atsïma˹riɴ]（集まる），[m˹ma]（馬），[mma˹re:ɴ]（生まれる），

　　[˹mmasa:ɴ]（おいしい／美味い），[katama˹riɴ]（固まる），

　　[kama˹du]（釜／釜戸），[ga˹maɴ˹sïɴ]（我慢する），[kuru˹ma]（車），

　　[ku˹ma]（此処／此＋間），[guma˹saɴ]（細かい・小さい），[˹ʃima]（島），

　　[dʒï˹maɴ]（自慢），[ta˹kï˹mma]（竹馬），[dama˹riɴ]（黙る），[dama˹ʃiɴ]（騙す），

111

［dzï:ma「mi］（落花生／地豆），［pïro:「ma¬ mboɴ］（昼食／昼間＋ご飯），

［dzu「ma］（何処／⊕何＋間），［tuma「ruɴ］（泊る），［nama「rï］（鉛），

［nama「munu］（なまもの），［pa:「ma］（浜），［pi「ma］（暇），［ja「ma］（山），

［pï「ro:ma］（昼間）

ミの対応例

【語頭の例】

［mi「:tsï］（三つ），［「mi:］（実），［mi「ra「ri:ɴ］（見える／見られる），［mi「ʃiɴ］（見せる），

［「migï］（右），［mi「saki］（岬），［mi「dzï］（水），［mi「ʃu］（味噌），［mi「tsï］（道），

［mitsï「ki:ɴ］（見つける），［mi「ɴ］（耳），［mimi「dzu］（みみず）

【語中・語末の例】

［「ami］（網），［u「mi］（海），［「sumi］（隅），［sï「mi］（炭），［dzï:ma「mi］（落花生／地豆），

［na「mi］（波），［mimi「dzu］（みみず），［「jumi］（弓）

ムの対応例

【語頭の例】

［「mu:tsï］（六つ），［muka「sï］（昔），［「muɴ］（麦），［mu「ku］（婿），［mu「sï］（虫），

［mu「suɴ］（蒸す），［「mutsï̈kasaɴ］（難しい），［「mutsï］（鞭），［「mura］（村）

【語中・語末の例】

［umu「iɴ］（思う），［ikimu「sï］（動物／生き虫）

メの対応例

【語頭の例】

［mi:「duɴ］（女／女＋共），［「mi:］（目・芽），［mik「kwa:］（めくら）

【語中・語末の例】

［「a:mi］（雨），［a「mi］（飴），［「ka:mi］（亀），［ka「mi］（甕），［sa「mi:ɴ］（覚める），

［kata「mi:］（片目），［ʃi「mi:ɴ］（締める），［tsï「mi］（爪），［tu「mi:ɴ］（止める），

［ma「mi］（豆），［ju「mi］（嫁），［i「mi］（夢／⊕夢）

第1章　琉球方言・音韻の記述的研究

モの対応例

【語頭の例】

[muːˀru]（全部・皆／諸），[mu˹jaːɴ]（燃える・萌える），[˹muttsï]（餅），

[muˀtsïɴ]（持つ），[˹muɴ]（物），[muˀnuˀhanasï]（物語／物＋話），[˹mumu]（腿），

[˹muriɴ]（漏れる）

【語中・語末の例】

[p̥ï̥turïˀmuɴ]（男やもめ・女やもめ／独り者），[kiˀmu]（肝），[kuˀmu]（雲），

[˹kumu]（蜘蛛），[ɸaːˀmureː]（子守／子ら＋守り＋屋），[sïmuˀtsï]（本／書物），

[tuˀmu]（お供／供），[namaˀmunu]（なまもの），[ɲiːmuˀtu]（根元），

[ɸuruˀmuɴ]（古物），[taˀmunu]（薪／焚き物），[˹mumu]（腿），[bagaˀmunu]（若者）

※ミが撥音化している例も見られる。

[kaŋˀgaɴ]（鏡），[kannaˀri]（雷），[nuˀɴ]（蚤），[paˀsaɴ]（鋏），[˹jaɴ]（病気／病み），

[nˀtsïɴ]（満つ），[miˀɴ]（耳），[nˀnatu]（湾／港）

※ムの母音が落ちて、撥音化している例も見られる。

[ɲˀɲi]（胸）

※メが / mu / に対応している例も見られる。

[sï̥ˀtuˀmudi]（朝／㊀つとめて）

※モが撥音化している例も見られる。

[iˀtsïɴ]（いつも），[bïkïˀduɴ]（男／㊀ゑけり＋共），[miːˀduɴ]（女／女＋共）

※モが共通語の影響で / mo / に対応している例も見られる。

[koːmoˀri]（蝙蝠），[toːmorokoˀʃi]（とうもろこし），[˹moʃika]（もしか），

[moˀmo]（桃），[jakimoˀtʃi]（やきもち）

※子音 / m / の破裂音強化により、/ b / に変化している例も見られる。

[kaˀbi]（紙），[mbuˀsaɴ]（重い），[sïˀbarï]（小便／㊀尿）

石垣市方言と共通語のラ行の子音は、次の様な関係にある。

共通語	ラ	リ	ル	レ	ロ
石垣市方言	ra	rï / ri	ru	ri	ru

113

ラの対応例

【語頭の例】

　[ra⌐ku]（楽）

【語中・語末の例】

　[ara⌐saɴ]（荒い），[a:ra⌐ï]（洗う），[ka:ra]（川／川原），[pi̥⌐tu⌐ta:ra]（一俵／一俵），

　[ura⌐miɴ]（羨む），[ira⌐buɴ]（選ぶ），[ba:ra⌐ï]（笑う），

　[na:ra:⌐suɴ]（教える／習わす），[⌐tsïra]（顔・頬／面），[gara⌐sï]（烏），

　[ka:ra⌐guɴ]（乾く／⊕乾らぐ），[kudʒi⌐ra]（鯨），

　[ku⌐ra]（倉），[kura⌐be:ɴ]（比べる），[ku⌐gara⌐sï]（焦がす／焦がらす），[⌐sara]（皿），

　[sïra⌐gi:ɴ]（精げる），[tsi̥⌐kara:]（力），[tira⌐suɴ]（照らす），[tu⌐ra]（虎），

　[nara⌐iɴ]（習う），[patara⌐guɴ]（働く），[hatara⌐gja:]（働き者／働き屋），[⌐pira]（箆），

　[mi⌐ra⌐ri:ɴ]（見える／見られる），[⌐mura]（村），[ja:ra⌐saɴ]（柔らかい）

リの対応例

【語頭の例】

　[ri⌐ʃi]（利子），[riŋ⌐ki]（悋気）

【語中・語末の例】

　[tsï⌐burï]（頭／⊕つぶり），[he:⌐rï⌐ɸu̥tsï]（入り口／入り口），[kanna⌐rï]（雷），

　[pi̥⌐turï⌐muɴ]（男やもめ・女やもめ／独り者），[ki⌐rï]（霧），[ko:mo⌐rï]（蝙蝠），

　[sï⌐barï]（小便／⊕尿），[maka⌐rï]（茶碗／⊕鋺），[tu⌐rï]（鳥），

　[turïka⌐gu]（鳥籠），[nama⌐rï]（鉛），[i⌐rï]（西／入り辺），[ɸu̥⌐ta:rï]（二人），

　[a:⌐rï]（東／上がり辺），[a:rïka⌐dzï]（東風／上がり風），[pi⌐darï]（左），

　[aonu⌐rï]（藻／⊕青海苔），[i⌐dzï⌐turï]（漁／⊕魚＋取り），

　[tu̥⌐surï]（老人／年寄り），[⌐jeri]（襟），[u⌐ri:ɴ]（降りる），[ɸu̥sï⌐rï]（薬），

　[⌐hari]（針），[pi̥⌐kari]（光），[ɸu̥⌐kuri]（埃），[ma:⌐ri]（まわり），[ja⌐ri]（槍），

　[⌐juri]（百合），[rjo:⌐ri]（料理）

ルの対応例

【語頭の例】

　語頭において、ルに対応する例は見られなかった。

【語中・語末の例】

　[aruˬdzi]（主人／主），[kuˬtʃibiru]（唇），[kuruˬma]（車），[ˈsaːru]（猿），[ˈsïru]（汁），

　[ʃiˬruʃi]（印），[taˬru]（樽），[daruˈsaɴ]（だるい），[ˈhabiru]（蝶々／⊕はべる），

　[tsïˬru]（蔓），[haˬru]（春），[puruˈsaɴ]（古い），[ɸuruˈmuɴ]（古物），[maˬru]（丸），

　[juruˬsuɴ]（許す），[juruˈsaɴ]（ゆるい）

レの対応例

【語頭の例】

　語頭において、レに対応する例は見られなかった。

【語中・語末の例】

　[aˈri]（あれ・彼），[iˈriːɴ]（入れる），[kuˬri]（これ），[guˈriː]（御礼），

　[nagaˬriːɴ]（流れる），[naˬriːɴ]（慣れる），[miˬraˬriːɴ]（見える／見られる）

ロの対応例

【語頭の例】

　語頭において、ロに対応する例は見られなかった。

【語中・語末の例】

　[iˬru]（色），[kukuˬru]（心），[kuruˈbuɴ]（転ぶ），[kuruˈsuɴ]（殺す），[puˬkuru]（袋），

　[muːˈru]（全部・皆／諸），[ˈsuruiɴ]（揃う），[ˈduru]（泥），[piruˈgiɴ]（広げる），

　[çiruˈsaɴ]（広い），[juˬɸuru]（風呂／湯＋風呂），[jurukuˈbuɴ]（喜ぶ）

※リが子音脱落によって / ʼi / に対応している例も見られる。

　[aiˬkoː]（蟻／蟻＋指小辞 子），[sakkuˬi]（くしゃみ・しゃっくり／⊕さくり）

※ルが / ro / に対応している例も見られる。

　[pïˈroːma]（昼間）

※ロが共通語の影響によって / ro / に対応している例も見られる。

[kiːˀro]（黄色）, [dʒuːˀdʒiro]（辻／十字路）, [toːmorokoˤʃi]（とうもろこし）,

[ˤtokoro]（処）, [rokuˀdʒuː]（六十）, [ɸuroʃi̥ˤki]（風呂敷）

（3）半母音対応

石垣市方言と共通語のヤ行は、次の様な対応関係にある。

共通語	ヤ	ユ	ヨ
石垣市方言	'ja	'ju	'ju

ヤの対応例

【語頭の例】

　[ˤjaː]（家・屋／屋）, [jaˤmuɴ]（痛む／病む）,

　[jaˤsaɴ]（飢える・ひもじい／㊄飢し）, [uʃinuˤjaː]（牛小屋／牛の屋）,

　[janaˀɸu̥tsï]（愚痴／嫌な口）, [jabuˤrïɴ]（裂く／破る）,

　[jabuˤriːɴ]（裂ける／破れる）, [jaˤdu]（戸／㊄屋戸）, [jaˀːtsï]（八つ）,

　[jaˤkuɴ]（焼く）, [ˤjaɴ]（病気／病み）, [jakimoˤtʃi]（やきもち）, [jaˤsai]（野菜）,

　[jasˤsaɴ]（易しい）, [jaˤma]（山）, [jaˤmiɴ]（やめる）, [jaˤmuɴ]（病む）,

　[jaˀri]（槍）, [jaˀ]（矢）, [jaːraˀsaɴ]（柔らかい）

【語中・語末の例】

　[uˤja]（親）, [hajaˤʃi]（囃子）, [maˤtsïˀja]（店／町＋屋）

ユの対応例

【語頭の例】

　[juːˤɸuru]（風呂／湯＋風呂）, [ˤjuː]（湯）, [juˤki]（雪）, [juˀge]（湯気）,

　[juˤdaɴ]（油断）, [ˤjubi]（指）, [jubiŋgaˤɲi]（指輪／指＋の＋㊎金）, [ˤjuri]（百合）,

　[ˤjumi]（弓）, [juruˤsuɴ]（許す）, [juruˤsaɴ]（ゆるい）

【語中・語末の例】

　[ʃoːˤjuː]（醬油）, [ɸuˤju]（冬）, [maˤju]（眉）

116

ヨの対応例

【語頭の例】

　[juˈmiːɴ]（数える／⊕読む）, [ˈjuːtsï]（四つ）, [juˈmi]（嫁）, [juˈʃiːɴ]（寄せる）,

　[juˈnaka]（夜中）, [jurukuˈbuɴ]（喜ぶ）, [juˈmiɴ]（読む）, [juˈbuɴ]（呼ぶ）,

　[juˈku]（横）

【語中・語末の例】

　[ujuˈɡuɴ]（泳ぐ）

※ユが / ʼi / に対応している例も見られる。

　[ˈkai]（粥）

※ヨが / ʼjo / に対応している例も見られる。

　[joˈki]（斧／⊕よき斧）, [joːiˈsuɴ]（用意する）

石垣市方言と共通語のワ行は、次の様な対応関係にある。

共通語	ワ	ヰ	ヱ	ヲ
石垣市方言	ba	bï	bï / bi	bu

ワの対応例

【語頭の例】

　[baːraˈï]（笑う）, [baˈda]（腹／わた腸）, [baˈnu]（自分・私／⊕わぬ我）,

　[bagaˈruɴ]（分かる）, [bagaˈsuɴ]（焚きつける／沸かす）, [bagaˈsaɴ]（若い）,

　[bagaˈmunu]（若者）, [baˈɡïɴ]（湧く）, [bagaˈruɴ]（分かる）,

　[bagïˈruɴ]（分ける）, [basïˈkiːɴ]（忘れる）, [baˈruɴ]（割る）, [baˈɡï]（脇）,

　[bagï nu sïˈta]（脇の下）

【語中・語末の例】

　[ʃuˈba]（心配／世話）

ヰの対応例

【語頭の例】

[ˈbˀïː]（藺草／⊞藺）, [biˈ̄ruɴ]（坐る／⊞居る）

【語中・語末の例】

語頭において、ヰに対応する例は見られなかった。

ヱの対応例

【語頭の例】

[bi̥gï˥munu]（雄／⊞ゑけり＋物）, [biki̥˥duɴ]（男／⊞ゑけり＋共）,
[biˈ̄jaːɴ]（酔う／⊞酔ふ）

【語中・語末の例】

[iˈ̄biːɴ]（植える／⊞植ゑる）

ヲの対応例

【語頭の例】

[buˈdudui]（一昨日）, [buiˈ̄ɸaː]（甥・姪／甥子ら）, [ˈbuː]（緒）, [buˈdu]（夫）,
[buduˈ̄ruɴ]（踊る）, [ˈbuːnu]（斧）, [buˈruɴ]（折る）, [buˈriɴ]（折れる）

【語中・語末の例】

語中・語末において、ヲに対応する例は見られなかった。

※ワが共通語の影響で／'wa／に対応している例も見られる。

[waˈta]（綿）, [ˈwaː]（輪）, [waˈna]（罠）

※ヰが／'i／や／'ï／に対応している例も見られる。

[ˈiː]（胃）, [iˈnaka]（田舎）, [iˈ̄pai]（位牌）
[naˈ̄ï]（地震／⊞地震）

※ヱが／'i／や／'e／に対応している例も見られる。

[ˈjiː]（絵）, [ˈkui]（声）, [jeˈsa]（餌）

※ヲが／'u／や／'o／に対応している例も見られる。

[ˈuɴ]（居る）, [ˈoːruɴ]（いらっしゃる／居る）, [ugaˈmuɴ]（拝む／拝む）,

第1章　琉球方言・音韻の記述的研究

［「u:ki]（桶），［u「wa「ruɴ]（終わる），［au「saɴ]（青い／青い）［ka「tsuo]（鰹），

［a「o]（青・緑／青），［aonu「ri]（藻／⊕青海苔）

(4) 拍音素対応

石垣市方言と共通語の撥音は、次の様な対応関係にある。

共通語	ン
石垣市方言	’N

【語中・語末の例】

［itsï「baɴ]（一等／一番），［u「ɴ]（運），［「jeɴ]（縁），［kaŋ「ge:ɴ]（考える），

［ga「maɴ「sïɴ]（我慢する），［「kwambaku]（龕／棺箱），［sï「kaɴ]（嫌い／好かん），

［sa「ɴʃiɴ]（三味線／三線），［ʃin「dʒi:ɴ]（信じる），［dʒi「maɴ]（自慢），［se:「neɴ]（青年），

［dʒen「dʒeɴ]（全然），［「ʃeɴ]（千），［「dʒiɴ]（膳），［ti「ɴ]（空／天），［su「ɴ]（損），

［dzo:「kiɴ]（雑巾），［dai「koɴ]（大根），［u「gaɴ]（御嶽／御願），［ni「neɴ]（二年），

［niŋ「gjo:]（人形），［ham「buɴ]（半分），［「baɴ]（番），［「ɸunto:]（本当），

［dʒu:「saɴ]（十三），［san「dʒu:]（三十），［bi「ɴ]（瓶），［ti「mbusï]（星／天＋星），

［manna「ka]（真ん中），［pïn「so:]（貧しい／貧相），［saŋni「tʃi]（三日／三日），

［ju「daɴ]（油断），［riŋ「ki]（悋気）

石垣市方言と共通語の促音は、次の様な対応関係にある。

共通語	ッ
石垣市方言	Q

【語中・語末の例】

［ip「pai]（一杯），［ti「ppu:]（鉄砲）

(5) 連母音対応

共通語	アイ	アウ	アウ	アウ
石垣市方言	ee	aa	uu	oo

119

アイの対応例

[deːˈdzï] (非常に・大変／大事), [heːˈrïˈɸu̜tsï] (入り口／入り口), [ˈneːN] (無い)

アウの対応例

[dʒoːtoː] (良い／上等), [kjoːˈdai] (兄弟・姉妹／兄弟), [ʃoːŋˈgatsï] (正月),
[ˈdʒoː] (義理／情), [ˈkoː] (香), [koˈdʒi] (麴), [koˈmoˈrï] (蝙蝠), [guˈʃoː] (後生),
[gumˈboː] (牛蒡), [dʒoːˈdzï] (上手), [ʃoːˈju] (醬油), [tʃoːˈdo] (丁度), [ˈboː] (棒),
[toːmorokoˈʃi] (玉蜀黍), [ɲiŋˈgjoː] (人形), [ˈɸuntoː] (本当), [ˈboːkoː] (膀胱),
[pïnˈsoː] (貧しい／貧相), [gaˈdzï] (強情), [satˈtaː] (砂糖), [tiˈppuː] (鉄砲)

※アウの連母音 / oo / が短音化し、かつ撥音を伴う例も見られる。
[oŋˈgiˈçuN] (扇ぐ／扇する), [oŋˈgi] (扇), [doŋˈgu] (道具)

共通語	ウイ
石垣市方言	ii

ウイの例

[dzuˈʃiː] (雑炊)

共通語	エイ	エウ	エウ
石垣市方言	ee	uu	oo

エイの対応例

[seˈneN] (青年), [juˈreː] (幽霊)

エウの対応例

[rjoˈri] (料理), [baˈsoː] (芭蕉), [basoˈɸu] (芭蕉布)

共通語	オウ
石垣市方言	oo

120

オウの対応例

　　[dʒoːtoː]（良い／上等じやうとう）,［joːi˥suɴ]（用意する）

※半母音 / w / の唇音退化によって、連母音を起こしている語例も見られる。

　　[aː]（粟）,［kaːra˥guɴ]（乾く／⊕乾らぐ）,［aː˥sa]（石蓴あをさ）,［˥soː]（竿さを）,

　　[joː˥saɴ]（弱い）,［joː˥ruɴ]（弱る）,［tuː˥]（十とを）

第3節　豊見城市方言若年層の音韻

　本節では、豊見城市方言若年層の音韻体系を、筆者の内省をもとに立てる。
筆者の言語歴は以下の通りである。

生年月日：1987（昭和62）年3月26日生　満28歳

職業：学生

言語歴

　　0〜15歳　：沖縄県豊見城市字宜保

　　15〜25歳：沖縄県豊見城市字上田

　　25〜現在　：東京都

　なお、豊見城市字宜保と字上田は隣接している。伝統的な方言を話せない若
年層においては、字宜保と字上田では方言体系に大きな差はないと考える。

第1項　音素

　豊見城市方言の若年層には、以下の音素が認められる。

　母音音素 / i, e, a, o, u /【5個】

　子音音素 / ’, h, b, k, g, s, t, d, c, z, n, m, r, p /【14個】

　半母音音素 / j, w /【2個】

　拍音素 / N, Q /【2個】

第2項　音素分析

（1）最小対立（ミニマル・ペア minimal pair）

1. 母音音素

母音音素 / i, e, a, o, u / はそれぞれ次のように他の母音と最小対立をなす。

/ i /, / e /　　[kaʳbi] / kabi/（カビ）　　[kaʳbe] / kaʳbe /（壁）

/ a /　　　　[aˀka] / ’aka /（赤）　　[aˀki] / aki /（秋）

/ u /, / o /　　[ɸu̥ʳʃi] / husi /（節）　　[hoʳʃi] / hosi /（星）

　以上の最小対立により、母音音素 / i, e, a, o, u / が抽出される。なお、伝統的な琉球方言の / u / は、本土方言に比べて円唇性が強い［u］とされているが、その傾向は若年層にもみられる。

2. 子音音素

豊見城市豊見城市方言の子音音素は、次の最小対立から抽出される。

/ ’ /, / h /　　［ˀi] /’i/（胃）　　［ʳçi] / hi /（日）

/ b /　　　　［kaʳbaː] / kabaa /（匂い）　　［kaʳmaː] / kamaa /（ふり）

/ k /, / g /　　［kaʳkiˀ] / kaki /（垣）　　［kaʳgiˀ] / kagi /（鍵）

/ s /　　　　［aʳʃiˀ] / ’asi /（足）　　［aʳdʒi] / ’azi /（味）

/ t /, / d /　　［iˀto] / ’ito /（糸）　　［iˀdo] / ’ido /（井戸）

/ c /, / z /　　［ʳtʃiː] / cii /（血）　　［ʳdʒiː] / zii /（字）

/ n /, / m /　　［kaʳni] / kani /（蟹）　　［kaʳmiˀ] / kami /（髪）

/ r /　　　　［iʳroˀ] / ’iro /（色）　　［iˀdo] / ’ido /（井戸）

　今回は最小対立が見いだせなかったが、/ p / の音素も存在する。具体的には［tappeːraː] / taQpeeraa /（まっすぐ），［empi̥tsu] / ’e’Npicu /（鉛筆）などがある。

3. 半母音音素

豊見城市方言の半母音音素は、次の最小対立から抽出される。

/ j /, / w /　　［jatʳtaː] / ’jaQtaa /（おまえたち）　　［watʳtaː] /’waQtaa /（俺たち）

第 1 章　琉球方言・音韻の記述的研究

以上の最小対立から、半母音音素 / j, w / が抽出される。

4.　拍音素
　豊見城市方言の特殊拍音素 N（撥音）、Q（促音）は、次の最小対立から抽出される。

/ N /　［teˀŋki］/ te'Nki /（天気）　［teˀki］/ teki /（敵）

/ Q /　［saˀkki］/ saQki /（先ほど）　［saˀki］/ saki /（先）

（2）相補分布

/ h /　┬─　［ç］―［i］の前
　　　├─　［ɸ］―［u］の前
　　　└─　［h］―［e, a, o］の前

以上の環境において、［ç, ɸ, h］は相補分布の関係をなす。

【例】

　［çiˀma］（暇）, ［çi̥ˀto］（人）

　［ɸu̥ta］（蓋）, ［ku̥ˀɸuːˀ］（工夫）

　［haˀka］（墓）, ［heˀra］（へら）, ［ˀhoːtʃoː］（包丁）

/ c /　┬─　［tʃ］―［i］の前
　　　└─　［ts］―［u］の前

以上の環境において、［tʃ, ts］は相補分布の関係をなす。

【例】

　［tʃiˀkeːˀ］（そろそろ）, ［ku̥ˀtʃiˀ］（口）

　［tsu̥ˀtʃi］（土）, ［ˀiˀtsu̥ka］（いつか）, ［çi̥ˀtoˀtsu̥］（一つ）

/ s /　┬─　［ʃ］―［i］の前
　　　└─　［s］―［a, u, e, o］の前

以上の環境において、［ʃ, s］は相補分布の関係をなす。

【例】

[「ʃiːdʒaː]（年上）, [aʳʃi̥taˀ]（明日）, [koʳʃi]（腰）

[aˀsa]（朝）, [su̥ʳsoˀ]（裾）, [aˀse]（汗）

/ z / ┬─ [dʒ] ─ [i] の前
　　　└─ [dz] ─ [a, u, e, o] の前

以上の環境において、[dʒ, dz] は相補分布の関係をなす。

【例】

[dʒiʳʃiɴ]（自信）, [suʳdʒiˀ]（筋道）

[dzaʳʃi̥kiˀ]（座敷）, [kaˀdzu]（数）, [dzetʳtai]（絶対）, [dzoːriˀ]（草履）

/ 'N / ┬─ [m] ─ [m, p, b] の前
　　　 ├─ [ŋ] ─ [k, g] の前
　　　 ├─ [n] ─ [t, d, tʃ, dz, n] の前
　　　 ├─ [ɲ] ─ [ɲ] の前
　　　 └─ [ɴ] ─ [s, ʃ] の前、語末

以上の環境において、[m, ŋ, n, ɲ, ɴ] は相補分布の関係をなす。

【例】

[aʳmma]（あまり）, [kamʳpuː]（髪結い）, [koˀmbu]（昆布）

[「miŋkaː]（つんぼ）, [kaʳŋgaˀeru]（考える）

[tʃanˀto]（ちゃんと）, [iˀntʃi̥ki]（ずるいこと）, [「ʃindzoː]（心臓）, [「konna]（こんな）

[koʳɲɲaku]（蒟蒻）

[saɴʳʃiɴ]（三線）, [「taɴsu]（箪笥）, [「kantaɴ]（簡単）

/ Q / ┬─ [p] ─ [p] の前
　　　├─ [t] ─ [t, tʃ] の前
　　　├─ [k] ─ [k] の前
　　　├─ [s] ─ [s] の前
　　　└─ [ʃ] ─ [ʃ] の前

第1章　琉球方言・音韻の記述的研究

以上の環境において、[p, t, k, s, ʃ] は相補分布の関係をなす。

【例】

[bapˈpeːꜜru]（間違える）, [ꜛkup̞pinaː]（これだけ）

[aˈsaꜜtte]（明後日）, [utˈtu]（年下）, [ritˈtʃaː]（金持ち）

[mikˈka]（三日）, [saꜜkki]（先ほど）

[ki̞ꜜssa]（とっくに）

[iʃˈʃo]（一緒）

第3項　拍体系

（1）拍構造

豊見城市方言・若年層話者の拍体系は以下の通りである。なお、Cは子音、Vは母音、Sは半母音、Nは撥音、Qは促音とする。なお、引く音はVの連続、母音単独の場合は子音音素 / ʼ / の付いた CV 構造であると解釈する。

V, CV, CSV, CN, Q

（2）拍表

次頁に示す。

（3）具体例

/ ʼi /　[iꜜma]（今）, [aˈida]（間）, [kaꜜi]（貝）, [ꜛiː]（胃）

/ ʼe /　[eˈraꜜbu]（選ぶ）, [kaꜜeru]（帰る）, [kiˈgaeꜜ]（着替え）, [ꜛeː]（絵）

/ ʼa /　[aˈbiꜜru]（罵る）, [ɲiˈaꜜu]（似合う）

/ ʼo /　[oꜜmbu]（おんぶ）, [ɲiˈoꜜu]（匂う）, [kaˈtsuo]（鰹）, [ꜛoːru]（痣）

/ ʼu /　[uˈʃi]（牛）, [aꜜu]（会う）

/ hi /　[çiˈma]（暇）, [ꜛçiː]（日）

/ he /　[heˈra]（箆）, [ꜛheː]（屁）

/ ha /　[haˈgoː]（汚い）, [iˈhai]（位牌）

/ ho /　[hoˈʃi]（星）, [ꜛhoːtʃoː]（包丁）

125

【拍表3】

/ 'i /	/ 'e /	/ 'a /	/ 'o /	/ 'u /	/ 'ja /	/ 'jo /	/ 'ju /	/ 'wa /
[i]	[e]	[a]	[o]	[u]	[ja]	[jo]	[ju]	[wa]
/ hi /	/ he /	/ ha /	/ ho /	/ hu /	/ hja /			/ hwa /
[çi]	[he]	[ha]	[ho]	[ɸu]	[ça]			[ɸa]
/ gi /	/ ge /	/ ga /	/ go /	/ gu /		/ gjo /		/ gwa /
[gi]	[ge]	[ga]	[go]	[gu]		[gjo]		[gwa]
/ ki /	/ ke /	/ ka /	/ ko /	/ ku /		/ kjo /	/ kju /	
[ki]	[ke]	[ka]	[ko]	[ku]		[kjo]	[kju]	
/ zi /	/ ze /	/ za /	/ zo /	/ zu /	/ zja /	/ zjo /	/ zju /	
[dʒi]	[dze]	[dza]	[dzo]	[dzu]	[dʒa]	[dʒo]	[dʒu]	
/ si /	/ se /	/ sa /	/ so /	/ su /	/ sja /	/ sjo /		
[ʃi]	[se]	[sa]	[so]	[su]	[ʃa]	[ʃo]		
/ ri /	/ re /	/ ra /	/ ro /	/ ru /		/ rjo /		
[ri]	[re]	[ra]	[ro]	[ru]		[rjo]		
/ ni /	/ ne /	/ na /	/ no /	/ nu /	/ nja /			
[ɲi]	[ne]	[na]	[no]	[nu]	[ɲa]			
	/ de /	/ da /	/ do /	/ du /				
	[de]	[da]	[do]	[du]				
	/ te /	/ ta /	/ to /	/ tu /				
	[te]	[ta]	[to]	[tu]				
/ mi /	/ me /	/ ma /	/ mo /	/ mu /				
[mi]	[me]	[ma]	[mo]	[mu]				
/ bi /	/ be /	/ ba /	/ bo /	/ bu /	/ bja /	/ bjo /		
[bi]	[be]	[ba]	[bo]	[bu]	[bja]	[bjo]		
/ pi /	/ pe /	/ pa /	/ po /	/ pu /		/ pjo /		
[pi]	[pe]	[pa]	[po]	[pu]		[pjo]		
/ i /	/ e /	/ a /	/ o /	/ u /				
[:]	[:]	[:]	[:]	[:]				

/ 'N / [m, n, ŋ, ɲ, ɴ]   / Q / [p, t, tʃ, k, s, ʃ]

第 1 章　琉球方言・音韻の記述的研究

/ hu /　[ɸu̥ta]（蓋），[çi̥˧ɸu]（皮膚）

/ ki /　[ki̥˩ta]（北），[miːtʃi̥kiru]（睨む），[a˥ki]（秋），[˥kiː]（木）

/ ke /　[ke˥ru]（蹴る），[tsu̥˥ke˥ru]（付ける），[ʃi̥˥ke]（時化），[˥keː]（毛）

/ ka /　[ka˥me]（亀），[tʃi̥˥ka˥i]（近い），[a˥ka]（赤），[˥miŋkaː]（つんぼ）

/ ko /　[ko˥toba˥]（ことば），[ko˥ko˥notsu]（九つ），[ta˥bako]（煙草），

　　　　[gak˥koː]（学校）

/ ku /　[ku˥maː]（ここ），[i˥ku̥tsu]（幾つ），˩jaku˥（焼く），[ku˥ˀ]（食べる）

/ gi /　[gi˥ri]（義理），[su˥gi˥ru]（過ぎる），[ka˥gi˥]（鍵）

/ ge /　[a˥geru]（与える），[ka˥ge]（影）

/ ga /　[ga˥dʒaɴ]（蚊），[a˥garu]（上がる），[˥tʃiragaː]（豚の顔の皮）

/ go /　[go˥mi˥]（ごみ），[ʃi˥goto]（仕事），[ka˥go]（籠）

/ gu /　[gu˥teː]（力持ち），[ku˥guru]（くぐる），[ko˥gu]（漕ぐ）

/ te /　[te˥kubi]（手首），[su̥˥teru]（捨てる），[˥teː]（手）

/ ta /　[˥taiɸuː]（台風），[ka˥ta˥na]（刀），[ʃi̥˥ta]（下），[˥taː]（誰）

/ to /　[to˥ri]（鳥），[çi̥˥to˥ri]（一人），[ha˥to]（鳩），[it˥toː˥]（一等）

/ tu /　[ut˥tu]（年下）

/ de /　[de˥ru]（出る），[na˥de˥ru]（撫でる）

/ da /　[da˥ru˥i]（だるい），[çi̥˥dari]（左），[na˥mida]（涙）

/ do /　[do˥ko]（どこ），[to˥do˥ku]（届く），[no˥do]（喉），[doːgu˥]（道具）

/ du /　[du˥ʃi˥]（友達），[˥duː]（自分）

/ ni /　[ɲi˥ri˥ru]（疲れる），[ka˥ɲi]（蟹），[ki˥ɲiːru]（気に入る）

/ ne /　[ne˥ru]（寝る），[çi̥˥rune]（昼寝），[˥neː]（根）

/ na /　[na˥ku]（泣く），[se˥naka]（背中），[ja˥naː]（悪い）

/ no /　[no˥maː]（酒飲み），[ki˥noko]（きのこ），[nu˥no]（布）

127

/ nu / [nu˥gu] (脱ぐ), [ki˥nu] (絹), [nu˥ː] (何)

/ ri / [rit˥tʃaː] (金持ち), [dʒi˥riː˥] (同い年)

/ re / [ku˥reru] (暮れる), [o˥reː] (御礼)

/ ra / [ra˥ku] (楽), [na˥raꜜu] (習う), [˥toːbiraː] (ゴキブリ)

/ ro / [ro˥ku] (六), [ku˥roꜛi] (黒い), [do˥ro] (泥)

/ ru / [ru˥subaɴ] (留守番), [ka˥ruꜛi] (軽い), [˥jaːruː] (ヤモリ)

/ ci / [tʃi˥ra] (顔), [ʃi˥tʃiɲitʃi] (七日), [tsu̥˥tʃi] (土), [˥tʃiː] (血)

/ cu / [tsu˥ma] (妻), [ka˥tsuo] (鰹), [ku̥˥tsu] (靴)

/ si / [ʃi˥ɲi] (とても), [u˥ʃiro] (後ろ), [ku̥˥ʃiꜛ] (櫛), [˥ʃiːbai] (小便)

/ se / [se˥naka] (背中), [ja˥seru] (痩せる), [a˥se] (汗)

/ sa / [sa˥ke] (酒), [a˥saçi] (朝日), [ka˥sa] (傘)

/ so / [so˥ru] (剃る), [o˥soꜛi] (遅い), [he˥so] (へそ), [so˥ː] (そう)

/ su / [su˥na] (砂), [ku̥˥suguru] (くすぐる), [u˥su] (臼), [su˥ː] (吸う)

/ zi / [dʒi˥riː] (同い年), [˥ɲindʒiɴ] (人参), [ka˥dʒi] (火事), [˥dʒiː] (字)

/ ze / [dzen˥dzeꜛɴ] (全然), [ka˥dze] (風), [˥dzeːiɴ] (全員)

/ za / [dza˥ʃikiꜛ] (座敷), [ka˥dzaru] (飾る), [çi˥dza] (膝)

/ zo / [˥dzoːkiɴ] (雑巾), [ka˥dzoku] (家族), [mi˥dzo] (溝)

/ zu / [dzut˥to] (ずっと), [ta˥dzuneꜛru] (尋ねる), [ka˥dzu] (数)

/ mi / [mi˥gi] (右), [mi˥midzu] (みみず), [mi˥mi] (耳), [˥miː] (実)

/ me / [me˥gane] (眼鏡), [ʃi˥meꜛru] (閉める), [ka˥me] (亀), [˥meː] (目)

/ ma / [ma˥jaː] (猫), [sa˥maꜛsu] (冷ます), [a˥tama] (頭), [˥maː] (どこ)

/ mo / [mo˥eru] (燃える), [ku˥mori] (曇り), [çi˥mo] (紐), [mo˥ː] (もう)

/ mu / [mu˥su] (蒸す), [ke˥muri] (煙), [ka˥mu] (嚙む)

128

/ pi / 「kᵘppina:〕（これだけ）

/ pe / 〔tappe:ra:〕（平ら）

/ pa / 「papaja:〕（パパイヤ）, 〔ip˺pai〕（一杯）, 〔kap˹pa〕（合羽）

/ po / 〔tep˹po:〕（鉄砲）

/ pu / 〔kam˹pu:〕（髪結い）

/ bi / 〔bi˺ɴ〕（瓶）, 〔ku˹bi˺ru〕（結ぶ）, 〔ku˹bi〕（首）

/ be / 〔be˹ro〕（舌）, 〔ku˹raberu〕（比べる）, ⌊ka˹be〕（壁）

/ ba / 〔ba˺ʃa〕（馬車）, 〔o˹ba:〕（おばあちゃん）

/ bo / 〔ʃi˹bo˺ru〕（絞る）, 「bo:〕（棒）

/ bu / 〔ʃi˹ka˺bu〕（驚く）

/ 'ja / 〔ja˺ne〕（屋根）, 〔ta˹gajasu〕（耕す）, 〔ha˹tarakija:〕（働き者）, 「ja:〕（おまえ）

/ 'jo / 〔jo˹ru〕（夜）, 〔o˹jo˺gu〕（泳ぐ）, 〔jo˹:dʒi〕（楊枝）

/ 'ju / 〔ju˹bi〕（指）, 〔o˹kaju〕（お粥）, 〔ju˹:〕（言う）

/ 'wa / 〔wa˹ta〕（お腹）, 〔ja˹warakaˑi〕（柔らかい）, 〔ka˹wa〕（川）, 「wa:〕（私）

/ hja / 〔ça˹ku˺〕（百）, 〔ɲi˹çaku˺〕（二百）, 〔a˹ɲiça:〕（あいつ）

/ hwa /〔a˹ɸa:˺suru〕（呆れる）

/ kjo / 〔kjo˺:〕（今日）

/ kju / 〔kju˺:〕（九）

/ gjo / 「ɲiŋgjo:〕（人形）

/ gwa / 「gwa:ʃi:〕（ふり）

/ nja / 〔ko˹ɲɲaku〕（蒟蒻）

/ rjo / 　[rjoˑꜜri]（料理），[rjoˑꜜ]（漁）

/ cja / 　[tʃaꜛwaɴ]（茶碗），[aꜛkatʃaɴ]（赤ん坊），[ꜛtʃa:]（度々）

/ cjo / 　[ꜛtʃo:do]（ちょうど），[tʃoˑ:tʃo]（蝶々）

/ cju / 　[tʃuꜛndʒuku]（強く），[tʃu:doꜛkuꜜsuru]（中毒する）

/ sja / 　[ʃaꜜkkuri]（しゃっくり）

/ sjo / 　[ʃoꜜmotsu]（書物），[ʃo:gaꜜtsu]（正月）

/ sju / 　[ʃuꜜdʒiɴ]（主人）

/ zja / 　[ꜛçi:dʒa:]（山羊）

/ zjo / 　[dʒo:to:]（良い），[tenꜛdʒo:]（天井）

/ zju / 　[ꜛdʒu:ʃi:]（雑炊），[dʒuˑꜜ]（十）

/ pjo / 　[iꜜppjo:]（一俵）

/ bja / 　[saꜜmbjaku]（三百）

/ bjo / 　[bjo:ꜛki]（病気）

/ i / 　[iˑꜜ]（良い），[oꜛʒi:]（おじいさん）

/ e / 　[ꜛe:]（絵），[guꜛte:]（力持ち）

/ a / 　[ꜛa:buku:]（泡），[ꜛçi:dʒa:]（山羊）

/ o / 　[ꜛo:ru:]（痣），[ꜛdʒo:to:]（良い）

/ u / 　[ꜛu:maku:]（餓鬼），[ja:ru:]（ヤモリ）

/ 'N / 　[kamꜛpu:]（髪結い），[kaŋgaꜜeru]（考える），[tʃanꜛto]（ちゃんと），
　　　　[saɴꜛʃiꜜɴ]（三線）

/ Q / 　[bapꜛpe:ꜜru]（間違える），[aꜛsaꜜtte]（明後日），[mikꜛka]（三日），
　　　　[ki̥ꜜssa]（とっくに）

第1章　琉球方言・音韻の記述的研究

第4項　音韻対応

　次に、豊見城市方言・若年層の音韻対応について、具体例を挙げながらまとめる。若年層は、老年層に観察された狭母音化はみられない。また、拗音と直音の混同や、dとrの混同も観察されず、いわゆる共通語との違いはほとんど見られない。

　なお、使用した調査票で得られなかった音韻は記載していない。しかし、音声として持っていないわけではなく、あくまでも調査によって得られなかっただけである。本項では、開拗音の対応も示す。

（1）母音対応

共通語	ア	イ	ウ	エ	オ
豊見城市方言	'a	'i	'u	'e	'o

アの対応例

【語頭の例】

　[aˀu]（会う）, [aˀoː]（会おう）, [aˀo]（青）, [aˀoˀi]（青い）, [aˀodaˀiʃoː]（青大将）,

　[aˀoˀgu]（扇ぐ）, [aˠka]（垢）, [aˀka]（赤）, [aˀkaˀi]（赤い）,

　[aˀkatʃaɴ]（赤ん坊／赤ちゃん）, [aˠgaru]（上がる）, [aˠkaruˀi]（明るい）,

　[aˀki]（秋）, [aˠkiˀru]（飽きる）, [aˠkeru]（開ける）, [aˠgeru]（上げる）,

　[aˠsaˀ]〜[aˀsa]（朝）, [asaˀtte]（明後日）, [aˀto]（後・跡）, [aˠidaˀ]（間）,

　[aˠʃiˀ]（足）, [aˠdʒi]（味）, [aˠʃïtaˀ]（明日）, [aˠmaː]（あそこ／あ＋間）,

　[aˀse]（汗）, [aˠsobu]（遊ぶ）, [atˠtakaˀi]（温かい）, [aˠtamaˀ]（頭）,

　[aˠtaraʃiː]（新しい）, [aˠtsui]〜[aˠtsuˀi]（厚い）, [aˠtsuˀi]（暑い）,

　[aˠmaˀi]（甘い）, [aˠnaˀ]（穴）, [aˀno]（あの）, [aˠbura]（油）, [aˠmiˀ]（網）,

　[aˀmu]（編む）, [aˀme]〜[ˠame]（雨）, [aˀme]（飴）, [aˠraˀi]（荒い）,

　[aˠrau]（洗う）, [aˠsaˀi]（浅い）, [aˠri]（蟻）, [aˠrigatoː]（ありがとう）,

　[aˀru]（有る）, [aˠwaˀ]（泡）, [aˠwateru]（慌てる）, [aˠtsumaˀru]（集まる）,

　[aˠtsumeˀru]（集める）, [aˠkubi]（あくび）, [aˠgoˀ]（顎）

131

【語中・語末の例】

[deˈraˈu]（出会う），[ɲiˈraˈu]（似合う）

イの対応例

【語頭の例】

[ˈiː]（胃），[iˈ]（良い），[iˈka]（烏賊），[iˈki]（息），[iˈku̥sa]（戦），

[iˈku̥tsu]（いくつ），[iˈkeˈ]（池），[iˈʃiˈ]（石），[iˈsoˈgu]（急ぐ），[iˈta]（板），

[iˈtsu]（いつ），[iˈtsu̥tsu] 〜 [iˈtsu̥ˈtsu]（五つ），[iˈto]（糸），[iˈtʃiˈwa]（一羽），

[iˈnaka]（田舎），[iˈnu]（犬），[iˈne]（稲），[iˈnotʃi]（命），[iˈnoˈru]（祈る），

[iˈhai]（位牌），[iˈma]（今），[iˈtoˈko]（従兄弟），[iˈmoˈ]（芋），[iˈru]（射る），

[iˈreru]（入れる），[iˈtaˈi]（痛い），[iˈroˈ]（色），[iˈwai]（祝い），[iˈppjoː]（一俵）

【語中・語末の例】

[aˈroˈi]（青い），[aˈrodaˈiʃoː]（青大将），[aˈkaˈi]（赤い），[aˈkaruˈi]（明るい），

[ʃoˈːbai]（商い／商売），[aˈidaˈ]（間），[aˈrtakaˈi]（温かい），

[aˈrtsui] 〜 [aˈtsuˈi]（厚い），[aˈtsuˈi]（暑い），[aˈmaˈi]（甘い），[aˈraˈi]（荒い），

[oˈrtotoi]（一昨日），[iˈhai]（位牌），[iˈtaˈi]（痛い），[iˈwai]（祝い），

[uˈrsuˈi]（薄い），[oˈsoˈi]（遅い），[kjoˈːdai]（兄弟），[oˈmoˈi]（重い），

[ʃiˈmai]（姉妹），[kaˈi]（貝），[kaˈtaˈi]（固い），[kaˈjuˈi]（痒い），[kaˈruˈi]（軽い），

[ku̥ˈsaˈi]（臭い），[kuˈraˈi]（暗い），[kuˈroˈi]（黒い），[koˈmakaˈi]（細かい），

[saˈriku]（細工），[saˈmuˈi]（寒い），[ʃiˈbuˈi]（渋い），[ʃiˈroˈi]（白い），

[ʃiˈmpai]（心配），[su̥ˈkunaˈi]（少ない），[suˈrpaˈi]（酸っぱい），[seˈmaˈi]（狭い），

[taˈriko]（太鼓），[daˈiku]（大工），[daˈikoˈN]（大根），[daˈidʒiˈ]（大事），

[daˈidokoro]（台所），[taˈriɸuˈː]（台風），[taˈriheN]（大変），[taˈijoː]（太陽），

[taˈkaˈi]（高い），[daˈruˈi]（だるい），[tʃiˈːsaˈi]（小さい），[tʃiˈrkaˈi]（近い），

[tsuˈrmetaˈi]（冷たい），[tsuˈjoˈi]（強い），[toˈri]（遠い），[naˈi]（無い），

[naˈgaˈi]（長い），[ɲiˈoˈi]（匂い），[ɲiˈgaˈi]（苦い），[noˈroi]（呪い），[haˈri]（灰），

[haˈiru]（入る），[haˈjaˈi]（早い），[baˈri]（倍），[çiˈrkuˈi]（低い），[çiˈrtai]（額），

[dʒuˈːitʃiˈ]（十一），[çiˈroˈi]（広い），[ɸu̥ˈtoˈi]（太い），[ɸu̥ˈkaˈi]（深い），

[ɸuˈruˈi]（古い），[maˈrzuˈi]（まずい），[miˈrdʒikaˈi]（短い），[miˈɲikuˈi]（醜い），

132

第 1 章　琉球方言・音韻の記述的研究

［me⌐i］（姪），［o⌐i］（甥），［ja⌐sai］（野菜），［ja⌐waraka⌐i］（柔らかい），

［juꜜ: rei］（幽霊），［ju⌐ru⌐i］（ゆるい），［jo⌐wa⌐i］（弱い），［wa⌐ka⌐i］（若い），

［wa⌐ru⌐i］（悪い），［ka⌐waiꜜ］（可愛い）

ウの対応例
【語頭の例】

［u⌐e］（上），［u⌐eru］（植える），［u⌐e⌐ru］（飢える），［u⌐kabu］（浮かぶ），

［u⌐ke⌐ru］（受ける），［u⌐sagi］（兎），［u⌐ʃi］（牛），［u⌐su］（臼），［u ꞌzu］（渦），

［u⌐su⌐i］（薄い），［uꜜso］（嘘），［u⌐ta⌐］（歌），［u⌐tau］（歌う），［uꜜtsu］（打つ），

［u⌐tagau］（疑う），［u⌐go⌐ku］（動く），［u⌐de］〜［u⌐de⌐］（腕），［u⌐nagi］（うなぎ），

［u⌐ma⌐］（馬），［u⌐mareru］（生まれる），［u⌐mi］（海），［u⌐mi⌐］（膿），［u⌐mu］（産む），

［u⌐meru］（埋める），［u⌐ru］（売る），［u⌐ba⌐u］（奪う），［uꜜN］（運）

【語中・語末の例】

［a⌐u］（会う），［a⌐rau］（洗う），［u⌐tau］（歌う），［u⌐tagau］（疑う），［u⌐ba⌐u］（奪う），

［o⌐u］（追う），［o⌐mo⌐u］（思う），［ka⌐u］（飼う），［ka⌐u］（買う），［ki⌐rau］（嫌う），

［ʃo⌐u］（背負う），［so⌐ro⌐u］（揃う），［tsu̥⌐kau］（使う），［de⌐a⌐u］（出会う），

［na⌐ra⌐u］（習う），［ɲi⌐a⌐u］（似合う），［ha⌐u］（這う），［ma⌐jo⌐u］（迷う），

［mo⌐rau］（貰う），［jo⌐u］（酔う），［wa⌐rau］（笑う），

エの対応例
【語頭の例】

［「e:］（絵），［「e］（柄），［e⌐sa⌐］（餌），［e⌐guru］（えぐる），［e⌐da］〜［e⌐da⌐］（枝），

［e⌐bi］（海老），［e⌐ra⌐bu］（選ぶ），［e⌐ru］（得る），［e⌐ri⌐］（襟）

【語中・語末の例】

［u⌐e］（上），［u⌐eru］（植える），［u⌐e⌐ru］（飢える），［o⌐boe⌐ru］（覚える），

［o⌐ʃieru］（教える），［ka⌐eru］（帰る），［ka⌐eru］（変える），［ka⌐eru］（蛙），

［ka⌐dzoe⌐ru］（数える），［ka⌐ŋga⌐eru］（考える），［ki⌐eru］（消える），［ko⌐e］（声），

［ko⌐eru］（越える），［ko⌐e⌐ru］（肥える），［ko⌐ta⌐eru］（答える），［so⌐eru］（添える），

［na⌐e］（苗），［na⌐e⌐ru］（萎える），［ɲi⌐e⌐ru］〜［ɲi⌐eru］（煮える），［ha⌐e］（蠅），

133

[haˈeˈru]（生える）, [ɸuˈeˈru]（増える）, [maˈe]（前）, [miˈeˈru]（見える）,

[moˈeru]（燃える）

オの対応例

【語頭の例】

[oˈtotoi]（一昨日）, [oˈːgi]（扇）, [oˈːkiˈː]（大きい）, [oˈu]（追う）,

[oˈkaʃiˈː]（おかしい）, [oˈgaˈmu]（拝む）, [oˈki]（沖）, [oˈkiˈru]（起きる）,

[oˈku]（置く）, [oˈkuru]（送る）, [oˈkeˈ]（桶）, [oˈkoˈsu]（起こす）, [oˈsu]（押す）,

[oˈsuˈ]（雄）, [oˈsoˈi]（遅い）, [oˈtʃiˈru]（落ちる）, [otˈto]（夫）,

[oˈto] ～ [oˈtoˈ]（音）, [oˈtokoˈ]（男）, [oˈtona]（大人）, [oˈtonaʃiˈː]（おとなしい）,

[oˈdoru]（踊る）, [oˈboeˈru]（覚える）, [oˈʃieru]（教える）, [oˈɲiˈ]（鬼）,

[oˈbi]（帯）, [oˈmoˈi]（重い）, [oˈmoˈu]（思う）, [oˈjaˈ]（親）, [oˈjoˈgu]（泳ぐ）,

[oˈriˈru]（降りる）, [oˈru]（折る・織る）, [oˈreˈru]（折れる）, [oˈwaru]（終わる）,

[oˈnna]（女）, [oˈkaˈʃi]（お菓子）, [oˈreː]（御礼）, [oˈtoˈmo]（お供）, [oˈi]（甥）,

[oˈwaɴ]（お椀）

【語中・語頭の例】

[aˈoˈː]（会おう）, [aˈo]（青）, [aˈoˈi]（青い）, [aˈodaˈiʃoː]（青大将）,

[aˈoˈgu]（扇ぐ）, [kaˈtsuo]（鰹）, [saˈoˈ]（竿）, [ʃioˈ]（潮・塩）,

[ʃiˈoreˈru]（萎れる）, [naˈoˈsu]（治す・直す）, [ɲiˈoˈi]（匂い）

※伝統的な方言の語彙も観察される。

[uˈtakiˈ]（お嶽）

(2) 子音対応

共通語のカ行との対応は、次のようになる。

共通語	カ	キ	ク	ケ	コ
豊見城市方言	ka	ki	ku	ke	ko

第1章　琉球方言・音韻の記述的研究

カの対応例

【語頭の例】

[kaˈi]（貝），[kaˈu]（飼う），[kaˈru]（買う），[kaˈeru]（帰る），[kaˈeru]（変える），

[kaˈeru]（蛙），[kaˈgami]（鏡），[kaˈku]（書く・掻く），[kaˈgu]（嗅ぐ），

[kaˈkeˈ]（賭），[kaˈge]（影），[kaˈkeˈru]（掛ける・賭ける），[kaˈsu]（貸す），

[kaˈdze]（風），[kaˈdzoeˈru]（数える），[kaˈtaˈi]（固い），[kaˈtatʃi]（形），

[kaˈtana]（刀），[kaˈtamaru]（固まる），[kaˈtsuo]（鰹），[kaˈtsu]（勝つ），

[kaˈɲi]（蟹），[kaˈne]（金・鐘），[kaˈbuˈru]（被る），[kaˈboʧa]（かぼちゃ），

[ˈkama]（鎌），[kaˈma]（釜），[kaˈmiˈ]（髪・紙），[kaˈmakiri]（カマキリ），

[kaˈbiˈ]（カビ），[kaˈmi]（神），[kaˈminaˈri]（雷），[kaˈmitsu̥ˈku]（噛みつく），

[kaˈmu]（噛む），[kaˈmeˈ]～[kaˈme]（亀），[kaˈme]（甕），[kaˈju]（粥），

[kaˈjuˈi]（痒い），[kaˈrasu]（烏），[kaˈriru]（借りる），[kaˈruˈi]（軽い），

[kaˈreru]（枯れる），[kaˈwaˈ]（皮・川），[kaˈwaˈku]（乾く），[kaˈtsuˈgu]（担ぐ），

[kaˈwaru]（変わる），[kaˈŋgaˈeru]（考える），[kaˈrada]（体），[kaˈgo]（籠），

[ˈkaː]（蚊），[kaˈwaiˈː]（可愛い）

【語中・語末の例】

[aˈka]（垢），[aˈka]（赤），[aˈkaˈi]（赤い），[aˈkatʃaɴ]（赤ん坊／赤ちゃん），

[aˈkaruˈi]（明るい），[atˈtakaˈi]（温かい），[iˈka]（烏賊），[iˈnaka]（田舎），

[saˈkana]（魚），[uˈkabu]（浮かぶ），[oˈkaʃiˈː]（おかしい），[oˈkaˈʃi]（お菓子），

[keŋˈkaˈsuru]（喧嘩する），[koˈmakaˈi]（細かい），[ʃiˈdzukana]（静かな），

[seˈnaka]（背中），[taˈkaˈi]（高い），[taˈʃikaɲi]（確かに），[tʃi̥ˈkaˈi]（近い），

[tʃi̥ˈkaraˈ]（力），[tsu̥ˈkau]（使う），[tsu̥ˈkaˈmu]（つかむ），[tsu̥ˈkareˈru]（疲れる），

[toˈkage]（とかげ），[toˈrikago]（鳥かご），[haˈkaˈru]（計る），[haˈkaˈ]（墓），

[haˈdzukaʃiˈː]（恥ずかしい），[haˈdaka]（裸），[çiˈkaˈru]（光る），[çiˈˈkariˈ]（光），

[ɸu̥ˈkaˈi]（深い），[maˈnnaka]（真ん中），[miˈdʒikaˈi]（短い），[muˈkaʃi]（昔），

[muˈdzukaʃiˈː]（難しい），[jaˈwarakaˈi]（柔らかい），[juˈka]（床），

[joˈnakaˈ]（夜中），[waˈkaˈi]（若い），[waˈkamono]（若者），[waˈkaˈru]（分かる）

135

キの対応例

【語頭の例】

[ki˥]（木），[ki˥noko]（きのこ），[ki˥ːro]（黄色），[ki˥eru]（消える），

[ki̥˥ku]（聞く），[ki˥rau]（嫌う），[ki˥dzu]（傷），[ki̥˥ta]（北），[ki˥noˑ]（昨日），

[ki˥ba]（牙），[ki˥moˑ]（肝），[ki˥mono]（着物），[ki˥ri]（霧），[ki˥ru]（着る），

[ki˥ru]（切る），[ki˥reː]（きれい），[ki˥nu]（絹）

【語中・語末の例】

[a˥ki]（秋），[a˥ki˥ru]（飽きる），[i˥ki]（息），[oˑ˥kiˑ]（大きい），[o˥ki]（沖），

[o˥ki˥ru]（起きる），[ka˥makiri]（カマキリ），[se˥ki˥]（咳），[dzoˑ˥ki˥ɴ]（雑巾），

[ta˥ki]（滝），[tsu̥˥ki˥]（月），[te˥ki]（敵），[de˥ki˥ru]（出来る），[to˥ki˥]（時），

[to˥kidoki˥]（時々），[ha˥kida˥su]（吐き出す），[bjoˑ˥ki]（病気），[mi˥saki]（岬），

[wa˥ki˥]（脇）

クの対応例

【語頭の例】

[kuˑ˥]（食う），[ku˥gi˥]（釘），[ku̥˥sa˥]（草），[ku̥˥sa˥i]（臭い），

[ku̥˥sare˥ru]（腐れる），[ku˥dzu˥su]（崩す），[ku̥˥suri]（薬），[ku̥˥se˥]（癖），

[ku̥˥tʃi]（口），[ku̥˥tʃibiru]（唇），[ku˥bi]（首），[ku˥mu]（汲む），

[ku˥mo]（雲・蜘蛛），[ku˥ra˥]（倉），[ku˥ra˥i]（暗い），[ku˥ru]（来る），

[ku˥reru]（暮れる），[ku˥ruma]（車），[ku˥ro˥i]（黒い），[ku̥˥suguru]（くすぐる），

[ku˥raberu]（比べる），[ku̥˥ʃa˥mi]（くしゃみ），[ku̥˥so˥]（糞），[ku˥dʒira]（鯨），

[ku˥bi˥ru]（縛る／くびる）

【語中・語末の例】

[a˥ru˥ku]（歩く），[a˥kubi]（あくび），[i˥ku̥sa]（戦），[i˥ku̥tsu]（いくつ），

[u˥go˥ku]（動く），[o˥ku]（置く），[o˥kuru]（送る），[ka˥ku]（書く・掻く），

[ka˥mitsu̥˥ku]（噛みつく），[ka˥wa˥ku]（乾く），[ki̥˥ku]（聞く），[sa˥iku]（細工），

[ʃa˥kkuri]（しゃっくり），[dʒu˥ku˥suru]（熟する），[su̥˥kuna˥i]（少ない），

[da˥iku]（大工），[tʃi̥˥kubi]（乳首），[tʃoˑ˥ʃoku]（朝食），[tʃu˥ˑʃoku]（昼食），

[ju˥ˑʃoku]（夕食），[tsu̥˥ku]（突く・着く・搗く），[tsu̥˥ku˥ru]（作る），

[tsuˈdzuku]（続く）, [teˈkubi]（手首）, [toˈdoˈku]（届く）, [doˈkuˈ]（毒）,

[naˈku]（泣く）, [ɲiˈkuˈ]（肉）, [ɲiˈçaku˥]（二百）, [nuˈku]（抜く）,

[haˈku]（吐く・掃く）, [haˈtaraku]（働く）, [çiˈˈkuˈi]（低い）, [roˈkuˈdʒuː]（六十）,

[saˈmbjaku]（三百）, [ropˈpjaˈku]（六百）, [hapˈpjaˈku]（八百）, [ɸu̥ˈku]（吹く）,

[ɸu̥ˈku]（拭く）, [ɸu̥ˈkureru]（ふくれる）, [ɸu̥ˈkuraˈhagi]（ふくらはぎ）,

[ɸu̥ˈkuro˥]（袋）, [hoˈdoˈku]（ほどく）, [maˈkura]（枕）, [maˈku]（巻く）,

[miˈɲikuˈi]（醜い）, [meˈkura]（盲）, [moˈŋku]（文句）, [jaˈku]（焼く）,

[raˈku˥]（楽）, [waˈku]（湧く）

ケの対応例

【語頭の例】

[ˈkeː]（毛）, [keˈsu]（消す）, [keˈmuri]（煙）, [keˈru]（蹴る）,

[keŋˈkaˈsuru]（喧嘩する）

【語中・語末の例】

[aˈkeru]（開ける）, [iˈke˥]（池）, [uˈkeˈru]（受ける）, [oˈke˥]（桶）, [kaˈke˥]（賭）,

[kaˈkeˈru]（掛ける・賭ける）, [saˈke]（酒）, [jaˈbukeˈru]（裂ける／破ける）,

[saˈkeˈbu]（叫ぶ）, [taˈke˥]（丈）, [taˈke]（竹）, [taˈsu̥keˈru]（助ける）,

[tsu̥ˈkemono]（漬物）, [tsuˈdzukeru]（続ける）, [toˈkeˈru]（溶ける）, [haˈtake]（畑）,

[maˈkeru]（負ける）, [miˈtsu̥keru]（見つける）, [waˈkeˈru]（分ける）

※伝統的な方言の語彙も観察される。

[uˈtakiˈ]（お嶽）

コの対応例

【語頭の例】

[koˈnaˈ]（粉）, [koˈːmori]（蝙蝠）, [koˈe]（声）, [koˈeru]（越える）,

[koˈeˈru]（肥える）, [koˈgaˈsu]（焦がす）, [koˈgaˈtana]（小刀）, [koˈgu]（漕ぐ）,

[koˈkoˈnotsu]（九つ）, [koˈkoro]（心）, [koˈʃiˈ]（腰）, [koˈtaˈeru]（答える）,

[koˈsuˈru]（こする）, [koˈmakaˈi]（細かい）, [koˈtobaˈ]（言葉）,

[ko⌐domo⌐]（子供），[ko⌐bo⌐su]（こぼす），[ko⌐me⌐]（米），[ko⌐mori]（子守），

[ko⌐re]（これ），[ko⌐no]（この），[ko⌐robu]（転ぶ），[ko⌐rosu]（殺す），

[ko⌐wa⌐su]（壊す），[ko⌐mbu]（昆布），[ko⌐buʃi]（こぶし），[mu⌐ko]（婿）

【語中・語末の例】

[i⌐to⌐ko]（従兄弟），[o⌐ko⌐su]（起こす），[o⌐toko⌐]（男），[ga⌐ŋko]（頑固），

[ki⌐noko]（きのこ），[ko⌐ko⌐notsu]（九つ），[ko⌐koro⌐]（心），[dʒuˤ:bako]（重箱），

[ta⌐iko]（太鼓），[da⌐iko⌐N]（大根），[da⌐idokoro]（台所），[ta⌐ko]（蛸），

[ta⌐bako]（煙草），[do⌐ko]（どこ），[no⌐ko⌐ru]（残る），[no⌐kogi⌐ri]（鋸），

[ha⌐ko]（箱），[ha⌐kobu]（運ぶ），[bu⌐ra⌐ŋko]（ブランコ），[ho⌐kori]（埃），

[bo⌐:ko:]（膀胱），[jo⌐roko⌐bu]（喜ぶ），[jo⌐ko]（横）

※伝統的な方言の語彙が観察される。

[ku⌐ma:]（ここ／こ＋間）

共通語	キュ	キョ
豊見城市方言	kju	kjo

キュの対応例

【語頭の例】

[kju⌐:ʒu:]（九十）

キョの対応例

【語頭の例】

[kjo⌐:dai]（兄弟），[kjo⌐:]（今日），[kjo⌐neN]（去年）

共通語のガ行との対応は、次のようになる。

共通語	ガ	ギ	グ	ゲ	ゴ
豊見城市方言	ga	gi	gu	ge	go

第1章　琉球方言・音韻の記述的研究

ガの対応例

【語頭の例】

［gaˀŋko］（頑固），［gaˀmaɴ］（我慢）

【語中・語末の例】

［aˈgaru］（上がる），［aˈrigatoː］（ありがとう），［uˈtagau］（疑う），

［oˈgaˀmu］（拝む），［kaˈgami］（鏡），［kaˈŋgaˀeru］（考える），

［koˈgaˀsu］（焦がす），［koˈgaˀtana］（小刀），［saˈgasu］（探す），［ʃoˈːgatsu］（正月），

［taˈgajaˀsu］（耕す），［naˈgaˀi］（長い），［naˈgareˀru］（流れる），［ɲiˈgaˀi］（苦い），

［çiˈgaʃi］（東），［maˈgaru］（曲がる），［moˈnogaˀtari］（物語），［juˈːgata］（夕方）

ギの対応例

【語頭の例】

［giˈriˀ］（義理），［giˀɴ］（銀）

【語中・語末の例】

［uˈsagi］（兎），［uˈnagi］（うなぎ），［oˈːgi］（扇），［kuˈgiˀ］（釘），［suˈgiˀru］（過ぎる），

［tsuˈgiˀno］（次の），［ɲiˈgiru］（握る），［noˈkogiˀri］（鋸），

［ɸu̥ˈkuraˀhagi］（ふくらはぎ），［miˈgi］（右），［muˀgi］（麦）

グの対応例

【語頭の例】

［guˈtʃi］（愚痴）

【語中・語末の例】

［aˈoˀgu］（扇ぐ），［iˈsoˀgu］（急ぐ），［eˈguru］（えぐる），［oˈjoˀgu］（泳ぐ），

［kaˈgu］（嗅ぐ），［kaˈtsuˀgu］（担ぐ），［ku̥ˈsuguru］（くすぐる），［koˀgu］（漕ぐ），

［tsuˈgu］（注ぐ），［tsuˈmugu］（紡ぐ），［doˈːguˀ］（道具），［toˀgu］（研ぐ），

［naˈguˀru］（殴る），［nuˈguˀː］（拭う），［nuˀgu］（脱ぐ），

［masˈsuˀguna］（真っ直ぐな），［meˈguru］（めぐる）

139

ゲの対応例

【語頭の例】

［geˀŋki］（元気）

【語中・語末の例】

［aˠgeru］（上げる），［kaˀge］（影），［dʒoˀːge］（上下），［toˠkage］（とかげ），

［toˠgeˀ］（とげ），［naˠgeˀru］（投げる），［ɲiˠgeˀru］（逃げる），［haˠgeˀru］（禿げる），

［çiˠge］（髭），［çiˠrogeru］（広げる），［maˠgeru］（曲げる），［maˀtsuge］（まつ毛），

［juˀge］（湯気）

ゴの対応例

【語頭の例】

［goˠdʒuˀː］（五十），［goˠboː］（牛蒡）

【語中・語末の例】

［aˠgoˀ］（顎），［uˠgoˀku］（動く），［kaˠgo］（籠），［ʃiˠgoto］（仕事），［taˠmaˀgo］（卵），

［toˠrikago］（鳥かご），［ɲiˠgoˀru］（濁る），［haˠʃigo］（はしご），［maˠgoˀ］（孫）

共通語	ギョ
豊見城市方言	gjo

ギョの対応例

【語中・語末の例】

［ɲiˠ ŋgjoː］（人形）

　ガ行音が語中に現れる場合にも、いわゆるガ行鼻濁音 / ŋ / は現れない。老年層の豊見城市方言にもガ行鼻濁音はみられないため、伝統的に観察されにくいと考えられる。

　共通語のサ行との対応は、次のようになる。

共通語	サ	シ	ス	セ	ソ
豊見城市方言	sa	si	su	se	so

140

第 1 章　琉球方言・音韻の記述的研究

サの対応例

【語頭の例】

　[saˈkana]（魚），[saˈiku]（細工），[saˈoˀ]（竿），[saˈke]（酒），[saˀsu]（刺す），

　[saˈtoˀ:]（砂糖），[saˈmuˀi]（寒い），[saˈru]（猿），[saˈra]（皿），[saˈgasu]（探す），

　[saˈwaru]（触る），[saˈkeˀbu]（叫ぶ），[saˈmeˀru]（覚える），

　[saˈɴʃiɴ]（三味線／三線），[saˈNdʒuˀ:]（三十），[saˀmbjaku]（三百）

【語中・語末の例】

　[ˈa:sa]（石蓴），[aˈsaˀ] ～ [aˀsa]（朝），[aˈsatte]（明後日），[aˈsaˀi]（浅い），

　[iˈku̥sa]（戦），[uˈsagi]（兎），[eˈsaˀ]（餌），[ku̥ˈsa]（草），[ku̥ˈsaˀi]（臭い），

　[ku̥ˈsareˀru]（腐れる），[tʃiˈ:saˀi]（小さい），[haˈsamiˀ]（鋏），[dʒuˈ:saˀN]（十三），

　[miˈsaki]（岬），[jaˈsai]（野菜），[jaˈsaʃiˀ:]（易しい）

シの対応例

【語頭の例】

　[ʃiˀmai]（姉妹），[ʃioˀ]（潮・塩），[ʃiˈgoto]（仕事），[ʃiˈoreˀru]（萎れる），

　[ʃiˈtaˀ]（舌），[ʃiˈnu]（死ぬ），[ʃiˈbaˀru]（縛る），[ʃiˈbuˀi]（渋い），[ʃiˈmaˀ]（島），

　[ʃiˈmeˀru]（締める・閉める），[ʃiˈdzumu]（沈む），[ʃiˈdzukana]（静かな），

　[ʃiˈramiˀ]（虱），[ʃiˈriˀ]（尻），[ʃiˈruʃi]（印），[ʃiˈru]（汁），[ʃiˈroˀi]（白い），

　[ʃiˈnʒiˀru]（信じる），[ʃiˈmpai]（心配）

【語中・語末の例】

　[aˈʃiˀ]（足），[aˈʃitaˀ]（明日），[aˈtaraʃiˀ:]（新しい），[iˈʃiˀ]（石），[uˈʃi]（牛），

　[oˈkaʃiˀ:]（おかしい），[oˈtonaʃiˀ:]（おとなしい），[oˈʃieru]（教える），

　[oˈkaˀʃi]（お菓子），[koˀʃi]（腰），[koˈbuʃi]（こぶし），[ʃiˈruʃi]（印），

　[suˈdzuʃiˀ:]（涼しい），[taˈʃikani]（確かに），[dʒiˈʃiɴ]（地震），[toˈʃiˀ]（年），

　[niˈʃi]（西），[haˈʃi]（端），[haˈʃiˀ]（橋），[haˀʃi]（箸），[haˈʃigo]（はしご），

　[haˈʃira]（柱），[haˈʃiˀru]（走る），[haˈdzukaʃiˀ:]（恥ずかしい），[haˈnaʃiˀ]（話），

　[çiˈgaʃi]（東），[hoˀʃi]（星），[maˈdzuʃiˀ:]（貧しい），[muˈkaʃi]（昔），[muˀʃi]（虫），

　[muˈdzukaʃiˀ:]（難しい），[meˀʃi]（飯），[moˀʃi]（もし），[jaˈsaʃiˀ:]（易しい），

　[riˈʃi]（利子），[rjoˀ:ʃiɴ]（両親）

141

スの対応例

【語頭の例】

[suꜜ] (巣), 「suꜜ〜「suꜜ:] (酢), [suꜜ:] (吸う), [su˞giꜜru] (過ぎる),

[su̥˞kunaꜜi] (少ない), [suꜜʒi] (筋), [su̥˞suꜜ] (煤), [su̥˞dzuꜜmu] (涼む),

[su˞dzuʃiꜜ:] (涼しい), [su˞dzume] (雀), [su̥˞soꜜ] (裾), [sup˞paꜜi] (酸っぱい),

[su̥˞teru] (捨てる), [su˞beꜜru] (滑る), [su˞naꜜ] (砂), [suꜜmi] (隅), [su˞miꜜ] (炭),

[suꜜru] (磨る), [su˞ru] (する), [su˞waru] (座る)

【語中・語末の例】

[uꜜsu] (臼), [u˞suꜜi] (薄い), [o˞koꜜsu] (起こす), [o˞su] (押す), [o˞suꜜ] (雄),

[ka˞su] (貸す), [ka˞rasu] (烏), [ku˞dzuꜜsu] (崩す), [ku̥˞suri] (薬),

[ku̥˞suguru] (くすぐる), [ke˞su] (消す), [keŋ˞ka˞suru] (喧嘩する),

[ko˞gaꜜsu] (焦がす), [ko˞suꜜru] (こする), [ko˞boꜜsu] (こぼす),

[ko˞rosu] (殺す), [ko˞waꜜsu] (壊す), [saꜜsu] (刺す), [sa˞gasu] (探す),

[dʒu˞kuꜜsuru] (熟する), [su̥˞suꜜ] (煤), [ta˞su̥keꜜru] (助ける),

[ta˞gajaꜜsu] (耕す), [da˞maꜜsu] (騙す), [te˞rasu] (照らす),

[na˞oꜜsu] (治す・直す), [nu˞suꜜmu] (盗む), [no˞baꜜsu] (伸ばす),

[ha˞kidaꜜsu] (吐き出す), [ha˞naꜜsu] (話す・放す), [mas˞suꜜguna] (真っ直ぐな),

[muꜜsu] (蒸す), [mu˞subu] (結ぶ), [ja˞suꜜmu] (休む), [ju˞ruꜜsu] (許す),

[ju˞suburu] (ゆすぶる), [ru˞subaɴ] (留守番), [wa˞sureru] (忘れる)

セの対応例

【語頭の例】

[seꜜ:neɴ] (青年), [se˞kiꜜ] (咳), [se˞naka] (背中), [seꜜɴ] (線・千), [se˞maꜜi] (狭い)

【語中・語末の例】

[aꜜse] (汗), [ku̥˞seꜜ] (癖), [no˞seru] (乗せる), [mi˞seꜜru] (見せる),

[mi˞seꜜ] (店), [ja˞seru] (痩せる), [jo˞seru] (寄せる)

※伝統的な方言の語彙も観察される。

[sa˞ɴʃiɴ] (三味線／三線)

ソの対応例

【語頭の例】

　[soˈeru]（添える），[soˈdateˈru]（育てる），[soˈde]（袖），[soˈba]（側），

　[soˈmeru]（染める），[soˈraˈ]（空），[soˈru]（剃る），[soˈno]（その），

　[soˈre]（それ），[soˈto]（外），[soˈroˈu]（揃う）

【語中・語末の例】

　[aˈsobu]（遊ぶ），[iˈsoˈgu]（急ぐ），[uˈso]（嘘），[oˈsoˈi]（遅い），[kṳˈsoˈ]（糞），

　[sṳˈsoˈ]（裾），[noˈːmiˈso]（脳みそ），[heˈsoˈ]（臍），[miˈso]（味噌）

共通語	シャ	シュ	ショ
豊見城市方言	sja	sju	sjo

シャの対応例

【語頭の例】

　[ʃaˈkkuri]（しゃっくり）

【語中・語末の例】

　[kṳˈʃaˈmi]（くしゃみ），[baˈʃa]（馬車）

シュの対応例

【語頭の例】

　[ʃuˈdʒiɴ]（主人）

ショの対応例

【語頭の例】

　[ʃoˈːgatsu]（正月），[ʃoˈmotsu]（書物），[ʃoˈːjuˈ]（醤油）

【語中・語末の例】

　[ʃoˈːbai]（商い／商売），[tʃoˈːʃoku]（朝食），[tʃuˈːʃoku]（昼食），[juˈːʃoku]（夕食），

　[baˈʃoː]（芭蕉），[baˈʃoːɸu]（芭蕉布）

　共通語のザ行との対応は、次のような関係になる。

共通語	ザ	ジ	ズ	ゼ	ゾ
豊見城市方言	za	zi	zu	ze	zo

ザの対応例

【語頭の例】

　［dzaᒿruᒣ］〜［dzaᒿru］（笊）

【語中・語末の例】

　［kaᒿdzaru］（飾る）

ジの対応例

【語頭の例】

　［ᒣdʒiː］（字），［dʒiᒣnaN］（次男），［dʒiᒿmaN］（自慢），［ᒣdʒiːmaːmi］（落花生／地豆），
　［dʒiᒿʃiN］（地震）

【語中・語末の例】

　［aᒿdʒi］（味），［kuᒿdʒira］（鯨），［ʃiᒿndʒiᒿru］（信じる），［suᒿdʒi］（筋），
　［daᒿidʒiᒣ］（大事），［niᒿndʒiN］（人参），［niᒿdʒi］（虹），［haᒿdʒimeru］（始める），
　［çiᒿdʒiᒣ］（肘），［biᒣdʒiN］〜［biᒿdʒiN］（美人），［miᒿdʒikaᒣi］（短い）

ズの対応例

【語頭の例】

　［dzutᒿto］（ずっと）

【語中・語末の例】

　［uᒣdzu］（渦），［kiᒿdzu］（傷），［kuᒿdzuᒣsu］（崩す），［ʃiᒿdzumu］（沈む），
　［dʒoᒿːdzuᒣ］（上手），［ʃiᒣdzukana］（静かな），［suᒿdzuᒣmu］（涼む），
　［suᒿdzuʃiᒣː］（涼しい），［suᒿdzume］（雀），［taᒿdzuneᒣru］（尋ねる），
　［tsuᒿdzuku］（続く），［tsuᒿdzukeru］（続ける），［neᒿdzumi］（鼠），
　［haᒿdzukaʃiᒣː］（恥ずかしい），［maᒿdzuʃiᒣː］（貧しい），［maᒿdzuᒣi］（まずい），
　［miᒿdzu］（水），［miᒿmidzu］（みみず），［muᒿdzukaʃiᒣː］（難しい）

144

第1章　琉球方言・音韻の記述的研究

ゼの対応例

【語頭の例】

　　[dzen「dzeɴ˥]（全然），[dze˥mbu]（全部）

【語中・語末の例】

　　[ka「dze]（風），[dzen「dzeɴ˥]（全然），[ma「dze˥ru]（混ぜる）

ゾの対応例

【語頭の例】

　　[「dzoːri]（草履），[dzoːr:ki˥ɴ]（雑巾）

【語中・語末の例】

　　[ka「dzoe˥ru]（数える），[mi「dzo]（溝）

※伝統的な方言の語彙も観察される。

　　[dʒuːr:ʃiː˥]（雑炊）

共通語	ジュ	ジョ
豊見城市方言	zju	zjo

ジュの対応例

【語頭の例】

　　[dʒuː˥]（十），[dʒuːr:bako]（重箱），[dʒuːrku˥suru]（熟する），[dʒuːr:itʃi˥]（十一），

　　[dʒuːr:ɲi˥]（十二），[dʒuːr:sa˥ɴ]（十三）

【語中・語末の例】

　　[go「dʒuː˥]（五十），[na「na˥dʒuː]（七十），[ɲi「dʒuː˥]（二十），[sa˥ndʒuː]（三十），

　　[jo˥ndʒuː]（四十），[ro「ku˥dʒuː]（六十）

ジョの対応例

【語頭の例】

　　[dʒoːr:ge]（上下），[dʒoːr:da˥ɴ]（冗談），[dʒoːr:dzu˥]（上手），[dʒoːr:bu˥na]（丈夫な）

145

【語中・語末の例】

[teˈndʒoː]（天井）, [beˈndʒoˈ]（便所）

共通語のタ行との対応は、次のようになる。

共通語	タ	チ	ツ	テ	ト
豊見城市方言	ta	ci	cu	te	to

タの対応例

【語頭の例】

[taˈiko]（太鼓）, [taˈiɸuˈ]（台風）, [taˈiheɴ]（大変）, [taˈijoː]（太陽）,

[taˈkaˈi]（高い）, [taˈki]（滝）, [taˈkeˈ]（丈）, [taˈke]（竹）, [taˈko]（蛸）,

[taˈʃi̥kaɲi]（確かに）, [taˈsu̥keˈru]（助ける）, [taˈdzuneˈru]（尋ねる）,

[taˈgajaˈsu]（耕す）, [taˈtami]（畳）, [taˈtsu]（立つ）, [taˈteˈru]（建てる）,

[taˈnoˈmu]（頼む）, [taˈna]（棚）, [taˈne]～[taˈneˈ]（種）, [taˈbi]（旅）,

[taˈbeˈru]（食べる）, [taˈmaˈgo]（卵）, [taˈruˈ]（樽）, [taˈbako]（煙草）

【語中・語末の例】

[aˈʃitaˈ]（明日）, [atˈtakaˈi]（温かい）, [aˈtamaˈ]（頭）, [aˈtaraʃiˈ]（新しい）,

[i̥ˈta]（板）, [iˈtaˈi]（痛い）, [uˈtaˈ]（歌）, [uˈtau]（歌う）, [uˈtagau]（疑う）,

[kaˈtaˈi]（固い）, [kaˈtatʃi]（形）, [kaˈtanaˈ]（刀）, [kaˈtamaru]（固まる）,

[ki̥ˈta]（北）, [koˈgatana]（小刀）, [koˈtaˈeru]（答える）, [ʃiˈtaˈ]（舌）,

[uˈtakiˈ]（お嶽）, [taˈtami]（畳）, [tsuˈmetaˈi]（冷たい）, [ɸu̥ˈtari]（二人）,

[haˈtaraku]（働く）, [haˈtake]（畑）, [batˈta]（バッタ）, [çi̥ˈtai]（額）, [ɸu̥ˈta]（蓋）,

[ɸu̥ˈtatsuˈ]（二つ）, [buˈta]（豚）, [moˈnogaˈtari]（物語）, [maˈtaˈ]（股）,

[juˈːgata]（夕方）

チの対応例

【語頭の例】

[ˈtʃiː]（血）, [tʃiˈːsaˈi]（小さい）, [tʃiˈkaˈi]（近い）, [tʃiˈkaraˈ]（力）, [tʃiˈkubi]（乳首）

第1章　琉球方言・音韻の記述的研究

【語中・語末の例】

[iᶜtʃiˀwa]（一羽）, [iˀnotʃi]（命）, [oˀtʃiˀru]（落ちる）, [kaᶜtatʃi]（形）, [ku̥ᶜtʃi]（口）,

[ku̥ᶜtʃibiru]（唇）, [tsu̥ᶜtʃiˀ]（土）, [haᶜtʃi]（蜂）, [dʒuᶜːitʃiˀ]（十一）,

[haᶜtʃiˀdʒuː]（八十）, [miᶜtʃiˀ]～[miᶜtʃi]（道）, [muᶜtʃi]（鞭）, [moᶜtʃi]（餅）

ツの対応例

【語頭の例】

[tsu̥ᶜkau]（使う）, [tsu̥ᶜkareᶜru]（疲れる）, [tsu̥ᶜkiˀ]（月）, [tsuᶜgiˀno]（次の）,

[tsu̥ᶜku]（突く・着く・搗く）, [tsuᶜgu]（注ぐ）, [tsuᶜmugu]（紡ぐ）,

[tsu̥ᶜkuˀru]（作る）, [tsu̥ᶜkemono]（漬物）, [tsu̥ᶜtʃi]（土）, [tsuᶜdzuku]（続く）,

[tsuᶜdzukeru]（続ける）, [tsuᶜdzumiˀ]（鼓）, [tsuᶜnaˀ]（綱）, [tsuᶜnoˀ]（角）,

[tsuᶜboˀ]～[tsuᶜbo]（壺）, [tsuˀma]（妻）, [tsuˀme]（爪）, [tsuᶜmetaˀi]（冷たい）,

[tsuᶜjoˀi]（強い）, [tsuᶜru]（蔓）, [tsu̥ᶜtsuˀmu]（包む）, [tsuᶜru]（釣る）

【語中・語末の例】

[aᶜtsui]～[aᶜtsuˀi]（厚い）, [aᶜtsuˀi]（暑い）, [aᶜtsumaˀru]（集まる）,

[aᶜtsumeˀru]（集める）, [iᶜku̥tsu]（いくつ）, [iˀtsu]（いつ）,

[iᶜtsu̥tsu]～[iᶜtsuˀtsu]（五つ）, [uˀtsu]（打つ）, [kaᶜtsuo]（鰹）, [kaˀtsu]（勝つ）,

[kaᶜmitsu̥ˀku]（嚙みつく）, [kaᶜtsuˀgu]（担ぐ）, [koᶜkoˀnotsu]（九つ）,

[ʃoᶜːgatsu]（正月）, [ʃoˀmotsu]（書物）, [taˀtsu]（立つ）, [tsu̥ᶜtsuˀmu]（包む）,

[doᶜːbutsu]（動物）, [naˀtsuˀ]（夏）, [naᶜnaˀtsu]（七つ）, [niˀmotsu]（荷物）,

[neˀtsuˀ]（熱）, [çiᶜtoˀtsu]（一つ）, [ɸu̥ᶜtatsuˀ]（二つ）, [mitᶜtsuˀ]（三つ）,

[jotᶜtsuˀ]（四つ）, [mutᶜtsuˀ]（六つ）, [jatᶜtsuˀ]（八つ）, [maᶜtsu]（松）,

[maᶜtsuge]（まつ毛）, [maˀtsu]（待つ）, [miᶜtsu̥keru]（見つける）, [moˀtsu]（持つ）

テの対応例

【語頭の例】

[ᶜteː]（手）, [teˀkubi]（手首）, [tepᶜpoː]（鉄砲）, [teᶜki]（敵）, [teᶜrasu]（照らす）,

[teᶜru]（照る）, [teˀndʒoː]（天井）

147

【語中・語末の例】

[aˢsaˀtte]（明後日）, [aˢwateru]（慌てる）, [sʊˢteru]（捨てる）,

[soˢdateˀru]（育てる）, [taˢteˀru]（建てる）, [heˢdateˀru]（隔てる）

トの対応例

【語頭の例】

[ˢto]〜[ˢto:]（戸）, [toˢːi]（遠い）, [toˢkage]（とかげ）, [toˢkiˀ]（時）,

[toˢkidokiˀ]（時々）, [toˢʃiˀ]（年）, [toˀgu]（研ぐ）, [toˢdoˀku]（届く）,

[toˢbu]（飛ぶ）, [toˢmeru]（止める）, [toˢmaru]（泊まる）, [toˢgeˀ]（とげ）,

[toˢri]（鳥）, [toˢrikago]（鳥かご）, [toˀru]（取る）, [toˢkeˀru]（溶ける）

【語中・語末の例】

[aˀto]（後・跡）, [aˢrigato:]（ありがとう）, [iˀto]（糸）, [oˢtotoi]（一昨日）,

[otˢto]（夫）, [oˢto]〜[oˢto:]（音）, [oˢtokoˀ]（男）, [oˢtona]（大人）,

[oˢtonaʃiː]（おとなしい）, [koˢtobaˀ]（言葉）, [saˢtoːˀ]（砂糖）, [ʃiˢgoto]（仕事）,

[soˢto]（外）, [oˢtoˀmo]（お供）, [neˢmotoˀ]（根元）, [haˀto]（鳩）, [çiˢto]（人）,

[çiˢtoˀtsu]（一つ）, [ɸʊ̥ˢtoˀi]（太い）, [ɸʊ̥ˢtoˀru]（太る）, [hoˢnto:]（本当）,

[dzutˢto]（ずっと）, [moˀtto]（もっと）

共通語	チャ	チュ	チョ
豊見城市方言	cja	cju	cjo

チャの対応例

【語頭の例】

[ˢtʃa]〜[ˢtʃa:]（茶）, [tʃaˢwaɴ]（茶碗）

【語中・語末の例】

[aˀkatʃaɴ]（赤ん坊／赤ちゃん）, [kaˢbotʃa]（かぼちゃ）

チュの対応例

【語頭の例】

[tʃuˢːʃoku]（昼食）

チョの対応例

【語頭の例】

　[tʃoˈːtʃo]（蝶々）, [tʃoˈːʃoku]（朝食）

【語中・語末の例】

　[tʃoˈːtʃo]（蝶々）, [hoˈːtʃoː]（包丁）

　共通語のダ行との対応は、次のようになる。

共通語	ダ	ヂ	ヅ	デ	ド
豊見城市方言	da	zi	zu	de	do

ダの対応例

【語頭の例】

　[daˈiku]（大工）, [daˈikoˈɴ]（大根）, [daˈidʒiˈ]（大事）, [daˈidokoro]（台所）,

　[daˈmaˈru]（黙る）, [daˈmaˈsu]（騙す）, [daˈre]（誰）, [daˈruˈi]（だるい）

【語中・語末の例】

　[aˈodaˈiʃoː]（青大将）, [aˈidaˈ]（間）, [eˈda] ～ [eˈdaˈ]（枝）, [kjoˈːdai]（兄弟）,

　[kaˈrada]（体）, [dʒoˈːdaˈɴ]（冗談）, [soˈdateˈru]（育てる）,

　[haˈkidaˈsu]（吐き出す）, [haˈdaka]（裸）, [çiˈdari]（左）, [heˈdateˈru]（隔てる）,

　[maˈda]（まだ）, [miˈdareˈru]（乱れる）, [juˈdaɴ]（油断）

ヂの対応例

【語中・語末の例】

　[haˈnadʒi]（鼻血）

ヅの対応例

【語中・語末の例】

　[tsuˈdzuku]（続く）, [tsuˈdzukeru]（続ける）, [tsuˈdzumiˈ]（鼓）

デの対応例

【語頭の例】

[de⌐ki¬ru]（出来る）, [de¬ru]（出る）, [de⌐a¬u]（出会う）

【語中・語末の例】

[u⌐de]〜[u⌐de¬]（腕）, [so⌐de]（袖）, [na⌐de¬ru]（撫でる）, [çi⌐deri]（日照り）

ドの対応例

【語頭の例】

[do¬:]（どう・銅）, [do⌐:gu¬]（道具）, [do⌐:butsu]（動物）, [do¬ko]（どこ）,

[do⌐re]（どれ）, [do⌐ku¬]（毒）, [do⌐ro¬]（泥）

【語中・語末の例】

[i¬do]〜[i⌐do]（井戸）, [o⌐doru]（踊る）, [ko⌐domo¬]（子供）,

[da⌐idokoro]（台所）, [to⌐kidoki¬]（時々）, [to⌐do¬ku]（届く）, [no¬do]（喉）,

[ho⌐do¬ku]（ほどく）, [mi¬dori]（緑）

共通語のナ行との対応は、次のようになる。

共通語	ナ	ニ	ヌ	ネ	ノ
豊見城市方言	na	ni	nu	ne	no

ナの対応例

【語頭の例】

[na⌐na¬dʒu:]（七十）, [na¬i]（無い）, [na¬e]（苗）, [na⌐o¬su]（治す・直す）,

[na⌐ga¬i]（長い）, [na⌐gare¬ru]（流れる）, [na⌐ku]（泣く）, [na⌐ge¬ru]（投げる）,

[na⌐gu¬ru]（殴る）, [na⌐tsu¬]（夏）, [na⌐de¬ru]（撫でる）, [na⌐na¬tsu]（七つ）,

[na¬ɲi]（何）, [na⌐be]（鍋）, [na⌐mari¬]（鉛）, [na⌐mida]（涙）, [na⌐ru]（鳴る）,

[na⌐re¬ru]（慣れる）, [na⌐ra¬u]（習う）, [na⌐e¬ru]（萎える）

【語中・語末の例】

[a⌐na¬]（穴）, [i⌐naka]（田舎）, [sa⌐kana]（魚）, [u⌐nagi]（うなぎ）,

[o⌐tona]（大人）, [o⌐tonaʃi¬:]（おとなしい）, [o⌐nna]（女）, [ka⌐tana¬]（刀）,

150

[ka˺mina˺ri]（雷），[ko˺na˹]（粉），[ko˺ga˺tana]（小刀），[na˺na˹dʒuː]（七十），

[dʒi˺naɴ]（次男），[dʒoˈ:buna]（丈夫な），[ʃi˺dzukana]（静かな），

[su̥˺kuna˺i]（少ない），[su˺na]（砂），[se˺naka]（背中），[ta˺na]（棚），

[tsu˺na˹]（綱），[na˺na˺tsu]（七つ），[na˺mi]（波），[na˺mida]（涙），

[na˺me˺ru]（舐める），[na˺ma˺mono]（なまもの），[ha˺na˹]（花），[ha˺na]（鼻），

[ha˺naʃi˹]（話），[ha˺na˺su]（話す・放す），[ha˺nadʒi]（鼻血），

[ma˺nnaka]（真ん中），[mas˺su̥˺guna]（真っ直ぐな），[mi˺nami]（南），

[mi˺nna˹]（皆），[jo˺naka˹]（夜中），[wa ˈna]（罠）

ニの対応例
【語頭の例】

[ɲi˺motsu]（荷物），[ɲi˹a˺u]（似合う），[ɲi˹e˺ru] 〜 [ɲi˹eru]（煮える），

[ɲi˹o˹i]（匂い），[ɲi˹ga˺i]（苦い），[ɲi˹giru]（握る），[ɲi˹ku˹]（肉），

[ɲi˹ge˹ru]（逃げる），[ɲi˹go˹ru]（濁る），[ɲi˹ʃi]（西），[ɲi˹dʒuˈ:]（二十），

[ɲi˹neɴ]（二年），[ɲi˹çaku˹]（二百），[˹ɲiru]（似る），[ɲi˹ŋgjoː]（人形），

[ɲi˹ndʒiɴ]（人参），[ɲi˹dʒi]（虹）

【語中・語末の例】

[o˹ɲi˹]（鬼），[ka˹ɲi]（蟹），[ta˹ʃi̥kaɲi]（確かに），[na˹ɲi]（何），[dʒuˈ˹ɲi˹]（十二），

[mi˹ɲiku˹i]（醜い）

ヌの対応例
【語頭の例】

[nu˹guˈ:]（拭う），[nu˹su˹mu]（盗む），[nu˹ˈ:]（縫う），[nu˹no]（布），

[nu˹reru]（濡れる），[nu˹ru]（塗る），[nu˹gu]（脱ぐ），[nu˹ku]（抜く）

【語中・語末の例】

[i˹nu]（犬），[ki˹nu]（絹），[ʃi˹nu]（死ぬ）

ネの対応例

【語頭の例】

　[ˈne]（根），[neˈmotoˈ]（根元），[neˈdzumi]（鼠），[neˈru]（寝る），[neˈtsuˈ]（熱）

【語中・語末の例】

　[iˈne]（稲），[kaˈne]（金・鐘），[kjoˈneɴ]（去年），[seˈːneɴ]（青年），

　[taˈdzuneˈru]（尋ねる），[taˈne]〜[taˈneˈ]（種），[niˈneɴ]（二年），

　[haˈneˈru]（はねる），[haˈne]（羽），[ɸuˈne]（舟），[hoˈneˈ]（骨），

　[maˈneru]（真似る），[muˈneˈ]（胸），[jaˈne]（屋根）

ノの対応例

【語頭の例】

　[noˈkoˈru]（残る），[noˈbiˈru]（伸びる），[noˈbaˈsu]（伸ばす），[noˈseru]（乗せる），

　[noˈmiˈ]（蚤），[noˈmu]（飲む），[noˈru]（乗る），[noˈroi]（呪い），[noˈdo]（喉），

　[noˈːmiˈso]（脳みそ），[noˈkogiˈri]（鋸），[noˈhara]（野原）

【語中・語末の例】

　[aˈno]（あの），[iˈnotʃi]（命），[iˈnoˈru]（祈る），[kiˈnoˈː]（昨日），[kiˈnoko]（きのこ），

　[kiˈmono]（着物），[koˈkoˈnotsu]（九つ），[koˈno]（この），[soˈno]（その），

　[taˈnoˈmu]（頼む），[tsuˈgiˈno]（次の），[tsu̥ˈkemono]（漬物），[tsuˈnoˈ]（角），

　[naˈmaˈmono]（なまもの），[nuˈno]（布），[moˈnoˈ]（物），[moˈnogaˈtari]（物語），

　[waˈkamono]（若者）

ナ行の拗音 ニャ、ニュ、ニョを含む語彙は観察されなかった。

共通語のハ行との対応は、次のようになる。

共通語	ハ	ヒ	フ	ヘ	ホ
豊見城市方言	ha	hi	hu	he	ho

ハの対応例

【語頭の例】

　[ha⌐ra¬] (腹), [ha¬] (歯), [⌐ha] (葉), [ha⌐ri] (灰), [ha⌐u] (這う), [ha⌐e] (蠅),

　[ha⌐e⌐ru] (生える), [ha⌐kida⌐su] (吐き出す), [ha⌐ku] (吐く・掃く),

　[ha⌐ko] (箱), [ha⌐ka⌐ru] (計る), [ha⌐ka¬] (墓), [ha⌐ne⌐ru] (はねる),

　[ha⌐ge⌐ru] (禿げる), [ha⌐kobu] (運ぶ), [ha⌐sami¬] (鋏), [ha⌐ʃi] (端),

　[ha⌐ʃi¬] (橋), [ha¬ʃi] (箸), [ha⌐ʃigo] (はしご), [ha⌐dʒimeru] (始める),

　[ha⌐iru] (入る), [ha⌐ʃira¬] (柱), [ha⌐ʃi⌐ru] (走る), [ha⌐dzukaʃiː] (恥ずかしい),

　[ha⌐daka] (裸), [ha⌐taraku] (働く), [ha⌐take] (畑), [ha⌐tʃi] (蜂), [ha⌐naʃi¬] (話),

　[ha⌐na¬su] (話す・放す), [ha⌐nadʒi] (鼻血), [ha⌐ne] (羽), [ha⌐to] (鳩),

　[ha⌐mbuˈN] (半分), [ha¬bu] (ハブ), [ha⌐ma] (浜), [ha⌐ja⌐i] (早い), [ha⌐ri] (針),

　[ha⌐ru] (春), [ha⌐re⌐ru] (晴れる), [ha⌐reru] (腫れる), [ha⌐tʃi⌐dʒuː] (八十),

　[hap⌐pja⌐ku] (八百)

【語中・語末の例】

　[i⌐hai] (位牌), [no⌐hara] (野原), [ɸu̥⌐kura⌐hagi] (ふくらはぎ)

ヒの対応例

【語頭の例】

　[çi¬] (火), [⌐çi] (日), [çi⌐gaʃi] (東), [çi⌐ka⌐ru] (光る), [çi̥⌐ku⌐i] (低い),

　[çi⌐ge] (髭), [çi⌐dʒi¬] (肘), [çi̥⌐ɸu] (皮膚), [çi̥⌐tai] (額), [çi⌐dari] (左),

　[çi⌐deri] (日照り), [çip⌐pa⌐ru] (引っ張る), [çi̥⌐kari] (光), [çi̥⌐to] (人),

　[çi̥⌐to¬tsu] (一つ), [çi⌐ma] (暇), [çi⌐mo] (紐), [çi⌐ru¬] (昼),

　[çi⌐rogeru] (広げる), [çi⌐ro⌐i] (広い)

【語中・語末の例】

　[a¬saçi] (朝日)

フの対応例

【語頭の例】

　[ɸu̥⌐tari¬] (二人), [ɸu̥⌐tatsu¬] (二つ), [ɸu̥⌐to⌐i] (太い), [ɸu̥⌐ka⌐i] (深い),

[ɸu̥˦ku] (吹く), [ɸu̥˦ku] (拭く), [ɸu̥˦kureru] (ふくれる), [ɸu˦e˦ru] (増える),

[ɸu̥˦kura˦hagi] (ふくらはぎ), [ɸu̥˦kuro˥] (袋), [ɸu̥˦ta] (蓋), [ɸu˥ne] (舟),

[ɸu˦mu] (踏む), [ɸu˦ju˥] (冬), [ɸu˦ru] (降る), [ɸu˦ru] (振る), [ɸu˦ru˦i] (古い),

[ɸu˦ro˥] (風呂), [ɸu̥˦to˦ru] (太る)

【語中・語末の例】

[ta˦iɸu˥:] (台風), [ba˦ʃo˥:ɸu] (芭蕉布), [çi˦ɸu] (皮膚)

への対応例

【語頭の例】

[he˦ru] (減る), [˦he:] (屁), [he˦so˥] (臍), [he˦date˦ru] (隔てる), [he˦ra˥] (箆)

【語中・語末の例】

[ta˦iheɴ] (大変)

ホの対応例

【語頭の例】

[˦ho] (穂), [ho˥] (帆), [ho˦:tʃo:] (包丁), [ho˦kori] (埃), [ho˦ʃi] (星),

[ho˦do˦ku] (ほどく), [ho˦ne˥] (骨), [ho˦:] (頬), [ho˦me˦ru] (褒める),

[ho˦ru] (掘る), [ho˦nto:] (本当)

【語中・語末の例】

[rjo˦:ho˥:] (両方)

共通語	ヒャ
豊見城市方言	hja

ヒャの対応例

【語頭の対応例】

[ça˦ku˥] (百)

【語中・語末の例】

[ɲi˦çaku˥] (二百)

154

共通語のバ行との対応は、次のようになる。

共通語	バ	ビ	ブ	ベ	ボ
豊見城市方言	ba	bi	bu	be	bo

バの対応例

【語頭の例】

　[ba⌐ʃoː] (芭蕉), [bat⌐ta] (バッタ), [ba⌐ʃo˥ːɸu] (芭蕉布), [ba⌐ʃa] (馬車),

　[ba⌐i] (倍)

【語中・語末の例】

　[ʃo˥ːbai] (商い／商売), [u⌐ba˥u] (奪う), [ki⌐ba] (牙), [ko⌐toba˥] (言葉),

　[ʃi⌐ba˥ru] (縛る), [dʒuˌ⌐ːbako] (重箱), [so⌐ba] (側), [ta⌐bako] (煙草),

　[no⌐ba˥su] (伸ばす), [ru⌐subaɴ] (留守番)

ビの対応例

【語頭の例】

　[bi˥dʒiɴ] ～ [bi⌐dʒiɴ] (美人), [bi˥ɴ] (瓶)

【語中・語末の例】

　[a⌐kubi] (あくび), [e⌐bi] (海老), [o˥bi] (帯), [ka⌐bi˥] (カビ), [ku̥⌐tʃibiru] (唇),

　[ku⌐bi] (首), [ku⌐bi˥ru] (縛る／くびる), [ta⌐bi˥] (旅), [tʃi˥kubi] (乳首),

　[te˥kubi] (手首), [no⌐bi˥ru] (伸びる), [ju⌐bi˥] (指), [ju⌐biwa] (指輪)

ブの対応例

【語頭の例】

　[bu⌐ta] (豚), [bu⌐ra˥ŋko] (ブランコ)

【語中・語末の例】

　[a⌐sobu] (遊ぶ), [a⌐bura] (油), [u⌐kabu] (浮かぶ), [e⌐ra˥bu] (選ぶ),

　[ka⌐bu˥ru] (被る), [ko⌐robu] (転ぶ), [ko˥mbu] (昆布), [ko⌐buʃi] (こぶし),

　[ja⌐buke˥ru] (裂ける／破ける), [sa⌐ke˥bu] (叫ぶ), [ʃi⌐bu˥i] (渋い),

　[dʒo˥ːbu⌐na] (丈夫な), [dze˥mbu] (全部), [do˥ːbutsu] (動物), [to⌐bu] (飛ぶ),

155

［ha˥kobu］（運ぶ），［ha˥mbu˥N］（半分），［ha˥bu］（ハブ），［mu˥subu］（結ぶ），
［ju˥suburu］（ゆすぶる），［jo˥roko˥bu］（喜ぶ），［jo˥bu］（呼ぶ）

べの対応例
【語頭の例】

［be˥ndʒo˥］（便所）

【語中・語末の例】

［ka˥be］（壁），［ku˥raberu］（比べる），［su˥be˥ru］（滑る），［ta˥be˥ru］（食べる），
［na˥be］（鍋）

ボの対応例
【語頭の例】

［bo˥ː］（棒），［bo˥ːkoː］（膀胱）

【語中・語末の例】

［o˥boe˥ru］（覚える），［ka˥botʃa］（かぼちゃ），［ko˥bo˥su］（こぼす），
［go˥boː］（牛蒡），［tsu˥bo˥］ 〜 ［tsu˥bo］（壺）

共通語	ビャ	ビョ
豊見城市方言	bja	bjo

ビャの例
【語頭】

語頭にはビャに対応する例は確認できなかった。

【語中・語末の例】

［sa˥mbjaku］（三百）

ビョの例
【語頭の例】

［bjo˥ːki］（病気）

156

第1章　琉球方言・音韻の記述的研究

【語中・語末の例】

　語中・語末にはビョに対応する例は確認できなかった。

　共通語のパ行との対応は、次のようになる。

共通語	パ	ポ
豊見城市方言	pa	po

パの対応例

【語頭の例】

　［pa「paja:］（パパイヤ）

【語中・語末の例】

　［ʃi「mpai］（心配），［sup「pa˥i］（酸っぱい），［pa「paja:］（パパイヤ），

　［ip「pa˥ru］（引っ張る）

ポの対応例

【語頭の例】

　語頭にはポに対応する例は確認できなかった。

【語中・語末の例】

　［tep「po:］（鉄砲）

共通語	ピャ	ピョ
豊見城市方言	pja	pjo

ピャの対応例

【語頭の例】

　語頭において、ピャに対応する語はみられなかった。

【語中・語末の例】

　［rop「pja˥ku］（六百），［hap「pja˥ku］（八百）

157

ピョの対応例

【語頭の例】

語頭において、ピョに対応する語はみられなかった。

【語中・語末の例】

[iˀppjoː]（一俵）

共通語のマ行との対応は、次のようになる。

共通語	マ	ミ	ム	メ	モ
豊見城市方言	ma	mi	mu	me	mo

マの対応例

【語頭の例】

[maˀe]（前）, [maˈɡaru]（曲がる）, [maˀkura]（枕）, [maˈkeru]（負ける）,

[maˈɡeru]（曲げる）, [maˈwaru]（回る）, [maˈjoˀu]（迷う）, [maˈɡoˀ]（孫）,

[maˈdzeˀru]（混ぜる）, [maˈtaˀ]（股）, [maˀtsu]（松）, [maˀtsuge]（まつ毛）,

[maˀtsu]（待つ）, [maˈmeˀ]（豆）, [maˀju]（眉）, [maˈru]（丸）,

[maˀnnaka]（真ん中）, [maˀda]（まだ）, [masˈsuˀɡuna]（真っ直ぐな）,

[maˈneru]（真似る）, [maˀku]（巻く）, [maˈdzuʃiˀː]（貧しい）, [maˈdzuˀi]（まずい）

【語中・語末の例】

[aˈmaː]（あそこ／あ＋間）, [aˈtamaˀ]（頭）, [aˈmaˀi]（甘い）,

[aˈtsumaˀru]（集まる）, [iˀma]（今）, [uˈmaˀ]（馬）, [uˈmareru]（生まれる）,

[ʃiˀmai]（姉妹）, [kaˈtamaru]（固まる）, [ˀkama]（鎌）, [kaˈma]（釜）,

[kaˀmakiri]（カマキリ）, [gaˀmaɴ]（我慢）, [kuˈruma]（車）,

[koˈmakaˀi]（細かい）, [ʃiˈmaˀ]（島）, [dʒiˈmaɴ]（自慢）, [taˈmaˀgo]（卵）,

[daˈmaˀru]（黙る）, [daˈmaˀsu]（騙す）, [ˀdʒiːmaːmiː]（落花生／地豆）,

[tsuˀma]（妻）, [toˈmaru]（泊まる）, [naˈmariˀ]（鉛）, [naˈmaˀmono]（なまもの）,

[haˈmaˀ]（浜）, [çiˈma]（暇）, [jaˈmaˀ]（山）

第 1 章　琉球方言・音韻の記述的研究

ミの対応例

【語頭の例】

[mitˈtsuˈ]（三つ）, [ˈmiː]（実）, [miˈeˈru]（見える）, [miˈseˈru]（見せる）,

[miˈgi]（右）, [miˈsaki]（岬）, [miˈdʒikaˈi]（短い）, [miˈɲikuˈi]（醜い）,

[miˈzu]（水）, [miˈseˈ]（店）, [miˈso]（味噌）, [miˈzo]（溝）,

[miˈdareˈru]（乱れる）, [miˈtʃiˈ]～[miˈtʃi]（道）, [miˈtsu̞keru]（見つける）,

[miˈdori]（緑）, [miˈnami]（南）, [miˈmiˈ]（耳）, [miˈmidzu]（みみず）,

[miˈru]（見る）, [miˈnnaˈ]（皆）

【語中・語末の例】

[aˈmiˈ]（網）, [uˈmi]（海）, [uˈmiˈ]（膿）, [kaˈgami]（鏡）, [kaˈmiˈ]（髪・紙）,

[kaˈmi]（神）, [kaˈminaˈri]（雷）, [kaˈmitsu̞ˈku]（噛みつく）, [ʃiˈramiˈ]（虱）,

[suˈmi]（隅）, [suˈmiˈ]（炭）, [taˈtami]（畳）, [tsuˈdzumiˈ]（鼓）, [naˈmiˈ]（波）,

[naˈmida]（涙）, [neˈzumi]（鼠）, [noˈmiˈ]（蚤）, [noˈːmiˈso]（脳みそ）,

[haˈsamiˈ]（鋏）, [miˈnami]（南）, [miˈmiˈ]（耳）, [miˈmidzu]（みみず）,

[jaˈmiˈ]（闇）, [juˈmiˈ]（弓）

ムの対応例

【語頭の例】

[mutˈtsuˈ]（六つ）, [muˈkaʃi]（昔）, [muˈgi]（麦）, [muˈko]（婿）, [muˈʃi]（虫）,

[muˈsu]（蒸す）, [muˈsubu]（結ぶ）, [muˈdzukaʃiˈː]（難しい）, [muˈtʃi]（鞭）,

[muˈneˈ]（胸）, [muˈraˈ]（村）

【語中・語末の例】

[aˈmu]（編む）, [uˈmu]（産む）, [oˈgaˈmu]（拝む）, [kaˈmu]（噛む）,

[kuˈmu]（汲む）, [keˈmuri]（煙）, [saˈmuˈi]（寒い）, [ʃiˈdzumu]（沈む）,

[suˈdzuˈmu]（涼む）, [taˈnoˈmu]（頼む）, [tsu̞ˈkaˈmu]（つかむ）,

[tsuˈmugu]（紡ぐ）, [tsu̞ˈtsuˈmu]（包む）, [nuˈsuˈmu]（盗む）, [noˈmu]（飲む）,

[ɸuˈmu]（踏む）, [jaˈsuˈmu]（休む）, [jaˈmu]（病む）, [joˈmu]（読む）

159

メの対応例

【語頭の例】

　[me˥]（目・芽），[me˥i]（姪），[me˥guru]（めぐる），[me˥ʃi˥]（飯），[me˥kura]（盲）

【語中・語末の例】

　[a˥me]〜[a˥me]（雨），[a˥me]（飴），[a˥tsume˥ru]（集める），[u˥meru]（埋める），

　[ka˥me˥]〜[ka˥me]（亀），[ka˥me]（甕），[ko˥me˥]（米），[sa˥me˥ru]（覚める），

　[ʃi˥me˥ru]（締める・閉める），[su˥dzume]（雀），[se˥ma˥i]（狭い），

　[so˥meru]（染める），[tsu˥me]（爪），[tsu˥meta˥i]（冷たい），[to˥meru]（止める），

　[na˥me˥ru]（舐める），[ha˥dʒimeru]（始める），[ho˥me˥ru]（褒める），

　[ma˥me˥]（豆），[ja˥meru]（やめる），[ju˥me˥]（夢），[jo˥me]（嫁）

モの対応例

【語頭の例】

　[˥mo]（藻），[mo˥ː]（もう），[mo˥tto]（もっと），[mo˥eru]（燃える），

　[mo˥ʃi]（もし），[mo˥tʃi]（餅），[mo˥tsu]（持つ），[mo˥no˥]（物），

　[mo˥noga˥tari]（物語），[mo˥mo]（桃），[mo˥mo]（腿），[mo˥rau]（貰う），

　[mo˥re˥ru]（漏れる），[mo˥ɴ]（門），[mo˥ŋku]（文句）

【語中・語末の例】

　[i˥mo˥]（芋），[o˥mo˥i]（重い），[o˥mo˥u]（思う），[ki˥mo˥]（肝），

　[ki˥mono]（着物），[ku˥mo]（雲・蜘蛛），[ko˥ːmori]（蝙蝠），[ko˥domo˥]（子供），

　[ko˥mori˥]（子守），[ʃo˥motsu]（書物），[tsu̥˥kemono]（漬物），[o˥to˥mo]（お供），

　[na˥ma˥mono]（なまもの），[ɲi˥motsu]（荷物），[ne˥moto˥]（根元），[çi˥mo]（紐），

　[mo˥mo]（桃），[mo˥mo]（腿），[wa˥kamono]（若者）

※伝統的な方言の語彙も観察される。

　[dʒi˥ːmaːmiː]（落花生／地豆）

　共通語のラ行との対応は、次のようになる。

第1章　琉球方言・音韻の記述的研究

共通語	ラ	リ	ル	レ	ロ
豊見城市方言	ra	ri	ru	re	ro

ラの対応例

【語頭の例】

　［ra⌐ku⌐］（楽）

【語中・語末の例】

　［a⌐taraʃiˉ:］（新しい），［a⌐bura］（油），［a⌐ra⌐i］（荒い），[a⌐rau]（洗う），

　［e⌐ra⌐bu］（選ぶ），［ha⌐ra⌐］（腹），［ka⌐rasu］（烏），［ka⌐rada］（体），［ki⌐rau］（嫌う），

　［ku⌐dʒira］（鯨），［ku⌐ra⌐］（倉），［ku⌐ra⌐i］（暗い），［ku⌐raberu］（比べる），

　［sa⌐ra⌐］（皿），［ʃi⌐rami⌐］（虱），［so⌐ra⌐］（空），［tʃi⌐kara⌐］（力），［te⌐rasu］（照らす），

　［na⌐ra⌐u］（習う），［no⌐hara］（野原），［ha⌐ʃira］（柱），［ha⌐taraku］（働く），

　［ɸu̥⌐kura⌐hagi］（ふくらはぎ），［bu⌐ra⌐ŋko］（ブランコ），［he⌐ra⌐］（箆），

　［ma⌐kura］（枕），［mu⌐ra⌐］（村），［me⌐kura］（盲），［mo⌐rau⌐］（貰う），

　［ja⌐waraka⌐i］（柔らかい），［wa⌐rau］（笑う）

リの対応例

【語頭の例】

　［ri⌐ʃi］（利子）

【語中・語末の例】

　［a⌐ri］（蟻），［a⌐rigato:］（ありがとう），［e⌐ri⌐］（襟），［o⌐ri⌐ru］（降りる），

　［ka⌐makiri］（カマキリ），［ka⌐mina⌐ri］（雷），［ka⌐riru］（借りる），［ki⌐ri⌐］（霧），

　［gi⌐ri⌐］（義理），［ku̥⌐suri］（薬），［ke⌐muri］（煙），［ko⌐ˉ:mori］（蝙蝠），

　［ko⌐mori⌐］（子守），［ʃa⌐kkuri］（しゃっくり），［ʃi⌐ri⌐］（尻），［su⌐gi⌐ru］（過ぎる），

　［⌐dzo:ri］（草履），［to⌐ri］（鳥），［to⌐rikago］（鳥かご），［na⌐mari⌐］（鉛），

　［ɸu̥⌐tari⌐］（二人），［no⌐kogi⌐ri］（鋸），［ha⌐ri⌐］（針），［çi⌐dari］（左），

　［çi⌐deri］（日照り），［çi̥⌐kari⌐］（光），［ho⌐kori］（埃），［mi⌐dori］（緑），

　［mo⌐noga⌐tari］（物語），［ju⌐ri⌐］（百合），［rjo⌐ˉ:ri］（料理）

161

ルの対応例

【語頭の例】

[ru⌐subaɴ] (留守番)

【語中・語末の例】

[a⌐garu] (上がる)、[a⌐karuꜜi] (明るい)、[a⌐kiꜜru] (飽きる)、[a⌐keru] (開ける)、
[a⌐geru] (上げる)、[aꜜru] (有る)、[a⌐ruꜜku] (歩く)、[a⌐wateru] (慌てる)、
[a⌐tsumaꜜru] (集まる)、[a⌐tsumeꜜru] (集める)、[i⌐noꜜru] (祈る)、[iꜜru] (射る)、
[i⌐reru] (入れる)、[u⌐eru] (植える)、[u⌐eꜜru] (飢える)、[u⌐keꜜru] (受ける)、
[u⌐mareru] (生まれる)、[u⌐meru] (埋める)、[uꜜru] (売る)、[e⌐guru] (えぐる)、
[eꜜru] (得る)、[o⌐kiꜜru] (起きる)、[o⌐tʃiꜜru] (落ちる)、[o⌐doru] (踊る)、
[o⌐boeꜜru] (覚える)、[o⌐ʃieru] (教える)、[o⌐riꜜru] (降りる)、
[oꜜru] (折る・織る)、[o⌐reꜜru] (折れる)、[o⌐waru] (終わる)、[kaꜜeru] (帰る)、
[ka⌐eru] (変える)、[ka⌐eru] (蛙)、[ka⌐keꜜru] (掛ける・賭ける)、
[ka⌐dzoeꜜru] (数える)、[ka⌐tamaru] (固まる)、[ka⌐buꜜru] (被る)、
[ka⌐riru] (借りる)、[ka⌐ruꜜi] (軽い)、[ka⌐reru] (枯れる)、[ka⌐waru] (変わる)、
[ka⌐ŋgaꜜeru] (考える)、[ki⌐eru] (消える)、[kiꜜru] (着る)、[kiꜜru] (切る)、
[ku̥⌐sareꜜru] (腐れる)、[ku̥⌐tʃibiru] (唇)、[kuꜜru] (来る)、[ku⌐reru] (暮れる)、
[ku⌐ruma] (車)、[ku̥⌐suguru] (くすぐる)、[ku⌐raberu] (比べる)、[keꜜru] (蹴る)、
[keŋ⌐kaꜜsuru] (喧嘩する)、[ko⌐eru] (越える)、[ko⌐eꜜru] (肥える)、
[ko⌐taꜜeru] (答える)、[ko⌐suꜜru] (こする)、[ja⌐bukeꜜru] (裂ける／破ける)、
[saꜜru] (猿)、[dzaꜜruꜜ]〜[dza⌐ru] (笊)、[sa⌐waru] (触る)、[sa⌐meꜜru] (覚める)、
[ʃi⌐oreꜜru] (萎れる)、[ʃi⌐baꜜru] (縛る)、[ku⌐biꜜru] (縛る／くびる)、
[ʃi⌐meꜜru] (締める・閉める)、[dʒu⌐ku̥ꜜsuru] (熟する)、[ʃi⌐ruʃi] (印)、
[ʃiꜜru] (汁)、[ʃi⌐ndʒiꜜru] (信じる)、[su̥⌐teru] (捨てる)、[su⌐beꜜru] (滑る)、
[suꜜru] (磨る)、[suꜜru] (する)、[su⌐waru] (座る)、[so⌐eru] (添える)、
[so⌐dateꜜru] (育てる)、[so⌐meru] (染める)、[soꜜru] (剃る)、
[ta⌐su̥keꜜru] (助ける)、[ta⌐dzuneꜜru] (尋ねる)、[ta⌐teꜜru] (建てる)、
[ta⌐beꜜru] (食べる)、[da⌐maꜜru] (黙る)、[taꜜruꜜ] (樽)、[da⌐ruꜜi] (だるい)、
[tsu̥⌐kareꜜru] (疲れる)、[tsu̥⌐kuꜜru] (作る)、[tsu⌐dzukeru] (続ける)、[tsuꜜru] (蔓)、

[tsu˺ru](釣る), [de˺ki˺ru](出来る), [te˺ru](照る), [de˺ru](出る),

[to˺meru](止める), [to˺maru](泊まる), [to˺ru](取る), [to˺ke˺ru](溶ける),

[na˺gare˺ru](流れる), [na˺ge˺ru](投げる), [na˺gu˺ru](殴る),

[na˺de˺ru](撫でる), [na˺ru](鳴る), [na˺re˺ru](慣れる), [na˺e˺ru](萎える),

[na˺me˺ru](舐める), [ɲi˺e˺ru]～[ɲieru](煮える), [ɲi˺giru](握る),

[ɲi˺ge˺ru](逃げる), [ɲi˺go˺ru](濁る), [˺ɲiru](似る), [nu˺reru](濡れる),

[nu˺ru](塗る), [ne˺ru](寝る), [no˺ko˺ru](残る), [no˺bi˺ru](伸びる),

[no˺seru](乗せる), [no˺ru](乗る), [ha˺e˺ru](生える), [ha˺ka˺ru](計る),

[ha˺ne˺ru](はねる), [ha˺ge˺ru](禿げる), [ha˺iru](入る), [ha˺ʃi˺ru](走る),

[ha˺ru](春), [ha˺re˺ru](晴れる), [ha˺reru](腫れる), [çi˺ka˺ru](光る),

[çip˺pa˺ru](引っ張る), [çi˺ru˺](昼), [çi˺rogeru](広げる),

[ɸu̥˺kureru](ふくれる), [ɸu˺e˺ru](増える), [ɸu˺ru](降る), [ɸu˺ru](振る),

[ɸu˺ru˺i](古い), [ɸu̥˺to˺ru](太る), [he˺ru](減る), [he˺date˺ru](隔てる),

[ho˺me˺ru](褒める), [ho˺ru](掘る), [ma˺garu](曲がる), [ma˺keru](負ける),

[ma˺geru](曲げる), [ma˺waru](回る), [ma˺dze˺ru](混ぜる), [ma˺ru](丸),

[ma˺neru](真似る), [mi˺e˺ru](見える), [mi˺se˺ru](見せる),

[mi˺dare˺ru](乱れる), [mi˺tsu̥keru](見つける), [mi˺ru](見る),

[me˺guru](めぐる), [mo˺eru](燃える), [mo˺re˺ru](漏れる),

[ja˺seru](痩せる), [ja˺meru](やめる), [ju˺ru˺su](許す),

[ju˺suburu](ゆすぶる), [ju˺ru˺i](ゆるい), [jo˺seru](寄せる), [jo˺ru](夜),

[jo˺wa˺ru](弱る), [wa˺ka˺ru](分かる), [wa˺ke˺ru](分ける),

[wa˺sureru](忘れる), [wa˺ru](割る), [wa˺ru˺i](悪い)

レの対応例

【語頭の例】

語頭において、レに対応する語はみられなかった。

【語中・語末の例】

[a˺re](あれ), [i˺reru](入れる), [u˺mareru](生まれる), [o˺re˺ru](折れる),

[ka˺reru](枯れる), [ki˺re:](きれい), [ku̥˺sare˺ru](腐れる), [ku˺reru](暮れる),

[ko⌐re](これ), [o⌐re:](御礼), [ʃi⌐ore⌐ru](萎れる), [so⌐re](それ), [da⌐re](誰),

[tsu̥⌐kare⌐ru](疲れる), [do⌐re](どれ), [na⌐gare⌐ru](流れる),

[na⌐re⌐ru](慣れる), [nu⌐reru](濡れる), [ha⌐dʒimeru](始める),

[ha⌐re⌐ru](晴れる), [ha⌐reru](腫れる), [ɸu̥⌐kureru](ふくれる),

[mi⌐dare⌐ru](乱れる), [mo⌐re⌐ru](漏れる), [ju⌐ːrei](幽霊), [wa⌐sureru](忘れる)

ロの対応例

【語頭の例】

[ro⌐ku⌐dʒu:](六十), [rop⌐pja⌐ku](六百)

【語中・語末の例】

[i⌐ro⌐](色), [ki⌐:ro](黄色), [ku⌐ro⌐i](黒い), [ko⌐koro⌐](心), [ko⌐robu](転ぶ),

[ko⌐rosu](殺す), [ʃi⌐ro⌐i](白い), [so⌐ro⌐u](揃う), [da⌐idokoro](台所),

[do⌐ro⌐](泥), [no⌐roi](呪い), [çi⌐rogeru](広げる), [çi⌐ro⌐i](広い),

[ɸu̥⌐kuro⌐](袋), [ɸu⌐ro⌐](風呂), [jo⌐roko⌐bu](喜ぶ)

共通語	リョ
豊見城市方言	rjo

リョの対応例

【語頭の例】

[rjo⌐:](漁), [rjo⌐:ri](料理), [rjo⌐:ho⌐:](両方), [rjo⌐:ʃiɴ](両親)

(3) 半母音対応

共通語のヤ行との対応は、次のようになる。

共通語	ヤ	ユ	ヨ
豊見城市方言	'ja	'ju	'jo

ヤの対応例

【語頭の例】

[⌐ja:](家／屋), [ja⌐buke⌐ru](裂ける／破ける), [ja⌐tsu⌐](八つ),

[jaᶜku]（焼く），[jaᶜsai]（野菜），[jaᶜseru]（痩せる），[jaᶜsaʃiˀː]（易しい），

[jaᶜmaˀ]（山），[jaˀne]（屋根），[jaᶜmiˀ]（闇），[jaᶜmeru]（やめる），

[jaᶜsuˀmu]（休む），[jaˀmu]（病む），[jaᶜwarakaˀi]（柔らかい）

【語中・語末の例】

[oᶜjaˀ]（親），[taᶜgajaˀsu]（耕す），[paᶜpajaː]（パパイヤ），[haᶜjaˀi]（早い）

ユの対応例

【語頭の例】

[juᶜːʃoku]（夕食），[ˀju]（湯），[juːˀrei]（幽霊），[juᶜka]（床），[juᶜːgata]（夕方），

[juˀge]（湯気），[juᶜdaɴ]（油断），[juᶜbiˀ]（指），[juᶜbiwa]（指輪），[juᶜmeˀ]（夢），

[juᶜriˀ]（百合），[juᶜmiˀ]（弓），[juᶜruˀsu]（許す），[juᶜsuburu]（ゆすぶる），

[juᶜruˀi]（ゆるい）

【語中・語末の例】

[kaᶜju]（粥），[kaᶜjuˀi]（痒い），[ʃoᶜːjuˀ]（醤油），[ɸuᶜjuˀ]（冬），[maˀju]（眉）

ヨの対応例

【語頭の例】

[jotᶜtsuˀ]（四つ），[joˀndʒuː]（四十），[joˀu]（酔う），[joᶜseru]（寄せる），

[joᶜnakaˀ]（夜中），[joᶜrokoˀbu]（喜ぶ），[joˀmu]（読む），[joᶜbu]（呼ぶ），

[joᶜko]（横），[joˀru]（夜），[joˀwaˀi]（弱い），[joˀwaᶜru]（弱る），[joᶜme]（嫁）

【語中・語末の例】

[oᶜjoˀgu]（泳ぐ），[taˀijoː]（太陽），[tsuᶜjoˀi]（強い），[maᶜjoˀu]（迷う）

共通語のワ行との対応は、次のような関係にある。

共通語	ワ
豊見城市方言	'wa

ワの対応例

【語頭の例】

[waˀ]（輪）, [wa˞kaˀi]（若い）, [wa˞kamono]（若者）, [wa˞ku]（湧く）,

[wa˞ka˞ru]（分かる）, [wa˞keˀru]（分ける）, [wa˞sureru]（忘れる）,

[˞wa:]（私／㊅吾）, [waˀna]（罠）, [wa˞rau]（笑う）, [wa˞ru]（割る）,

[wa˞ruˀi]（悪い）, [wa˞kiˀ]（脇）

【語中・語末の例】

[a˞waˀ]（泡）, [a˞wateru]（慌てる）, [i˞tʃiˀwa]（一羽）, [i˞wai]（祝い）,

[o˞waru]（終わる）, [ka˞waˀ]（皮・川）, [ka˞wa˞ku]（乾く）, [ka˞waru]（変わる）,

[ko˞waˀsu]（壊す）, [sa˞waru]（触る）, [su˞waru]（座る）, [tʃa˞waɴ]（茶碗）,

[ma˞waru]（回る）, [ja˞warakaˀi]（柔らかい）, [ju˞biwa]（指輪）, [jo˞waˀi]（弱い）,

[jo˞waˀru]（弱る）, [o˞waɴ]（お椀）, [ka˞waiˀ:]（可愛い）

(4) 拍音素対応

共通語における撥音と促音の対応は、次のようになる。

共通語	ン	ッ
豊見城市方言	'N	Q

ンの対応例

[aˀkatʃaɴ]（赤ん坊／赤ちゃん）, [uˀɴ]（運）, [oˀnna]（女）,

[ka˞ŋgaˀeru]（考える）, [ga˞ŋko]（頑固）, [gaˀmaɴ]（我慢）, [kjoˀneɴ]（去年）,

[giˀɴ]（銀）, [keɲ˞kaˀsuru]（喧嘩する）, [koˀmbu]（昆布）, [dʒiˀnaɴ]（次男）,

[sa˞ɴʃiɴ]（三味線／三線）, [dʒo˞:daˀɴ]（冗談）, [ʃi˞ndʒiˀru]（信じる）,

[ʃi˞mpai]（心配）, [dʒi˞maɴ]（自慢）, [se˞:neɴ]（青年）, [seˀɴ]（線・千）,

[dzen˞dzeɴ]（全然）, [dzeˀmbu]（全部）, [dzo˞:kiˀɴ]（雑巾）, [da˞ikoˀɴ]（大根）,

[ta˞iheɴ]（大変）, [dʒi˞ʃiɴ]（地震）, [tʃa˞waɴ]（茶碗）, [te˞ndʒo:]（天井）,

[niˀneɴ]（二年）, [ɲi˞ŋgjo:]（人形）, [ɲi˞ndʒiɴ]（人参）, [ha˞mbuˀɴ]（半分）,

[bi˞dʒiɴ] ～ [bi˞dʒiɴ]（美人）, [dʒu˞:saˀɴ]（十三）, [sa˞ndʒuˀ:]（三十）,

[joˀndʒu:]（四十）, [biˀɴ]（瓶）, [bu˞raˀŋko]（ブランコ）, [be˞ndʒoˀ]（便所）,

166

[ho⌈nto:]（本当）, [ma⌈nnaka]（真ん中）, [mi⌈nna⌉]（皆）, [mo⌉ɴ]（門）, [mo⌉ŋku]（文句）, [ju⌈daɴ]（油断）, [ru⌈subaɴ]（留守番）, [rjo⌉:ʃiɴ]（両親）, [o⌈waɴ]（お椀）

ッの対応例

[a⌈sa⌉tte]（明後日）, [ot⌈to]（夫）, [ʃa⌉kkuri]（しゃっくり）, [sup⌈pa⌉i]（酸っぱい）, [bat⌈ta]（バッタ）, [çip⌈pa⌉ru]（引っ張る）, [mit⌈tsu⌉]（三つ）, [jot⌈tsu⌉]（四つ）, [mut⌈tsu⌉]（六つ）, [jat⌈tsu⌉]（八つ）, [rop⌈pja⌉ku]（六百）, [hap⌈pja⌉ku]（八百）, [i⌉ppjo:]（一俵）, [mas⌈su⌉guna]（真っ直ぐな）, [dzut⌈to]（ずっと）, [mo⌉tto]（もっと）

(5) 連母音対応

共通語	ア段＋イ	ア段＋オ
豊見城市方言	ee	aa

アイの対応例

[te⌈:ge:]（大概）

アオの対応例

[a⌈:sa]（石蓴）

また、ア段音に半母音 'wa が続く場合、共通語では長音化して / Caa / となるが、豊見城市方言・若年層ではそのまま / C a'wa / となる。

共通語	イ段＋イ	イ段＋ウ
豊見城市方言	ii	'juu

イイの対応例

[a⌈taraʃi⌉:]（新しい）, [i⌉:]（良い）, [o⌈:ki⌉:]（大きい）, [o⌈kaʃi⌉:]（おかしい）, [o⌈tonaʃi⌉:]（おとなしい）, [ki⌈:ro]（黄色）, [su⌈dzuʃi⌉:]（涼しい）,

［tʃiˤ:saˠi］（小さい），［haˤdzukaʃiˠ:］（恥ずかしい），［maˤdzuʃiˠ:］（貧しい），
［muˤdzukaʃiˠ:］（難しい），［jaˤsaʃiˠ:］（易しい）
イウの対応例
［ˤju:］（言う）

共通語	ウ段＋ウ
豊見城市方言	uu

ウウの対応例
　［kuˠ:］（食う），［suˠ:］（吸う），［taˤiɸuˠ:］（台風），［tʃuˤ:ʃoku］（昼食），［juˤ:ʃoku］（夕食），
　［nuˤguˠ:］（拭う），［nuˠ:］（縫う），［dʒuˤ:itʃiˠ］（十一），［dʒuˤ:ɲiˠ］（十二），
　［dʒuˤ:saˠɴ］（十三），［ɲiˤdʒuˠ:］（二十），［saˤndʒuˠ:］（三十），［joˠndʒu:］（四十），
　［goˤdʒuˠ:］（五十），［roˤkuˠdʒu:］（六十），［naˤnaˠdʒu:］（七十），［haˤtʃiˠdʒu:］（八十），
　［kjuˠ:dʒu:］（九十），［juˤ:rei］（幽霊），［juˤ:gata］（夕方）

共通語	エ段＋イ
豊見城市方言	ee

エイの対応例
　［kiˠre:］（きれい），［oˤre:］（御礼），［seˤ:neɴ］（青年）

※連母音が融合して長母音となったあと、短音化した例も観察された。
　［ʃoˠu］（背負う）

共通語	オ段＋ウ	オ段＋オ
豊見城市方言	oo	oo

オウの対応例
　［aˤoˠ:］（会おう），［aˤodaˤiʃo:］（青大将），［ʃoˠ:bai］（商い／商売），
　［aˤrigato:］（ありがとう），［oˤ:gi］（扇），［kjoˠ:dai］（兄弟），［kiˤnoˠ:］（昨日），
　［kjoˠ:］（今日），［koˠ:mori］（蝙蝠），［goˤbo:］（牛蒡），［saˤtoˠ:］（砂糖），
　［dʒoˤ:buna］（丈夫な），［ʃoˤ:juˠ］（醬油），［ˤdzo:ri］（草履），［dzoˤ:kiˠɴ］（雑巾），

[taˠijoː]（太陽），[tʃoˠːtʃo]（蝶々），[tʃoˠːʃoku]（朝食），[tepˠpoː]（鉄砲），

[teˠdʒoː]（天井），[doˠː]（どう・銅），[doˠːguˠ]（道具），[doˠːbutsu]（動物），

[ɲiˠŋgjoː]（人形），[noˠːmiˠso]（脳みそ），[baˠʃoː]（芭蕉），[baˠʃoˠːɸu]（芭蕉布），

[bjoˠːki]（病気），[boˠː]（棒），[hoˠːtʃoː]（包丁），[hoˠntoː]（本当），

[boˠːkoː]（膀胱），[moˠː]（もう），[rjoˠː]（漁），[rjoˠːri]（料理），[rjoˠːhoˠː]（両方），

[rjoˠːʃiɴ]（両親）

オオの対応例

[oˠːkiˠː]（大きい），[toˠːi]（遠い），[iˠppjoː]（一俵）

第2章
琉球方言・助詞の記述的研究

第1節　助詞の分類

　本章では上田方言・石垣市方言の助詞について分析していく。以下には、橋本文法における格助詞・副助詞・係助詞・終助詞の定義をまとめ、それに該当する語を具体的に列挙する。橋本（1948）において、断続の関係から助詞を分類した。

(1) 格助詞

　接続以外の連続関係を示すもので、用言または用言に準ずる語に続く。

　具体例：「が」「を」「に」「へ」「と」「から」「で」「より」

(2) 副助詞

　断続の意味を語自身では示さず、用言または用言に準ずべき語につく。

　具体例：「だけ」「まで」「ばかり」「など」「ぐらい」「か」「やら」

(3) 係助詞

　接続以外の連続関係を示すもので、種々の語に付く。

　具体例：「は」「も」「こそ」「さえ」「でも」「なりと」「しか」「ほか」

(4) 終助詞

　文の終止に用いられるもの。

　具体例：「ぜ」「ぞ」「とも」「て」「な」「わ」「か」「や」「よ」「い」

　本書では上記の分類を基盤としているが、琉球方言や現代共通語との対応、

第2章　琉球方言・助詞の記述的研究

使用頻度を鑑みて、以下のように助詞を選定・分類して調査を行った。

(1) 格助詞：8種類

　「が」「を」「に」「へ」「と」「から」「で」「より」

(2) 副助詞：8種類

　「ばかり」「まで」「など」「ぐらい」「ずつ」「だけ」「ほど」「やら」

(3) 係助詞：9種類

　「か」「ぞ」「なんぞ」「も」「は」「こそ」「しか」「さえ」「でも」

(4) 終助詞：7種類

　「ぞ」「か」「な（なあ）」「だって・って」「よ」「ね（ねえ）」「かしら」

　この他、共通語の助動詞「でしょう」に対応する語は琉球方言において活用を示さないため、今回は助詞として分類した。また、琉球方言には特殊な助詞として卑下表現や丁寧表現を示す語も存在しており、それに対応する語についても記載していく。

　助詞の示す意味用法については『現代語の助詞・助動詞』（国立国語研究所 1951）を参考にまとめるが、琉球方言独自の用法については『沖縄語辞典』（国立国語研究所 1976）、『沖縄語辞典』（内間・野原 2006）、『石垣方言辞典』文法・索引編（宮城 2003b）などを参考にする。

第2節　上田方言の助詞用法

第1項　格助詞

　ここでは、上田方言の助詞の用法を、順に考察していく。まずは格助詞の用法についてであるが、以下文例を挙げながらその用法について説明していく。

(1)

　ここでは、格助詞「が」に対応する語について記述する。上田方言では、格助詞「が」に対応して ga が現れる。

171

㋐主格

・[waŋ ga ʔitʃuɴ]（私が行きます）

・[ʔari ga jumuɴ]（彼が読む）

・[ʔamma: ga ʔiki ri tʃi ʔi:taɴ]（母が行ってこいと言っていた）

・[natʃibusa: ga n ʔo:imi]（泣き虫のくせに喧嘩するのか／泣き虫がも喧嘩するのか）

・[ko:iʃi ga ru wassaru]（買うのがわるいんだ／買うのがぞわるい）

以上のように、「㋐主格」を表す助詞「が」に対応する ga がある。内間（2011）によれば、沖縄本島中南部方言でも、格助詞「が」に対応する ga は観察されており、伝統的に ga が対応して現れると考えられる。

・[wata nu jamuɴ]（腹が痛い）

・[çi̥sa nzu jari ʔattʃu:saɴ]（足が痛いので歩けない）

・[ki: nu kari:ɴ]（木が枯れる）

上田方言では〈主格〉を表す「が」には nu も対応して現れる。これらの使い分けについては内間（1990）をはじめ、多くの先行研究によっても明らかとなっている。しかし、承ける語によって助詞を変えるという意識は、時代を下るに連れて徐々に失われていっただろうと推測される。事実、先行研究では nu で承けるとされた普通名詞を、上田方言では ga でのみ承けるという例が見られる。また、ga と nu が混同している例も見られることから、これらは段階的に意識されなくなったのだろうと考えられる。

その要因として、共通語における格助詞「が」の影響が挙げられる。以下文例を示す。

《nu で承けるものを ga で承けている例》

・[habu ga wuɴ]（ハブがいる）【普通名詞】

《ga と nu を混同している例》

・[dʒiŋ ga ʔaɴ]（お金がある）【普通名詞】

第 2 章　琉球方言・助詞の記述的研究

・[dʒin nu ʔaɴ]（お金がある）

・[ʃiː bikaːŋ ga ʔaɴ]（巣ばかりがある）【普通名詞】
・[ʃiː bikaːn nu ʔaɴ]（巣ばかりがある）

このように、かつては nu で承けられていた普通名詞が、ga によって承けられる例がみられる。これは、共通語の格助詞「が」が〈主格〉を表すことによる影響であると考えられる。特に、「が」と形態が重なる伝統的な琉球方言 ga が〈主格〉を持っていることも、ga と nu の承ける語を重複させた要因であろう。

(2)
　ここでは、共通語の格助詞「を」に対応する語について記述する。
㋐対象　φ（無助詞）
・[ʔiju koːtaɴ]（魚を買った／魚 φ 買った）
・[warabiː ŋkeː dʒiŋ kwi̥taɴ]（子供に小遣いをやった／童に小遣い φ くれた）
・[nukudʒiri ʃi ki tʃiːɴ]（鋸で木を切る／鋸で木 φ 切る）
・[munu kamuɴ]（ご飯を食べる／もの φ 食べる）
㋑場所　kara
・[mmeː ja hama kara ʔattʃutaɴ]（おじいさんは浜を歩いていた／おじいさんは浜から歩いていた）

　「㋐対象」を表す用法において、共通語における目的格「を」に対応する語は無助詞（以下 φ で示す）で表される。「を」が φ で現れる要因については明らかになっていないが、他の助詞が φ で現れず、「を」だけが φ の形を持つのであれば、必然的に「φ ＝ を」と認識できる。
　野原（1992）では、沖縄本島方言には格助詞「を」に対応する 'ju が存在していたとしている。しかし、上田方言では観察されなかった。
　「㋑場所」を示す際には kara が現れる。「㋑場所」を示す kara は共通語には

173

みられない用法であり、野原（1998）によれば、琉球方言圏全域で確認できる用法である。このkaraは「㋐対象」を表す際に用いられることはなく、格助詞「を」に対応するφとkaraは意味の違いによって現れる語が違う。また、『沖縄古語辞典』にも「から」の項に「通過する場所を表す。〜を通って。」と記載されていることから、沖縄本島方言では古くから使われていたことも推測される。

(3)

ここでは共通語の助詞「に」に対応する文例を見ていく。示す意味によって現れる助詞が異なるため、各用法に分けて記述する。

㋐目的 ga

・[hoŋ ko:i ga ʔitʃuɴ]（本を買いに行く／本 φ 買いに行く）

・[ʔaʃibi: ga ʔitʃuɴ]（遊びに行く）

・[mmuɸui ga ʔitʃuɴ]（芋掘りに行く）

㋑場所 'Nkee

・[ja: ŋke: wun do:]（家にいるよ）

・[haru ŋke: jase: ʔi:juɴ]（畑に野菜を植える／畑に野菜 φ 植える）

㋒到達点 'Nkee

・[tsukue nu ʔi: ŋke: ʔutʃuɴ]（机の上に置く）

・[jama ŋke: nubuiɴ]（山に登る）

・[ʔutʃina: ŋke: ʔitʃuɴ]（沖縄に行く）

・[ʔumi ŋke: ʔitʃuɴ]（海に行く）

㋓時 ni

・[rokudʒi ɲi ʔuki:ɴ]（六時に起きる）

・[ku:sai ɲi ʔubitaɴ]（小さい時に覚えた）

㋔対象 'Nkee

・[ʔja: tʃui ŋke: nara:suɴ]（君にだけ教える／君一人に習わせる）

・[tʃu ŋke: kwi̥taɴ]（人にあげた／人にくれた）

・[ʔami ŋke: nritaɴ]（雨に濡れた）

第 2 章　琉球方言・助詞の記述的研究

㋕動作の出所 ’Nkee

・［ʔamma: ŋke: nura:ttaɴ］（母に叱られた）

・［ʔiɲi ŋke: ku:rattaɴ］（犬に咬まれた）

・［kadʒi ŋke: ɸɯtʃitubasattaɴ］（風に吹き飛ばされた）

㋖結果 φ （無助詞）

・［na: ʔuɸuttʃu nataɴ］（もう大人になった／もう大人 φ なった）

・［ʔami nu ɸuja: ɲi mitʃe: ka:ra nato:ɴ］（雨が降って道が川になった／雨が
降って道は川原 φ なった）

㋗比較の基準 ’Nkee

・［ʔunu warabe: ʔuja ŋke: ɲitʃo:ɴ］（この子供は親に似ている／この童は親に
似ている）

・［watta: ja: ja ʔumi ŋke: tʃɪkasaɴ］（私の家は海に近い／私たちの家は海に
近い）

㋘割合の基準 ’Nkee

・「mi:tʃi ŋke: waˀki:ɴ］（三つに分ける）

　上田方言において、格助詞「に」に対応する語は ni と ’Nkee の二形が現れ
るが、これらを意味用法によって使い分ける意識は薄らいでいる傾向が見られ
る。内間・野原（2006）では、上記の「㋑場所」、「㋒対象」、「㋗比較の基準」、
「㋘割合の基準」においては区別なく用いるが、「㋓時」を表す場合には ni を
用いるとされている。上田方言でも「㋓時」を示す場合には ni のみが用いら
れるが、その他の用法の場合には ’Nkee のみを使用し、併用されることは少
ない。この ’Nkee は上田方言では使用頻度の非常に高い助詞でもあり、ni の
意味領域にまで ’Nkee が入り込んでいると考えられる。

　その要因の一つとして、共通語の助詞「に」とそれに対応する琉球方言の助
詞 ni が形態的にも同形であることが考えられる。つまり、共通語と方言が形
態的に一致しているため、ni を共通語だと認識し、ni と同様の意味用法を持
つ ’Nkee を方言として多用するようになったのではないか。「㋑場所」、「㋒対
象」、「㋗比較の基準」、「㋘割合の基準」を意味する場合においては ni と ’Nkee

175

は自由交替の関係にあり、共通語とは異なる形態の 'Nkee を方言だと認識する可能性は低くないだろう。

また、「㋐目的」を表す場合に ga が用いられる。野原（1998）では、奄美方言から与那国方言にかけての全琉球方言に見られることが報告されており、琉球方言圏全域で現れる用法であると考えられる。この意味用法について野原（1998）は「九州の諸方言に連なるものである」(p.50) としている。『現代日本語方言大辞典』(1993) によると、目的格を表す ga 系の助詞が福岡や長崎、熊本等の九州各地で現れている。よって、日本語の古形には目的格を表す ga も存在していたが、同様の意味を持つ「に」が優勢となって、徐々に消滅してしまった可能性もある。目的格を示す ga の出自については今後も調査が必要となると思われる。

(4)

ここでは共通語の助詞「へ」に対応する語について記述する。示す意味によって現れる助詞が異なるため、各用法に分けて記述する。

㋐帰着点 'Nkee

・[haku nu naka ŋke: ʔiri:ɴ]（箱の中へ入れる）

・[mannaka: ŋke: çirakirasuɴ]（真ん中へ座らせる）

・[ti: ŋke: kidʒi tʃi̥ki:ɴ]（手へ傷をつける）

㋑結果 'Nkee

・[ʔiru nu aka: ŋke: kawaiɴ]（色が赤へ変わる）

㋒比較の基準 'Nkee

・[ʔamma: ŋke: nura:ttaɴ]（母親へ似ている）

㋓割合の基準 'Nkee

・[ta:tʃi na: ŋke: waki:ɴ]（二つずつへ分ける）

沖縄本島方言では共通語の格助詞「に」の際には現れないが、「へ」には現れる助詞として kee がある。上田方言においても上記の文例のように 'Nkee で現れることが圧倒的に多いが、kee と併用されている例が見られる。また、

kee のみが現れる文例も見られた。話者によれば、kee のみを使用する文に関しては 'Nkee を使用することは無いが、承ける体言の違いではなく、語感の問題だという。以下に例を示す。

《'Nkee と kee が併用されている例》
　・[jama ŋke: nubuiɴ]（山に登る）
　・[jama ke: nubuiɴ]（山へ登る）
《kee のみが表れた例》
　・[matʃi ke: ʔitʃuɴ]（町へ行く）

　これらは 'Nkee が「に」、kee が「へ」にそれぞれ対応する可能性もある（西岡 2004）。『沖縄語辞典』（1976）によると、これらの使い分けに明確な境界は無く、断定するためには調査地域を広げて共時態を明らかにすると同時に、更なる考察が必要であると考えられる。

　また、'Nkee が ni と接続している例も見られた。以下に例を示す。

　・[ʔari bika:n ɲi ŋke: ʔi:juɴ]（彼ばかりに言う）
　・[ʔumi bika: ɲi ŋke: ʔitʃuɴ]（海ばかりに行く）

　筆者の管見によれば、この ni と 'Nkee が接続した形は先行研究などには見られない。さらに、上田方言 ni が格助詞「に」と対応するのは〈時〉を示す用法の場合であるが、ni と 'Nkee が接続する場合には〈対象〉や〈到達点〉を示している。「ばかり」に対応しているのは bikaa'N であるため、「に」に対して ni と 'Nkee の両方が対応しているのは明白である。
　この、格助詞「に」に対応する二形が接続する現象が上田方言に特有なものであるかについては今後の課題の一つであり、ここでは例を挙げるに留める。

(5)
　ここでは共通語の助詞「と」に対応する語について記述する。示す意味によ

177

って現れる助詞が異なるため、各用法に分けて記述する。なお、「㋒状態」について、橋本（1934）は準副助詞としているが、ここでは資料として記載しておく。

㋐共同の相手 tu

・[duʃintʃa: tu ʔaʃibuɴ]（友達と遊ぶ）

・[ʔuja tu madʒo:n ndʒaɴ]（親と一緒に行った／親と一緒に出た）

㋑比較の対象 tu

・[ŋkaʃi to: na: su̥kkari kawa⸢taɴ]（昔とはすっかり変わった／昔とはもうすっかり変わった）

・[⸢tʃu:ʃi tu madʒo:ŋ ke:iɴ]（来るのと同時に帰る／来るのと共に帰る）

㋒状態 tu

・[he:be: tu ke:iɴ]（早々と帰る）

・[kuruguru: tu mi:to:ɴ]（黒々と生えている）

㋓引用 di

・[ʔari ga ʔitʃun di ʔi:taɴ]（彼が行くと言った）

・[ʔure: ma:san di ʔumuiɴ]（これは美味しいと思う）

・[wan ne: wuttu ri tʃi ntʃikwituɴ]（私を弟と見てくれる／私は弟と言って見てくれる）

共通語の格助詞「と」に対応しているのは tu である。特に「㋐共同の相手」、「㋒状態」を示す場合には tu のみが用いられることから、日常的に使用されている助詞であることが窺える。しかし、「㋑比較の対象」、「㋒状態」を示す場合には文によって φ が現れることがある。その例を以下に示す。

《φ（無助詞）が現れる例》

ⓐ・[midʒi ga ko:ri naiɴ]（水が氷となる／水が氷 φ なる）

ⓑ・[gasagasa ʔutu suɴ]（ガサガサと音がする／ガサガサ φ 音 φ する）

ⓐの文例に関しては、助詞「と」の代わりに「に」を補える。上田方言にお

いて〈結果〉を表す「に」はφが対応して現れるため、その用法が影響しているとも考えられる。ⓑは他の助詞で表すことができないにもかかわらず、φで現れている。可能性としては、いわゆる擬音語・擬態語の類を承ける場合にはtuがφとなって現れることが挙げられるが、上田方言の用法だけでは断定できない。

　「㊀引用」の場合にはtuではなく、di（またはri）の形で現れる。『沖縄語辞典』（1976）によると、元々は'Ndiで現れるが「Nに終わる語に付く時は短縮されてdiとなることもある」（p.435）とされている。この変化が上田方言にも同様に見られているのであろう。また、ri ciに関しては「Ndi ʔici（と言って）の略」（p.435）と記載されていることから、この語についても首里・那覇方言と上田方言に同様に見られる語であると考えられる。

(6)
　ここでは共通語の助詞「から」に対応する語について記述する。
㋐出発点（場所）kara
　・[basu mma kara ndʒiːN]（バスはここから出発する／バス φ ここから出る）
㋑出発点（時）kara
　・[ʔasa kara bam madi hataratʃuN]（朝から晩まで働く）
㋒経由点 kara
　・[ʔuragutʃi kara ʔitʃi̥tʃuːN]（裏口から入ってくる）
㋓経由となる人 saani, kara
　・[ʔjaː saːni juː ʔitʃituraʃi]（あなたからよく言っておいてください／あなたでよく言ってとらせて）
　・[ʔuja kara ntʃeː nama warabi ru jaru]（親から見ればまだ子供だ／親から見ればまだ子供ぞである）
㋔抽象的な基点 kara
　・[wuttu kara miː hanatʃeː naraN]（弟から目を離さないでください／弟から目 φ 離してはならない）
㋕順序 kara

・[ʔja: kara ʔikuwa]（君から行きなさい）

㋖材料・原料 kara

・[sake: kumi kara tʃukuiɴ]（酒は米から作る）

㋗原因・動機 kara

・[ʔuppi nu kwe:te: nu kutu kara ʔo:e: hadʒimaiɴ]（小さなことから喧嘩が始まる／それだけの小さなものの事から喧嘩が始まる）

㋘範囲 kara

・[ʔuɸuttʃu kara kwantʃa: ŋke: muru ʔatʃimaiɴ]（大人から子供までみんな集まる／大人から子供たちまで諸集まる）

　共通語の格助詞「から」には基本的には kara が対応している。上記の例においても「㋕経由となる人」以外では全て kara で現れる。

　「㋕経由する人」を示す場合には saani と kara の二形が用いられている。内間・野原（2006）によると、saani は共通語の格助詞「で」に対応する語とされている。例で挙げた文で言えば行為者が ʔjaa であることを示していると考えられる。したがって、〈起点〉を表す kara と行為者を示す saani を混同したために現れた用法だと思われる。

(7)

　ここでは共通語の格助詞「で」に対応する語について記述する。示す意味によって現れる助詞が異なるため、各用法に分けて記述する。

㋐原因 si

・[kadʒi ʃi tu:ri:ɴ]（風で倒れる）

・[bjo:ki ʃi jukuiɴ]（病気で休む）

㋑手段・道具 si, kara

・[ɸudi ʃi katsuɴ]（筆で書く）

・[kwe: tu ʔirara ʃi tʃi:ɴ]（鍬と鎌とで切る／鍬と鎌で切る）

・[ʔutʃina: ja ɸuɲi kara ʔitʃuɴ]（沖縄は舟から行く／沖縄は舟で行く）

㋒時間 si

第 2 章　琉球方言・助詞の記述的研究

・［ɸu̥tʃika ʃi tudʒumiːɴ］（二日で仕上げる）

㋑場所　'uti, kara

・［kaːra uti ʔaʃiraɴ］（川で遊んだ／川原で遊んだ）

・［ʔiː tu çitʃa uti ʔaʃibuɴ］（上と下とで遊ぶ／上と下で遊ぶ）

・［kureː ʔutʃinaː uti bikaːn tsu̥kuiɴ］（これは沖縄ばかりで作る／これは沖縄
でばかり作る）

・［kureː ja kara tʃiːʃi ru jan doː］（これは家で着るものだ／これは家から着
るのぞであるよ）

　共通語の格助詞「で」に対応するのは si が多く現れる。「㋐原因」、「㋑手
段・道具」、「㋒時間」を表す場合に si が現れ、日常的に使用される助詞であ
ると言える。

　また、「㋑手段・道具」を示す際には日本古語の残存であると考えられる
kara も確認できた。これは、現代の共通語にはみられない用法であるが、日
本古語に繋がる助詞である。『時代別国語大辞典 室町時代編二』（1989）の「か
ら」の項には、「ある事態が実現される場合の手段・方法など、その条件とな
るものを示す」（p.359）と説明されている。この kara の用法に鑑みても琉球方
言と日本語の姉妹関係が窺え、琉球方言が日本語の古形を残存させていること
が窺える。

　その一方で、saani という別の助詞で現れる文例も見られた。以下に例を示す。

《 saani が現れる例 》

・［mma ŋkeː ʔaʃi saːɲi maɲiaːsuwa］（ここにあるので間に合わせなさい）

　野原（1998）には、si と saani は相互に入れ換えることができる助詞である
と記述されている。また、内間・野原（2006）によると、那覇方言では saani
は〈手段〉を示す際に使用されることもあり、si と kara と saani が併用されて
いる例も見られる。しかし、上田方言では、上記の文だけが saani で現れた。
上田方言においては saani は使用頻度が低い助詞であると考えられる。

181

「㊀場所」を表す際には 'uti が表れた。那覇方言においても、上田方言と同様に〈場所〉を示す際には 'uti が用いられる。『沖縄語辞典』(1976) では、'uti は動詞 'wu'N から派生してできた助詞であると記述されているが、その派生関係は明らかにされていない。

　また、「㊀場所」を表す際には kara も用いられる。この用法も琉球方言では定着している用法であると言える。この kara については共通語への干渉が顕著に見られる語であり、ウチナーヤマトゥグチとしても現れやすい。

(8)

　ここでは共通語の助詞「より」に対応する語について記述する。

㋐比較の基準 'jaka

　・[kuri jaka ʔare: maʃi]（これよりかあのほうがよい／これよりあれはよい）

　・[ʃi̥ʃi jaka ʔiju ja takasaN]（肉より魚は高い）

　・[ndʒuʃi jaka du: ʃi suʃe: maʃi]（見るばかりよりするのがよい／見るのより自分でするのがよい）

㋑限定 'jaka

　・[nutʃi jaka de:ʒina mun ne:N]（命より大事なものはない）

　・[ʔja: jaka ɸu̥ka ne: ʔuraN]（君より他にはいない）

　上田方言において、共通語の格助詞「より」に対応する助詞は 'jaka である。これは首里・那覇方言においても同様である。この助詞に関しては、那覇方言と比べて顕著な差異が見られず、上田方言特有の用法は見られない。

　以上、伝統的な上田方言における格助詞の用法について見てきた。上田方言の格助詞は那覇方言の用法と差異はないが、各項目で述べたように細かい差異は見られる。一方で、格助詞 ga と nu の区別の崩壊を筆頭に、si と saani の共存の不可など時代の変遷に伴う変化も見られる。

　また、上田方言特有の表現方法として、格助詞 ni と格助詞 'Nkee が接続する用法が挙げられる。意味的対応を考えると、ni も 'Nkee も共通語の格助詞

182

「に」に対応しており、前者は「時」を表す際にだけ現れる。しかし、上記の文例では「時」を表していないにもかかわらず、ni が用いられ、なおかつ 'Nkee まで接続している。格助詞に格助詞が接続する用法は無いため、どちらかの語が副助詞的に働いていると考えられるが、現時点では強調の意味を表現していると述べるに留める。

第2項　副助詞

　続いて副助詞の用法について記述する。以下に文を挙げながらその用法を順に説明していく。

(1)

　ここでは共通語の副助詞「ばかり」に対応する語について記述する。

㋐限定 bikaa'N

　・[ʔami bikaːn ɸu̥toːɴ]（雨ばかり降っている）

㋑程度 bikaa'N

　・[ʔitʃiri bikaːn ʔattʃaɴ]（一里ばかり歩いた）

㋒状態 bikaa'N

　・[naː ndʒiːʃi bikaːn du jaɴ]（もう出発するばかりになっている／もう出るのばかりぞだ）

㋓ひたすらの意 bikaa'N

　・[jaː nu kutu bikaːn ʃiwa suɴ]（家のことばかり心配する／家のことばかり世話する）

　共通語の副助詞「ばかり」に対応するのは基本的に bikaa'N である。上記の意味においても bikaa'N が現れることから、よく使用される語であると考えられる。また、内間・野原（2006）には bikaa'N と同様の用法を示す bikee'N も記載されており、上田方言にも同様の形が見られる。以下に例を示す。

《bikee'N のみが現れる》

183

・[tʃikeːʃi bikeːm mutʃikuːwa]（使うのばかり持って来い）

・[ʃiːdʒa tu wuttu bikeːn ʔuɴ]（兄と弟ばかりいる／兄と弟ばかり居る）

《bikee'N と bikaa'N の両形が現れる》

・[majaː bikeːn du kamuru]

・[majaː bikaːn du kamuru]（猫がばかり食う／猫ばかりぞ嚙む）

　上田方言には bikaa'N と bikee'N は同じ文に対して確認できることから、この二語は自由交替的に用いられ、意味の相違や承ける語の相違による使い分けは無いと思われる。語の形態も類似していることから、これらは同系統の語と言えると考えられる（以下 bikaa'N 系とする）。この bikaa'N 系は共通語との対応が不明な助詞である。示す意味は副助詞「ばかり」と共通しているものの、形態的に対応する語は解明されていない。

　上田方言の bikaa'N 系は非常に使用頻度の高い語であり、ほとんどの文で現れる。また、この bikaaN 系は上田方言では示す意味領域が広く、多くの副助詞の代用として用いられている語でもある。上田方言には定着している語であると言えるであろう。

(2)

　ここでは共通語の副助詞「まで」に対応する語について記述する。

㋐到達点 madi

・[haru madi n tʃi̥kariːɴ]（畑まで聞こえる／畑までも聞こえる）

㋑範囲 madi

・[ʔagari kara ʔiri madi çirugaiɴ]（東から西まで広がる）

㋒程度の甚だしいさま・強調 madi

・[ʔitʃuʃeː madi jamiɴ]（行くのまで止める／行くのはまで止める）

・[kadʒi madi n ɸu̥tʃuɴ]（風まで吹く／風までも吹く）

㋓限度 heeka

・[katsu nu heːka kuːntaɴ]（書くまで来なかった／書くのまで来なかった）

184

共通語の副助詞「まで」に対応する語は madi であると考えられるが、上田方言においては madi'N の形で現れる頻度が高い。恐らく、副助詞 madi に係助詞 'N が接続し、その結合意識が稀薄化した結果、「まで」に対応する形においても madi'N が現れるようになったのだと考えられる。madi'N が一語である可能性もあるが、上記の「㋑範囲」と「㋓程度の甚だしいさま」の文例からも分かるように、madi が単独で現れる例も確認できる。これは madi が本来一つの語として存在したことの表れであり、そこに係助詞 'N が接続したと考える方が穏当であろう。また、示す意味によって madi と madi'N の使いわけが行われている現象は見当たらないことから、この両形は話者による恣意的な弁別である可能性が高い。

さらに、共通語の副助詞「まで」に対応する語として、上田方言では heeka の形も現れる。heeka は「㋓限度」を表す際にのみ用いられる助詞であり、意味の面で madi との住み分けが行われている。共通語との対応は不明であるが、野原（1998）によると那覇方言には「まで」の意を表す接尾辞 ka が存在しており、上田方言の heeka もその類かと思われる。また、上記の文のように、格助詞 nu に接続できる。つまり、副助詞として働いているが、共通語との対応関係が不明確であるために断定はできない。しかし、用法に焦点を当てて考えると、共通語「まで」に対応しているのは明白である。この語については、madi との弁別も含めてより詳細な調査・分析が必要である。

(3)

ここでは共通語の副助詞「など」に対応する語を記述する。

㋐例示

・[ʃina tu dʒari tu ʔaine: naisa]（砂と砂利となどあるといいよ／砂と砂利とあればできるよ）

㋑望ましくないものの例示

・[tabako: ɸu̥tʃe: naraɴ]（煙草など吸ってはいけない／煙草は吹いてはならない）

・[ʔari gaː dʒettai san doː]（あれがなど絶対にしないよ／あれがは絶対しないよ）

共通語の副助詞「など」に対応する語は上田方言には現れなかった。野原（1998）や『沖縄語辞典』（1976）には、「など」に対応する形態として 'Ndee が記載されているが、上田方言には観察されなかった。話者の方に確認しても現れなかったことから、上田方言では観察されにくい助詞である。

また、上記の例文で興味深いのは格助詞 ga と係助詞 'ja の融合した gaa が現れている点である。共通語においては、係助詞「は」は多くの格助詞に接続するが、例外的に「が」と「を」には接続しない。しかし、格助詞 ga と係助詞 'ja の接続は琉球方言、特に沖縄本島方言では一般的に見られる用法であり、かなり定着しているものでもある。係助詞については次の項で詳細を述べるが、共通語では消滅してしまった係助詞の用法である可能性もある。

(4)

ここでは共通語の副助詞「ぐらい」に対応する語について記述する。また、「ぐらい」と同様の意味を示し、副助詞的に使用されている「あたり」に対応する語についても同時に記述する。

[ア]程度 guree, ʔata'i

・[kamuŋ gureː ja tʃaŋ gana naisa]（食べるぐらいは何とかなるよ／噛むぐらいは何とかなるよ）

・[ʔanu ʔatai ja waː ga n naisa]（あのぐらいは私もできる／あのあたりは私がもできるよ）

[イ]例示

・[kuʃinagaɲi kakuːwa]（背中あたり掻きなさい／背中掻きなさい）

・[ʔari jaka tʃuːsaʃeː ʔuraɴ]（彼ぐらい強い人はいない／彼より強いのはいない）

[ウ]大よその数量 ʔata'i, bikaa'N

・[ʔatu tʃa nu ʔatai nukʊ̥toː ga]（あとどのくらい残っているか／あとどのあ

第 2 章　琉球方言・助詞の記述的研究

たり残っているか）

・［naː gonem bikaːm meːɲi ʔaᶦtaɴ］（もう五年ぐらい前に会った／もう五年ば
　かり前に会った）

　共通語の副助詞「ぐらい」に対応する語は guree であり、副助詞的に働く
「あたり」に対応する語は ʔata'i である。形態対応の面から見ても、上田方言
と共通語の対応が一致しており、一つの文例に対してどちらも使用できること
から、意味による使い分けや承ける語の種類による相違とは考えにくい。この
ことからも両形の間に使い分けは無く、自由交替的に用いられていると考えら
れる。以下に例を挙げる。

《 guree と ʔata'i の両形が用いられる例》

・［jamuʃi ʔatai ja ɲidʒirariɴ］（痛むのぐらいは我慢できる／痛むのあたりは
　我慢できる）

・［jamuʃi gureː ja ɲidʒirariɴ］（痛むのぐらいは我慢できる）

・［ʔujakkwa ʔatai ja tʃ̩kanaːriːɴ］（親と子とぐらいは養える／親子あたりは養
　える）

・［ʔujakkwa gureː ja tʃ̩kanaːriːɴ］（親と子ぐらいは養える）

　また、「㋒大よその数量」を表す際には guree や ʔata'i が使用される例は少
なく、副助詞 bikaa'N を用いることが多い。上田方言において副助詞 bikaa'N
は使用頻度が高く、同様の意味を持つ語の使用領域まで表すようになっている。
共通語「ばかり」には〈大方の数量〉を表す用法があり、それが上田方言
bikaa'N にも反映された結果、上記の文例の様な用法が現れているのであろう。
よって、guree と ʔata'i が対応するのは共通語「ぐらい」「あたり」であるが、
意味の面では完全に対応しておらず、部分的な対応に留まっている。「㋒大よ
その数量」を表す際に ʔata'i を用いる例が、一つではあるが確認できる。この
ことから、元々 bikaa'N で表されていたのではなく、当初は guree や ʔata'i も

187

使用されていたが、徐々に bikaa'N が優勢となり、消失していったと考えられる。

　guree と ʔata'i の新古について、野原（1998）では「guree は共通語の影響でできた新しい語かもしれない」（p.79）と述べられている。しかし、名詞としては『時代別国語辞典 上代編』（1983）に記載されているため、語そのものの新古を判断することは難しい。この二語についての新古は更なる研究が必要であり、用例を挙げるに留める。

(5)

　ここでは共通語の副助詞「ずつ」に対応する語について記述する。「ずつ」に対応する語が用法の違いによって異なる語が使用されることは無い。

㋐等分分割 naa

・［ʔikutʃi naː wakiː ga］（いくつずつ分けようか）

㋑動作の反復 naa

・［ʔiçi naː kaŋgeːti turaʃi joː］（少しずつ考えてくれよ／少しずつ考えて取らせよ）

　共通語の副助詞「ずつ」に対応するのは naa である。naa 以外の語は現れず、よく使用される語であると考えられる。対応する語の形態は不明であるが、野原（1998）では琉球方言圏に広く分布しているとの記述もある。

　また、野原（1998）には「助詞には、ほとんどつかないが、副助詞 bikaaN にはつく」（p.87）とあるが、上田方言では副助詞 bikaa'N に接続する形は見られなかった。共通語においては副助詞「ばかり」に副助詞「ずつ」は接続できないので、上田方言で見られる現象は共通語の影響の可能性が高いと思われる。

　さらに、格助詞 tu に接続するなど、野原（1998）には見られない例が見られた。共通語の副助詞は格助詞に接続する場合、格助詞が副助詞を承接させる。しかし、上田方言においては副助詞 naa が格助詞 tu に下接しており、共通語の用法とは異なる。確認された文例は一つだけであったことから、話者の個人的な用法である可能性もある。これらの現象が琉球方言の伝統的な用法なのか

どうかについては、琉球方言圏の他地域でもそのような現象が見られるかを検証する必要があり、現段階では用例を挙げるに留まる。

(6)

ここでは共通語の副助詞「だけ」に対応する語について記述する。「だけ」に対応する語でも用法の違いによって異なる語が使用されることは無い。

㋐限定 bikaa'N,

・［ʔuppi gwa: nukṳ̊sumi］（これだけ残すのか／それだけ小（ぐゎ）残すか）

・［tʃui bika:nu nukṳ̊sumi］（一人だけ残すのか／一人ばかり残すか）

㋑限度 butee, bunoo

・［ti: ŋke: mutari: nu bute: mutʃuɴ］（手にもてるだけ持とう）

・［kamum buno: dʒino: ʔaɴ］（食べるだけのお金はある／噛む分は銭はある）

共通語の副助詞「だけ」に対応する語として gwaa, bikaa'N, butee, bunoo が現れる。しかし、gwaa は愛称を示す指小辞として全琉球的に分布している接尾辞であり、bikaa'N は共通語の副助詞「ばかり」に対応する語としても現れている。よって、共通語「だけ」にのみ対応する語は上田方言には見られない。『沖縄語辞典』(1976) によると、指小辞 gwa には「小量」という意味内容が含まれるとの記載があり、この意味が「だけ」の「㋐限定」の意味に通じると考えられる。また、bikaa'N に関しても、対応するとされている共通語の副助詞「ばかり」にも「㋐限定」の意味があり、「だけ」に対応する語として用いている。共通語には存在するが琉球方言には無い語を表したい場合、意味の類似する他の語で表すという現象は全琉球的に見られる。

bunoo は共通語との対応は、共通語の形式名詞「分」と係助詞「は」に対応する 'ja が融合した形である。これを「だけ」の意味にあてて使用していると推測される。bikaa'N については共通語の副助詞「ばかり」に対応する語で、上田方言では多用される語である。文例の bikaa'N の用法については野原 (1998) においても確認でき、上田方言でも使用されている。

butee は共通語との対応が不明な語であるが、語の形態的には形式名詞「分」

に関係がありそうである。また、内間・新垣（2000）には、沖縄本島中南部方言に属する那覇市前島方言の例として、共通語「だけ」に対応する ʔuQsa が表れているが、老年層の上田方言には現れない。この butee がその代替語として使用されている可能性もある。この butee については上田方言老年層話者特有の語として表れている可能性も高く、琉球方言の多様性を窺わせる語である。

(7)

　ここでは共通語の副助詞「ほど」に対応する語について記述する。以下に各意味内容に従って文例を示す。

㋐大よその分量・程度

　・[sandʒu koːra]（三升ほど下さい／三升買おう）

㋑状態の比例

　・[magisareː magisaru gutu maʃi jasa]（大きければ大きいほどよい／大きければ大きいこと〔が〕ましだ）

　共通語の助詞「ほど」に形態的に対応する語は上田方言では確認できなかった。上記の文例においても「ほど」に対応すると思われる箇所には語が表れていない。『沖縄語辞典』（1976）には「ほど」に対応する接尾辞 ka が記載されているが、上田方言には出現しなかった。恐らく、上田方言にもかつては存在したが、定着せずに消滅したのではないかと考えられる。

(8)

　ここでは共通語の副助詞「やら」に対応する語について記述する。

㋐不確定な事物 ’jara

　・[taː ga jara tʃoːn neː sussaː]（誰やら来たようだ／誰がやら来たような〔気が〕するさ）

　・[nuː ga kwiː jara wakaraɴ]（何が何やら分からない／何がこれやら分からん）

共通語の助詞「やら」に対応するのは 'jara であり、形態的に共通語と一致する。これは野原（1998）にも確認できる助詞である。形態的対応が一致していることから、共通語の形態をそのまま取り込んだとも考えられるが、『時代別国語辞典 室町編』(1994) にも「やら」の記載があることから古くから定着している可能性もある。

また、「㋐不確定な事物」の文例で格助詞 ga に接続する形が見られる。この用法は共通語にはみられないものであると同時に、野原（1998）や内間・新垣（2000）にも記述がない用法である。ただし、これが上田方言独特の用法であるかどうかについては琉球方言圏における広範囲な調査が必要である。

以上、上田方言の副助詞の用法を記述した。上田方言の副助詞は格助詞同様、那覇方言の枝葉であることを窺わせる用法も見られるが、butee の様な上田方言独特の語や消滅しているケースも多く見られ、琉球方言の多様化と衰退化の一傍証となっている。また、madi'N のように那覇方言では二つの助詞の合成語となっているものが、結合意識が稀薄化し、伝統方言の助詞として定着している例も見られた。さらに、bikaa'N 系が非常に使用頻度の高い助詞として上田方言の老年層に定着していることも判明した。この那覇方言では共通語「ばかり」に対応する形でのみ表れたが、上田方言では〈限定〉の意を示したい場合には非常に高い頻度で現れる。これは恐らく、老年層話者の中に「〈限定〉＝ bikaa'N 系」という意識が非常に強く根付いているためであろう。今後は更に広い領域で bikaa'N 系が現れると推測される。

副助詞には上田方言が那覇方言の枝葉であるという側面と同時に、独自の発達を遂げている側面が共存している。これは、琉球方言の共時態研究の重要性を示唆するものであり、あらゆる琉球方言の記述的研究の必要性を説いているものである。

第3項　係助詞

次に係助詞の用法について分析する。共通語において係り結びの用法はほとんど消滅してしまっているが、琉球方言ではその残存が見られる。以下、文例

を挙げながらその用法について順に記述していく。

(1)

ここでは係助詞「か」に対応する ga について考察していく。以下に文例を示す。

㋐係り結び・疑問 ga

・[katʃu̥ʃi ga ʔai ga sura]（書くのがあるのかしら／書くのがあるか）

係助詞「か」に対応する語としては ga があるが、この語は上田方言では使われなくなっている。野原（1998）は「係助詞 ga は（中略）共通語の「か」に相当すると思われる」(p.68) との記述があり、係助詞「は」の機能との比較から説いている。

係助詞 ga は「㋐係り結びの用法」(活用する語の— ra 形と呼応する) を示し、上田方言では一例が確認できた。内間・野原（2006）では助詞 ga の項に「文中にあって疑問を表す」(p.66) とあり、上田方言にも同じ用法が見られている。

(2)

ここでは係助詞「ぞ」に対応する du(ru) について記述する。以下に文例を示す。

㋐係り結び・強調 du(ru)

・[dʒiː du katʃuru]（字を書くのだ／字ぞ書く）

・[waŋ ga ru ʔitʃuru]（私が行くのだ／私がぞ行く）

・[ʃigutu bakaːn ru suru]（仕事ばかりするのだ／仕事ばかりぞする）

係助詞「ぞ」に対応する語は du(ru) である。この du が形態的に「ぞ」に対応するかについての定説は無いが、この du は活用語の語尾を— ru 形に変化させることで〈強調〉を示すものであるため、意味的な対応や文法的な対応の面では「ぞ」に相当しているとみられる。また、上記の文例のように、名詞だけでなく、格助詞 ga や副助詞 bikaa'N 系にも接続しているのも特徴である。

第 2 章　琉球方言・助詞の記述的研究

　係助詞 du は上田方言でもかなり定着している助詞であり、文末と呼応する
係り結びも観察される。琉球方言圏において、係り結びが消滅傾向にあること
を考慮すると、上田方言で係助詞 du による係り結びが定着し残存しているこ
とは貴重な現象である。

(3)

　ここでは共通語の助詞「なんぞ」に対応する語について記述する。

㋐強意　du（ru）

　・［katʃi bikaːɴ ʃeː ʃimi ru ʃuru］（書きなんぞすればよい／書くばかりすれば
　　済むぞする）

　・［dʒim bikaːn tʃikateː naraɴ］（お金ばかりなんぞ使ってはいけない／銭ばか
　　り使ってはならない）

　共通語「なんぞ」にのみ対応する語は上田方言では表れない。『沖縄語辞
典』（1976）には「なんぞ」に対応する語として助詞 ruʼN が記載されている。
この ruʼN は〈強意〉を表し、後述する係助詞「こそ」とも意味的に対応する
とされているが、係助詞「こそ」でも ruʼN は見られない。また、野原（1998）
では琉球方言圏各地で観察されることを記述している。しかし、上田方言には
現れず、係助詞 du（ru）によって代用されている。

　野原（1998）や内間・野原（2006）の記述には、duʼN を用いた文例で、du
と同様に—ru 形と呼応するものは見当たらない。しかし、duʼN と du の意味
用法が似ていることで、duʼN は次第に使われなくなっていった可能性もある。

(4)

　ここでは共通語の係助詞「も」に対応する ʼN について記述する。以下に各
意味内容に従って文例を示す。

㋐共存するものの提示　ʼN

　・［ʔami n ɸu̜toː ʃiga kadʒi n ɸu̜tʃoːɴ］（雨も降っているが風も吹いている）

㋑他の事物を暗示する提示　ʼN

193

・［hana ɴ satʃoːɴ］（花も咲いている）

㋒極端な事物の提示 ’N

　・［warabi nu ɴ ʃittʃoːn doː］（子どもも知っているよ／子どもがも知っているよ）

㋓強調 ’N

　・［na: ɸu̥tʃika n tʃidʒitʃoːɴ］（もう二日も続いている）

㋔否定的主張 ’N

　・［katʃi ɴ saɴ］（書きもしない）

　共通語の係助詞「も」に対応する語は ’N である。この形態は首里・那覇方言においても現れる。また、格助詞「が」「の」に対応する ga や nu に接続することもできる。これは共通語には無い用法であるが、琉球方言、特に沖縄本島方言には広く見られる用法である。以下に文を挙げる。

《格助詞 ga, nu への接続》

　・［wa: ga n naiɴ］（私がもできる）

　・［tui nu ŋ kweːɴ］（鳥がも食う）

　共通語において、係助詞「も」が格助詞「が」に接続する場合、格助詞「が」は姿を消す。しかし、沖縄本島方言においては ga と nu はその姿を残したまま接続する。その要因は諸説あるが、内間（1984）は「ウチ・ソト意識」の影響とする。

　琉球方言では格助詞 ga と nu は、承ける体言と話者との親疎関係によって使い分けられており、話者が「親」、つまり「ウチなるもの」の場合には ga で承け、「疎」、つまり「ソトなるもの」の場合には nu で承ける。この使い分けが基盤にあるとすれば、’N が接続した際に、共通格助詞「が」に対応する語が消えてしまった場合、どの助詞で承けていたのかが判別できなくなってしまう。沖縄本島方言で格助詞 ga, nu が失われずに残っていたことは、換言すれば ga と nu を使い分ける意識の重要性を示している。そして、その使い分け

第 2 章　琉球方言・助詞の記述的研究

を明確にするために ga と nu は消えずに残っているのである。「がも」に直訳
する語が現れるのは琉球方言における「ウチ・ソト意識」の重要性が窺える現
象である。

(5)

　ここでは共通語の係助詞「は」に対応する 語について記述する。以下に文
を示す。

㋐取り立て　'ja

　・[nama: kuraʃi jassaɴ]（今は暮らしやすい）

　・[katʃe: ʔuraɴ]（書いてはいない）

㋑題目提示　'ja

　・[sake: kumi kara tsu̥kuiɴ]（酒は米から作る）

　・[ʔure: ʔiju ru jaru]（これは魚だぞ）

　・[ʔunu kwa:ʃe: ma:ko:ne:ɴ]（このお菓子は美味しくない）

※ 'ja は以下の音環境において融合する。但し、連母音に接続する場合は融合
しない。

　（C は子音を表す）

　Ca ＋ 'ja → Caa　　例：nama ＋ 'ja → namaa　今は

　Cu ＋ 'ja → Coo　　例：hu'ju ＋ 'ja → hujoo　冬は

　Ci ＋ 'ja → Cee　　例：warabi ＋ 'ja → warabee　子供は（童は）

　融合しない　　　　例：saataa ＋ 'ja → saataa'ja　砂糖は（㊦砂糖）

　共通語の係助詞「は」に対応するのは 'ja である。首里・那覇方言において
も同様の形態が現れることから、この助詞も伝統的に使用されている語だと考
えられる。また、上田方言特有の用法も無いが、前述の係助詞 'N と同様、格
助詞「が」に対応する ga, nu にも接続できる。共通語では係助詞「は」「も」
は例外的に格助詞「が」には接続しない。以下に文例を示す。

195

《格助詞 ga, nu への接続》

・[ʔari ga: naisa]（彼がはできるよ）

・[ʔuja no: ʔanʃi mare: ʔiran do:]（親がはそんなにまでは言わないよ）

この用法についても詳細は明らかになっていない。内間・野原（2006）には'ja の項に「主格を表すガ〈が〉、ヌ〈が、の〉にも付いて否定的な要素を表す」（p.280）との記載がある。しかし、上田方言では必ずしも否定的な文脈に用いられるわけではない。

(6)

ここでは共通語の係助詞「こそ」に対応する語について記述する。

㋐強調 du(ru)

・[ʔja: ga ʔitʃu̥ ku̥tu ru ʔussasun do:]（お前が行くのをこそお喜びになるよ／お前が行くことこそ喜ぶよ）

・[ʔuri ga ru ʔippe: tʃurasaru hana do:]（それこそきれいな花だよ／それがこそ非常にきれいな花だ）

共通語の係助詞「こそ」に対応する語は du(ru) である。この du は係助詞「ぞ」に対応する語でもあるが、「こそ」「ぞ」と共に〈強調〉を示すことから、du(ru) が「こそ」に対応する語としても現れたのであろう。『沖縄語辞典』（1976）にも同様の記載があることから、首里・那覇方言と同様、上田方言においても「こそ」と「ぞ」は区別が無いようである。

興味深い点としては、du(ru) が文末と呼応しない例が見られることである。終助詞 doo の接続が影響しているとも考えられるが、係り結びの法則の崩壊とみることもできる。本来であれば係助詞 du は活用語の―ru 形と呼応して係り結びの用法を示し、上田方言でも観察される。しかし、「こそ」に対応する語として表れた du では―ru 形とは呼応していない例も見られ、終止形で結んでいる。この現象はいわゆる係り結びの崩壊と呼ばれるものである。共通語では、連体形と終止形の区別がなくなったことによって係り結びは崩壊していっ

たとされる。しかし、終止形と ─ru 形という明確な形態の違いがある上田方言で係り結びが崩壊していることは、共通語とは別の要因を考える必要がある。この点は今後の課題である。

(7)

　ここでは共通語の係助詞「しか」に対応する語について記述する。以下に文例を示す。

㋑限定　du(ru), 'ika

・[tara: ti:tʃi ru nuku:to:ru]（たった一本しか残っていない／ただ一つぞ残っている）

・[kuri suʃe: wan tʃui ga ru ʔuɴ]（これをするのは私しかいない／これ φ するのは私一人がぞいる）

・[ʔitʃuʃi ika ɸu̥ka ja ne:ɴ]（行くしか方法がない／行くのしか他はない）

　共通語の副助詞「しか」に対応する語は sika であると考えられる。上記の例では 'ika の形で表れているが、これは前の音節の si に引かれて摩擦が弱まった結果、子音 s が欠落したのであろう。形態的にも共通語と一致している事から、共通語をそのまま取り込んだのだと考えられる。

　また、「しか」の代替として係助詞 du を用い、並行して「一人」という語を示す cju'i を用いている文もみられる。恐らく、数詞の「一」を使用し、前の語を含めて「私一人」と表現することによって「しか」の持つ「㋑限定」の意味を表しているのではないかと考えられる。対応する語が無い場合に、意味の類似する他の語で補填して表現する方法は、上田方言にはよくみられる。「しか」を表す場合にも同様の現象が起こっているのであろう。

(8)

　ここでは共通語の係助詞「さえ」に対応する語について記述する。「さえ」に対応する語については用法の違いによって異なる語が使用されることがあり、以下には各用法の文を示す。

㋐限定・条件の充足 sa'e

・[kuri sae are: ʃimi ru suru]（これさえあればよい／これさえあれば済むぞする）

㋑極端な例示 'Ncjoo'N, cjoo'N

・[tʃa: ntʃo:n numaɴ]（お茶さえ飲まない）

・[katsu̥ʃe: tʃo:n saɴ]（書きさえしない／書くのはさえしない）

共通語の副助詞「さえ」に対応する語として、sa'e, 'Ncjoo'N, cjoo'N の形が現れる。「㋐限定」の意味で現れる sa'e は共通語「さえ」と形態的に完全に対応しており、「㋑極端な例示」を表す例も確認できていることから、共通語をそのまま方言に取り込んだ可能性が高い。「㋑極端な例示」を表す際に使用される 'Ncjoo'N と cjoo'N の二形に意味的な相違は無いと考えられ、自由交替的に用いられているのだろう。野原（1998）には「NcjooN という場合が普通であるが、古老がまれに cjooN を用いる」との記述があり、『沖縄語辞典』（1976）や内間・野原（2006）には cjooN の記載しか見当たらない。上田方言においては 'Ncjoo'N が二つの文例で表れたのに対し、cjoo'N は三つの文例で確認できたため、後者がやや優勢かと思われる。ただし、調査した文自体が多くないため、断言はできない。

また、興味深い例として、行為者によって使用される助詞が異なる現象が見られた。次頁に文例を示す。

《行為者によって現れる助詞が異なる例》

・[ʃi̥ʃi bike: ɲire: na: ʃimuɴ]（肉さえ煮ればもうおしまいだ）

⇒ 行為者は「自分」

・[ʃi̥ʃi tʃo:ˀn ɲire: na: ʃimuɴ]（肉さえ煮ればもうおしまいだ）

⇒ 行為者は「他人」

上記の文例では、行為者が「自分」である場合には bikee を用い、「他人」の場合には cjoo'N を用いる。bikee は共通語「ばかり」と対応する bikaa'N 系

の語であると考えられるため、bikee と cjoo'N の両語には〈限定〉という共通の意味が含まれていることになる。この二語を使い分けようとした結果、このような使い分けが生じた可能性が高いと思われる。これが伝統的な用法であるのかについては各世代の用法を調査する必要があるが、上田方言においてbikaa'N 系が隆盛を誇っている実態と同時に、琉球方言が過渡期にあることが窺える事象であろう。

(9)

ここでは共通語の助詞「でも」に対応する語について記述する。「でも」に対応する語については用法の違いによって異なる語が使用されることは無い。

㋐限定しない例示 'jatii'N

・[tʃaː jatiːn numana]（お茶でも飲もうよ）

㋑極端な例示 'jati'N

・[taɲin tu jatin ʔitʃuɴ]（他人とでも行く）

・[ʔutʃinaː madi jatin ʔitʃuɴ]（沖縄まででも行く）

共通語の「でも」に対応する語は 'jati'N 系である。上記の例では 'jatii'N と 'jati'N の二形が表れているが、'jati'N の二音節目が長音化して 'jatii'N になっているだけで、自由交替的に用いられていると考えられる。'jati'N 系が形態的に共通語のどの語に対応するかは不明であるが、ほとんどの文例で「でも」に対応する形で現れたことから、意味的に対応していることは明白である。また、副助詞 bikaa'N や madi にも接続できる点も共通している。

『沖縄語辞典』(1976) や内間・野原（2006）に 'jati'N 系の語は記載されていない。一方、内間・新垣（2000）には共通語「でも」に対応する 'jati'N が国頭村奥方言・那覇市前島方言・渡嘉敷島渡嘉敷方言の例として記載されている。これらの相違は各文献の調査時期によるものである可能性もあるが、比較的新しい語であるかもしれない。

さらに、「でも」に相当する表現として格助詞 ga と係助詞 'N が接続した形が現れる。恐らく「でさえも」の意味をより強調する用法であると考えられる。

以上、上田方言の老年層における係助詞を考察してきた。上田方言では係助詞自体は形を残存させているものの、日本古語に見られる文末との呼応関係、いわゆる係り結びの用法は崩壊の傾向にある。また、係助詞「か」「なんぞ」に対応する ga と du'N は観察されにくくなっている。特に、「なんぞ」については先行研究の首里・那覇方言で確認できているにもかかわらず、上田方言では全く現れない。琉球方言の衰退が係助詞にも窺える現象であると言えよう。

　係助詞の衰退している要因として、共通語の影響があると考えられる。琉球方言が衰退している現状に鑑みると、恐らく係り結びの現象も衰退するであろう。

第4項　終助詞

　次に終助詞について分析する。以下、文を挙げながらそれぞれの用法について順に記述していく。

(1)

　ここでは終助詞「ぞ」に対応する語について記述する。以下に文を示す。

㋐強調・念押し doo

　・［ʔure: ʔiju ru jan do:］(これは魚だぞ／これは魚であるぞ)

　・［wa: ga ʔitʃun do:］(私が行くぞ)

　・［ʔure: takasan do:］(これは高いぞ)

　共通語の終助詞「ぞ」に対応する語は doo である。野原（1998）によれば、この助詞 doo は全琉球的に広く分布しているようである。形態的な対応は明らかになっていないが、意味の面でも〈念押し〉の意を示すという点で「ぞ」と対応している。また、上記の文例のように動詞、形容詞の終止形に接続する。使用頻度はかなり高い助詞である。

第2章　琉球方言・助詞の記述的研究

(2)

　ここでは共通語の終助詞「か」に対応する語について記述する。

㋐質問 ga, 'i

　・［kure: ta: ga katʃu ga］（これは誰が書くか）

　・［nu: so: ga］（何をするのか）

　・［ʔja: ga ʔitʃumi］（あなたが行くのか）

　・［ʃigutu so:ti:］（仕事をしていたか）

㋑反語 ga

　・［nu: nu takasa ga］（何が高いか）

　・［warabi nu nu: wakai ga］（子どもが何が分かるか）

㋒詰問・念押し ga

　・［ʔja: ja nu: sun ri: nu ba: ga］（君は何をしようというのか／あなたは何を
　　するとのわけか）

　・［ʔja: ja ma: ŋkai ʔitʃun ri nu ba: ga］（君はどこへ行こうというのか／君
　　はどこに行くとのわけか）

　「㋐質問」の用法では疑問詞の有無によって使用される語が異なる。疑問詞
を用いた疑問表現で係助詞 ga を使用する用法は、疑問詞を用いない疑問表現
との使い分けを図るために厳格に守られており、規則的な用法となっている。

　また、「か」に対応する語として mi が表れているが、本来の姿は 'i である
と考えられる。『沖縄語辞典』（1976）にも〈疑問〉を示す助詞として 'i の記載
があり、その説明に「「終止形（現在肯定）」に付く場合には 'N を m に変え
る」（p.264）とある。上田方言の例もこれに該当すると考えられる。また、一
例ではあるが 'i の形を残すものもあった。以下に例を示す。

《終助詞 'i が残存している例》

　・［dʒi: ru katʃuru i］（字を書くのか／字ぞ書くか）

　この 'i は疑問詞を用いない疑問表現に用いられ、助詞 ga を用いた疑問表現

201

と区別を保っている。上田方言で〈疑問〉を表す際には、この 'i と ga の両語が優勢である。

　その一方で、野原（1998）で確認されている疑問の助詞 naa は観察されなかった。同様の意味を持つ複数の語で、一方が隆盛を保ち、もう一方が衰退するという対極的な変遷を示す現象が起こっていると考えられる。

　また、「㋔詰問・念押し」を示す文例に baaga が現れる。しかし、この baaga という語が合成語なのか、その形態に対応する語は何かなどの詳細は不明である。ちなみに、野原（1998）では北琉球方言圏に属する奄美瀬戸内町方言において、〈感嘆・念押し〉の意を示す終助詞 ba、南琉球方言圏に属する宮古下地町来間方言で〈問い尋ね・感嘆〉の意を示す終助詞 ba、宮古平良市狩俣方言において〈疑問・反語・念押し〉の意を示す終助詞 ba が確認されている。また、内間・新垣（2000）にも、那覇市前島方言において〈問い〉を表す終助詞 baa'i も確認できる。上記の文例の場合、疑問詞 nuu が用いられているために 'i の代わりに ga が使用されていると考えられる。〈疑問〉を表す終助詞である 'i と ga は疑問詞の有無によって使い分けがされており、上記の文にもその機能が働いていると考えられる。さらに、内間・野原（2006）には baa が「①場合。時。②わけ。理由。」を意味する名詞として記載されている。よって、内間・新垣（2000）に表れた助詞 baa'i は baa と 'i が結合した結果現れたと言える。

　しかし、上田方言で疑問詞を用いない場合には 'ii の形で表れ、baa が接続する例は確認できなかった。この 'ii については内間・野原（2006）で動詞の活用形（過去進行中止形[*1]）の説明として「あとに疑問の終助詞イィが付いて、過去における動作進行に対する疑問を表す」とある。よって、那覇方言にも伝統的に用いられている助詞であり、疑問の終助詞 'i から派生した語であろうか。ただし、やはり疑問詞の有無に baa の有無が左右される要因は不明であり、本書では文例を挙げるに留まる。

(3)
　ここでは共通語の終助詞「な（なあ）」に対応する語について記述する。

[ア]禁止 na

・[kasa: waʃʃin na]（傘など忘れるな／傘 φ 忘れるな）

・[ʔari to: ʔaʃibu na jo:]（あれと遊ぶなよ／あれとは遊ぶなよ）

[イ]感嘆 'jaa

・['ʔari: ja çirumaʃi: muɴ ja:]（あれは珍しいものだなあ）

共通語の終助詞「な」に対応する語は na であり、この終助詞も上田方言には定着している。その要因として共通語と形態が一致しているため、琉球方言と共通語との対応が分かりやすい点が挙げられる。また、野原（1998）には沖縄の古典語の中に〈禁止〉を表す終助詞「な」が使用されている例が記載されている。よって、琉球方言には古くから定着していた助詞であると考えられる。

「[イ]感嘆」を表す際には 'jaa で現れる。'jaa は終助詞「ねえ」に対応する語としても現れた助詞である。 'jaa は形態的な対応を考えると、〈感動〉を表す共通語の終助詞「や」と関係があると思われる。この「や」「な」の両形は上代から確認できることから、新古については不明である。上田方言では〈禁止〉を表す na も現れることから、この na と住み分けを図るために「なあ」と類似する意味を持つ「や」に対応させて用いるようになったとも考えられる。'jaa は意味の面で〈感嘆〉や〈感動〉を表す終助詞全般に対応していると考えられる。

(4)

ここでは「だって」「って」に対応する語について記述する。

[ア]引用・伝聞 ri

・[bjo:ke: mbusan ri ja:]（病気は悪いんだって？／病気は重いんだって？）

・[mukaʃe: ʔatan ri ja:]（昔あったとさ／昔はあったって）

・[na: ʔikan ri do:]（もう行かないってよ／もう行かんってよ）

共通語「だって」「とさ」に対応する語は ri である。『沖縄語辞典』(1976) に終助詞 ri の記載は無い。しかし、上田方言では r 音と d 音は自由交替の関係

にあり、ri は di と同一であり、di については『沖縄語辞典』（1976）にも格助詞 'Ndi の 'N 欠落であるとして記載されている。この 'Ndi は〈引用〉を表し、共通語「と」に対応する語として上田方言にも現れている。この「だって」「とさ」も示す意味は〈引用〉に近い。仮に、「だって」「とさ」に相当する語が上田方言には使用されにくかったとすれば、近い意味を示す助詞「と」が代用されたと推測される。ri に後続している 'jaa は〈念押し〉の意味を表す語として用いられ、『沖縄語辞典』（1976）や内間・野原（2006）にも 'jaa の記載がある。

　また、「ってよ」に対応する語は、先述した ri に〈強調〉を表す助詞 doo が接続した形で現れている。これは「って」に ri が、「よ」に doo が対応していると考えられる。形態的な対応に不明な点は残るが、意味の面で対応は一致していると思われる。

(5)
　ここでは共通語「よ」に対応する語について記述する。
㋐命令 'joo
　・[he:ku kaki jo:]（早く書けよ）
㋑強調・念押し sa, doo
　・[ʔari ga katʃu sa]（彼が書くよ）
　・[na: ʃimu sa]（もういいよ）
　・[kure: jassan do:]（これは安いよ）
　・[ʔure: ʔirara ru jan do:]（それ、鎌だよ／それは鎌ぞであるよ）
　・[tʃa:ʃin ʔare: takasan do:]（きっとあれは高いよ）

　共通語の終助詞「よ」に対応し、「㋐命令」を示す語は終助詞 'joo であると思われるが、単純に命令形で表されることもある。'joo は形態的にも共通語「よ」に対応していると思われる。
　「㋑断定・念押し」の意味を示す語として現れる語は sa, doo である。前者は共通語の終助詞「さ」に対応していると考えられ、意味が類似しているために sa が用いられているのであろう。この現象も「㋐命令」の際に現れた現象と同

様で、「よ」に形態的に対応する語が無かったことが要因であろう。後者は、終助詞「ぞ」にも対応する語として現れたことから、〈強調〉や〈念押し〉を表す際には doo が用いられると考えられる。

(6)

ここでは共通語「ね（ねえ）」に対応する語について記述する。

㋐確認・念押し　'jaa, hii

・[ʔari ja tʃurasaɴ jaː]（あれはきれいだね／あれはきれいね）

・[ku̥sa tura çiː]（草を取ろうね／草 φ 取ろうね）

共通語の助詞「ね」に対応する語として 'jaa がある。この 'jaa がどの語に対応するかは不明であるが、日常的に使用されている語である。また、同様に「ね」に対応する語として hii という語も確認できる。野原（1998）や内間・野原（2006）においては 'ii も記載されている。

さらに、hii と 'jaa がその行為の方向の相違によって使い分けられている例も見られる。以下に例を示す。

《hii と 'jaa の両形が現れる例》

・[dʒiː kaka çiː]（字を書こうね／字 φ 書こうね）

⇒ 相手への意志表示；行為者は自分

・[dʒiː kaka jaː]（字を書こうね／字 φ 書こうね）

⇒ 念押し；行為者は相手

老年層話者によると、hii と 'jaa は使い分けがある。具体的には、〈相手への意思表示〉の場合には hii を用い、'jaa は〈念押し〉を示す場合に使用される。野原（1998）では hii と 'jaa との使い分けに関しては言及していないが、『沖縄語辞典』（1976）には共通語「ね」に対応する語である 'ii と 'jaa は、前者が話し手の〈意志〉を示し、後者は〈念押し〉で用いられるとの記載が見られる。上田方言の例もこれに則るものである。

(7)

　ここでは共通語の終助詞「かしら」に対応する語について記述する。

㋐不審・疑い

・［ʔuri ʃi ʃimu ga jaː］（これでいいのかな／これで済むかしら）

・［ʔamaː ɸ̥ukasa ga jaː］（あそこは深いかしら）

　共通語の終助詞「かしら」に対応する語として ga'jaa が観察される。この助詞も上田方言の老年層話者にはかなり定着しており、多くの文で確認できる。この助詞は内間・野原（2006）には記載があるが、『沖縄語辞典』（1976）には記載が見当たらない。このことから、ga'jaa は一つの語として存在していたのではなく、かつては ga と 'jaa の二語で構成されていた可能性がある。

　「かしら」と近い意味を持つ、共通語の終助詞「かな」は〈質問〉の助詞「か」と〈念押し〉の助詞「な」の合成語である。さらに、上田方言にも〈質問〉を表す助詞 ga と〈念押し〉を表す助詞 'jaa が確認できる。'jaa は終助詞「ね」に対応する語として現れ、「な」に対応する語としては現れなかった。しかし、〈念押し〉を表すという点で 'jaa が現れることをふまえると、終助詞 ga'jaa は元々合成語であったが、一語として認識されたのだろうと推測できる。

(8)

　ここでは共通語「でしょう」に対応する語について考察していく。以下に文例を示す。

㋐推量 sjee, sani

・［ʔane ʔari ga ʔitʃun ʔiː ʃeː］（ほら、彼が行くでしょう／ほら、あれが行くと言うでしょう）

・［ntʃi n takasa jeː saɲi］（見ても高いでしょう）

　共通語では「㋐推量」を表す「でしょう」は助動詞とされているが、琉球方言では活用しないために助詞 sjee として定義されている。内間・新垣（2000）でも那覇市前島方言の文例で挙げられている。ただし、上田方言老年層話者で

第2章　琉球方言・助詞の記述的研究

は一例が確認できるのみであったため、あまり使われなくなっているともいえる。

　また、sani という語も確認できるが、この語については野原（1998）に沖縄本島北部の宜野座村漢那方言で〈強い推量〉を表す語として例が見られる。沖縄本島北部方言（漢那方言）と南部方言（上田方言）の両方に確認できることから、沖縄本島全域に分布している可能性がある。sani の前に現れている 'jee については、形態的には sjee と関係がありそうだが、詳細は不明である。

(9)
　ここでは相手を見下す意を表す hjaa について記述する。
㋐相手を見下す hjaa
　・[dʒiː kakeː çaː]（字を書こうよ／字 φ 書けよ）
　・[kureː nagaʃeː çaː]（これは長いよ）

　この hjaa という語は特定の共通語の終助詞と対応している訳ではない。野原（1998）においても hjaa の項に「適訳がない」が「沖縄方言でよく用いられる」と記載されており、琉球方言独特の助詞であると言える。

　上田方言話者によれば、この hjaa という語は相手への強い侮辱・軽蔑を表す語であり、滅多に使われることがない語であるという。共通語化が進むにつれ、少しずつ使われなくなっていったとも考えられる。

　以上、上田方言老年層における終助詞の用法について考察した。多くの終助詞では那覇方言の用法と一致していたが、「ね」に対応する hii と 'jaa のように、上田方言独自の用法を示している語も現れた。また、先行研究の那覇方言では見られるが上田方言では見られない助詞も数多くあった。例えば、「よ」に対応する助詞 tee は全く現れなかった。これらは共通語の影響によって、或いは類似する意味を持つ語との使い分けが成されずに消滅してしまった可能性が高い。これらは、琉球方言の衰退が窺える現象であると言える。

　ここまで、助詞の用法を記述した。しかし、本書の調査では全ての助詞用法

207

を記述できたわけではないため、さらに詳細な用法について記述する必要がある。その点は大きな課題であり、伝統的な琉球方言が失われつつあることを考えると、その蒐集は急務である。

第3節　石垣市方言の助詞用法

第1項　格助詞

　ここでは、石垣市方言における助詞の用法を、順に記述していく。まずは格助詞の用法についてであるが、以下、文を挙げながらそれぞれの用法について分析していく。

(1)

㋐主格

　・［ari nu jumuɴ］（彼が読む）

　・［pan nu jami aragarunu］（足が痛いので歩けない）

　・［dʒin nu du aru］（お金がある／お金がぞある）

《φで現れる例》

　・［baː ikeːɴ juː］（私が行きますよ）【自称代名詞】

　・［waː ikjaː］（君が行け）【対称代名詞】

　共通語の格助詞「が」には nu が対応している。石垣市方言には、自称代名詞・対称代名詞を承ける場合には φ で現れる。これは上田方言では確認できなかった現象である。話者によれば、「㋐主格」を表す際に、自称代名詞・対称代名詞を承ける場合には必然的に φ になる。したがって、nu と φ は使い分けられている。その使い分けは上田方言における ga と nu の使い分けと類似していることから、主格用法が全て nu で表される石垣市方言における、新たな用法の可能性を感じさせる。

　上田方言における ga と nu の使い分けは、内間（1994）で述べられている

208

第 2 章　琉球方言・助詞の記述的研究

「ウチ・ソト意識」に基づいている。それに対して、石垣市方言では自称代名詞・対称代名詞は φ で、それ以外は nu で承ける用法を示している。上田方言に比べ、承ける体言の領域が狭くなっているが、φ と nu も「ウチ・ソト意識」が働いている結果であるとも考えられる。

また、係助詞 du が nu に接続した 'Ndu も確認できる。これらは文末が終止形で結んでいる文と―ru 形で結んでいる文が確認でき、係り結びの崩壊している様子が窺える。同時に、nu と du が合成している文例もある。

《'Ndu が使用される例》

・[habu ndu ïru sa:]（ハブがいるよ／ハブがぞいるよ）

・[ki: ndu kare:ru]（木が枯れる／木がぞ枯れる）

・[bada ndu jamuɴ]（腹が痛い）

(2)

ここでは、共通語の格助詞「を」に対応する語について記述する。示す意味によって現れる助詞が異なるため、各用法に分けて記述する。

㋐対象　φ , 'ju

・[mbon φo:da]（ご飯を食べた／ご飯 φ 食べた）

・[nukkuri sa:ri ki: ki̥sïda]（鋸で木を切った／鋸で木 φ 切った）

・[ïzï ju kaïda]（魚を買った）

・[φa:na: ŋkai dʒiɴ ju çi:da]（子どもたちに小遣いをやった）

㋑場所　kara

・[usïmai ja umi kara du arago:rïda]（おじいさんは浜を歩いていた／おじいさんは海からぞ歩いていた）

石垣市方言において、格助詞「を」に対応する語は表す意味で異なる。「㋐対象」の意味を表す際には φ で現れる。また、石垣市方言では 'ju も存在している。ただし、話者によれば、強調したいときに使うときにのみ用いられるとのことである。

209

「㋑場所」を表す際には kara が用いられる。この kara の用法は共通語の格助詞「から」には見られないが、石垣市方言でも沖縄本島方言と同様の意味用法であり、琉球方言圏の広範に使用されていると言える。

ここで、「㋐対象」を表す語として確認できる 'ju について考える。この語は、助詞分類が難しい語である。文末に係る用法は見られないことから係助詞の定義に合致するとは言えず、'ju は省略されても「を」の意味は失われないことから、厳格に格関係を示しているとも言い難い。この 'ju について、野原（1992）は以下のように述べている。

> 宮古の伊良部で〈茶を買って来いと言っていた〉というのをチャーユ カッジ クーティドゥ シーチブターと言います。このユは宮古と八重山にあります。
> （野原 1992 pp.89−90）

野原（1992）は『おもろさうし』の記述を基に、この 'ju は「を」に対応する格助詞であることを述べている。それに対し、宮城（2003b）では 'ju について、石垣方言には目的格「を」に対応する助詞がないため、「を」のように解釈されがちだが、'ju を省いても「を」の意味は成立することを根拠に、'ju を係助詞に定義している。本書では、表す意味に鑑みて格助詞「を」に対応する語として記載しておくが、ϕ と 'ju の関係についてはより多くの文例を蒐集し、分析・考察を重ねる必要があり、現段階では用例を挙げるに留まる。

(3)

ここでは共通語の格助詞「に」に対応する語について記述する。示す意味によって現れる助詞が異なるため、各用法に分けて記述する。

㋐目的 na

・[asabi na ikuɴ]（遊びに行く）

・[akkoŋ kaiʃi na ikuɴ]（芋堀りに行く／芋かえしに行く）

㋑場所 'Nga

・[jaː ŋga du ïru]（家にいるよ／家にぞいる）

・[hatagi ŋga jasai ibeː kiːda]（畑に野菜を植えてきた／畑に野菜 φ 植えてきた）

㋒到達点 ’Nga, ka’i

・[sïkudai nu ui ŋga du tsï̥kuda]（机の上に置いた）

・[ukinaː kai ikuɴ]（沖縄に行く）

・[umi kai ikuɴ]（海に行く）

㋓時 ’Nga, ni

・[rokudʒi ŋga ukiːɴ]（六時に起きる）

・[rokudʒi ɲi ukiːɴ]（六時に起きる）

㋔対象 ka’i

・[wan taŋgaː kai naːraʃuɴ]（君にだけ教える／君だけに習わせる）

・[çitu kai çiːdaɴ juː]（人にあげたよ）

・[aːmi kai ndzoːreː]（雨に濡れた）

㋕動作の出所 ka’i

・[appaː kai idzarïda]（母に叱られた）

・[iŋ kai hoːreː]（犬にかまれた）

・[kadʒi kai tubasareː]（風に吹き飛ばされた／風に飛ばされた）

㋖結果 φ

・[moː uipï̥tu naroːri rjeːn raː]（もう大人になった／もう大人 φ なったなあ）

㋗比較の基準 ’Nga

・[bantʃaː ja umi nu tsï̥kasa ŋga du aru]（私の家は海の近くにある／私の家は海の近くにぞある）

㋘割合の基準 ka’i

・[miːtsï̥ kai bagïruɴ]（三つに分ける）

共通語の格助詞「に」に対応する語は表す意味によって現れる語が異なる。多くの意味で現れるのは ka’i であり、また、「㋑場所」、「㋓時」、「㋗比較の基準」の意味用法で現れる ’Nga については沖縄本島方言と繋がりが窺える語である（上田方言では同系統と思われる ’Nkee が多用される）。ka’i と ’Nga は

「㋒到達点」を表す際には自由交替的に用いられる。一方、宮良（1930）や宮城（2003b）には ka’i と ’Nga の住み分けについての記述は見られないため、これらの関係についてはより詳細な研究が必要となる。

また、上田方言に確認できた ni は石垣市方言では「㋓時」を表す場合に確認できた。宮城（2003b）にも ni が現れることは稀であることが記載されており、石垣市方言ではあまり用いられない語であることが窺える。

「㋐目的」の意で用いられる na は宮良（1930）にも記載が見られ、石垣市方言には古くから使われていたことが推測される。一方、上田方言では〈目的〉は ga で現れ、九州方言との繋がりが見られる。この二語の関係性及び新古についてはより広範囲の調査を踏まえる必要があるが、鼻音 ŋ を経た変化であるとも考えられ、元々は同一の語であったことを窺わせる。

(4)

以下には共通語の格助詞「へ」に対応する語について記述する。

㋐帰着点 ka’i, ’Nga

・[haku nu naka kai iri:ɴ]（箱の中へ入れる）

・[mannaka ŋga bïsïrja:]（真ん中へ座れ）

・[jama kai nuburuɴ]（山へ登る）

・[matsï̥ kai ʔikuɴ]（町へ行く）

㋑結果 ka’i

・[iru ndu aka: kai ka:ruɴ]（色が赤へ変わる）

㋒比較の基準 ka’i

・[appa: kai na:reɴ]（母親へ似ている）

㋓割合の基準 ka’i

・[ɸu̥ta:dï na: kai bagïruɴ]（二つずつへ分ける）

共通語の助詞「へ」に対応する語は ka’i と ’Nga である。「㋑結果」、「㋒比較の基準」、「㋓割合の基準」を表す際には、この二語は「㋐帰着点」の意味を表す場合にはどちらも使われる。先述の格助詞「に」では ka’i と ’Nga は使い

分けられているが、「へ」における対応関係では使い分けはみられにくい。しかし、「に」と「へ」で用法を使い分けていると考えるのは難しい。宮城（2003b）によれば、「㋐帰着点」の意味を表す際には 'Nga 系の語が用いられ、ka'i は用いることができないとされている。したがって、'Nga と ka'i は徐々に意味用法が重なる傾向にあると考えられる。さらに、宮城（2003b）の記述内容を踏まえると、ka'i の意味領域が広がっていると言えよう。

(5)

ここでは共通語の格助詞「と」に対応する語について記述する。示す意味によって現れる助詞が異なるため、各用法に分けて記述する。

㋐共同の相手 saari

・[dusɨ̥ saːri asabiɴ]（友達と遊ぶ）

・[uja saːri du maːdzoɴ ikuda]（親と一緒に行った／親とぞ一緒に行った）

㋑比較の対象 tu

・[ŋkaʃi toː sɨ̥kkari kaːrireːɴ]（昔とはすっかり変わった）

㋒状態 φ

・[gasagasaː utu ndu sïːru]（ガサガサと音がする／ガサガサ φ 音がぞする）

㋓引用 de

・[ari ndu ikun de angudaɴ]（彼が行くと言っていた）

共通語の格助詞「と」に対応する語は、表す意味によって異なる。まず、「㋐共同の相手」を表す際には saari が用いられる。この語は、宮城（2003b）には格助詞「と」「で」に対応する語として記載されている。上田方言には類似する語として saani があるが、saani は格助詞「で」にのみ対応する語として現れ、石垣市方言のように「㋐共同の相手」を表す用法では用いられない。野原（1998）では saani の項で「鳩間の saːri も同系である」(p.5) と述べているが、意味用法については詳しく言及していない。

一方、「㋑比較の対象」で現れる tu、「㋒状態」で現れる φ は上田方言と共通している。また、「㋓引用」を表す際に現れる de は上田方言で同様の意味

を表す di に通ずる語だと思われるが、語の形態の対応関係は明確でない。「㋓引用」を表す語として石垣市方言では定着している語であると考えられる。

(6)

　共通語の格助詞「から」に対応する語について記述する。

㋐出発点（場所）kara

　・[baʃo: uma kara du ndiɴ]（バスはここから出発する／バスはここからぞ出る）

㋑出発点（時）kara

　・[sï̥tumudi kara junem ma:di hatarakuɴ]（朝から晩まで働く）

㋒経由点 kara

　・[ʃinta kara he:ri ki:ɴ]（北から入って来る）

㋓経由となる人 kara

　・[wanu kara ju: aŋki çi:ri]（あなたからよく言っておいて）

㋔抽象的な基点 kara

　・[utudu kara mi: hanasuna jo:]（弟から目を離さないでください／弟から目φ 離すなよ）

㋕順序 kara

　・[wanu kara ikja:]（君から行け）

㋖材料・原料 kara

　・[sake: maï kara du tsï̥kuru]（酒は米から作る／酒は米からぞ作る）

㋗原因・動機 kara

　・[gumasa: nu koto kara du airu]（小さなことから喧嘩が始まる／小さなことからぞ喧嘩する）

㋘範囲 kara

　・[u:p̥ï̥tu kara ɸa:na: madi mu:ru atsïmariɴ]（大人から子供までみんな集まる）

　共通語の格助詞「から」に対応する語は kara である。上記の全ての意味用

214

第 2 章　琉球方言・助詞の記述的研究

法で確認でき、他の語も全く現れない。石垣市方言では日常的に使用される語
である。宮城（2003b）においても格助詞「から」に対応する語は kara のみが
記載されており、形態においても共通語との対応関係が明確なことから、石垣
市方言では定着していると考えられる。

(7)

　ここでは共通語の格助詞「で」に対応する語について記述する。示す意味に
よって現れる助詞が異なるため、各用法に分けて記述する。

㋐原因　si, saari

　・［kadʒi ʃi du toːreːru］（風で倒れる／風でぞ倒れる）

　・［jan saːri du jasïmiru］（病気で休む／病気でぞ休む）

㋑手段・道具　si, saari, kara

　・［ɸudi ʃi du kakiru］（筆で書く／筆でぞ書く）

　・［tiː saːri du tsï̥kuriru］（手で作れる／手でぞ作れる）

　・［ukinaː kai ɸuɲi kara ikuɴ］（沖縄へ舟で行く／沖縄へ舟から行く）

㋒時間　si, saari

　・［ɸu̥tsï̥ka ʃi ʃiagiːɴ］（二日で仕上げる）

　・［ɸu̥tsï̥ka saːri ʃiagiːɴ］（二日で仕上げる）

㋓場所　'Nga

　・［umi ŋga ujuguɴ］（海で泳ぐ）

　・［ui tu sï̥ta ŋga du asabiru］（上と下とで遊ぶ／上と下でぞ遊ぶ）

　共通語の格助詞「で」に対応する語は以上のようになる。「㋐原因」、「㋑手
段」、「㋒時間」の意味を表す場合には si と saari の二語が現れる。話者によ
ると、二語は自由交替的に言い換えることができ、使い分けはない。

　また、saari は意味と形態の両面に鑑みると、上田方言において確認できた
saani と派生関係にあると考えられる。石垣市方言 saari は格助詞「と」に対応
する語としても現れ、同系の語ではあるが、意味用法には差異がある。石垣市
方言の saari が意味用法を広げて格助詞「と」に対応するまでになったのか、

215

上田方言の saani が意味領域を狭めたのかについては判断できないが、琉球方言の多様性が窺える。

一方で、「㋑手段」を表す際には kara も現れる。この意を表す kara は格助詞「から」に対応する語として石垣市方言でも確認でき、かつ上田方言でも観察されることから、琉球方言圏内では定着していることが窺える。

さらに、「㋓場所」を表す 'Nga は格助詞「に」「へ」に対応する語としても現れた語である。「に」「へ」においても〈場所〉を表すことから、石垣市方言では〈場所〉を表す際には 'Nga が使用される傾向が見られる。

(8)

ここでは共通語の格助詞「より」に対応する語について記述する。

㋐比較の基準 'jaQkaa, 'jaka'N

・[uri jakka: ja ari du masï]（それよりはあの方がよい／それよりはあれぞまし）

・[mi:sï jakan du: ʃi sï:so: masï]（見るばかりよりするのがよい／見るより自分でするのがまし）

㋑限定 'jaQka'N

・[nutsï jakkan daizï nu muno: ne:nu]（命より大事なものはない）

・[wanu jakkan ɸu̥ka ne: uraɴ]（君より他にはいない）

共通語の格助詞「より」に対応して現れるのは 'jaka 系の語である。上記の文例では三語が現れるが、それぞれ派生関係にあると思われる。また、宮城（2003b）によれば、「より」に対応するのは 'jaka であり、後接する 'N は係助詞「も」に対応している。しかし、'N が後接しても、「も」の意が加わらない場合がある（「㋑限定」の二文例目）ため、石垣市方言では 'jaQka'N という語における 'N と「も」との対応関係は稀薄化していると考えられる。合成意識の稀薄化は、格助詞「が」に対応する nu と係助詞「ぞ」に対応する du の二語が合成した 'Ndu にも確認できることから、特異な現象ではないと言える。

第 2 章　琉球方言・助詞の記述的研究

　以上、石垣市方言の格助詞について分析した。石垣市方言の格助詞は、先行研究に見られるような伝統的な用法を色濃く残していると言える。〈主格〉を表す格助詞「が」には承ける体言によらず、基本的に nu が現れる。これは多くの先行研究によって明らかにされており、共通語化が進んだ中にも保たれている。また、nu に係助詞 du が接続した 'Ndu も比較的よく現れる。承ける体言の領域は nu とほぼ一致しており、係助詞の用法である係り結びも崩壊していることから、nu と 'Ndu は自由変異的に用いられている。

　その一方で、自称・対称の代名詞を承ける際には φ が現れる。これらを承ける際には nu は用いられず、φ のみが現れることから、nu と φ の使い分けが行われている可能性もある。この様相は北琉球方言における ga と nu の使い分けと類似しており、主格用法がほぼ nu に統合された石垣市方言に特徴的な使い分けとして存在している可能性を窺わせるものである。

　その他の語についても、先行研究などに見られる伝統的な用法が継承されている語が多いが、用法に変化が見られる語もある。格助詞「に」「へ」に対応する 'Nga, ka'i は、宮城（2003b）の記述に比べて、自由交替できる用法が広がっており、住み分けが少しずつ消失されていることが窺える。

　また、石垣市方言 kara は形態的・意味的にも共通語と類似しており、対応関係は明白である。一方、共通語では失われてしまった〈手段・方法〉を表す用法は琉球方言圏では一般的で、日本古語の助詞の古い用法が残存している。この用法は『時代別国語大辞典 室町編』（1994）に記載が見られ、中世期ごろから用いられている。しかし、現代共通語ではその用法はほとんど失われており、琉球方言 kara は日本古語の用法を留めている語であると言える。加えて、kara は格助詞「を」の〈場所〉を表す語としても現れ、格関係を示すが非常に多義的である。

　さらに、格助詞「で」に対応する saari は、北琉球方言圏の saani との繋がりが見えそうではあるが、語の形態や表す意味の両面からより詳しく考察する必要があろう。

第2項　副助詞

　続いて、石垣市方言の副助詞について分析していく。以下、文を挙げながらそれぞれの用法を順に見る。

(1)

　ここでは、共通語の副助詞「ばかり」に対応する語について記述する。示す意味によって現れる助詞が異なるため、各用法に分けて記述する。

㋐限定　ta'Ngaa

　・［aːmi taŋgaː du ɸuiːru］（雨ばかり降っている／雨ばかりぞ降る）

　・［saki taŋgaː du numuɴ］（酒ばかり飲む／酒ばかりぞ飲む）

㋑程度　gura'i

　・［dʒuː meːtoru gurai arugiːɴ］（10m ばかり歩いた／ 10m ぐらい歩いた）

㋒状態　baQka

　・［nama du ukida bakka doː］（今起きたばかりだ／今ぞ起きたばかりだ）

㋓ひたすらの意　ta'Ngaa

　・［jaː nu kụtu taŋgaː du sïba sïːru］（家のことばかり心配する／家のことばかりぞ世話する）

　共通語の副助詞「ばかり」に対応する語は ta'Ngaa である。一方、「㋑程度」で確認できる gura'i は共通語「ぐらい」に対応する語であり、baQka は「ばかり」の転訛した形であろう。

　また、一文例のみではあるが、以下の様な語も確認できた。文例を挙げる。

《ta'Ngaa 以外の語》

　・［uri tu du naːi asabiru］（彼とばかり遊ぶ）

　この naa'i は「ばかり」に対応していると思われる。しかし、この語は共通語のどの語と対応関係を示すのか、琉球方言圏にどのように分布しているか等の詳細については明らかでない。一方、内間・野原（2006）には形態的に類似

する那覇方言 naari が記載されているが、naari は格助詞「から」に対応する語で、石垣市方言 naa'i とは意味の面で合致しているとは言い難い。また、naa'i の語は上記の一文例でしか確認できず、使用頻度は高くない。

ここで、宮城（2003b）を見ると、共通語の副詞「ずっと」に対応する語として naa'i が記載されている。この点を踏まえて文例を見ると、この「ばかり」は「㋐限定」を表し、「ずっと」と置き換えることは可能である。したがって、naa'i は副助詞「ばかり」ではなく、「ばかり」と類似する意味を表す副詞「ずっと」を代わりに用いている文例となっていると考えられる。

(2)

ここでは共通語の副助詞「まで」に対応する語について記述する。

㋐到達点 maadi

・[hatagi maːdi sï̥kareː du ru]（畑まで聞こえる）

㋑範囲 madi

・[anta kara inta madi çirugariɴ]（東から西まで広がる）

㋒程度の甚だしいさま・強調 madi

・[wanu madi ɴ iku⌈ɴ]（君まで行くのか／君までも行くのか）

・[kadʒi madi n ɸu̥kiduru]（風まで吹いている／風までも吹いている）

㋓限度 madi

・[kaku madi matʃeːɴ]（書くまで待っている）

・[tida nu utti maːdi ŋ kuːnaːta]（日が暮れるまで来なかった／日が落ちるまでも来なかった）

共通語の副助詞「まで」に対応する語は maadi, madi の madi 系である。全ての意味用法で確認できることから石垣市方言では定着している語であろう。宮城（2003b）にも「まで」に対応する語は madi 系で、他の語は記載されていない。上田方言では「㋓限度」を表す際に heeka という語が現れていたが、石垣市方言においてはその系統の語は確認できない。この点について、石垣市方言と同じ、八重山方言に属する竹富方言をまとめた前新（2011）には副助詞

kə*² の項に「～まで。～するほど。（中略）『石垣市方言辞典』では対応する語形は未確認」（p.282）とあることから、石垣市方言には存在していない語であることが窺える。宮良（1930）にも heeka 系の語は見られず、石垣市方言では伝統的に madi 系の語だけが使用されていると考えられる。

(3)

㋐例示

　・［pïro:ma ɲibe: sa:nu］（昼寝などはしない／昼寝はしない）

㋑望ましくないものの例示

　・［tabagu ɸu̥kune: ikanu］（煙草など吸ってはいけない／煙草を吹いてはいけない）

　・［umi kai ike: naranu do:］（海など行ってはいけないよ）

　共通語の副助詞「など」に相当する語は、石垣市方言ではあまり現れない。「㋐例示」を表す語について、宮城（2003b）には naada が記載されているが、今回の話者からは確認できなかった。また、「㋑望ましくないものの例示」においても「など」に対応する語は現れない。石垣市方言では「など」に対応する語は使用されなくなっている可能性がある。

(4)

　ここでは共通語の副助詞「ぐらい」に対応する語について記述するが、「ぐらい」と同様の意味を表し、副助詞的に使用される「あたり」に対応する語についても記述する。

㋐程度　bagara, gura'i

　・［aragiti dʒippum bagara do:］（歩いて十分ぐらいです）

　・［uri gurai ja banu n naruɴ］（あのぐらいは私もできる）

㋑例示　gura'i

　・［ku̥sï gurai kake:］（背中あたり掻きなさい）

　・［uja gurai ja ubuja: duru sa:］（親ぐらいは覚えているよ）

220

ⓒ大よその数量 bagara

・［mo: gonem bagara mae ŋga ada］（もう五年ぐらい前に会った）

　共通語の副助詞「ぐらい」及び「あたり」に対応している語は bagara と gura'i の二語である。これらは、意味用法が重なることもあるが、使い分けがみられる用法もある。上記の文例で言えば、「ⓐ程度」を表す際には bagara と gura'i の二語が用いられるが、「ⓑ例示」を表す際には gura'i、「ⓒ大よその数量」を表す際には bagara だけが用いられる。宮良（1930）には「ぐらい」に対応する語は確認できないが、宮城（2003b）には bagara と gura'i の両語が記載されている。これら二語の関係は比較的新しいものである可能性が高い（宮良（1930）には「ばかり」に対応する ta'Ngaa の記載はある）。とすれば、上記の様な「ⓑ例示」、「ⓒ大よその数量」の用法での使い分けも新しいものとなる。これらは、同様の意味を表す複数の語が、意味用法による使い分けという新たな機能を担って残存していく過程が窺えるものでもある。

　また、宮城（2003b）には共通語「ぐらい」に対応する語として sjuku, 'atarï が挙げられているが、今回は確認できなかった。bagara と gura'i が意味用法の使い分けによって残存しようとする一方で、sjuku や 'atarï といった語は使用頻度が低下し、徐々に失われていったと推測される。

(5)

　ここでは共通語の副助詞「ずつ」に対応する語について記述する。

ⓐ等分分割 naa

・［iku̥tsï na: kai bagi rja:］（いくつずつに分けるか）

・［iko:bi na: kaida:］（いくつずつ替えたか）

ⓑ動作の反復 naa

・［mme:n na: hakubi jo:］（少しずつ運べよ）

　共通語の副助詞「ずつ」に対応する語は naa である。これは意味用法に関わらず「ずつ」に対応していることから、naa は定着している語だと言えるだろ

う。宮城（2003b）にも「ずつ」に対応する語はnaaだけが記載されている。上田方言においても副助詞「ずつ」にはnaaが対応しており、また、野原（1998）にはnaaが琉球方言圏に広く分布しているとの記載があることから、このnaaは琉球方言全域で用いられていると考えられる。

(6)

ここでは共通語の副助詞「だけ」に対応する語について記述する。

㋐限定 ta’Ngaa

・[pi̥tuːrï taŋgaː du nuku̥sïː]（独りだけ残すのか／独りだけぞ残すか）

・[wan taŋgaː kai aŋgïɴ]（お前にだけ言う／お前だけに言う）

㋑限度 ’oobi

・[tiː ŋgam mutsari oːbi jarabam mutsa]（手に持てるだけでも持とう）

・[hoː oːbeː dʒiɴ ja aɴ]（食べるだけは金はある）

共通語の副助詞「だけ」に対応するのはta’Ngaaと’oobiである。宮城（2003b）によれば、ta’Ngaaと’oobiは明確な住み分けが図られているとされている。上記の文でも、「㋐限定」と「㋑限度」で使い分けられているようにみえる。

また、ta’Ngaaという語は共通語の副助詞「ばかり」に対応する語としても確認できた。「ばかり」と「だけ」は「㋐限定」という共通の意味用法を有しており、ta’Ngaaは「㋐限定」という意味を表す語として用いられると考えられる。宮良（1930）にもta’Ngaaの項には「國語のノミ, バカリ, ダケ に相當するもの」(p.93）と記載されている。このことからも、ta’Ngaaは特定の語に対応しているのではなく、〈限定〉の意味を表す語として用いられてきたことが分かる。

(7)

ここでは共通語の副助詞「ほど」に対応する語について記述する。

㋐大よその分量・程度 gura’i

・[saŋkiro gurai çijo:rja:]（三キロほどください／三キロぐらいください）

㋑状態の比例 hudu

・[maiʃa:ru ka: maiʃaru ɸudu dʒo:to]（大きければ大きいほどよい）

共通語の副助詞「ほど」に対応する語は表す意味によって現れる語が異なる。「㋐おおよその分量・程度」を表す gura'i は共通語の「ぐらい」に対応している。石垣市方言では、この gura'i は〈程度〉を表す意味ではよく使われる語であり、特定の語に対応しているのではなく、〈程度〉という意味を表す語として用いられていることが窺える。

「㋑程度の比較」では共通語「ほど」に形態的に対応している hudu が現れる。宮城（2003b）では「ほど」に対応する語として hudu が記載されており、石垣市方言では hudu は定着している語であると考えられるが、形態に鑑みても、比較的新しい語であることが窺える。

(8)

共通語の副助詞「やら」に対応する語について記述する。

㋐不確定な事物 'Ngasaa, 'juu

・[ta: ŋgasa: ki:n do:]（誰やら来たようだ／誰か来たよ）

・[no: du no: ju: bagaranu]（何が何やら分からない／何ぞ何か分からない）

共通語の副助詞「やら」に対応する語は 'Ngasaa, 'juu の二語が現れる。宮城（2003b）において、これらは係助詞「か」に対応する語として記載されている。意味の面に注目すれば、「か」でも「㋐不確定な事物」を表すことができる。よって、副助詞「やら」にのみ対応して現れる語は無く、類似する意味を持つ語が対応して現れるようになっていると考えられる。「やら」にのみ対応する語が現れないことに鑑みると、「やら」という語自体が石垣市方言には存在しなかった可能性も高いと思われる。

以上、石垣市方言の副助詞について分析した。副助詞は、宮良（1930）や宮

城（2003b）の記述に一致する語や用法が多く、伝統的な方言や用法が残存していると思われる。石垣市方言の副助詞は共通語との対応関係が不明確なものが多い。また、〈限定〉を表す ta'Ngaa もよく用いられる語であるが、語源は明らかでない。さらに、先行研究には記載されているが、今回の調査では確認できなかった語も多かった。石垣市方言の副助詞は共通語の普及によって、徐々に失われつつあると言えるだろう。

　副助詞では bagara と gura'i のように、それぞれの語が残存していくために使い分けられようとする傾向が窺える一方で、ta'Ngaa と 'oobi のように、元々担っていた使い分けが失われ、自由交替の関係を持ちはじめる語もあるなど、多様な現象が見られる。これらの現象の要因については定かではないが、琉球方言が過渡期であることを窺わせるものである。

第3項　係助詞

　続いて、石垣市方言の係助詞について分析していく。以下、文を挙げながらそれぞれの用法を順に記述する。

(1)

　上田方言では係助詞「か」に対応する ga が確認できたが、石垣市方言では確認できなかった。

(2)

　ここでは係助詞「ぞ」に対応する語について記述する。

㋐係り結び・強調 du

・［dʒi: du kạkuru］（字を書くのだ／字ぞ書く）

・［kaki du uru dura:］（書いているのだ／書いてぞいるぞ）

・［dʒin nu du aru］（お金がある／お金がぞある）

　共通語の係助詞「ぞ」に対応する語は du である。この du は上田方言にも確認できた助詞である。野原（1998）には琉球方言圏全域に確認できると述べ

第 2 章　琉球方言・助詞の記述的研究

られていることから、琉球方言圏には広く確認できる語であると考えられる。
また、文末の活用語に係って─ ru 形に結ぶと同時に〈強調〉を表す係り結び
の用法が見られる。しかし、文末と呼応しなくなるような崩壊現象も見られる。

《係り結びの崩壊している用法》※ du が用いられているが終止形で結んでいる。

　　・［ari tu ban tu du bïruɴ］（彼と私とがいる／あれと私とぞいる）

　　・［uri taŋga: du mi:ruɴ］（彼ばかりが見る／彼ばかりぞ見る）

　　・［iru ndu aka: kai ka:ruɴ］（色が赤に変わる／色がぞ赤に変わる）

　この現象を見ても、石垣市方言では係助詞 du を用いた係り結びの用法は
徐々に失われつつあることが窺える。今後、この傾向が強まるかどうかについ
て注目していく必要がある。

(3)
　ここでは係助詞「なんぞ」に対応する語について記述する。
㋐強調 du

　　・［dʒi: du kakibï ʃika: miʃa:reɴ ju: ra:］（字なんぞ書ければよいのだが）

　共通語「なんぞ」に対応する語は「ぞ」に対応する語と同様に du である。
宮城（2003b）においても「なんぞ」に対応する語は記載されていないため、
元々使われていなかったと考えられる。「㋐強調」の意を表す係助詞は du だ
けで補填されていると考えられる。表す意味も「㋐強調」で一致しているこ
とから、du で代用されている可能性が高い。また、係助詞 du で承けているが、
文末は終止形で結んでいることから係り結びの崩壊現象が起きている。これは
上田方言と同様の現象であり、これらのことを踏まえると係助詞「なんぞ」に
のみ対応する du'N（ru'N）は、失われつつあると言えるだろう。

(4)
㋐共存するものの提示 'N

225

・[aːmi n ɸui sïŋga kadʒi n ɸu̥ki du uru]（雨も降っているが風も吹いている／雨も降っているが風も吹いてぞいる）

㋑他の事物を暗示する提示 'N

・[hana n saki du ureːɴ]（花も咲いている／花も咲いてぞいる）

㋒極端な事物の提示 'N

・[ɸaːnaː n wakari du ureːɴ]（子どもも知っている／子どもたちも分かってぞいる）

㋓強調 'N

・[moː ɸu̥tsïka n tsïzïkirjaɴ]（もう二日も続いている）

㋔否定的主張

・[kaki ɴ saːɴ]（書きもしない）

　共通語の係助詞「も」に対応する語は全ての意味用法において 'N で現れる。この語は上田方言に確認できることから、琉球方言圏で一般的な形態であろうと考えられる。

　また、上田方言で確認できた格助詞 ga, nu への接続は、石垣市方言では確認できなかった。その要因については未だ明らかにされてないが、石垣市方言には〈主格〉を表す ga の存在しないことが影響していることも考えられる。この点については、石垣市方言のウチナーヤマトゥグチを分析しながら言及していくことにする。

(5)

　ここでは共通語の係助詞「は」に対応する語について記述する。

㋐取り立て 'ja

・[namaː kuraʃi jassaːreːɴ]（今は暮らしやすい）

・[ɸujoː piːʃa nu ugarunu]（冬は寒くて動けない）

・[kḁkeː saːnu]（書きはしない）

㋑題目提示 'ja

・[sakeː maï kara du tsï̥kuru]（酒は米から作る）

第 2 章　琉球方言・助詞の記述的研究

・[kure: ïzï dura]（これは魚だぞ）

・[maï ja ikirïsa du arjaɴ]（米は少なかった／米は少なくぞあった）

※ ’ja は以下の音環境において融合する。ただし、連母音・母音単独の音節に
は融合しない（C は子音を表す）。

Ca + ’ja → Caa　　例：nama + ’ja → namaa（今は）

Cï + ’ja → Cee　　例：gagï + ’ja → gagee（鎌は）

Ci + ’ja → Cee　　例：ari + ’ja → aree（彼は）

Cu + ’ja → Coo　　例：huju + ’ja → hujoo（冬は）

融合しない：saQtaa + ’ja → saQtaa ’ja（砂糖は／㊥砂糖）

融合しない：ma’ï + ’ja → ma’ï ’ja（米は）

　共通語の係助詞「は」に対応する語は ’ja である。これも上田方言で確認で
き、琉球方言圏では一般的な形態であると思われる。

　上田方言では格助詞「が」に対応する ga, nu に係助詞「は」の対応する ’ja
が接した gaa, noo が確認できる。共通語においては格助詞「が」に係助詞
「は」は接続しない。しかし、北琉球方言に属する上田方言では〈主格〉を表
す ga や nu へ係助詞 ’ja が接続する現象は多々見られる。また、係助詞「も」
に対応する ’N も同様である。

　一方、石垣市方言では〈主格〉は nu にほぼ統一され、さらに係助詞 ’ja や
’N は接続させない。宮良（1930）や野原（1998）、宮城（2003b）にも記載が
見られないことから、石垣市方言を含む八重山方言には存在しない用法だと言
える。

(6)

　ここでは共通語の係助詞「こそ」に対応する語について記述する。

㋐強調　du

・[kuri du de:dzï do:]（これこそ大変だ）

・[uri du kaiʃa: nu hana dura:]（それこそ綺麗な花だよ）

共通語の係助詞「こそ」に対応する語は du である。この du は係助詞「ぞ」に対応する語としても現れており、「㋐強調」の意を表す係助詞には du が用いられることが窺える。宮良（1930）や宮城（2003b）にも「こそ」にのみ対応する語は記載されていないことから、石垣市方言には元々存在していないと思われる。その点は上田方言を含む沖縄本島方言と共通しているところである。

(7)

ここでは共通語の係助詞「しか」に対応する語について記述する。

㋐限定 sikaa, ta'Ngaa

・[tada ɸi̥ti:dï ʃi̥ka: nukuriru]（たった一本しか残っていない／ただ一つしか残っている）

・[uri sï:so: ban taŋga: du uru]（それをするのは私しかいない／それ φ するのは私だけぞいる）

共通語の助詞「しか」に対応している語は sikaa, ta'Ngaa である。ta'Ngaa は共通語の副助詞「だけ」の「㋐限定」の意でも確認できる語でもある。よって、石垣市方言では〈限定〉を表す際には対応語に関わらず ta'Ngaa を用いていることが分かる。

また、sikaa は共通語と形態的にも対応しており、共通語からの借用である可能性が高い。宮良（1930）や宮城（2003b）にも「しか」にのみ対応する特定の語は記載されておらず、語自体が石垣市方言では比較的新しいものであると言える。従って、共通語を石垣市方言の体系に対応させて「しか」という語が欠落しているのを補填していると思われる。これは上田方言にも確認できたものであり、琉球方言圏全域に「しか」のみに対応する語は無いことが推測される。

(8)

ここでは共通語の係助詞「さえ」に対応する語について記述する。

㋐限定・条件の充足 zaagi

・[uri dza:gi aruka: miʃaɴ]（これさえあればよい）

㋑極端な例示 'Nzaa'N

・[tʃa: ndza:n numanu]（お茶さえ飲まない）

共通語「さえ」に対応する語は、表す用法によって現れる語が異なる。「㋐条件の充足」を表す際には zaagi が現れる。この語の対応関係は明らかではないが、宮城（2003b）には「㋐限定・条件の充足」でのみ現れる語として記載されている。また、「㋑極端な例示」の意で現れる 'Nzaa'N も同様である。これら二語は使い分けられている。

宮良（1930）は、zaagi と 'Nzaa'N について、その語源は明らかではないが、派生関係にあると指摘している。よって、本来は意味用法に基づいた使い分けは行われていなかったと考えられる。これを踏まえると、石垣市方言を見る限りでは、時代が下るに連れて、それぞれの形態が確立されると共に、表す意味用法を分かつまでに用法を拡大させたと推測される。

(9)

ここでは共通語の係助詞「でも」に対応する語について記述する。

㋐対比を含んだ例示 'jaraba'N

・[tʃa: jaraban nu:ma]（お茶でも飲もう）

㋑極端な例 'jaruba'N, 'jaraba'N, noo'N

・[ɸa:na: jarubaɴ ikariɴ]（子どもたちでも行ける）

・[ukina: madi jarabaɴ ikuɴ]（沖縄まででも行く）

・[ari nu no:ɴ sa:nu]（あれがでもしない）

共通語の助詞「でも」に対応している語は 'jaruba'N と 'jaraba'N である（これら二語は派生関係にあると考えられるため、総括して 'jaraba'N 系とする）。この語についても共通語との形態的な対応関係は明らかでない。しかし、上記以外でも、多くの文例で 'jaraba'N 系は確認できることから、石垣市方言では

普通に使用される語であろう。宮城（2003b）には 'jaraba'N 系のほかに 'Nnoo'N も記載されている。

　一方、宮良（1930）には上記の 'jaraba'N 系に通じると思われる 'jadade'N が共通語「でも」に対応する語として記載されている。同時に、それと自由交替的な関係にある語として 'jaQti'N も挙げられている。この 'jaQti'N は上田方言 'jatii'N と形態的に類似しており、沖縄本島方言と八重山方言の繋がりが窺える語である。しかし、'jadade'N と 'jaQti'N の派生関係について宮良（1930）は言及しておらず、また、今回の話者からは 'jaQti'N 系統の語は確認できなかった。従って、より広範で詳細な資料を集めることによって、これらの関係を明らかにできるだろう。現段階では文例を挙げるに留まる。

　また、noo'N という助詞も確認できるが、この語も上記の一文例のみ現れ、使用頻度は高くない。この noo'N は宮城（2003b）に記載されている 'Nnoo'N から派生した語だと考えられる。宮城（2003b）は共通語の係助詞「でも」に対応している語だとしている。

　以上、石垣市方言の係助詞について分析した。石垣市方言の係助詞のいくつかは、日本古語の係助詞の用法である係り結びが確認できた。特に、係助詞「ぞ」に対応する du が文末の用言を ─ru 形に変えて結ぶという用法は、日本古語における係り結びの用法と対応しており、現代共通語では失われてしまった文法規則を未だに留めている。

　また、石垣市方言と上田方言との比較で特徴的なのは格助詞「が」に対応する語へ接続する用法であろう。上田方言の項でも述べたが、沖縄本島方言では共通語の格助詞「が」に対応する ga, nu に、共通語の係助詞「は」「も」に対応する 'jaa, 'N が普通に接続することができ、gaa や noo、ga'N や nu'N という形で用いられる。この用法はウチナーヤマトゥグチとして現れるほど、琉球方言独自の用法であるという意識は稀薄である。一方、石垣市方言では共通語の格助詞「が」に対応する語はほぼ nu であり、かつ上田方言で見られた「格助詞「が」＋係助詞「は」」「格助詞「が」＋係助詞「も」」の用法は見られない。この点を踏まえると、格助詞「が」＋係助詞「は」或いは「も」の用法は、琉

球方言 ga, nu を使い分ける意識、いわゆる「ウチ・ソト意識」が影響していると考えることができる。

　琉球方言における格助詞 ga, nu は内間（1994）に代表されるように、「ウチ・ソト意識」に基づく弁別機能をもった助詞である。現代では「ウチ・ソト意識」は承ける体言による使い分けという形式に変わりつつあるが、ga と nu が琉球方言話者にとって、十分意識される語であることは疑いない。現代共通語では係助詞「は」「も」を承接させる際に姿を消してしまう「が」が、琉球方言では消えずに残るという現象は、このような意識によってもたらされた、或いは残存したものなのではないか。つまり、「ウチ・ソト意識」の働きを明確にするために、格助詞 ga, nu の形を残したのである。それは、格助詞 ga, nu の区別のない石垣市方言で「がは」「がも」に対応する noo, nu'N が現れないことからも明らかであろう。

　さらに、上田方言で確認できた係助詞 ga は石垣市方言では確認できない。野原（1998）には八重山方言圏に位置する西表島祖納・古見方言の係助詞 ga について以下の記述が見られる。

　　他の方言に普通に見られる係助詞 ga は（中略）変化を起こしている。まずは、文中の ga が（中略）消滅したのに伴い、当然のことながら係結びの用法もなくなっている。（中略）係結びの用法がなくなったからは、もはや終助詞に転成したとみてよいわけであるが、全琉を比較する際は存在を忘れてはいけない。
　　　　　　　　　　　　　　　　　　　　　　　　　（野原 1998 p.452）

　この記述を踏まえると、八重山方言では係助詞 ga はほぼ失われたと考えられる。宮良（1930）には係助詞から終助詞へと変化しつつある過程が見られることからも、係助詞 ga の終助詞化は石垣市方言でも共通語と同様の過程を進んでいると考えられる。

第4項　終助詞

　次に、石垣市方言の終助詞の用法について分析する。以下、文を挙げながら

それぞれの用法について順にみる。

(1)

ここでは終助詞「ぞ」に対応する語について記述する。以下に文を示す。

㋐強調・念押し doo, dura

・[uma ŋga du aru do:](そこにあるぞ／そこにぞあるぞ)

・[ba: ikun do:](私が行くぞ／私 φ 行くぞ)

・[kure: ïzï dura](これは魚だぞ)

共通語の終助詞「ぞ」に対応する語は doo である。この語は上田方言でも同様の意味を表すことから、琉球方言圏で定着している語であると言える。形態的に共通語「ぞ」に対応しているとは断言できないが、意味の面では合致している。

また、dura という語も確認できる。宮城（2003b）には、共通語の終助詞「ぞ」に対応する duraa が確認できる。duraa の語末が短音化した形が dura であり、伝統的な石垣市方言の姿を残していると言える。

(2)

ここでは共通語の終助詞「か」に対応する語について記述する。

㋐質問 'juu, rjaa, φ , baa

・[dʒi: kakuɴ ju:](字を書くのか)

・[iko:bi na: kai bagi rja:](いくつずつに分けるか)

・[no: du ʃi: rja:](何をしているのか／何ぞするのか)

・[tigami kakuɴ](手紙を書くか)

・[ama: attsa:da:](あそこは暑かったか／あそこは暑かった)

・[ikam ba:](行きはしないか／行かないのか)

㋑反語 rjaa

・[no: ndu takasa: rja:](何が高いか)

・[ɸa: nu no: du baga rja:](子どもが何が分かるか)

第 2 章　琉球方言・助詞の記述的研究

㋒詰問・念押し soo

・[ʃigutu ʃiːdaː soː]（仕事をしたか／仕事 φ したか）

　共通語の終助詞「か」に対応する語は表す意味によって異なって現れる。「㋐質問」の意で用いられる rjaa は、宮城（2003b）には記載が見られないが、野原（1998）に共通語の終助詞「か」に対応する語として記載されている（竹富町祖納方言）。また、’juu は宮城に（2003）に、〈質問〉を表す語として記載されている。また、baa についても宮城（2003b）に ba が確認されている。表す意味は疑問詞を含むときには否定語と結び付いて〈否定の疑問〉の意となるとされている。

　その他に φ で現れる文も観察される。話者によると、’juu の場合には丁寧に言うような意図があり、通常用いる場合には語尾を上げて表すということであった。宮城（2003b）によれば、〈尊敬・丁寧〉の意を表す終助詞 ’juu が記載されており、その ’juu と同形であることによる類推現象かと思われる。また、語尾を上げて〈質問〉を表す表現方法は宮良（1930）にも記載が見られ、石垣市方言では定着している表現であると考えられる。さらに、’juu が活用語に融合して現れている文も見られた。以下に文を挙げる。

《’juu が融合している例》

・[kaɲihai tu gagï du mutʃikuː]（鍬と鎌とを持って行くのか）

　一方、上田方言で見られた様な、疑問詞の有無によって異なる語が使い分けられる現象については詳しいことは窺えなかった。文を見る限りでは疑問詞を用いない場合には ’juu、用いた場合には rjaa が現れているが、宮良（1930）や宮城（2003b）にはこのような使い分けについて言及されていないため、石垣市方言の伝統的な用法であるかは定かではない。この点については、より詳細な資料を蒐集して分析する必要があろう。

　「㋑反語」の意を表わす際には、「㋐質問」の意を表わす際に使用された rjaa が現れた。宮城（2003b）には〈反語〉を表す waa が記載されているが、話者

からは観察されなかった。

「㋒詰問・念押し」の意を表す際には soo, baa が用いられる。soo については宮城（2003b）で終助詞「よ」に対応する語として記載されている。表す意味は〈相手への念押し〉であるが、「㋒詰問・念押し」も近い意味であるため、混同して用いている可能性もある。この点はより詳細な分析が必要となる。

(3)

ここでは共通語の終助詞「な（なあ）」に対応する語について記述する。

㋐禁止 na

・[sanaː juː basïki na]（傘を忘れるな）

・[ari toː asabu na]（あれとは遊ぶな）

㋑感嘆 saa, raa

・[midzï ju numun saː]（水を飲むんだなあ）

・[ureː bagasaː suŋga raː]（彼は若いものをなあ）

共通語の終助詞「な」に対応する語は na である。この語は共通語で同様の意味を表す終助詞「な」に形態的にも対応しており、宮良（1930）、宮城（2003b）にも記載されていることから、石垣市方言ではよく用いられると考えられる。また、上田方言においても同様の na が確認できることから、琉球方言圏全域で使用される語である可能性が高い。

「㋑感嘆」の意を表わすのは saa と raa である。この語は上記の文でのみ確認できたが、宮城（2003b）にも記載がみられた。saa については、その形態に鑑みれば共通語の終助詞「さ」に対応しているようにみえる。しかし、共通語の終助詞「さ」に〈感嘆〉を表す用法はないため、その対応関係については断定できない。

同様の意味を表す raa についても共通語との対応関係が明確ではない。「㋑感嘆」の意を表す raa は宮良（1930）、宮城（2003b）にも記載が見られ、石垣市方言には定着している語であると考えられる。この raa は石垣市方言ではよく用いられる語であり、意味の面に焦点を当てると、共通語の終助詞「ね」に

第 2 章　琉球方言・助詞の記述的研究

非常に近い意味を表すが、形態的には全く一致していない。raa の対応関係については更に考察を重ねていく必要があるが、石垣市方言で頻繁に用いられている。

(4)

ここでは「だって」「って」に対応する語について記述する。

㋐引用・伝聞 Qcjo

・[jaɴ ja tsïːsa du aru ttʃo]（病気は悪いんだって？／病気は強いぞあるって？）

・[dzïma ndu barusaː ttʃo]（どこが悪いって？）

共通語「だって」「って」に対応する語は Qcjo である。この語は宮城（2003b）にも記載されている。一方で、野原（1998）にはこの意を表す語として石垣市川平方言 di を記載しているが、この di は石垣市方言では全く現れなかった。また、前新（2011）は竹富方言 Qcjo を終助詞「か」に対応する語として挙げており、石垣市方言との微妙な差異が見られる。同じ八重山方言に属しながらも対応して現れる語に差異が見られるのは、延いては琉球方言の多様性を示唆するものである。

(5)

ここでは共通語の終助詞「よ」に対応する語について記述する。

㋐命令 raa, ʼjoo

・[heːku na ika raː]（早く行きなよ）

・[çigu naː ʃigutu ʃiː joː]（早く仕事しなよ／すぐに仕事せよ）

㋑強調・念押し sa, saa, soo

・[ari nu kaku sa]（彼が書くよ）

・[kure: jassaːn saː]（これは安いよ）

・[areː takasaːn saː]（あれは高いよ）

・[dʒiː kḁku soː]（字を書こうよ／字 φ 書こうよ）

235

共通語の終助詞「よ」に対応する語は表す意味によって異なる。「㋐命令」
の意では raa と 'joo の二語が現れるが、話者によれば、これらが併用されるこ
とは無いとのことであった。一方、宮城（2003b）には共通語「よ」に対応す
る語として上記の二語が記載され、どちらも命令形に接続するとされている。
従って、これらの弁別は話者の恣意的な用法である可能性がある。しかし、
raa, 'joo という語自体は確認できることから、両語は普通に用いられている語
であると言える。

　「㋑強調・念押し」の意で現れる sa, saa は同系の語であると考えられる。こ
の語についても宮城（2003b）にも同様の意味を表す sa が記載されている。
「㋒推量」の意で現れる saa も同系統であろう。この語は上田方言でも現れた
語であり、野原（1998）にも琉球方言全域で確認できると記載されている。形
態に鑑みると、共通語の終助詞「さ」に対応しているが、意味の面では部分的
な対応に留まっていることが窺える。

　また、「㋑強調・念押し」の意では soo も現れる。宮城（2003b）において、
この語は共通語「よ」に対応する語として記載されている。宮城（2003b）は
〈相手への念押し〉を表すとしているため、意味の面でも共通していることに
よって現れたと考えられる。

(6)

　ここでは共通語「ね（ねえ）」に対応する語について記述する。

㋐確認・念押し　raa, sooraa

　・[dʒiː kaka raː]（字を書こうね／字 φ 書こうね）

　・[ɸu̥sa tura raː]（草を取ろうね／草 φ 取ろうね）

　・[ure: kaiʃaː soːraː]（あれはきれいだね／それはきれいね）

　・[tʃuːku geŋki nu a soːraː]（すごく元気があるね）

　共通語の終助詞「ね」に対応する語は raa と sooraa である。これらの語が使
い分けられている現象は窺えなかった。宮城（2003b）にも、これらは自由交

236

替的に用いられると記載されているため、元々使い分けがなされていなかったと考えられる。共通語「ね」の「㋐確認・念押し」を表す語としてはこれらの二語とも定着していると言える。

また、この raa と共通語「よ」に対応して現れた soo は行為者によって使い分けが行われる。以下に文を示す。

《soo と raa の使い分け》

・[dʒiː kḁku soː]（字を書こうよ）⇒ 相手への勧誘；行為者は相手

・[dʒiː kaka raː]（字を書こうね）⇒ 念押し；行為者は自分

soo が用いられた場合には相手への〈勧誘〉を示し、raa は〈念押し〉を表す。

(7)

ここでは共通語の終助詞「かしら」に対応する語について記述する。

㋐不審・疑い ka'jaa

・[uri ʃi miʃaːŋ kajaː]（これでいいのかしら）

・[kudzoː ikuda kajaː]（去年、行ったかしら）

・[amaː ɸu̥kasaːŋ kajaː]（あそこは深いかしら）

共通語の終助詞「かしら」に対応する語は ka'jaa である。これは上田方言の ga'jaa と繋がる語であろう。上田方言の ga'jaa も終助詞「かしら」に対応する語として現れる。これらは語頭子音の有声・無声の区別であり、その新古については更に調査・考察を深める必要があるが、同系統の語と考えてよいだろう。

この ka'jaa について、宮良（1930）には ka'jaa、宮城（2003b）に Qka'jaa の記述が見られる。上田方言の項で、終助詞 ga'jaa が本来は〈質問〉の助詞 ga と〈念押し〉の助詞 'jaa の合成によって生まれた語である可能性について述べた。八重山方言では、〈質問〉を表す ga 系の語がある（宮良（1930）[kaː]；宮城（2003b）[kka]）が、〈念押し〉を表す 'jaa 系の語は存在しない。今回の

調査で確認できなかっただけの可能性もあり、ga'jaa 系が合成語であると断定するためには、より広範囲な調査が必要である。しかし、石垣市方言の ka'jaa が上田方言の ga'jaa と同系統であることは窺え、ga'jaa 系の語が琉球方言圏の広範に亘っている可能性がある。

　最後に、上田方言において確認できた〈推量〉を表す「でしょう」に対応する語と〈卑下〉を表す語は確認できなかった。これらの用法は宮良（1930）、宮城（2003b）にも記載が無く、石垣市方言には元々存在していなかったと思われる。

　以上、石垣市方言の終助詞について分析した。石垣市方言の終助詞は、上田方言とは異なる形をもつものも多く、琉球方言の多様性が顕著に現れている。共通語の終助詞「ぞ」に対応する dura、「か」に対応する rjaa などは石垣市方言特有の語である。また、疑問表現についても上昇イントネーション（語尾を上げる）によって表すことが多い。この用法は宮良（1930）にも記載されており、石垣市方言では継承されてきたものであろう。この、上昇イントネーションによって疑問表現を表す用法は、野原（1998）には宮古島狩俣方言にも見られる用法であるとされており、南琉球方言圏では使用頻度の高い表現法であると考えられる。同様に〈質問〉を表す 'juu や rjaa との区使い分けも含めて、更に詳細に調査を行う必要があり、現時点では用法の報告として述べるに留まる。

　また、soo と raa の使い分けは石垣市方言の伝統的な用法であるとは言い難い。宮良（1930）や野原（1998）、宮城（2003b）にもこのような使い分けが行われているとの記載は見られない。話者の恣意的な用法である可能性も拭えないが、その行為を行う者によって用いられる語が区別されるのは、比較的新しい用法だと考えられ、琉球方言が過渡期にあることを窺わせるものである。

第 4 節　豊見城市方言若年層の助詞用法

　ここでは、豊見城市方言若年層話者の助詞について、具体例を挙げる。老年層と比較すると、若年層の助詞は共通語とあまり変わりがない。ただし、終助

詞には特徴的な形態がみられる。

第 1 項　格助詞

(1)「が」に対応する語

共通語の格助詞「が」には ga が対応して現れる。

[ア]主格 ga

・[wa: ga iku jo] [wa: iku jo]（私が行くよ）

・[ja: ga ike]（君が行け）

・[are ga jomu]（彼が読む）

・[kau jatsu ga warui n do]（買うのがわるいんだ）

・[are to wa: ga iru]（彼と私とがいる）

・[hara ga itai]（腹が痛い）

・[aʃi itai kara arukeɴ]（足が痛いので歩けない）

・[habu iru]（ハブがいる）

・[ame ɸuru] [ame ga ɸuru]（雨が降る）

・[ki: kareru] [ki: ga kareru]（木が枯れる）

・[buta to çi:dʒa: to ga iru]（豚と山羊とがいる）

若年層では、共通語の格助詞「が」に対応する語は ga で現れる。伝統的な方言で観察された ga と nu の使い分けはみられない。また、共通語と同様に、「が」が省略されて ϕ（無助詞）で現れることもある。

(2)　格助詞「を」に対応する語

共通語の格助詞「を」は、省略されて ϕ（無助詞）が現れることが多い。助詞を補う際には 'o が現れる。

[ア]対象 ϕ , 'o

・[sakana katta] [sakana o katta]（魚を買った）

・[waraba: ɲi kodzukai ageta]（子供に小遣いをやった）

・[nokogiri de ki: kiru]（鋸で木を切る）

・[meʃi̥ kuː]（ご飯を食べる）

・[ittai naɲi suru tsumori da ba]（いったい何をしようというのか）

・[dare sagaʃi̥teru ba]（誰を探しているのか）

④場所 'o

・[odʒiː wa hama o aruiteta]（おじいさんは浜を歩いていた）

(3) 「に」に対応する語

　共通語の格助詞「に」には ni が対応して現れる。φ（無助詞）で現れることもあるが、助詞を補う際には ni が用いられる。

㋐目的 ni

・[hoŋ kai ɲi iku]（本を買いに行く）

・[asobi ɲi iku]（遊びに行く）

・[imohori ɲi iku]（芋堀りに行く）

㋑場所 ni

・[hatake ɲi jasai ueru]（畑に野菜を植える）

・[jaː ɲi iru jo]（家にいるよ）

㋒到達点 ni

・[tsu̥kue no ue ɲi oku]（机の上に置く）

・[kumaː ɲi koi]（ここに来い）

・[okinawa ɲi iku]（沖縄に行く）

・[umi iku]（海に行く）

㋓時 ni

・[rokudʒi ɲi okiru]（六時に起きる）

・[warabaː no toki ɲi oboeta]（小さい時に覚えた）

㋔対象 ni

・[jaː ɲi dake oʃieru]（君にだけ教える）

・[çito ɲi ageta]（人にあげた）

・[aitsu bakka ɲi juː]（彼ばかりに言う）

㋕動作の出所 ni

240

第2章　琉球方言・助詞の記述的研究

・[oka: ɲi wadʒirareta] [oka: ɲi abirareta]（母に叱られた）

・[inu ɲi kamareta]（犬に嚙まれた）

㋖原因 ni

・[ame ɲi nureta]（雨に濡れた）

㋗結果 φ , ni

・[mo: otona natta]（もう大人になった）

・[ame ga ɸu̥tte mitʃi ga kawa ɲi naru]（雨が降って、道が川になる）

㋘比較の基準 ni

・[kono ko wa oja ɲi ɲiteru]（この子は親に似ている）

・[watta: ja: wa hatake ɲi tʃikai]（私の家は畑に近い）

㋙割合の基準 ni

・[mittsu ɲi wakeru]（三つに分ける）

　格助詞「に」に対応する語は多くの場合 ni が現れる。「㋗結果」の場合には
φ（無助詞）が現れることもある。伝統的な方言に観察された ’Nkee は全く
用いられない。

(4)　「へ」に対応する語

　共通語の格助詞「へ」は、ni が対応して現れる。ni は共通語の格助詞「に」
に対応する語でもあり、「へ」と「に」の混同がみられる。

㋐場所 ni

・[hako no naka ɲi ireru]（箱の中へ入れる）

・[te: ɲi kidzu tsu̥keru]（手へ傷をつける）

・[hatake ɲi jasai ueru]（畑へ野菜を植える）

・[matʃi ɲi iku [matʃi iku]（町へ行く）

・[okinawa ɲi iku]（沖縄へ行く）

・[umi ɲi iku [umi iku]（海へ行く）

㋑対象 ni

・[ja: ɲi dake hanaso:]（あなたへだけ話そう）

241

・[oja ɲi okane okuru]（親へお金を送る）

㋒原因 ni

・[inu ɲi kamareta]（犬へ嚙まれた）

・[midzu ɲi oboreta]（水へ溺れた）

㋓結果 ni

・[iro ga aka ɲi kawaru]（色が赤へ変わる）

・[aɲiça: wa iʃa ɲi natta]（彼は医者へなった）

㋔比較の基準 ni

・[oka: ɲi ɲiteru]（母親へ似ている）

㋕割合の基準 ni

・[ɸu̥tatsu ɲi dzutsu wakeru]（二つずつに分ける）

　格助詞「へ」には ni が対応して現れる。これは共通語の格助詞「に」に対応する語である。「へ」に形態的に対応する 'e は使われにくい。

(5) 「と」に対応する語

　共通語の格助詞「と」には to が対応して現れる。また、φ（無助詞）で現れることもある。

㋐共同の相手 to

・[duʃi to asobu]［tomodatʃi to asobu］（友達と遊ぶ）

・[oja to iʃʃo itta]（親と一緒に行った）

㋑比較の対象 to

・[mukaʃi to wa ʃiɲi kawatta]（昔とはすっかり変わった）

㋒状態 to

・[midzu ga ko:ri to naru]（水が氷となる）

・[gasagasa oto ga suru]（ガサガサと音がする）

・[hajabaja to kaeru]（早々と帰る）

・[sappari to wasureru]（さっぱりと忘れる）

㋓引用 to

242

第2章　琉球方言・助詞の記述的研究

・[are ga iku to itta]（彼が行くと言った）

・[kore wa umai to omou]（これは美味しいと思う）

・[wa: o oto:to to mite kureru]（私を弟と見てくれる）

（6）「から」に対応する語

共通語の格助詞「から」には kara が対応して現れる。

㋐出発点（場所）kara

・[basu wa kuma: kara deru]（バスはここから出発する）

・[utʃina: bakka kara kuru]（沖縄ばかりから来る）

㋑出発点（時）kara

・[asa kara bam made hataraku]（朝から晩まで働く）

・[wakai koro kara kawatteta]（若い頃から変わっていた）

㋒経由点 kara

・[uragutʃi kara haitte kuru]（裏口から入ってくる）

㋓経由となる人 kara

・[ja: kara tʃundʒuku ittoite]（あなたからよく言っておいてください）

・[aɲiça:　kara i: dasu]（彼から言い出す）

・[çi̥to kara wataru]（人から渡る）

㋔離れる対象 kara

・[oto:to kara me: hanasuna jo:]（弟から目を離さないでください）

・[kosodate kara hanareru]（子育てから離れる）

㋕順序 kara

・[ja: kara ike]（君から行け）

・[kaku no kara hadʒimere]（書くのから始めなさい）

・[te: to aʃi to: kara arae]（手と足とから洗いなさい）

㋖材料・原料 kara

・[sake wa kome kara tsu̥kuru]（酒は米から作る）

㋗原因・動機 kara

・[kuppina: no koto kara keŋka ga hadʒimaru]（小さなことから喧嘩が始ま

243

る）

㋘範囲 kara

・[otona kara kodomo made minna atsumaru]（大人から子供までみんな集ま
る）

共通語の格助詞「から」に対応するのは kara である。上記のように、多く
の意味用法で kara が観察される。伝統的な上田方言においても、共通語「か
ら」には kara が対応して現れている。

(7) 「で」に対応する語

共通語の格助詞「で」には de が対応して現れる。

㋐原因 de

・[kadze de taoreru]（風で倒れる）

・[bjo:ki de jasumu]（病気で休む）

㋑手段・道具 de

・[ɸude de kaku]（筆で書く）

・[te: de tsu̥kuru]（手で作る）

・[oto:to ta: de ʃiageru jo]（弟たちで仕上げるよ）

㋒材料・原料 de

・[sake wa kome de tsu̥kuru]（酒は米で作る）

・[kuma: ɲi aru no de maɲiawase:]（ここにあるので間に合わせなさい）

㋓時間 de

・[ɸu̥tsu̥ka de ʃiageru]（二日で仕上げる）

㋔場所 de

・[kawa de ason da]（川で遊んだ）

・[umi de ojogu]（海で泳ぐ）

・[ue to ʃi̥ta to de asobu]（上と下とで遊ぶ）

共通語の格助詞「で」には、共通語と同じ形の de が現れる。伝統的な方言

で観察された si や 'uti などは全く用いられない。

(8)「より」に対応する語

共通語の格助詞「より」に対応する語は 'jori で現れる。

[ア]比較の基準 'jori

・[sore jori are ga iː]（それよりあの方が良い）

・[ɲiku jori sakana wa takai]（肉より魚は高い）

・[inotʃi jori taisetsuna mono wa nai]（命より大切なものは無い）

・[iki jori areteru]（行きより荒れている）

・[naku jori warau no ga iː]（泣くより笑うのが良い）

・[aitsu jori jaː ga iku no ga iː]（彼より君が行くのが良い）

共通語の格助詞「より」には 'jori が対応して現れる。伝統的な方言では 'jaka で現れるが、若年層には観察されない。共通語の影響によるものであると考えられる。

以上、若年層話者の格助詞について記述した。多くの格助詞が共通語と同形で現れており、琉球方言に特徴的な語は観察されなくなっている。伝統的な方言が失われつつあることが窺える。

第 2 項　副助詞

続いて、副助詞の用法について記述する。以下に文を挙げながら順に分析していく。

(1)「ばかり」に対応する語

共通語の副助詞「ばかり」に対応する語について記述する。

[ア]限定 baQka

・[ame bakka ɸutteru]（雨ばかり降っている）

・[sake bakka nondara ikeɴ jo]（酒ばかり飲んではいけない）

㋑程度 hodo

・[itʃiri hodo aruita]（一里ばかり歩いた）

㋒状態 baQka

・[ima oki̥ta bakka da]（今、起きたばかりだ）

㋓ひたすらの意 baQka

・[ie no koto bakka ʃimpai suru]（家のことばかり心配する）

・[maja: bakka ku:]（猫ばかり見る）

共通語の副助詞「ばかり」には baQka が対応して現れる。また、「㋑程度」を表す際には、類似する意味用法を表す「ほど」に対応する hodo で表される。やはり、伝統的な方言でみられた bikaa'N は全く観察されない。

(2) 「まで」に対応する語

共通語の副助詞「まで」に対応する語について記述する。

㋐到達点 made

・[hatake made ki̥koeru]（畑まで聞こえる）

㋑範囲 made

・[çigaʃi̥ kara ɲiʃi made çirogaru]（東から西まで広がる）

㋒強調 made

・[kadze made mo ɸu̥ku]（風まで吹く）

・[kadze made ɸu̥ku]（風まで吹く）

・[oja ɲi made ju:]（親にまで言う）

㋓程度の甚だしいさま made

・[iku no made jameru]（行くのまで止める）

㋔限度 made

・[kaku made matte oku]（書くまで待っておく）

共通語の副助詞「まで」には made が対応して現れる。また、意味用法によって異なる語が現れることもない。

第 2 章　琉球方言・助詞の記述的研究

(3)　「など」に対応する語

共通語の副助詞「など」に対応する語について記述する。

㋐例示　nado, toka

・[tʃa: nado nome]（茶など飲みなさい）

・[kaku no toka motte koi]（書くものなど持ってこい）

㋑望ましくない物の例示　toka, na'Nka

・[çirune toka wa ʃinai]（昼寝などはしない）

・[kaki naŋka ʃitara ikeɴ]（書きなどしたらいけない）

・[umi toka ittara jurusaɴ jo]（海など行っては許さないぞ）

共通語の副助詞「など」には nado のほか、意味用法が類似する共通語「な
んか」na'Nka や「とか」toka も対応して現れる。

(4)　「ぐらい」に対応する語

共通語の副助詞「ぐらい」に対応する語について記述する。

㋐程度　gura'i

・[taberu gurai wa nantoka naru sa]（食べるぐらいはなんとかなるよ）

・[are gurai wa wa: mo dekiru]（あのぐらいは私も出来る）

・[kaku gurai wa dekiru]（書くぐらいはできる）

㋑例示　gura'i

・[aitsu gurai tsujoi jatsu wa inai]（彼ぐらい強い人はいない）

・[oja gurai wa oboeteru hazu do]（親ぐらいは覚えているでしょう）

・[utʃina: gurai wa du: de ikeru]（沖縄ぐらいは一人で行くことができる）

㋒大よその数量　gura'i

・[aruite dʒuppuɴ gurai desu̜]（歩いて十分ぐらいです）

・[mo: goneŋ gurai mae ɲi atta]（もう五年ぐらい前に会った）

・[ato dono gurai nokotteru ba]（あとどのぐらい残っているか）

共通語の副助詞「ぐらい」には gura'i が対応して現れる。共通語と同じ形態

247

で現れ、意味用法によって異なる語が現れることもない。共通語化の影響が窺える。

(5) 「ずつ」に対応する語

共通語の副助詞「ずつ」に対応する語について記述する。

㋐等分分割 zucu

・[ikṳtsu dzutsu wakeru ka] (いくつずつ分けようか)

・[ɸṳtatsu dzutsu kaeru] (二つずつ替える)

・[ikṳtsu ɲi dzutsu wakeru ka] (いくつにずつ分けるか)

㋑動作の反復 zucu

・[tʃotto dzutsu hakobe] (少しずつ運びなさい)

・[tʃotto dzutsṳ kaŋgaete na] (少しずつ考えてくれよ)

共通語の副助詞「ずつ」には zucu が対応して現れる。伝統的な方言では naa が用いられたが、若年層には観察されない。

(6) 「だけ」が対応する語

共通語の副助詞「だけ」に対応する語について記述する。

㋐限定 dake

・[kuppi na: dake nokosu ba] (これだけ残すのか)

・[çi̥tori dake nokosen] (一人だけ残せない)

・[ja: ɲi dake ju:] (お前にだけ言う)

・[kore wa kuma: dake no hanaʃi do] (これはここだけの話だよ)

㋑限度 dake

・[te: ɲi moteru dake moto:] (手に持てるだけ持とう)

・[kore dake sureba mo: dʒu:bun do] (これだけすればもう十分だよ)

・[taberu dake no kane wa aru] (食べるだけのお金はある)

共通語の副助詞「だけ」には dake が対応して現れる。意味用法によって異

なる語が現れることもない。

(7) 「ほど」に対応する語
　共通語の副助詞「ほど」に対応する語について記述する。
㋐おおよその分量・程度 hodo
　・［sanʃoː hodo kudasai］（三升ほどください）
㋑程度の比例 hodo
　・［magiː nara magiː na hodo ɪː］（大きければ大きいほどよい）

　共通語の副助詞「ほど」には hodo が対応して現れる。これまでの多くの副
助詞と同様、共通語と同じ形態で現れる。

(8) 「やら」に対応する語
　共通語の副助詞「やら」に対応する語について記述する。
㋐不確定な事物 ’jara
　・［dare jara ki̥ta dʑiraː jo］（誰やら来たようだ）
　・［naɲi ga naɲi jara wakaraɴ］（何が何やら分からない）

　共通語の副助詞「やら」には ’jara が対応して現れる。こちらも共通語と同
じ形態である。
　一方、次のような文も観察された。

　・［taː gara ga kita dʑiraː do］（誰やら来たようだ）

　この場合、「やら」には gara という語が対応して現れている。この語は伝統
的な方言にも観察されない語である。若年層独特の語である可能性もある。

(9) 「きり」に対応する語
　共通語の副助詞「きり」に対応して現れる語について記述する。

㋐限定 kiri, dake

・[ɸu̥tari kiri de hanasoː] [ɸu̥tari dake de hanasoː]（二人きりで話そう）

㋑「〜を最後に」の意 kiri

・[are kkiri moː konai]（あれっきりもう来ない）

共通語の副助詞「きり」には kiri, Qkiri が対応して現れる。Qkiri は促音 Q が落ちて kiri となっても使えるため、kiri と Qkiri は自由交替の関係にある。また、類似する意味をもつ「だけ」dake で現れることもある。

以上、若年層の副助詞について記述した。格助詞と同様、副助詞もほとんどの形態が共通語と同じであった。伝統的な方言にみられた方言形が観察されなかったことは、琉球方言が失われつつあることを示すものである。

第3項　係助詞

次に、若年層の係助詞に対応する語について記述する。なお、老年層に観察された係助詞 ga は観察されなかった。また、「なんぞ」も使用されなかったため、これらは省略する。

(1)「ぞ」に対応する語

ここでは係助詞「ぞ」に対応する語を挙げる。伝統的な琉球方言では、かつての共通語で使用された係助詞「ぞ」に対応する語とされる du という助詞がある。しかし、若年層では、現代の共通語と同様、使われなくなっている。以下に挙げる文は、老年層では文中に du が現れた。若年層への調査でも老年層と同じものを使用したため、そのまま記載する。

・[dʒiː kakun doː]（字を書くのだ〔字ぞ書く〕）

・[are ga utsu̥kuʃiː baː jo]（あれが美しいのだ〔あれぞ美しい〕）

・[kakun doː]（書くのだ〔書きぞする〕）

・[waː ga ikun doː]（私が行くのだ〔私がぞ行く〕）

・[tori ga kuːn doː]（鳥が食うのだ〔鳥がぞ食う〕）

第 2 章　琉球方言・助詞の記述的研究

・［tʃa: nonderun do:］（お茶を飲んでいるんだよ〔お茶をぞ飲んでいる〕）
・［asonderun do:］（遊んでいるんだよ〔遊んでぞいる〕）

　このように、係助詞「ぞ」は全く使われない。伝統的な方言では du が用いられ、文末と呼応する係り結びがみられたが、若年層ではみられなくなっている。現代共通語でも係助詞「ぞ」は使用されなくなっているが、豊見城市方言若年層でも同様の現象がみられる。

(2)　「も」に対応する語
　共通語の係助詞「も」に対応する語について記述する。
㋐並列 mo
　・［ame mo ɸu̥tteru kedo kadze mo ɸuiteru］（雨も降っているが風も吹いている）
㋑最高条件 mo
　・［hana mo saiteru］（花も咲いている）
㋒最低条件 mo
　・［kodomo mo ʃi̥tteru koto do］（子供も知っていることだ）
　・［kaki mo ʃinai］（書きもしない）
㋓強調 mo
　・［mo: ɸu̥tsu̥ka mo tsudzuiteru］（もう二日も続いている）
　・［wa: igai ɲi wa ta: mo inai］（私の他には誰もいない）
　・［imo bakka mo taberareɴ］（芋ばかりも食べられない）
　・［ja: wa aʃi̥ta mo ki̥te kureru ka］（君は明日も来てくれるかい）

　共通語の係助詞「も」には mo が対応して現れる。伝統的な方言では 'N で現れるが、若年層では共通語と同じ形で現れている。

(3)　「は」に対応する語
　共通語の係助詞「は」に対応する語について記述する。

251

㋐取り立て 'wa

・[ima wa kuraʃi jasui]（今は暮らしやすい）

・[sato: wa amai ga ʃio wa karai]（砂糖は甘いが、塩は辛い）

・[kono okaʃi wa umaku nai]（このお菓子は美味しくない）

・[kaku no wa inai]（書くのはいない）

・[midzu bakka wa nomeɴ]（水ばかりは飲めない）

㋑題目提示 'wa

・[kore wa sakana do:]（これは魚だぞ）

・[sake wa kome kara tsukuru]（酒は米から作る）

・[kome wa sukunakatta]（米は少なかった）

共通語の係助詞「は」には 'wa が対応して現れる。伝統的な方言では 'ja が対応するが、若年層には現れない。また、前の母音と融合することもない。

(4) 「こそ」

共通語の係助詞「こそ」に対応する語について記述する。

㋐強調 koso

・[sore koso de:deʒi do]（それこそ大変だ）

・[ja: no koto o omou kara koso konna koto ju:n do]（お前のことを思うからこそこんなことを言うのだ）

共通語の係助詞「こそ」には koso が対応して現れる。しかし、使用する頻度はそれほど多くない。

(5) 「しか」に対応する語

共通語の係助詞「しか」に対応する語について記述する。

㋐限定 sika

・[tatta ippoɴ ʃi̥ka nokotteɴ]（たった一本しか残っていない）

・[kore o suru no wa wa: ʃi̥ka inai]（これをするのは私しかいない）

第2章 琉球方言・助詞の記述的研究

　共通語の係助詞「しか」には sika が対応して現れる。

(6) 「さえ」に対応する語

　共通語の助詞「さえ」に対応する語について記述する。

㋐限定、条件の充足 dake, sa'e

　・[kore dake areba i:]（これさえあればよい／これだけあればよい）

　・[ɲiku sae ɲireba mo: ʃimai da]（肉さえ煮ればもうおしまいだ）

㋑極端な例示 sa'e, sura

　・[tʃa: sae nomaɴ]（お茶さえ飲まない）

　・[tʃa: sura nomaɴ]（お茶さえ飲まない／お茶すら飲まない）

　・[kaki sae ʃinai]（書きさえしない）

　・[kaki sura ʃinai]（書きさえしない／書きすらしない）

　・[wa: sae dekiru]（私さえ出来る）

　・[tori sae kuwaɴ]（鳥さえ食わない）

　共通語の係助詞「さえ」には sa'e が対応して現れる。また、類似する意味
用法をもつ「だけ」dake や「すら」sura が現れることもある。

(7) 「でも」に対応する語

　共通語の助詞「でも」に対応する語について記述する。

㋐対比を含んだ例示 demo

　・[tʃa: demo nomo: sa]（お茶でも飲もうよ）

　・[kaki demo sureba i:]（書きでもすると良い）

㋑極端な例示 demo

　・[çi:dʒa: demo kuwaɴ]（山羊でも食わない）

　・[kodomo demo ikeru]（子供でも行くことができる）

　・[ʃiran tʃu to demo iku]（他人とでも行く／知らない人とでも行く）

　・[ja: to wa: to demo iko:]（君と私とでも行こう）

253

・［okinawa made demo iku］（沖縄まででも行く）

　共通語の係助詞「でも」には demo が対応して現れる。これも共通語と同じ形態で現れており、伝統的な方言で観察された 'jati'N などはみられない。

　以上、若年層における係助詞について記述した。格助詞、副助詞と同様、係助詞も伝統的な方言は観察されず、共通語と同じ形で現れた。意味用法によって異なる語が使い分けられることもなかった。

第 4 項　終助詞
　続いて、若年層の終助詞について、各用法に対応する語を記述する。

（1）
　共通語の終助詞「ぞ」に対応する語について記述する。
㋐念押し　zo, doo

　・［soko ɲi aru zo］（そこにあるぞ）

　・［kore wa sakana da zo］（これは魚だぞ）

　・［wa: ga iku zo］（私が行くぞ）

　・［soko ɲi aru n do:］（そこにあるぞ）

　・［kore wa sakana do:］（これは魚だぞ）

　・［wa: ga iku n do:］（私が行くぞ）

　共通語の終助詞「ぞ」には zo が対応して現れるが、日常的にはあまり使わない語である。一方、伝統的な方言に観察された doo は若年層にも使用される。しかし、終助詞「ぞ」に対応するとするには分析が必要となる。

　この doo は、動詞・形容詞に 'N を介して接続するところから〈断定〉の助動詞「だ」に対応するようにみえるが、「だ」のように活用はしない。また、共通語では「だ」の後ろに「ぞ」を接続させることができる。この doo が

第 2 章　琉球方言・助詞の記述的研究

「だ」に対応するとすれば、その後ろに終助詞「ぞ」を付けることができるが、筆者の内省ではそれは難しい。ここでは、共通語との対応関係は不明であるが、〈念押し〉を表す終助詞として定着していると述べるに留まる。

(2)

ここでは共通語の終助詞「か」に対応する語について記述する。

㋐質問・疑問 ka, ba

・[ja: wa aʃi̥ta mo ki̥te kureru ka]（君は明日も来てくれるか）

・[ʃigoto ʃi̥teta ka]（仕事をしていたか）

・[ama: wa atsu̥katta ka]（あそこは暑かったか）

・[kono midzu wa kirei ka ne]（この水はきれいかね）

・[ja: ga jomu ba]（君が読むか）

・[nu: ʃiteru ba]（何をしているのか）

・[ama: wa samui ba]（あそこは寒いか）

・[kore wa ta: ga kaku ba]（これは誰が書くか）

・[kore wa kaku mon da ba]（これは書くものか）

・[kore kara do:naru ba]（これからどうなるか）

㋑反語 ba

・[naɲi ga takai ba]（何が高いか）

・[waraba: ɲi nu: ga wakaru ba]（子どもに何が分かるか）

㋒詰問・念押し ba

・[ja: wa naɲi suru tsumori da ba]（君は何をしようというのか）

・[ja: wa ma: ɲi iku ba]（君はどこへ行こうというのか）

・[sonna tokoro ɲi iku ka]（そんなところへ行くか）

共通語の終助詞「か」には、共通語と同じ形態の ka 以外に、ba という形態が現れる。この ba は伝統的な方言で「場合、理由」に対応する名詞である baa が縮まった形であると考えられる。若年層では終助詞的に使用されるよう

255

になっている。

(3)

　共通語の終助詞「な（なあ）」に対応する語について記述する。

㋐禁止 na

　・［kasa toka wasurerun na］（傘など忘れるな）

　・［dʒi: kaku na jo］（字を書くなよ）

　・［aɲiça: to asobu na jo］（あれと遊ぶなよ）

㋑感嘆 naa

　・［aɲiça: ga kaku no ɲi na:］（彼が書くのになあ）

　・［kore wa magi: nanoɲi na:］（これは大きいのになあ）

　・［are wa medzuraʃi: nda na:］（あれは珍しいんだなあ）

　共通語の終助詞「な」には na が対応して現れる。伝統的な方言でも、共通語と同じ形態の na で現れる。若年層でも日常的に使用される語である。

　一方、「㋑感嘆」では naa が対応して現れる。この語もやはり共通語と同じ形態で現れ、伝統的な方言で観察された 'jaa は現れない。

(4)　「って」

　ここでは、助詞「と」「って」について記述する。

㋐引用・伝聞 Qte

　・［bjo:ki wa warui tte］（病気は悪いんだって）

　・［ama: ɲi ita no wa jatta: datta tte］（あそこにいたのは君たちだったって）

　・［ma: ga warui tte］（どこが悪いって）

　・［mitʃi ɲi habu ita tte］（道にハブがいたって）

　・［mukaʃi atta tte jo］（昔あったとさ）

　・［mo: ikan tte jo］（もう行かないってよ）

　・［mo: tʃa: naran tte jo］（もうどうしようもないってよ）

　・［dokka itteru tte ba］（どこかへ行っているってば）

第 2 章 琉球方言・助詞の記述的研究

「って」は共通語の格助詞「と」のくだけた表現であるが、「と」「って」には Qte が対応して現れる。伝統的な方言で現れた ri は観察されず、共通語の影響が窺える。

(5) 「よ」に対応する語

共通語の終助詞「よ」には 'jo が対応して現れる。

㋐命令 'jo

・[hajaku ike jo]（早く行けよ）

・[ima sugu kake jo]（今すぐ書きなよ）

・[hajaku ʃigoto ʃire jo]（早く仕事しろよ）

・[he:ku kake jo]（早く書けよ）

㋑強調・念押し doo, 'jo

・[kore wa jasui n do:]（これは安いよ）

・[sore kama do:]（それ、鎌だよ）

・[aitsu ga kaku jo]（彼が書くよ）

・[kore wa takai jo]（これは高いよ）

・[tabuŋ godʒi ɲi wa kuru jo]（きっと五時には来るよ）

㋒勧誘 'jo

・[mo: ikimaʃo: jo]（もう行きましょうよ）

共通語の終助詞「よ」には 'jo が対応して現れるが、「㋑強調・念押し」では doo が現れる。これは終助詞「ぞ」でも現れた語である。〈念押し〉の意を表わす際には用いられる語であると考えられる。

(6)

ここでは共通語の終助詞「ね（ねえ）」に対応する語について記述する。

㋐確認・念押し ne（nee）

・[dʒi: kako: ne:]（字を書こうね）

257

- ［are wa kire:da ne］（あれはきれいだね）
- ［ku̥sa toro: ne:］（草を取ろうね）

　共通語の終助詞「ね（ねえ）」には ne が対応して現れる。ne は長呼化して nee となることもある。伝統的な方言で現れた 'jaa や hii は観察されず、共通語と同じ形態で現れている。

(7)
　共通語の終助詞「かしら」に対応する語について記述する。
㋐不審・疑問
- ［kore de i: ŋ ka na］（これでいいのかしら）
- ［kjoneɴ itta ka na］（去年、行ったかしら）
- ［aɲiça: ga kaku ka na］（彼が書くかしら）
- ［ama: wa ɸu̥kai ka na］（あそこは深いかしら）

　共通語の終助詞「かしら」には kana や ka'jaa が現れる。これらは「かしら」のみに対応する語ではなく、ka と na の二語から構成されている。また、「かしら」は女性が使う語としての意識があるため、類似する表現である「かな」に対応させて表している。

　以上、若年層の終助詞について記述した。格助詞や係助詞と比べ、終助詞には伝統的な方言の形が残っていることが観察された。例えば、〈念押し〉を表す doo は伝統的な方言でも使われる語で、若年層にも使用されている。また、〈疑問〉を表す ba は伝統的な方言では名詞であったものが、若年層では終助詞として使用されていることが観察された。終助詞を含めた文末表現には、伝統的な方言が残りやすい可能性が挙げられる。
　本節では、若年層の助詞用法を記述したが、記述した助詞の多くが共通語と同形になっていることが明らかとなった。琉球方言に特徴的な形態や「ウチ・ソト意識」に基づく ga と nu の使い分けを含め、伝統的な方言の姿はほとん

ど消失してしまっている。共通語化が進んでいる現状を考えると、今後はより共通語の体系に近づいていくと考えられる。

一方、終助詞には伝統的な方言の姿が観察されており、方言としての特徴を保持しやすい面があることが窺えた。先にも述べたが、語彙や終助詞を含めた文末表現には、共通語ではない、地域方言としての特徴が残りやすいと考えられる。伝統的な方言の消失が著しい琉球方言にとって、将来の琉球方言の姿は、このような保持されやすい面に残っていくことが推測される。

注 ————————————————————————————————————

＊1 読む（'jumuN）の派生語幹 'jum— の一例として、過去進行中止形（—＋uti）が記載されている（内間・野原 2006）。

＊2 kə の母音 ə は竹富方言独特の曖昧母音であり、共通語の「あ」を若干狭めて発音する（前新 2011）。

第3章
ウチナーヤマトゥグチの助詞「カラ」の用法

　本章では、ウチナーヤマトゥグチの助詞「カラ」の用法について考察してい
く。どのような言語をウチナーヤマトゥグチと設定するかについてはさしあた
って高江洲（2002）の定義に則ることとする。以下、具体的な用法を見ながら、
共時態としてのウチナーヤマトゥグチを捉える。

　なお、老年層の話す伝統的な方言は IPA による簡略表記、ウチナーヤマト
ゥグチと考えられる助詞はカタカナ、共通語の助詞はひらがなで表記し、（　）
には対応する意味を共通語で表わすことがある。また、〈　〉内には助詞の意
味用法を示す。

第1節　共通語の格助詞「で」に対応する「カラ」

第1項　上田方言

（1）老年層

　1-1　おばさんはタクシー カラ 帰った（おばさんはタクシーで帰った）

　1-2　おばさんはタクシー カラ は帰ってない（おばさんはタクシーでは帰
　　　っていない）

　1-3　おばさんはタクシー カラ 帰ったの？（おばさんはタクシーで帰った
　　　の？）

　1-4　おばさんはタクシー カラ は帰ってないの？（おばさんはタクシーで
　　　は帰ってないの？）

第 3 章　ウチナーヤマトゥグチの助詞「カラ」の用法

2-1　太郎は自転車 カラ 来た（太郎は自転車で来た）

2-2　太郎は自転車 カラ は来ない（太郎は自転車では来ない）

2-3　太郎は自転車 カラ 来たの？（太郎は自転車で来たの？）

3　私は車 カラ 来た（私は車で来た）

4　宮古に船 カラ 行く（宮古に船で行く）

5　オートバイ カラ 行く（オートバイで行く）

6-1　そのニュース、ラジオ カラ 聞いた（そのニュース、ラジオで聞いた）

6-2　そのニュース、ラジオ カラ は聞いてない（そのニュース、ラジオでは聞いてない）

6-3　そのニュース、ラジオ カラ 聞いたの？（そのニュース、ラジオで聞いたの？）

7-1　テレビ カラ 見た（テレビで見た）

7-2　テレビ カラ は見てない（テレビでは見ていない）

7-3　テレビ カラ 見たの？（テレビで見たの？）

8　本 カラ 調べた（本で調べた）

9　パソコン カラ 調べて分かった（パソコンで調べて分かった）

〈手段・道具〉を表す「カラ」は上田方言の格助詞 kara の用法に対応するものである。その用法を共通語として取り込んだ結果、「カラ」が観察されると考えられる。上田方言の格助詞 kara は共通語の助詞「から」と形態的にも一致している。しかし、意味用法の面では完全に重なるわけではない。上記の文

261

例に示した「カラ」は、意味の面に上田方言の影響を強く受けた助詞用法であると言えるだろう。

また、共通語の格助詞「で」とは自由交替的に用いることができ、特定の観点に基づいた使い分けは行われていない。また、承ける体言による区別もなく、共通語としての意識も非常に強い語であると言える。

(2) 中年層

10-1　タクシー カラ 来た（タクシーで来た）

10-2　タクシー カラ は来ない（タクシーでは来ない）

11　車 カラ 来た（車で来た）

12　バス カラ 行く（バスで行く）

13-1　おばさんはタクシー カラ 帰った（おばさんはタクシーで帰った）

13-2　おばさんはタクシー カラ は帰ってない（おばさんはタクシーでは帰っていない）

14-1　そのニュース、ラジオ カラ 聞いた（そのニュース、ラジオで聞いた）

14-2　そのニュース、ラジオ カラ は聞いてない（そのニュース、ラジオでは聞いてない）

14-3　そのニュース、ラジオ カラ 聞いたの？（そのニュース、ラジオで聞いたの？）

15-1　テレビ カラ 見た（テレビで見た）

15-2　テレビ カラ は見てない（テレビでは見ていない）

15-3　テレビ カラ 見たの？（テレビで見たの？）

第 3 章　ウチナーヤマトゥグチの助詞「カラ」の用法

16　本 カラ 調べた（本で調べた）

17　パソコン カラ 調べて分かった（パソコンで調べて分かった）

　伝統的な上田方言では格助詞 kara によって〈手段・道具〉を表すことがで
きる。上田方言の中年層話者にも、kara の用法が共通語として認識されている。
その要因は老年層の項でも述べたが、共通語「から」と上田方言の格助詞 kara
が形態的に一致していることが考えられる。上田方言では〈手段・道具〉を表
す際に kara を用いることができ、そこに共通語「から」との形態的一致が重
なって、ウチナーヤマトゥグチ「カラ」として用いられるようになったと考え
られる。
　現在、共通語では〈手段・道具〉を表す際に「から」を用いることはほとん
どなく、格助詞「で」を用いる。老年層においてもこの意で「カラ」が用いら
れる例が確認できることを踏まえると、上田方言では共通語として認識されて
いる用法であると考えられる。
　また、〈手段・道具〉を表す用法のうち〈移動の手段〉を表す際には、承け
る体言によって「カラ」の使用の可否が分かれる現象が確認できる。この用法
は老年層には確認できないものであり、中年層特有のものになっている。以下
に、「で」との使い分けを含めて用例を挙げる。

《上田方言 中年層の「移動の手段」を表す「で」と「カラ」》

「で」	「カラ」
×	10-1　タクシー カラ 来た
11'　車 で 行く	11　車 カラ 来た
12'　バス で 行く	12　バス カラ 行く
18　自転車 で 行く	×

※「車」「バス」については「で」「カラ」の両語を用いることができるが、
「タクシー」の場合には「カラ」、「自転車」の場合には「で」のみが用いられ
る。

263

最初の文で示しているように、「カラ」は「タクシー」や「バス」などの名詞を承ける際には用いることができる。しかし、「自転車」という名詞を承ける場合には全く現れない。老年層では区別なく承けていたが、中年層では使い分けが行われている。話者の恣意的なものである可能性も高いが、「乗り物」という共通項を含むにもかかわらず、使い分けが行われているのは非常に興味深い。この点は、上田方言若年層及び石垣方言の用法を含めてさらに考察を加えたい。

(3) 若年層

19-1　その事件は新聞 カラ 読んだ（その事件は新聞で読んだ）

19-2　その事件は新聞 カラ は読んでない（その事件は新聞では読んでいない）

19-3　その事件は新聞 カラ 読んだの？（その事件は新聞で読んだの？）

20-1　そのニュース、ラジオ カラ 聞いた（そのニュース、ラジオで聞いた）

20-2　そのニュース、ラジオ カラ は聞いてない（そのニュース、ラジオでは聞いていない）

20-3　そのニュース、ラジオ カラ 聞いたの？（そのニュース、ラジオで聞いたの？）

21-1　テレビ カラ 見た（テレビで見た）

21-2　テレビ カラ は見てない（テレビでは見ていない）

21-3　テレビ カラ 見たの？（テレビで見たの？）

21-4　テレビ カラ は見てないの？（テレビでは見てないの？）

　上田方言若年層においては〈手段・道具〉を表す「カラ」は〈移動の手段〉を表す際には用いられないが、〈情報源〉を表すことができる。この点は老年

層・中年層との明らかな相違であり、ウチナーヤマトゥグチの推移という点では非常に興味深い現象となっている。〈手段・道具〉の意で用いられる「カラ」が上田方言 kara の共通語への干渉の結果生まれた用法であることは疑いない。そのため、若年層において意味用法の狭まりが見られることは、共通語の影響がより強力になり、共通語「で」との住み分けを行おうとする意識が働いたことを窺わせるものである。換言すれば、琉球方言の共時態であるウチナーヤマトゥグチが定着していることを示唆するもので、使い分けの有無は今後も上田方言で継承されていくと推測される。

第2項　石垣市方言

(1) 老年層

22-1　太郎は自転車 カラ 来た（太郎は自転車で来た）

22-2　太郎は自転車 カラ 来たの？（太郎は自転車で来たの？）

　石垣市方言の老年層にはウチナーヤマトゥグチ「カラ」によって〈手段・道具〉を表す用法はあまり定着していない。格助詞「で」の〈手段・道具〉を表す用法として現れる石垣市方言は kara だけではなく、si や saari もある。これらを共通語に置き換える際、石垣市方言 kara が共通語の格助詞「から」と形態的に一致することが要因となって、ウチナーヤマトゥグチ「カラ」が生まれたのであろう。宮城（2003b）にも、〈移動の手段〉を表す際には kara が用いられると記載されていることから、石垣市方言に基盤がある用法となっている。

　また、以下の例は使用頻度こそ高くないが、意味は理解できる用法である。

23-1　おばさんはタクシー カラ 帰った（おばさんはタクシーで帰った）

23-2　おばさんはタクシー カラ は帰ってない（おばさんはタクシーでは帰ってない）

23-3　おばさんはタクシー カラ 帰ったの？（おばさんはタクシーで帰ったの？）

23-4　おばさんはタクシー カラ は帰ってないの？（おばさんはタクシー

では帰ってないの？）

　これらの例については、聞けば分かるが使用することはほとんど無いという。
上記の例を見る限りでは「自転車」は承けるが「タクシー」は承けないという
使い分けにも見えるが、この使い分けが石垣市方言の特徴的な用法かどうかは
中年層・若年層の用法を見る必要がある。老年層話者には使い分けを図ってい
るという意識は無く、語感上ということであった。

　また、〈情報源〉を表す「カラ」の用法は老年層では確認できなかった。老
年層の用法を見る限り、石垣市方言のウチナーヤマトゥグチ「カラ」と共通語
の格助詞「で」は〈移動の手段〉と〈情報源〉という意味の面での住み分けを
行っていると思われる。このような住み分けが見られる点からも「カラ」が共
通語として認識されていることを窺わせるものである。

(2)　中年層

24-1　タクシー　カラ　来た（タクシーで来た）

24-2　タクシー　カラ　は来てない（タクシーでは来てない）

25-1　おばさんはタクシー　カラ　帰った（おばさんはタクシーで帰った）

25-2　おばさんはタクシー　カラ　帰ってない（おばさんはタクシーで帰っ
　　　てない）

25-3　おばさんはタクシー　カラ　帰ったの？（おばさんはタクシーで帰っ
　　　たの？）

25-4　おばさんはタクシー　カラ　帰ってないの？（おばさんはタクシーで
　　　帰ってないの？）

26　車　カラ　行く（車で行く）

27　バス　カラ　行く（バスで行く）

第3章　ウチナーヤマトゥグチの助詞「カラ」の用法

　石垣市方言の中年層において、ウチナーヤマトゥグチ「カラ」は〈手段・道具〉を表すことができる。これは石垣市方言 kara と共通語「から」の形態的一致・意味的隔差によって起こった現象であると考えられる。また、「タクシー」は「カラ」で承けることができるが、「自転車」は「カラ」ではなく共通語「で」で承ける。

　上記の文例を見ると、中年層話者では共通語「で」とウチナーヤマトゥグチ「カラ」が明確な使い分けを図っていることが分かる。以下に例を示す。

《「カラ」と「で」の違い》

　26　車 カラ 行く ⇒ 他人が運転する車に乗って行く

　26'　車 で 行く ⇒ 自分で車を運転して行く

「で」	「カラ」
×	24-1　タクシー カラ 来た
26-1'　車 で 行く	26-1　車 カラ 行く
×	27　バス カラ 行く
28　自転車 で 行く	×

※「車」は自分が運転する場合には「で」、他人が運転する場合には「カラ」で承ける。「バス」「タクシー」は常に他人が運転するものであるから「カラ」、自転車は自分が運転するから「で」が用いられる。

　このように、〈移動の手段〉を表す体言を「自らが運転するかどうか」という観点に基づいて使い分けが行われている。「カラ」が「タクシー」は承ける一方、「自転車」は承けないという現象も、これによって説明できるであろう。つまり、「タクシー」は「他人が運転するもの」であるから「カラ」で承けることができるのであり、「自転車」は「自らで運転するもの」であるから「カラ」では承けられないのである。

　一方、石垣市方言には〈移動の手段〉を表す語として kara や si といった語

があるが、これらの語はほぼ自由交替的に用いられ、「自らが運転する」「他人が運転する」という観点に基づく使い分けは行われていない。したがって、この「で」と「カラ」の使い分けは伝統的な石垣市方言の影響でもない。また、この使い分けは老年層には確認できないことから、中年層の世代を中心に生み出された新しい使い分け機能であると考えられる。

(3) 若年層

29-1　その事件は新聞 カラ 読んだ（その事件は新聞で読んだ）

29-2　その事件は新聞 カラ は読んでない（その事件は新聞では読んでない）

29-3　その事件は新聞 カラ 読んだの？（その事件は新聞で読んだの？）

29-4　その事件は新聞 カラ は読んでないの？（その事件は新聞では読んでいないの？）

30-1　そのニュース、ラジオ カラ 聞いた（そのニュース、ラジオで聞いた）

30-2　そのニュース、ラジオ カラ は聞いてない（そのニュース、ラジオでは聞いていない）

31-1　テレビ カラ 見た（テレビで見た）

31-2　テレビ カラ は見てない（テレビでは見ていない）

31-3　テレビ カラ 見たの？（テレビで見たの？）

31-4　テレビ カラ は見てないの？（テレビでは見てないの？）

石垣市方言の若年層では、「カラ」は〈情報源〉を表すことができる。「新聞」「ラジオ」「テレビ」でも承けることができ、承ける体言に制限はない。また、共通語「で」とは自由交替的に用いることができる。また、老年層や中年層でみられたような〈移動の手段〉を表す用法は全く用いられない。若年層では、中年層とは異なる形で共通語「で」とウチナーヤマトゥグチ「カラ」が使い分けされていることが窺える。

第3章　ウチナーヤマトゥグチの助詞「カラ」の用法

さらに、若年層話者によれば、この「カラ」を用いる際には「他の物ではなくて」という意味が暗に含まれるという。老年層に確認できなかった点を踏まえると、中年層の世代を中心にして生まれた用法であると考えられる。後に世代差をふまえて考察していく。

第2節　共通語の格助詞「を」に対応する「カラ」

第1項　上田方言

（1）老年層

　32-1　道 カラ 歩いている（道を歩いている）

　32-2　道 カラ 歩いていない（道を歩いていない）

　33　おばあさんは市場 カラ 歩いていたよ（おばあさんは市場を歩いていたよ）

　34　坂 カラ 上って行く（坂を上って行く）

　35-1　右側 カラ 歩け（右側を歩け）

　35-2　右側 カラ 歩くな（右側を歩くな）

　36　犬が空き地 カラ 走っていた（犬が空き地を走っていた）

　37　猫が壁の上 カラ 歩いていた（猫が壁の上を歩いていた）

　共通語の格助詞「を」に対応して「カラ」が用いられる用法が確認できる。上田方言では格助詞「を」に対応する語は無く、φ や格助詞 kara などで補って現れる。特に、〈動作の行われる場所〉を表す際には kara が用いられる。その kara が共通語として認識されたために起こった言語現象であろう。

　32-1'　mitʃi kara ʔattʃutaɴ（道を歩いていた）

269

33' paːpaː ja matʃigwaː kara ʔattʃutaɴ（おばあさんは市場から歩いていた）

35-1' nidʒiri kara tuːru wa（右側を通れ）

36' ʔin nu najatʃi kara ʔiʃigati haitaɴ（犬が空き地を走っていた）

38' ʔiju nu ʔumi kara ʔiːdʒoːɴ（魚が海を泳いでいる）

39' tui nu tiŋ kara turoːɴ（鳥が空を飛んでいる）

　この現象もウチナーヤマトゥグチの特徴的な用法であると言える。共通語「から」と上田方言 kara の形態の一致・意味の隔差が要因となっている。よって、石垣市方言の老年層話者にも「カラ」の用法が共通語であるという意識が強く働くのであろう。

(2) 中年層

40-1　道 カラ 歩いている（道を歩いている）

40-2　道 カラ 歩いていない（道を歩いていない）

41　砂浜 カラ 歩いているのは隣の家の人だ（砂浜を歩いているのは隣の家の人だ）

42　おばあさんは市場 カラ 歩いていたよ（おばあさんは市場を歩いていたよ）

43　太郎はこの辺 カラ 歩き回っている（太郎はこの辺を歩き回っている）

44　坂 カラ 上って行く（坂を上って行く）

45-1　人の前 カラ 通ったらいけないよ（人の前を通ったらいけないよ）

45-2　人の前 カラ 通ってもいいよ（人の前を通ってもいいよ）

46-1　右側 カラ 歩け（右側を歩け）

第3章　ウチナーヤマトゥグチの助詞「カラ」の用法

46-2　右側 カラ 歩くな（右側を歩くな）

47　犬が空き地 カラ 走っていた（犬が空き地を走っていた）

48　猫が机の上 カラ 歩いていた（猫が机の上を歩いていた）

　この用法では格助詞「を」の意味を「カラ」によって表している。これは格助詞 kara の用法を反映しているものである。老年層の項でも述べたように、上田方言では格助詞「を」の〈動作の行われる場所〉を格助詞 kara を対応させて表す用法が確認できる。よって、格助詞「を」に対応する kara を共通語として認識し、「カラ」として使用しているのである。

　また、この意で用いられる「カラ」は共通語「を」との使い分けが、承ける体言との距離の遠近という「物理的距離」という観点に基づいて行われている例がある。ちなみに、この用法は承ける体言が身の回りに多くあり、所有者が限定されにくい場合に確認できた。

《「物理的距離」に基づく使い分け》（上田方言）

　40-1　道 カラ 歩いている ⇒「道」が遠い距離にある

　40-1'　道 を（φ）歩いている ⇒「道」が比較的近い距離にある

　40-1-1　おじさんが道 カラ 歩いている ⇒ その「道」は遠い距離にある

　40-1-1'　おじさんが道 を 歩いている ⇒ その「道」は比較的近い距離にある

　44-1　坂 カラ 上って行く ⇒ その「坂」は遠い距離にある

　44-1'　坂 を 上って行く ⇒ その「坂」は比較的近い距離にある

　このように、承ける体言（上記の例で言う「道」や「坂」）が比較的近い所にある場合には「を（φ）」が用いられ、比較的遠い場所にある場合には「カ

ラ」が用いられる。「物理的距離」という観点に基づいた使い分けは、上田方言を含む沖縄本島方言には確認できないものである。よって、ウチナーヤマトゥグチが共通語との使い分けを図るために生み出された新たな用法であると考えられる。このような使い分けが中年層に行われることは、中年層が伝統的な方言とウチナーヤマトゥグチの両方に接触していたことが影響していると考えられる。

　中年層は、母語としてウチナーヤマトゥグチを持っている一方で、親の世代である老年層は伝統的な方言を話すという言語環境の中で生活している。それは、上田方言の中年層話者が、伝統的な方言を少しは話すことができる点からも推測される。ウチナーヤマトゥグチが伝統的な方言と共通語の形態的一致・意味的隔差を背景として生まれ、話者にとっては共通語であると認識されていることを考えれば、上記の「カラ」と「を」は同じ意味を表すものであり、特定の観点に基づいて使い分けを図ろうとする意識は、語の使い分けを図る上ではある種必然的なものである。この用法が若年層でどの様に現れるかを踏まえた上で、さらに考察を進めたいと思う。

(3) 若年層

　49　道 カラ 歩いている（道を歩いている）

　50　太郎はこの辺 カラ 歩き回っている（太郎はこの辺を歩き回っている）

　51　坂 カラ 上って行く（坂を上って行く）

　52-1　人の前 カラ 通ったらいけないよ（人の前を通ったらいけないよ）
　52-2　人の前 カラ 通ってもいいよ（人の前を通ってもいいよ）

　53-1　道の右側 カラ 歩きなさい（道の右側を歩きなさい）
　53-2　道の右側 カラ 歩くな（道の右側を歩くな）

第3章　ウチナーヤマトゥグチの助詞「カラ」の用法

　若年層にも、格助詞「を」の〈動作の行われる場所〉の意を表わす「カラ」が観察される。話者によれば共通語「を」と自由交替的に用いることができるとしており、この「カラ」は若年層では共通語として強く認識されている。

　しかし、中年層に見られた共通語「を」とウチナーヤマトゥグチ「カラ」の「物理的距離」に基づく使い分けは若年層では確認できなかった。この点は、共通語「で」との住み分けで見られた現象とは逆に、承ける体言の広がりが見られる。世代を通して用法を見ることによって、意味の狭まりと広がりが同時に窺えることは、ウチナーヤマトゥグチを含む琉球方言圏内の言語が過渡期にあることを示すものであり、今後の推移過程を注視する必要があろう。

第2項　石垣市方言

(1) 老年層

　54　道 カラ 歩いている（道を歩いている）

　55　坂 カラ 上って行く（坂を上って行く）

　56-1　右側 カラ 歩け（右側を歩け）
　56-2　右側 カラ 歩くな（右側を歩くな）

　石垣市方言の老年層話者に観察される、共通語の格助詞「を」に対応する「カラ」は、石垣市方言 kara の用法を反映しているものである。石垣市方言では共通語の格助詞「を」の〈動作の行われる場所〉を表す用法に kara が対応して現れる。

　56-1'　migi kara arïgi jo:（右側を歩けよ）
　57　usïmai ja umi kara du arago:rïda（おじいさんは浜を歩いていた）
　58　turï ndu tiŋ kara tubiru（鳥が空を飛ぶ）

　一方、「カラ」は共通語の格助詞「を」と使い分けられてはいない。「カラ」

273

と「を」は自由交替的に用いられる。この意で用いられる「カラ」は共通語と
しての意識が強い語である。

（2）中年層

　59-1　道 カラ 歩いている（道を歩いている）

　59-2　道 カラ 歩いてない（道を歩いていない）

　60　砂浜 カラ 歩いているのは隣の家の人だ（砂浜を歩いているのは隣の家
　　　の人だ）

　61　おじいさんが畑の側 カラ 歩いていた（おじいさんが畑の側を歩いてい
　　　た）

　62　おばあさんは市場 カラ 歩いていたよ（おばあさんは市場を歩いていた
　　　よ）

　63　太郎はこの辺 カラ 歩き回っている（太郎はこの辺を歩き回っている）

　64　子どもが公園 カラ 走っている（子どもが公園を走っている）

　65　坂 カラ 上って行く（坂を上って行く）

　66-1　右側 カラ 歩け（右側を歩け）

　66-2　右側 カラ 歩くな（右側を歩くな）

　共通語の格助詞「を」に対応し、〈動作の行われる場所〉を表す「カラ」は
石垣市方言 kara の用法としても確認できるものである。

　また、中年層話者の中には、「66-1 右側カラ歩け」、「66-2 右側カラ歩くな」
について、共通語「を」とのニュアンスの違いがあるとする話者もいた。話者

274

第3章　ウチナーヤマトゥグチの助詞「カラ」の用法

によれば、「カラ」が用いられる際には〈強調〉の意味が加えられる。「カラ」
を用いる場合には「他にも選択肢があり、その中から取り出して示す」という
意識が働くという。しかし、この使い分けは判然としたものではなく、若年層
における用法をみる必要がある。だが、少なくとも、格助詞「を」と「カラ」
を同じ意味用法で用いるという点では定着している。

　また、「59-1 道カラ歩いている」という文では「カラ」の代わりに「を」を
対応させて表すこともできるが、「を」と「カラ」には「物理的距離」に基づ
く使い分けがある。これは、承ける体言が身の回りに多くあり、所有者が限定
されない場合に確認できた。以下に文を示す。

《「物理的距離」に基づく使い分け》（石垣市方言）
　59-1　道 カラ 歩いている ⇒「道」が遠い距離にある
　59-1'　道 を（φ）歩いている ⇒「道」が比較的近い距離にある

　59-1-1　おじさんが道 カラ 歩いている ⇒ その「道」は遠い距離にある
　59-1-1'　おじさんが道 を 歩いている ⇒ その「道」は比較的近い距離に
　　ある

　65-1　坂 カラ 上って行く ⇒ その「坂」は遠い距離にある
　65-1'　坂 を 上って行く ⇒ その「坂」は比較的近い距離にある

　中年層話者によれば、「を」を用いる際にはその人物は眼前もしくは目視で
きる位置にいる場合に用い、「カラ」は「歩く」という行為をしている人物が
しっかりとは確認できない場合に用いる。この「カラ」の用法は石垣市方言
kara にも存在しない用法であり、また、老年層でも確認できない用法となっ
ている。したがって、この使い分けは共通語「を」との住み分けを図るために
生まれた、新たな用法であると考えられる。

　このように、共通語「を」に対応する「カラ」は、石垣市方言の中年層で特
徴的な用法をみせている。先述のように、〈強調〉の意味を表す用法が確認で

275

きた一方、「物理的距離」に基づいて使い分けを図るなど、多様な用法がみられる。これらの用法は石垣市方言 kara の影響を受けているものではない。おそらく、共通語「を」に対応する kara がウチナーヤマトゥグチ「カラ」となり、話者に共通語として強く認識されていく中で住み分けを図っていこうとする意識が働いた結果であると考えられる。

(3) 若年層

67 道 カラ 歩いている（道を歩いている）

68 おじいさんが畑の側 カラ 歩いていた（おじいさんが畑の側を歩いていた）

69 子どもが公園 カラ 走っている（子どもが公園を走っている）

70 坂 カラ 上って行く（坂を上って行く）

71-1 右側 カラ 歩け（右側を歩け）
71-2 右側 カラ 歩くな（右側を歩くな）

石垣市方言の若年層では共通語の格助詞「を」に対応する「カラ」が存在している。この用法は中年層に比べ、確認できた文は少ない。しかし、共通語「を」と使い分けようとする意識は中年層と同様にみえている。中年層においては「物理的距離」や〈強調〉による使い分けがなされていた。若年層にも〈強調〉の用法が観察されているが、使い分けと呼べるほどではない。また、若年層特有の用法も確認できなかった。ただし、「を」と「カラ」を使い分けようとする意識がみられることは、共通語として認識されていることを表している。この意で用いられる「カラ」は老年層から若年層までの世代に共通して確認できることから、石垣市方言では今後も使用されていくと思われる。

第3章　ウチナーヤマトゥグチの助詞「カラ」の用法

第3節　共通語の格助詞「に」に対応する「カラ」

第1項　上田方言

(1) 老年層

72-1　上 カラ 着る（上に着る）

72-2　上 カラ 着ない（上に着ない）

73-1　下 カラ 着る（下に着る）

73-2　下 カラ 着ない（下に着ない）

　上田方言では共通語の格助詞「に」に対応する「カラ」が用いられる。この用法は老年層の話者にとっては共通語であるという意識が非常に強い。共通語で用いられる「に」を使うことが皆無であり、むしろ「に」で表現する方に違和感を示す。従って、上田方言の老年層では、ウチナーヤマトゥグチとして定着していることが窺える。

　一方、上田方言では格助詞「に」が〈動作の到達する所〉を表す場合には'Nkee の語が現れることから、方言が基盤となっているとは言い難い。高江洲（2002）は「ウチナーヤマトゥグチ」の生まれる要因として語の形態が共通語にないことを挙げている。この点を考慮に入れると、形態は共通語「から」を取り入れ、意味には 'Nkee を対応させているとも考えられる。上田方言では「に」に対応する ni も確認できるが、〈時〉を表す場合のみ用いられ、'Nkee との住み分けが行われている。したがって、上田方言で共通語「に」に対応する語の住み分けが共通語化する際に意識されて、形態的に一致する格助詞「に」ではなく、異なる形態を取り入れたとも考えられる。

　また、住み分けを図る語に「から」が採られた要因として、上田方言を含む沖縄本島方言 kara は共通語「から」に比べて広い意味用法を持っていることが挙げられる。上田方言 kara は共通語の格助詞「から」だけでなく、格助詞「を」「で」とも部分的に対応している。よって、kara の意味用法の広さから類推して「から」を用いた結果、ウチナーヤマトゥグチ「カラ」の〈動作の到達

277

する所〉を表す用法が生まれたのだと考えられる。しかし、上田方言 kara が格助詞「に」に対応して現れる例は確認できず、また、全ての 'Nkee の意が「カラ」で現れる訳ではないため、現段階では断言はできない。

　この意で用いられる「カラ」は上田方言を基盤とする用法でないことを考えると、高江洲の定義には則らない。現段階では、ウチナーヤマトゥグチとしての新しい用法であると捉えておくのが穏当であろう。

(2)　中年層
　74-1　上 カラ 着る（上に着る）
　74-2　上 カラ 着ない（上に着ない）

　75-1　下 カラ 着る（下に着る）
　75-2　下 カラ 着ない（下に着ない）

　共通語の格助詞「に」に対応する形で「カラ」が用いられている。この用法は老年層でも見られ、中年層でも普通に用いられる。老年層では共通語の格助詞「に」は全く用いずに「カラ」のみを用いていたが、中年層では両語を用いる。しかし、上田方言において格助詞「に」に対応する kara は現れないため、高江洲の定義には合致しないことになる。これは老年層も同様に現れる例であるが、共通語ではないことは明確であるため、ウチナーヤマトゥグチ「カラ」の新しい用法として派生したものであると考えられる。

　老年層の項でも述べたように、形態だけに鑑みるのであれば、格助詞「に」に対応する上田方言 ni が確認できるが、この ni は〈時〉を表す場合にのみ現れる。中年層話者は上田方言をある程度は話せるため、話者の中に 'Nkee と ni が別の助詞であるとの意識があるとすれば、'Nkee を共通語に対応させて表す場合に「に」以外の形態で表わそうとしたとも考えられる。つまり、ni が共通語「に」と形態的に一致しているが故に、'Nkee を共通語として表そうとした際に違う形態を取り込まなければならなかったのであり、そこで広い意味用法を持つ kara に形態的に対応する「から」の形態を用いたとも考えられる

278

第3章　ウチナーヤマトゥグチの助詞「カラ」の用法

のである。

　しかし、老年層の項でも述べたように、'Nkee に「カラ」の形態をあてる理由が 'Nkee という語に形態的に対応する語がないということだけでは蓋然性は低い。よって、この意で用いられる「カラ」は、基盤となる用法は伝統的な上田方言には無いが、方言における意味の面での住み分けが影響した結果生まれた新しい用法である可能性がある。そして、その用法が中年層にも継承されている点から考えると、上田方言のウチナーヤマトゥグチとして定着していることも窺える。

（3）若年層

　　76-1　上 カラ 着る（上に着る）

　　76-2　上 カラ 着ない（上に着ない）

　　77-1　下 カラ 着る（下に着る）

　　77-2　下 カラ 着ない（下に着ない）

　上田方言若年層においても〈動作の到達する所〉を表す「カラ」が確認できる。伝統的な方言を母語として持っていない若年層において、老年層や中年層と同様の現象が見られるという点は、共通語としての意識の強さが窺える。また、上記の文例においてウチナーヤマトゥグチ「カラ」の代わりに共通語「に」を用いても問題ないとしているため、「に」と「カラ」は自由交替的に用いられていると言える。

　老年層・中年層の項でも述べたように、この意で用いられる「カラ」は当地の伝統的な方言に用法としての基盤は無く、新たに生み出された用法であると考えられる。若年層にも現れていることを踏まえると、今後もウチナーヤマトゥグチとして継承されていく可能性は高いと思われる。

279

第 2 項　石垣市方言

(1) 老年層

78-1　上 カラ 着る（上に着る）

78-2　上 カラ 着ない（上に着ない）

79-1　下 カラ 着る（下に着る）

79-2　下 カラ 着ない（下に着る）

　石垣市方言の老年層には、共通語の格助詞「に」に対応し、〈動作の到達する所〉を表すウチナーヤマトゥグチ「カラ」がある。この用法は違和感なく用いられるため、「カラ」が共通語であるとの意識が非常に強いと考えられる。むしろ共通語「に」を用いて表す方が稀である。

　石垣市方言で〈動作の到達する所〉を表す際には 'Nga, ka'i が用いられるため、この伊の「カラ」は高江洲の定義には一致しない言語現象である。石垣市方言 'Nga, ka'i が「カラ」として現れる要因を考えてみると、共通語に 'Nga と形態的に対応する語が無いことが挙げられる。一方、石垣市方言において、共通語の格助詞「に」に対応する語は、意味用法に準じて主に 'Nga と ka'i とに使い分けされている。したがって、話者の中でこの二語が明確に使い分けされていれば、方言を共通語「に」に対応させて考える際に 'Nga と ka'i を別の語で表す意識が働き、前者が「カラ」として現れたのではないか。石垣市方言 kara は共通語「から」よりも広い意味用法を持っており、そのことから類推して「から」の形態を借用したと考えることもできる。

　ただし、'Nga によって表される全ての意味用法において「カラ」が用いられるわけではないため、蓋然性は低いと言わざるを得ない。また、ka'i を「に」として認識する必然性についても現段階では言及できない。現段階では、共通語には無い用法であるという点に鑑み、ウチナーヤマトゥグチとして新しく生み出された意味用法であると述べるに留まる。

第3章　ウチナーヤマトゥグチの助詞「カラ」の用法

(2) 中年層

80-1　上 カラ 着る（上に着る）

80-2　上 カラ 着ない（上に着ない）

81-1　下 カラ 着る（下に着る）

81-2　下 カラ 着ない（下に着ない）

　この意を表す「カラ」は、石垣市方言において共通語「に」に対応する kara が現れないにもかかわらず、ウチナーヤマトゥグチとして確認できる。宮城（2003b）においても共通語「に」に kara が対応している例は記載されておらず、石垣市方言の干渉によって生まれた用法ではないと考えられる。

　一方、この〈動作の到達する所〉を表す用法は老年層においても確認でき、石垣市方言では継承されている。また、「に」と「カラ」の間に使い分けは見られず、自由交替的に用いられる。その点も老年層と同様で、共通語として強く認識されていることが窺える。石垣市方言には無い用法ではあるが、石垣市方言のウチナーヤマトゥグチとしては確立されている用法であると考えられる。

(3) 若年層

82-1　上 カラ 着る（上に着る）

82-2　上 カラ 着ない（上に着ない）

83-1　下 カラ 着る（下に着る）

83-2　下 カラ 着ない（下に着ない）

〈動作の到達する所〉を表す「カラ」は共通語の格助詞「に」の用法に対応している。この「カラ」は老年層・中年層にも確認でき、石垣市方言ではかなり定着している用法である。この意で用いられる「カラ」はウチナーヤマトゥグチの新しい用法であることは先述したが、若年層でも共通語「に」が用いられる方が稀であり、また、世代に関わらず現れることから、石垣市方言では共

281

通語として使用されており、今後も継承されていく可能性が高いと考えられる。

第4節 「カラ」の世代差について

第1項 上田方言

　ウチナーヤマトゥグチ「カラ」の上田方言における用法を、各世代の特徴を踏まえながら分析する。上田方言のウチナーヤマトゥグチ「カラ」は、その発生要因に上田方言 kara と共通語の格助詞「から」の形態の重なりと意味的隔差があると考えられる。上田方言 kara は共通語の格助詞「から」と形態の面では一致しているが、「から」よりも広い意味領域を持っている。これが要因となってウチナーヤマトゥグチ「カラ」が生まれたのであろう。以下には、各世代の用法を通時的に分析・考察していく。「カラ」の用法の有無をまとめると【表1】のようになる。

【表1】ウチナーヤマトゥグチ「カラ」の上田方言における世代差

共通語	表す意味	老年層	中年層	若年層
「で」	〈移動の手段〉	○	★	×
	〈情報源〉	○	○	○
「を」	〈動作の行われる場所〉	○	★	○
「に」	〈動作の到達する所〉	○	○	○

○：共通語とウチナーヤマトゥグチの使い分けなし
★：共通語とウチナーヤマトゥグチの使い分けあり
×：ウチナーヤマトゥグチでは使用しない

　上田方言においても kara が確認できる老年層で「カラ」が確認できた点では、高江洲の定義する「ウチナーヤマトゥグチ」に一致するものである。また、共通語を母語として持つ中年層や若年層でも老年層と同様の用法で確認できる点は、ウチナーヤマトゥグチ「カラ」が上田方言において共通語として定着していることを窺わせる。

　「カラ」は上田方言において共通語としての認識が非常に強い助詞であるが、それは共通語「から」と上田方言 kara が形態的に一致していることが大きな要因となっていると考えられる。上田方言を母語としてもつ老年層でウチナー

第 3 章　ウチナーヤマトゥグチの助詞「カラ」の用法

ヤマトゥグチとして観察できるのは、上田方言の共通語への干渉の強さが窺えるものである。さらに、部分的にではあるが、「カラ」の用法が若年層においても確認できるのは、ウチナーヤマトゥグチが地域共通語として定着しつつあることを表していると思われ、非常に興味深い現象である。

　〈手段・道具〉を表す際に用いられる「カラ」が、世代を下るに連れて、承ける体言を限定していく現象を示しているのは、共通語が琉球方言圏内に大きな影響を与えていることを実感させるものである。老年層では〈移動の手段〉〈情報源〉に使用できた「カラ」が、中年層においては「乗り物」という共通項を含むのにもかかわらず、「自転車」には用いることができず、さらに若年層においては〈移動の手段〉全般に使用しない。このような現象は、恐らく共通語「から」の用法が浸透した結果、方言 kara としての用法を淘汰し、同時に共通語の格助詞「で」との住み分けを図ろうとすることによって起きたものであろう。

　上田方言では〈手段・道具〉を表す際に kara を用いることができる。一方で、共通語では「から」を〈手段・道具〉の意を表す助詞として使う用法はほとんどなく、一般的には格助詞「で」が用いられる。伝統的な方言を理解できない若年層では〈移動の手段〉を表す「カラ」が確認できなかったのはこのためかもしれない。また、中年層における現象は共通語「で」とウチナーヤマトゥグチ「カラ」の住み分けを図るために行われた、意図的な用法であるとも考えられる。

　格助詞「を」に対応する「カラ」にも、両語の間に使い分けが図られる現象が中年層に見られる。具体的には、「カラ」を用いる場合には自分のいる地点からある程度距離がある所を指し、共通語「を」の場合には比較的近い距離にある場所を指すとしており、距離の違いによって使い分けている。ただし、この使い分けは中年層特有のものであり、中年層が共通語と上田方言の両語に接触していることが大きな要因となっていると考えられる。また、中年層にみられた使い分けは継承されていないが、若年層にも「を」に対応する「カラ」は観察される。

　格助詞「に」に対応する「カラ」は老年層から若年層まで世代を通じて確認

283

できる。しかし、この用法は上田方言 kara には存在せず、高江洲（2002）の定義には厳密には合致していない。また、共通語「から」によっても表すことはできない。よって、この「カラ」の用法は上田方言にも共通語にも無い、極めて興味深いものになっている。ここで一つ考えられるのは、先述のように、共通語「に」に対応する語が上田方言に複数存在し、意味の面での住み分けを図っていることが影響している可能性である。

　共通語「に」に対応する上田方言は 'Nkee, ni の二語が現れるが、これらは意味の面での住み分けを図っている。この住み分けの意識の結果、共通語よりも広い意味を持つ kara の形態を借用し、「カラ」として現れた可能性がある。高江洲（2002）は「ウチナーヤマトゥグチ」の現れる要因として、伝統的な方言の形態が共通語にないことを指摘しているが、この「カラ」の用法は正にその指摘に則っているものである。'Nkee と ni を使い分ける意識が影響しているのであれば、伝統的な方言の干渉を受けていると言うことができる。しかしながら、上田方言で 'Nkee と kara が自由交替的に用いられる用法が確認できない点に鑑みると、この意で用いられる「カラ」はウチナーヤマトゥグチとして新たに生まれた用法であると見る方が穏当であろう。

　上田方言のウチナーヤマトゥグチ「カラ」は、基盤となる上田方言の干渉が顕著に現れている意味用法もあれば、共通語として認識されていく中で新たに生み出された用法もある。また、中年層に見られる用法のように、共通語との使い分けを行っている現象も確認でき、多様性に富んでいることが窺える。さらに、世代差を見ることによって、同じ「カラ」であっても意味用法によって、意味の狭まりと広がりが同時に現れるなど、興味深い現象が確認できた。これはウチナーヤマトゥグチが過渡期にあることを示唆するものであり、琉球方言の変遷を考える上では注視しておく必要があると思われる。

第2項　石垣市方言

　ウチナーヤマトゥグチ「カラ」の石垣市方言における用法を、各世代の特徴を踏まえながら分析した。石垣市方言のウチナーヤマトゥグチ「カラ」は、その要因に石垣市方言 kara と共通語の格助詞「から」の形態的一致・意味的隔

差があると考えられる。石垣市方言 kara は共通語「から」と形態の面では一致しているが、「から」よりも広い意味領域を持っている。これが要因となってウチナーヤマトゥグチ「カラ」が生まれたのであろう。以下には、各世代の用法を分析・考察する。【表2】はウチナーヤマトゥグチ「カラ」の表す意味についてまとめたものである。

【表2】ウチナーヤマトゥグチ「カラ」の石垣市方言における世代差

共通語	表す意味	老年層	中年層	若年層
「で」	〈移動の手段〉	○	★	×
	〈情報源〉	×	×	★
「を」	〈動作の行われる場所〉	○	★	★
「に」	〈動作の到達する所〉	○	○	○

○：共通語とウチナーヤマトゥグチの使い分けなし
★：共通語とウチナーヤマトゥグチの使い分けあり
×：ウチナーヤマトゥグチでは使用しない

　〈手段・道具〉を表す「カラ」は各世代によって現れ方が異なる。老年層においては、この〈手段・道具〉を表す「カラ」は〈移動の手段〉と〈情報源〉との間で使用の有無が分かれている。老年層話者は「カラ」と共通語の格助詞「で」の使い分けは意識していないが、表す意味用法の領域が重複するのを避けるために、意味の面での住み分けを図ろうとしたとも考えられる。

　中年層は〈移動の手段〉を表す際、「カラ」と「で」の両語を明確に使い分けしている。それは「自分が運転するかどうか」という観点に基づいたもので、「自分が運転するもの」の場合には「で」で承け、「他人が運転するもの」の場合には「カラ」で承ける。このような使い分けは伝統的な石垣市方言には存在しない。よって、共通語とウチナーヤマトゥグチの住み分けを図るためのもので、ウチナーヤマトゥグチが中年層話者に共通語として強く認識されていることを示すものである。しかし、この「自分が運転するかどうか」という観点に基づく使い分けは若年層には継承されておらず、中年層特有のものになっている。

　若年層では〈手段・道具〉を表す「カラ」は〈移動の手段〉を表すことはできず、主に〈情報源〉を表す。老年層・中年層では承けることのできた〈移動の手段〉が若年層で全く現れないのは、琉球方言圏内のことばが過渡期にある

ことを窺わせる現象である。その一方で、老年層・中年層では現れなかった
〈情報源〉を「カラ」によって表す用法があり、「カラ」が意味領域を広げつつ、
共通語との住み分けを図っていることが窺える。

　共通語の格助詞「を」に対応する「カラ」は、石垣市方言 kara の用法が干
渉した結果現れた言語現象である。この用法については老年層から若年層まで
共通して確認できることから、石垣市方言には定着していると思われる。

　この意で用いられる「カラ」と共通語「を」の使い分けは、中年層において
は「物理的距離」に基づいて行われている。筆者の管見によれば、「物理的距
離」に基づいた語の使い分けは石垣市方言を含む八重山方言、さらには南琉球
方言圏に関する先行研究にも確認できない。中年層の世代が生み出した新たな
使い分け機能であると考えられる。また、「カラ」を用いることによって〈強
調〉の意が加えられる用法も中年層と若年層で確認できた。

　共通語の格助詞「に」に対応する「カラ」については、高江洲の定義に則る
ものではなく、ウチナーヤマトゥグチの定義を考える上で非常に重要な言語現
象である。伝統的な石垣市方言には共通語の格助詞「に」に対応する語は 'Nga
や ka'i であり、kara では現れない。筆者は、'Nga や ka'i が意味用法に応じて
使い分けられていることを根拠に、共通語でもこの二語を使い分けしようとす
る意識が働き、広い意味用法をもつ kara に形態的に対応する共通語「から」
に置き換えた結果、'Nga が「カラ」として現れたのではないかと仮定した。し
かし、'Nga を「カラ」と置換する必然性に欠け、その過程を説明するだけの資
料も得られなかった。一方、各世代では共通語「に」との使い分けも図られて
おらず、さらに、「カラ」によって表現する方が定着している。現段階では
「カラ」が派生させた新しい意味用法であると考えているが、伝統的な方言に
基盤が無いのにもかかわらず、共通語として認識されている「カラ」は非常に
曖昧な語である。この意で用いられる「カラ」については他の表現からの類推
とも考えられる。

　石垣市方言のウチナーヤマトゥグチ「カラ」の意味用法を、世代を通して見
ることによって、様々に用法を派生させていることが窺える。特に、石垣市方
言を母語として持つ老年層に比べ、共通語を母語としている中年層や若年層に

おいて多くの興味深い現象が見られたことは、ウチナーヤマトゥグチ「カラ」がいかに共通語として認識されているかを窺わせるものである。共通語として認識されているからこそ、似た用法を持つ語と住み分けを図ろうとする意識が働くのであり、「カラ」が共通語であるという認識が強いことを示している。そこには石垣市方言 kara と共通語「から」との形態的一致・意味的隔差が大きく影響しており、石垣市方言 kara の意味用法がウチナーヤマトゥグチ「カラ」として現れている。その意味ではウチナーヤマトゥグチは琉球方言の共時態であると言え、今後の変遷過程を注目する必要がある。

第5節 「カラ」の地域差について

本節では、ウチナーヤマトゥグチ「カラ」を、上田方言と石垣市方言での用法で比較し、特徴や発生要因を明らかにしていく。

まず、【表1】【表2】を再度示し、上田方言と石垣市方言のウチナーヤマトゥグチに観察される用法を確認しておく。

【表1】 ウチナーヤマトゥグチ「カラ」の上田方言における世代差

共通語	表す意味	老年層	中年層	若年層
「で」	〈移動の手段〉	○	★	×
	〈情報源〉	○	○	○
「を」	〈動作の行われる場所〉	○	★	○
「に」	〈動作の到達する所〉	○	○	○

【表2】 ウチナーヤマトゥグチ「カラ」の石垣市方言における世代差

共通語	表す意味	老年層	中年層	若年層
「で」	〈移動の手段〉	○	★	×
	〈情報源〉	×	×	★
「を」	〈動作の行われる場所〉	○	★	★
「に」	〈動作の到達する所〉	○	○	○

○：共通語とウチナーヤマトゥグチの使い分けなし
★：共通語とウチナーヤマトゥグチの使い分けあり
×：ウチナーヤマトゥグチでは使用しない

ウチナーヤマトゥグチ「カラ」は共通語の格助詞「で」「に」「を」に対応するが、それぞれの助詞の全ての意味用法に対応するのではなく、一部の意味に対応している。

　ウチナーヤマトゥグチが現れる最大の要因は、共通語と琉球方言の形態的一致・意味的隔差によるものである。上記の「カラ」について言えば、共通語の格助詞には「から」があり、琉球方言にも格助詞 kara が存在している。この両語は意味の面でも共通点を多く持っており、同系統の語であることは疑いない。

　しかし、琉球方言 kara は共通語「から」に比べてより広範な意味を表すことができる。上記の表に挙げている〈移動の手段〉〈情報源〉〈動作の行われる場所〉がその例である。例えば、現代の共通語では「から」によって〈移動の手段〉を表す用法は稀であり、一般的には「で」が用いられる。対して、琉球方言では kara によって承ける体言が〈移動の手段〉であることを示すことができる。これは共通語と琉球方言の意味的な隔差とも呼べるものであり、この点がウチナーヤマトゥグチ「カラ」を生んだ大きな要因であると考えられるのである。

　次に、北琉球方言圏（上田方言）と南琉球方言圏（石垣市方言）の用法を比較してみる。

第1項　共通語「で」に対応する「カラ」

　まず、共通語「で」に対応する「カラ」である。上田方言では老年層から中年層、若年層と世代が下るに連れて、「カラ」の〈移動の手段〉を表す用法は狭まりを見せる。老年層では〈移動の手段〉を表す際には、承ける体言に制限なく用いることができたが、中年層では承ける体言が制限され、若年層については〈移動の手段〉を表すことはできなくなっていく。

　石垣市方言でも世代間で推移する過程は上田方言と完全に一致する。地理的に隔てられた地域で世代間での現れ方がほぼ合致するという点は非常に興味深い。これは、世代を下るに連れて共通語の影響が強くなっていることを示していると思われる。

　また、石垣市方言の中年層に特有の現象として、〈移動の手段〉を表す共通

語「で」とウチナーヤマトゥグチ「カラ」の使い分けが見られる。これは承け
る体言を「自らが運転するかどうか」という観点に基づいているもので、非常
に特徴的な使い分けになっている。この使い分けは、上田方言にみられる使い
分けに比べ、かなり具体的で明確である。ただし、上田方言における現象が、
使い分け機能の萌芽的な現象であるかについては現段階では言及できない。石
垣市方言での現象についてもより詳細な分析が必要となる。しかしながら、使
い分けが図られているという現象自体は疑いないものであり、今後の変遷過程
を注視する必要がある。

　一方、「カラ」によって〈情報源〉を表す用法には、上田方言と石垣市方言
で世代間の現れ方に差異が見られる。上田方言では老年層から若年層まで確認
できるが、石垣市方言では若年層にのみ確認できる。上田・石垣両方言ともに、
〈情報源〉を含む〈手段・道具〉を表す際には kara が用いられることから、石
垣市方言に現れにくいのは他の要因が考えられる。また、〈情報源〉を表す用
法は特定の観点に基づく共通語との使い分けが行われているわけではなく、
kara の用法を共通語として認識しており、「で」とは自由交替的に用いられる。
しかし、〈移動の手段〉を表す際には共通語との使い分けを図るなど、特徴的
な用法が見られた石垣市方言の中年層において、この意で用いることができな
いのは興味深い点である。

　上田方言と石垣市方言の現れ方の違いは、〈情報源〉を表す用法が上田方言
を含む沖縄本島方言に特徴的なものであることを窺わせている。上田方言では
老年層から若年層まで確認できたが、石垣市方言で若年層にのみ確認できるの
は、ウチナーヤマトゥグチの地域差や世代差を示すものである。

　繰り返しになるが、伝統的な上田方言、伝統的な石垣市方言ともに〈情報源〉
を含む〈手段・道具〉を表す際には kara が用いられ、ウチナーヤマトゥグチ
の基盤となる方言の用法としては存在している。それにもかかわらず、上田方
言と石垣市方言（特に老年層）でウチナーヤマトゥグチとしての用法の有無が
分かれるのは興味深い。また、石垣方言を母語として持つ老年層に〈情報源〉
を表す「カラ」が現れなかったことを踏まえると、石垣市方言の老年層・中年
層では共通語の影響によって〈情報源〉の用法が現れなかったとも考えられる。

ここで、ウチナーヤマトゥグチ「カラ」が共通語「で」と使い分けされる際の観点について考察してみたい。

　共通語の格助詞「で」と使い分けされる際には、承ける体言を「自らが運転するかどうか」という観点に基づく。この使い分けは石垣市方言の中年層に顕著に現れ、上田方言の中年層では「で」と「カラ」は使い分けられているものの、明確な基準は無く、承ける体言による使い分けとなっている。しかし、「カラ」でのみ承ける体言を見ると、石垣市方言での使い分けと共通しており、繋がりを感じるところはある（「自転車」は「カラ」で承けないが、「タクシー」は承ける）。地理的に隔たった両地域の中年層話者に見られることを考えると、「で」と「カラ」が使い分けされる際の「自らが運転するか」という観点は、共通の要因のもとに生まれたものであると考えられる。

《上田方言 中年層の「で」と「カラ」》

「で」	「カラ」
×	10-1　タクシー カラ 来た
11'　車 で 行く	11　車 カラ 来た
12'　バス で 行く	12　バス カラ 行く
18　自転車 で 行く	×

※「車」「バス」については「で」「カラ」の両語を用いることができるが、「タクシー」の場合には「カラ」、「自転車」の場合には「で」のみが用いられる。

《石垣市方言 中年層の「で」と「カラ」》

「で」	「カラ」
×	24-1　タクシー カラ 来た
26-1'　車 で 行く	26-1　車 カラ 行く
×	27　バス カラ 行く
28　自転車 で 行く	×

第3章　ウチナーヤマトゥグチの助詞「カラ」の用法

※「車」は自分が運転する場合には「で」、他人が運転する場合には「カラ」で承ける。「バス」「タクシー」は常に他人が運転するものであるから「カラ」、自転車は自分が運転するから「で」が用いられる。

　伝統的な方言を考えてみると、琉球方言圏の多くの地域では、共通語「で」に対応する語として主に kara 系 と si 系の二種類が現れる。管見では、この両語を特定の観点に基づいて使い分けしている例は確認できない。したがって、中年層で行われている「で」と「カラ」の使い分けは、伝統的な方言からの影響ではない。恐らく、共通語とウチナーヤマトゥグチの住み分けを図るために中年層によって生み出された、新たな用法であると考えられる。ウチナーヤマトゥグチが、琉球方言の用法を反映しているだけでなく、共通語との住み分けを図る上で新たに用法を派生させていることを表すものであり、地理的に隔たった地域に共通して窺える点は非常に興味深い。現段階ではその要因は明らかにできないが、共通語との住み分けを図るために生まれた用法であることは疑いないだろう。また、上田方言と石垣市方言の中年層から確認できたことは、琉球方言圏の他地域でも同様の現象が見られる可能性を示唆している。

第2項　共通語「を」に対応する「カラ」

　続いて、共通語「を」に対応する「カラ」について見る。この意を表す「カラ」は上田方言では老年層から若年層まで共通して確認できるが、中年層において共通語「を」との使い分けが見られる。一方、石垣市方言でも老年層から若年層まで確認できるが、中年層と若年層において共通語「を」と住み分けを図ろうとする現象が見られた。

　ここで、ウチナーヤマトゥグチ「カラ」と共通語「を」が使い分けられる現象について考えてみたい。上田方言では、中年層において「物理的距離」に基づく使い分けが共通語「を」との間に行われている。上田方言の老年層及び若年層ではこのような使い分けは見られない。

　対して、石垣市方言では、老年層での使い分けは確認できないが、中年層と若年層では表す意味の違いによる使い分けが行われている。具体的には、中年

層では「物理的距離」に基づく使い分けは確立されており、また、「カラ」を用いることによって〈強調〉の意味が含まれる用法も確認できた。後者の用法は、明確な使い分けとまではいかないが、若年層にも確認できるもので、石垣市方言には定着しつつある用法であると言える。文脈によって使い分けの観点は異なるが、共通語とウチナーヤマトゥグチの住み分けを図ろうとする意識は注目されるべきであり、ウチナーヤマトゥグチがいかに共通語として強く認識されているかが窺える。

　次に、それぞれの観点について考察していく。まず、上田方言及び石垣市方言の中年層に見られた「物理的距離」という観点についてである。具体的には、「道を歩いている」（或いは「道 φ 歩いている」）と言えば、その「道」は比較的近い距離にあることを示し、「道カラ歩いている」と言えば、その「道」は比較的遠い距離にあることを示す。

《「物理的距離」に基づく使い分け（上田方言）》

　40-1　道 カラ 歩いている ⇒「道」が遠い距離にある

　40-1'道 を（φ）歩いている ⇒「道」が比較的近い距離にある

　40-1-1　おじさんが道 カラ 歩いている ⇒ その「道」は遠い距離にある

　40-1-1'おじさんが道 を 歩いている ⇒ その「道」は比較的近い距離にある

　44-1　坂 カラ 上って行く ⇒ その「坂」は遠い距離にある

　44-1'坂 を 上って行く ⇒ その「坂」は比較的近い距離にある

《「物理的距離」に基づく使い分け（石垣市方言）》

　59-1　道 カラ 歩いている ⇒「道」が遠い距離にある

　59-1'道 を（φ）歩いている ⇒「道」が比較的近い距離にある

　59-1-1　おじさんが道 カラ 歩いている ⇒ その「道」は遠い距離にある

第3章　ウチナーヤマトゥグチの助詞「カラ」の用法

59-1-1'　おじさんが道 を 歩いている　⇒　その「道」は比較的近い距離に
　　　　ある

65-1　坂 カラ 上って行く　⇒　その「坂」は遠い距離にある

65-1'　坂 を 上って行く　⇒　その「坂」は比較的近い距離にある

　「近い」「遠い」の境界は厳然たるものではないが、話者の中に「を（φ）」
と「カラ」を使い分けようとする意識があることは事実である。同様の意味用
法を表す複数の語を「物理的距離」に基づいて使い分けする用法は、筆者の管
見する限り、琉球方言圏では確認できない。ただし、この「物理的距離」は琉
球方言の格助詞 ga と nu の使い分けに見られる「ウチ・ソト意識」から派生
していると捉えることもできる。

　「ウチ・ソト意識」は、共通語の格助詞「が」に対応する琉球方言 ga, nu を、
承ける体言への親疎に準じて使い分けする用法の根底にある意識である。端的
に言えば、話者にとってウチなるものであれば ga、ソトなるものであれば nu
で承けるという用法であって、この「ウチは ga、ソトは nu 」という関係は話
者の主観的な判断によるものである（現在では、承ける体言の種類による使い
分けとなっている地域が多い）。つまりは、「ウチ・ソト意識」は承ける体言に
対する心理的距離に基づいていると考えられる。

　「物理的距離」も、話者から「遠い」或いは「近い」と感じる距離は具体的
に規定されているわけではない。結局、その体言を「遠い」「近い」とするの
は話者自身の判断であり、そこには「遠い」「近い」と見なす心理的な作用が
働いている。したがって、「を（φ）」と「カラ」の使い分けされる際の「物理
的距離」は「ウチ・ソト意識」（＝心理的距離）から派生したとも考えられる。
この点について、大野（1974）は共通語の指示代名詞を例に挙げ、以下のよう
に述べている。

　　コソアドを近・中・遠・不定の関係で把える場合、それを具体的な距離の
　　問題としてだけ理解するならば、日本人の真の生活領域、存在領域に関す

293

る意識を正確に反映するものではない。コ系は自分のウチにあるもの、カ
系（ア系）はソトのもの（中略）を指すと見るのが、コソアドの体系の理
解なのではなかろうか。　　　　　　　　　　　　　　（大野 1974 pp.177-178）

　大野（1974）は「ここ」「これ」等のコ系と「あそこ」「あれ」等のア系（日
本古語では「かしこ」「かれ」等のカ系）は「物理的距離」による区別だけで
はなく、その根本には「ウチ・ソト意識」が影響していることを示唆している。
これを踏まえれば、「物理的距離」による区別も「ウチ・ソト意識」から派生
したとすることができる。
　これと関連して、石垣市方言中年層では共通語の格助詞「を」との使い分け
において、指示代名詞の近称（コ系）・遠称（ア系）との関係性が現れている
ことも確認できている。以下に文例を挙げる。

《指示代名詞と「を」「カラ」の呼応関係》
　84-1　<u>ここ</u>の道 <u>を</u> 歩いていた　⇔　84-2　<u>あそこ</u>の道 <u>カラ</u> 歩いていた
　85-1　おばさんが<u>ここ</u>の畑 <u>を</u> 通っていた　⇔　85-2　おばさんが<u>あそこ</u>
　　の畑 <u>カラ</u> 通っていた
　86-1　私は<u>ここ</u>の坂 <u>を</u> 下りた　⇔　86-2　私は<u>あそこ</u>の坂 <u>カラ</u> 下りた
　87-1　猫が<u>この屋根の上</u> <u>を</u> 歩いていた　⇔　87-2　猫が<u>あの屋根の上</u> <u>カ</u>
　　<u>ラ</u> 歩いていた

　上記のように、近称（コ系）の場合には「を」が用いられるのに対し、遠称
（ア系）の場合には「カラ」が用いられる。この場合、「を」と「カラ」によっ
て表される意味は全く同じである。石垣市方言中年層話者によれば、この呼応
関係は厳格なものではないが、近称なら「を」、遠称なら「カラ」の方が違和
感なく用いることができるということであった。このような使い分けは、ウチ
ナーヤマトゥグチが使用されていく中で共通語との間に住み分けが行われたこ
とを示すものであり、伝統的な方言の影響ではない、新しい用法である。また、
ウチナーヤマトゥグチと共通語という言語間においてではあるが、指示代名詞

による助詞の使い分けが行われているという点は非常に興味深い。特に、近称と遠称という違いに基づいて語が使い分けられる点は、先述の大野（1974）の論説に通ずるものがある。

　代名詞に基づいた助詞の使い分けという現象は、八重山方言にも潜在的に「ウチ・ソト意識」が存在していることを示すものである。格助詞「が」に対応する語がほぼ nu に統一されている八重山方言圏は、ga と nu によって「ウチ・ソト意識」が保たれている他地域と比較され、多くの先行研究においても「ウチ・ソト意識」が観察されにくいとされてきた。しかし、石垣市方言のウチナーヤマトゥグチをみると、「ウチ・ソト意識」から派生した近称・遠称の使い分けに応じて語の住み分けが図られている。つまり、格助詞「が」に対応する語の使い分けという点では失われてしまっているが、根底には「ウチ・ソト意識」が八重山方言圏にも存在していることを表していると考えられるのである。近称・遠称という「物理的距離」も延いては「ウチ・ソト意識」（＝心理的距離）に基づくものであり、ウチナーヤマトゥグチと共通語の住み分けという形で「ウチ・ソト意識」が確認できたのは、琉球方言圏における「ウチ・ソト意識」の重要性を更に強めるものとなっており、八重山方言にもこれが存在していることを示すものである。

　程度の差はあれ、上田方言と石垣市方言の中年層に「物理的距離」に基づく「を」と「カラ」の使い分けが確認できたことは、琉球方言圏における「ウチ・ソト意識」の影響の強さを表しているものであると考えられる。特に、伝統的な方言において「ウチ・ソト意識」が稀薄化しているとされる八重山方言圏でも現れたことは、今後の八重山方言への一考と成り得るものである。

　次に、「カラ」の〈強調〉の用法について考察する。この用法は石垣市方言の中年層及び若年層に確認できる。しかし、石垣方言において格助詞「を」に対応する kara に〈強調〉を表す用法は無い。よって、〈強調〉を表す用法については厳密にはウチナーヤマトゥグチとは呼べないが、「カラ」自体が「を」の意味に対応しているという点ではウチナーヤマトゥグチと呼べるものである。以下には、中年層にみられた例を挙げる。

《「カラ」の持つ〈強調〉の意》

　　66-1　右側 カラ 歩け ⇒「右側」以外からは歩いてはいけないことを示唆

　　66-2　右側 を 歩け

　　88-1　机の上 カラ 歩くな ⇒「机の上」を強調することで行為の無礼さを
　　　　叱責

　　88-2　机の上 を 歩くな

　琉球方言 kara に〈強調〉の用法は確認できない。この用法が石垣市方言に
強く現れたのは、共通語「を」との使い分けがより具体的に現れていることも
関係していると考えられる。石垣市方言では、「物理的距離」という観点に基
づく「を」と「カラ」の使い分けは、指示代名詞と呼応関係を示すまでに発達
している。これによって、「を」と「カラ」の使い分けがより強く意識され、
「カラ」に〈強調〉の意味が表出するまでになったのではないか。

　石垣市方言のウチナーヤマトゥグチ「カラ」が〈動作の行われる場所〉を表
す用法は、石垣方言 kara が共通語「を」へ干渉したことによって生まれたも
のであることは疑いない。また、「を」との使い分けが意識されることによっ
て、「カラ」が〈強調〉の意味を表すようになっている。

　この現象が上田方言では確認できないのに対し、石垣市方言の中年層・若年
層に顕著に現れているのは、石垣市方言のウチナーヤマトゥグチ「カラ」の発
達と関係がありそうである。共通語「から」が〈強調〉を表すまでに拡大して
いると見ることもできるが、共通語には格助詞を承接する用法が存在しないこ
とを考えればウチナーヤマトゥグチ「カラ」としての用法であるとするのが現
段階では穏当であろうと考える。

　一方、共通語の助詞「を」と「から」は〈場所〉を表す用法を共通に持って
いる。特に、〈経由点〉〈通過点〉を表す用法においては、動作の主体として行
う場合には「を」、客観視して動作を捉えている場合には「から」が用いられ
る。ウチナーヤマトゥグチ「カラ」が「を」に対応して現れる用法は、共通語
「から」の面からも考えられるのである。確かに、ウチナーヤマトゥグチ「カ

ラ」の場合には動作主が話し手以外であり、その動作が行われるのを客観的に
みる場合に「カラ」を用いる例がある（例えば「59-1-1 おじさんが道 カラ 歩
いている」など）。ただし、筆者の内省では「私はこの道カラ歩いた」のよう
に、動作主が一人称でも用いることができる。「を」に対応する「カラ」につ
いては、伝統的な方言 kara の干渉もある反面、「共通語「から」との関わりを
含めて考察していく必要がある。

第3項　共通語「に」に対応する「カラ」

　続いて、共通語「に」に対応する「カラ」についてである。上田方言及び石
垣市方言のウチナーヤマトゥグチには、共通語の格助詞「に」に対応する「カ
ラ」が存在している。この用法は各方言の老年層・中年層・若年層に確認でき
ることから、日常的に使用されている用法だと考えられる。

　この「カラ」の用法について、桑江（1930）や本永（1994）には琉球方言
kara の干渉によってもたらされた語であり、共通語の観点から見れば誤用で
あって留意しなければならないと述べられている。しかし、上田方言 kara、
石垣市方言 kara には無い用法である。〈動作の到達する所〉を表す場合、上田
方言では 'Nkee、石垣方言では 'Nga, ka'i が用いられ、両方言で kara が用いら
れることは無い。したがって、共通語に対する上田方言及び石垣方言の干渉の
結果として現れた用法だとは言えないのである。

　一方、高江洲（1994）はウチナーヤマトゥグチの現れる要因として伝統的な
方言の形態が共通語にないことを挙げている。確かに、'Nkee や 'Nga, ka'i が
形態的に対応する語は共通語には無い。また、「に」に形態的に対応する上田
方言・石垣方言 ni は〈時〉を表す際にのみ用いられ、'Nkee、'Nga, ka'i とは意
味用法の面で住み分けを行っている。この点を踏まえて考えると、老年層話者
の中に 'Nkee、'Nga, ka'i と ni が異なる用法を持っていることを認識し、共通語
に置き換える際に異なる形態を用いようとする意識が働いた結果、広範な意味
をもつ kara に対応させたと考えることもできる。

　しかし、kara に 'Nkee、'Nga, ka'i の意味用法を含ませる理由が、形態的に対
応する語が無いというだけでは蓋然性が低い。何より、kara には形態的に対

297

応する共通語「から」があり、さらに 'Nkee や 'Nga, ka'i の意味を当てるとするには当地の伝統的な方言の助詞用法で 'Nkee, 'Nga, ka'i と kara が自由交替的に用いられる例が確認されなければならない。このような点を踏まえると、琉球方言の干渉によって生まれた用法であるとは断言できない。現段階では、上田方言において共通語「に」に形態的に対応する ni が、'Nkee と意味用法に基づいて住み分けが行われている点、'Nkee, 'Nga, ka'i が共通語に形態的に対応する語を持たない点に鑑み、ウチナーヤマトゥグチ「カラ」として新しく派生させた用法であるとする方が穏当であると考える。この「カラ」については琉球方言圏の他地域だけでなく、本土方言での現れ方も考慮に入れる必要があり、より広範な地域の用例を比較・分析しなければならない。

　ここで、座安（2013）（2014b）の結果と比較し、「に」に対応する「カラ」が琉球方言圏に特徴的であることを挙げる。

　座安（2014b）では、首都圏方言若年層話者を対象に、「上カラ着る」「下カラ着る」が許容されるかについてアンケート調査を行い、その結果を分析している[1]。調査項目は以下の通りである。ちなみに、ウチナーヤマトゥグチを母語にもつ筆者は、全ての文で「から」を用いることができる。

問1　鉛筆で書いた文字の上〔に／から〕ペンで書く。

問2　タオルを巻いた上〔に／から〕帽子を被る。

問3　【何も身に着けていない状態で】（裸の）上〔に／から〕ジャケットを着る。

問4　【シャツを一枚着ている状態で】寒いので、上〔に／から〕コートを着る。

問5　ジャケットの下〔に／から〕肌着を着る。

問6　ズボンの下〔に／から〕新しい下着を履く。

問7　寒いので、靴下の上〔に／から〕もう1枚靴下を履く。

問8　寒いので、コートの下〔に／から〕セーターを着る。

これらについて、「に」と「から」のどちらを使う方が適切かを回答させた。

第3章　ウチナーヤマトゥグチの助詞「カラ」の用法

問1〜4・7は「上」、問5・6・8は「下」を承ける際に使用する助詞をきいている。その結果は次のようになっている。以下、座安（2014b）のグラフから抜粋し、比較しやすいように回答結果を一覧にして掲出する。

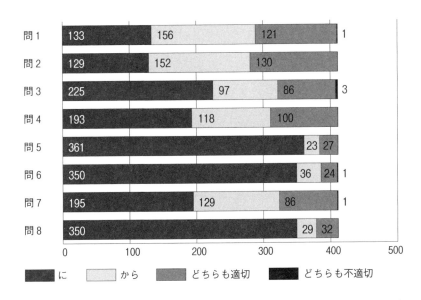

（有効回答数：411）（座安　2014b pp.30-32）

問1と問2は「着る」以外の動詞と用いられている。その結果をみると、「に」と「から」はほぼ同じ程度使用されている。また「どちらも適切」も同数程度確認されていることから、「に」「から」は許容されていると言える。

問3と問4は「着る」を使用しているが、〈重ね着〉の有無による違いがある。問3は何も身に着けていない状態で〈重ね着〉の意が無い。対して、問4は〈重ね着〉の意を有している。しかし、結果にそれほど顕著な差異はみられない。よって、「上に着る」を「上から着る」と表すことは、首都圏方言圏でも許容されていると言える。

　一方、「下に着る」を「下から着る」とすることは認められていない。問5・6・8からは、「に」と「から」の回答数に大きな差がみられる。「上に着る」と「上から着る」の結果と比較すると、その差は判然としている。

299

座安（2013）の結果においても、「上から着る」を「使える」とした割合は
高かった。やはり「上に着る」と「上から着る」はほぼ同じような意味で用い
られていると考えられる。一方、「下に着る」を「下から着る」と表現するこ
とについて、「使用できる」とした回答は少なかった。この傾向は話しことば
と書きことばの両方で変わらず、性差及び地域差もほとんどみられなかった。
　座安（2014b）の結果をふまえても、「上から着る」は〈重ね着〉の有無に関
わらず、共通語でも許容されていると考えられる。よって、「上カラ着る」は
ウチナーヤマトゥグチであるとは断言できない。一方、「下に着る」を「下か
ら着る」とすることは許容されていないため、「下カラ着る」はウチナーヤマ
トゥグチに特徴的な用法であるとみることができる。

第4項　中年層にみられる使い分けについて

　共通語と「カラ」を使い分ける現象が、上田方言及び石垣市方言の中年層に
顕著に確認できるという点について考えてみる。先述のように、中年層では、
共通語とウチナーヤマトゥグチ「カラ」はいくつかの観点に基づいて使い分け
られる。よって、その要因は中年層という世代の特徴にあると考えられる。こ
こで最も考えられるのは中年層の言語環境である。中年層は、親の世代にあた
る老年層は琉球方言を母語として持っているが、自身はウチナーヤマトゥグチ
の体系を持っている。これを裏付けるように、上田方言及び石垣市方言の中年
層話者は、当地の伝統的な方言を流暢に話せるわけではない。これは母語とし
て琉球方言の体系を持っていない、換言すれば、ウチナーヤマトゥグチを母語
として獲得していると考えられる。中年層話者は、自身はウチナーヤマトゥグ
チを母語に持ちながらも、彼らの周囲には琉球方言が強く残っているという環
境に身を置いていたことが推測される。
　また、ウチナーヤマトゥグチは共通語に対する琉球方言の干渉によって生ま
れたことばであり、語の形態上は共通語であるが、その意味用法には琉球方言
のそれが含まれるといった特徴を持つ。これは琉球方言と共通語の助詞が、形
態的には一致しているが表す意味用法に隔たりがあるということが大きな要因
となっている。

第 3 章　ウチナーヤマトゥグチの助詞「カラ」の用法

　これらを踏まえると、中年層においてウチナーヤマトゥグチと共通語の使い分けが行われる現象が見られるのは、中年層が伝統的な方言にも接触していたことが影響していると考えられる。つまり、共通語と琉球方言の混在する環境に育った世代であるからこそ、双方の意味的隔差を意識させられ、その意識が強まった結果、ウチナーヤマトゥグチと共通語の使い分けという形で現れたのではないだろうか。対して、老年層は母語として伝統的な方言を持っているため、方言が基盤となって現れるウチナーヤマトゥグチの用法に違和感は覚えない。むしろ、違和感が無いからこそウチナーヤマトゥグチが生まれたのであり、そこに「共通語の用法と比較する」という意識は芽生えにくいだろう。また、若年層は母語としてウチナーヤマトゥグチを持っており、伝統的な方言はほとんど理解できない。よって、琉球方言の助詞用法を理解していないため、共通語とウチナーヤマトゥグチの用法を比較するという意識は稀薄である。中年層にのみ使い分けが確認できたのは、共通語と琉球方言のどちらも理解できたためであると考えられる。それと同時に、本土復帰という社会的な転換期に伴って共通語がこれまで以上に流入したであろう環境で育ったことも、中年層でのウチナーヤマトゥグチの発達に影響を及ぼしたと思われる。

　これは共通語の格助詞「を」に対応するウチナーヤマトゥグチ「カラ」における現象にも通じている。上田方言と石垣市方言の中年層では「物理的距離」に基づく使い分けが、ウチナーヤマトゥグチと共通語で行われている。これも、使い分け現象が中年層にのみ行われていることに鑑みると、中年層という世代の特徴、延いては言語環境の特異性が強く影響していると考えられる。同時に琉球方言において重要な「ウチ・ソト意識」から派生した用法が見られることから、「ウチ・ソト意識」が形を変えながらも継承されている様相が窺え、その重要性を改めて認識させられるものとなっている。

注

＊1　調査結果は平成 25（2013）年度、國學院大學渋谷キャンパス「社会の中の人間 21（國學院大學の歴史と未来）」の授業出席者へのアンケート調査によって得られたものである。

301

第4章
係助詞「は」「も」の前に付く「ガ」の用法

　本章では、共通語の係助詞「は」「も」の前に付くウチナーヤマトゥグチの助詞「ガ」について、上田方言と石垣市方言での現れ方を、各世代で観察された文を記述した上で、分析する。なお、表記方法は前章と同じとする。

第1節　上田方言

第1項　老年層
(1)「ガ」＋係助詞「は」

　1-1　君 ガは できる（君はできる）

　1-2　君 ガは できない（君はできない）

　1-3　君 ガは できるか？（君はできるか？）

　1-4　君 ガは できないか？（君はできないか？）

　2-1　君 ガは 食べる（君は食べる）

　2-2　君 ガは 食べない（君は食べない）

　3-1　君 ガは 食べられる（君は食べられる）

　3-2　君 ガは 食べられない（君は食べられない）

　4-1　猫 ガは 食べる（猫は食べる）

　4-2　猫 ガは 食べない（猫は食べない）

第 4 章　係助詞「は」「も」の前に付く「ガ」の用法

5-1　大人 ガは 行く（大人は行く）

5-2　大人 ガは 行かない（大人は行かない）

6-1　大人 ガは 行ける（大人は行ける）

6-2　大人 ガは 行けない（大人は行けない）

7-1　子ども ガは 取る（子どもは取る）

7-2　子ども ガは 取らない（子どもは取らない）

8-1　子ども ガは 取れる（子どもは取れる）

8-2　子ども ガは 取れない（子どもは取れない）

9-1　男 ガは 飲む（男は飲む）

9-2　男 ガは 飲まない（男は飲まない）

10-1　男 ガは 飲める（男は飲める）

10-2　男 ガは 飲めない（男は飲めない）

11-1　太郎 ガは 本 φ 読まん（太郎は本を読まない）

11-2　太郎 ガは 本 φ 読まんの？（太郎は本を読まないの？）

11-3　太郎 ガは 本 φ 読むの？（太郎は本を読むの？）

(2)「ガ」＋係助詞「も」

12-1　これは 僕 ガも できる（これは僕もできる）

12-2　これは 僕 ガも できない（これは僕もできない）

12-3　これは 僕 ガも できるか？（これは僕もできるか？）

12-4　これは 僕 ガも できないか？（これは僕もできないか？）

13-1　あいつ ガも 食べる（あいつも食べる）

303

13-2　あいつ ガも 食べない（あいつも食べない）

14-1　犬 ガも 食べる（犬も食べる）
14-2　犬 ガも 食べない（犬も食べない）

15-1　犬 ガも 渡る（犬も渡る）
15-2　犬 ガも 渡らない（犬も渡らない）

16-1　犬 ガも 渡れる（犬も渡れる）
16-2　犬 ガも 渡れない（犬も渡れない）
17-1　太郎 ガも 本 φ 読む（太郎も本を読む）
17-2　太郎 ガも 本 φ 読まん（太郎も本を読まない）
17-3　太郎 ガも 本 φ 読むの？（太郎も本を読むの？）
17-4　太郎 ガも 本 φ 読まんの？（太郎も本を読まないの？）

18-1　この荷物は女 ガも 持つ（この荷物は女も持つ）
18-2　この荷物は女 ガも 持たない（この荷物は女も持たない）

　以上は、「ガ」に係助詞「は」「も」が承接している例である。「ガは」「ガも」は、表している意味としては「は」「も」に近い。
　この「ガは」「ガも」は上田方言を共通語に直訳した結果生まれたものである。上田方言を含む沖縄本島中南部方言では、共通語の格助詞「が」に対応する語に、係助詞「は」「も」が付くことができる。以下に、上田方言の例を挙げる。

《上田方言》〔　〕内には直訳を示す。
①「ガは」 ga ＋ ’jaa → gaa ，nu ＋ ’jaa → noo
　19　ʔja: ga: kamuɴ〔君 がは 食べる〕
　20　ʔja: ga: kamaɴ〔君 がは 食べない〕
　21　maja: no: kamuɴ〔猫 がは 食べる〕

304

第 4 章　係助詞「は」「も」の前に付く「ガ」の用法

21　Ɂuɸutʃu <u>no:</u> Ɂitʃuɴ〔大人 がは 行く〕

22　warabi <u>no:</u> turuɴ〔子ども がは 取る〕

23　Ɂikiga <u>no:</u> numari:ɴ〔男 がは 飲める〕

②「ガも」　ga + ʼN → gaʼN，nu + ʼN → nuʼN

24　kure: wa: <u>gaɴ</u> naiɴ〔これは僕 がも できる〕

25　Ɂari <u>gaŋ</u> kamuɴ〔あいつ がも 食べる〕

26　Ɂin <u>nuɴ</u> wataiɴ〔犬 がも 渡れる〕

27　kunu nimutʃe: Ɂinagu num mutʃuɴ〔この荷物は女 がも 持つ〕

　上田方言には共通語の格助詞「が」に対応する語として、ga と nu の二つがある。そして、これらに係助詞「は」に対応する ʼja や係助詞「も」に対応する ʼN が接続される。「が」に対応する ga, nu に「は」に対応する ʼja が接続した gaa, noo、「も」に対応する ʼN が接続した gaʼN, nuʼN となる。

　一方、共通語では、格助詞「が」の後に係助詞「は」「も」が接続する際には「が」は現れない。例えば「太郎が」を係助詞「は」によって取り立てる場合には、「太郎は」のように格助詞「が」が係助詞「は」に置き換わって使用される。係助詞「も」の場合も同様である。

28　太郎 が 行く ＋「は」→　太郎 は 行く／＊太郎 がは 行く

29　太郎 が 行く ＋「も」→　太郎 も 行く／＊太郎 がも 行く

　このように、共通語では格助詞「が」に係助詞「は」「も」が接続した「がは」「がも」は観察されない。老年層のウチナーヤマトゥグチとして「ガは」「ガも」が観察される要因は、この点における共通語と琉球方言の違いが現れているものである。

　琉球方言の gaa や gaʼN について、野原（1998）は沖縄諸島には広く分布するとしている。そして、「gaN は常に否定の意と呼応しているから、話題の者の能力と結びつけば、完全に相手を蔑むことになる」（p.770）とし、gaʼN は否

305

定的な意味をより強く表すことを指摘している。

　また、gaa は否定表現と結びつくと「能力を否定してできないことを言う」
（p.770）としている。琉球方言 gaa に含まれる意として「聞き手、話者の者に
対して、そちらの方は、我々と違い、何でもできるのだから、勝手にやればい
いじゃないかと、話し手が相手（聞き手、話者の者）を突っぱね（中略）差別
している」（p.771）と述べている。一方で、肯定表現で用いられる gaa は相手
の「万能をも意味している」（p.771）と続けている。

　この点を踏まえると、自分自身や対話を行っている相手に対して消極的な感
情を抱いているとみることもできる。例えば、gaa に対応する文例の「1-1 君
ガはできる」は「私にはできないけれど、君はできる」ことを意味し、相手の
能力が優れていることを称えると共に、自らを蔑んでいる。また、「僕ガもで
きる」は「これはあなたにもできるのだから、私も当然できる」という意味を
表している。伝統的な上田方言の用法が共通語と認識された結果、ウチナーヤ
マトゥグチとして現れていると言えよう。

　野原（1998）はかつて共通語の助詞「が」には〈軽蔑〉を表す用法があった
ことを挙げ、gaa や ga'N にはその古い用法が残っていることを挙げている[*1]。
古い用法が残った要因については「係助詞が合することによって残ったのでは
ないか」（p.771）としている。また、本来は nu で承ける普通名詞を承けること
もでき、gaa や ga'N で承けることで「端から問題にしない」というニュアン
スが付加されるとしている。

　一方、〈主格〉を表す nu については「kusanuŋ kamari:mi 草がも食べられる
か」「kusano: kamaraŋ 草がは食べられない」の例を挙げて、次のように述べて
いる。

　　nuN は（中略）gaN に比べて普通の表現に近いと言えるが、nuN のついたも
　　のが意外だということを表わしている。　　　　　　　　（野原 1998 p.771）

　　no: は ga: に比べ普通の表現で、ga: は最初から問題にしない意味合いがあ
　　る。　　　　　　　　　　　　　　　　　　　　　　　　　　　　　（同上）

306

第4章　係助詞「は」「も」の前に付く「ガ」の用法

　このように、nu については gaa や ga'N のように特別な意味を表しているわけではなく、〈軽蔑〉の意味は gaa や ga'N の ga によるものだと述べている。つまり、〈主格〉を表す ga や nu の使い分けがあるとしながら、係助詞 'ja や 'N に接続する ga には古代語の〈軽蔑〉の意が残っているとしているのである。ただし、伝統的な方言では noo, nu'N で現れる文も、ウチナーヤマトゥグチでは「ガは」「ガも」として現れていることを考えると、伝統的な方言 ga に特有の意味が共通語化された点については考えなければならない。

　以上、「ガは」「ガも」の現れる要因については課題が残っているが、伝統的な方言の用法がウチナーヤマトゥグチとして現れていることが観察される。

第2項　中年層

(1)「ガ」＋係助詞「は」

　30-1　君 ガは できる（君はできる）

　30-2　君 ガは できない（君はできない）

　30-3　君 ガは できるか？（君はできるか？）

　30-4　君 ガは できないか？（君はできないか？）

　31-1　君 ガは 食べられる（君は食べられる）

　31-2　君 ガは 食べられない（君は食べられない）

　32-1　猫 ガは 食べる（猫は食べる）

　32-2　猫 ガは 食べない（猫は食べない）

　33-1　太郎 ガは 本 φ 読まん（太郎は本を読まない）

　33-2　太郎 ガは 本 φ 読まんの？（太郎は本を読まないの？）

(2)「ガ」＋係助詞「も」

　34-1　僕 ガも できる（僕もできる）

307

34-2　僕 ガも できない（僕もできない）

34-3　僕 ガも できるか？（僕もできるか？）

34-4　僕 ガも できないか？（僕もできないか？）

35-1　犬 ガも 食べる（犬も食べる）

35-2　犬 ガも 食べない（犬も食べない）

36-1　太郎 ガも 本 φ 読む（太郎も本を読む）

36-2　太郎 ガも 本 φ 読むの？（太郎も本を読むの？）

36-3　太郎 ガも 本 φ 読まんの？（太郎も本を読まないの？）

　上田方言の中年層話者にも、「ガは」「ガも」は観察される。先述したように、「ガは」「ガも」の用法は蔑む意があるとされ、日本語の古い姿が琉球方言に残存する、貴重な例となっている可能性もある。

　意味の面でも伝統的な方言、及び老年層のウチナーヤマトゥグチと共通している。「ガは」が用いられている文では〈相手への蔑み〉や〈万能〉の意を表し、「ガも」が用いられている文では〈相手への蔑み〉を表している。「ガは」「ガも」は世代を通して継承されていると言える。しかし、その使用は少なくなっていることも窺える。

第3項　若年層

(1)「ガ」＋係助詞「は」

　　用例無し。

(2)「ガ」＋係助詞「も」

　　用例無し。

　若年層には、「ガ」に係助詞「は」「も」が承接する例は観察されない。老年層や中年層では現れていたことから、共通語の影響であるとも考えられる。伝

第4章 係助詞「は」「も」の前に付く「ガ」の用法

統的な方言をほとんど理解できない若年層に観察されない点をみると、ウチナーヤマトゥグチとしては消失しつつある現象であると言える。

第4項 世代差について

上田方言では、老年層と中年層で「ガは」「ガも」の用法が観察される。共通語において、格助詞「が」が係助詞「は」「も」に接続すると「が」は姿を消してしまう。その一方、上田方言を含む沖縄本島方言においては接続でき、それぞれ gaa, noo と ga'N, nu'N の形で現れる。この語の形態を共通語に直訳的に置き換えた結果、上田方言のウチナーヤマトゥグチ「ガは」「ガも」として現れている。しかし、若年層では観察されなかったことを踏まえると、ウチナーヤマトゥグチとして継承されにくくなっていることが窺える。

ウチナーヤマトゥグチ「ガは」「ガも」によって表される意味は、老年層と中年層で共通している。以下に、「ガは」「ガも」の例を挙げて、各々に表される意味を記す。なお、「 」中の（ ）部分は省略されている意を表わす。

① 「ガは」

37-1 君 ガは できる ⇒「（私にはできないが）君はできる」

37-2 君 ガは できない ⇒「（私もできないのに／私はできるが）君はできない」

37-3 君 ガは できるか？ ⇒「（私にもできないのに／私はできるが）君はできるか？」

37-4 君 ガは できないか？ ⇒「（私にもできるのに／私はできないが）君はできないか？」

38-1 僕 ガは できる ⇒「（君にはできないが）僕はできる」

38-2 僕 ガは できない ⇒「（君もできないのに／君はできるが）僕はできない」

38-3 僕 ガは できるか？ ⇒「（君もできないのに／君はできるが）僕はできるか？」

309

38-4　僕 ガは できないか？　⇒「（君もできるのに／君はできないが）僕は
　　できないか？」

　まず、①「ガは」の用法について分析する。37-1、38-1 の例をみると、言
外に含まれる「僕（37-1）」「君（38-1）」を下にみる意が表される。同時に、
「君（37-1）」「僕（38-1）」が「何でもできる」という意を表していることが窺
える。
　37-2 では「君」、38-2 では「僕」を下にみる意が表されている。また、「僕
（37-2）」「君（38-2）」の〈万能〉を示しているとみることできる。37-3、38-
3でも「君」「僕」の能力を否定し、下にみる意を表している。37-4、38-4は
「僕」「君」を下にみるとともに、「君」の〈万能〉を表しているとみることが
できる。

②「ガも」

39-1　僕 ガも できる　⇒「（君にもできるなら）僕にもできる」

39-2　僕 ガも できない　⇒「（君にもできないのだから）僕もできない」

39-3　僕 ガも できるか？　⇒「（君はできるが／君もできないのに）僕でも
　　できるか？」

39-4　僕 ガも できないか？　⇒「（君は当然できないが）僕にもできない
　　か？」

40-1　君 ガも できる　⇒「（僕にもできるなら）君もできる」

40-2　君 ガも できない　⇒「（僕にもできないのだから）君もできない」

40-3　君 ガも できるか？　⇒「（僕はできるが／僕もできないのに）君にで
　　きるか？」

40-4　君 ガも できないか？　⇒「（僕は当然できないが）君にもできない
　　か？」

②「ガも」は、常に否定的な意味を示し、相手への軽蔑感を表していると言

える。39-1 は「君にもできるなら」、40-1 は「僕にもできるなら」という言外の意を含んでおり、「君（39-1）」「僕（40-1）」を下にみる意を表している。39-4、40-4 も同様、言外の相手には能力がないことを示すことで、相手を下にみる意を表わしている。

39-2、40-2 は言外の相手の〈万能〉を示している。39-2 の場合、言外に想定される「君」は「僕」以上の能力を持っており、「その君ができないのだから」という意味が含まれる。40-2 も言外に「君」は「僕」よりも劣っていることが意図されている。39-3、40-3 も同様に、言外に想定される相手に対する〈万能〉を示している。

野原（1998）の言う〈万能〉の意味については、相手を下にみる意と関連していると思われる。つまり、蔑みの対象が相手へ向いているか、自分自身へ向いているかの違いである。自分自身に蔑みが向くことによって、相手との相対的立場が下がり、延いては相手の立場を上げることになって相手の〈万能〉を意味するようになったのであろう。従って、相手への蔑みも相手の〈万能〉も延いては下にみる意に通ずるものであり、その及ぶ対象の相違によって、表される意味が異なっているように見えるのだと考えられる。

上田方言のウチナーヤマトゥグチ「ガは」「ガも」は上田方言 gaa, noo や ga'N, nu'N が共通語化した語であり、老年層と中年層の世代に確認できる。共通語として強く意識されていることが分かる。また、表す意味についても老年層と中年層の間に差異はなく、意味の面でも共通している。

第2節　石垣市方言

第1項　老年層

(1)「ガ」＋ 係助詞「は」

　　用例無し。

(2)「ガ」＋ 係助詞「も」

　　用例無し。

311

石垣市方言の老年層話者では、上田方言で確認できた「ガは」「ガも」は確認できなかった。これは老年層話者が石垣市方言の体系を母語として獲得していることが強く影響していると考えられる。

　石垣市方言では、格助詞の「が」に対応する ga と nu の弁別が失われており、〈主格〉はほぼ nu によって担われている。老年層において、「ガは」「ガも」が ga と nu の区別を保つ上田方言では定着していたことを考えると、伝統的な方言の用法が強く影響していることが窺える現象である。

第2項　中年層

(1)「ガ」＋ 係助詞「は」

　　用例無し。

(2)「ガ」＋ 係助詞「も」

　　用例無し。

　石垣市方言の中年層には、格助詞「が」に係助詞「も」が接続した例は確認されなかった。老年層でも現れなかったことを考えると、石垣市方言のウチナーヤマトゥグチには観察されない用法であると解釈できる。

　また、格助詞「が」に係助詞「も」の接続した例も観察されなかった。「ガ」に係助詞「は」或いは「も」の承接する用法は、老年層においては一例も確認できない。老年層で用例が確認できないのは、石垣市方言に「ガは」「ガも」に該当する語が無いことを踏まえると穏当な現象である。中年層には「聞いたことはある」とする話者もいたが、実際に使用することはない。石垣市方言のウチナーヤマトゥグチとして観察されないことから、「ガは」「ガも」は伝統的な方言からの影響ではないと考えられる。

312

第4章　係助詞「は」「も」の前に付く「ガ」の用法

第3項　若年層

(1)「ガ」＋係助詞「は」

用例無し。

(2)「ガ」＋係助詞「も」

用例無し。

　若年層では、「ガ」に係助詞「は」「も」が承接する例は見られない。老年層や中年層でも確認できなかった用法が若年層でも現れないことを踏まえると、石垣市方言においては定着しなかった用法であると考えられる。また、やはり石垣市方言に「がは」「がも」に対応する形態や用法がないこともあるかもしれない。若年層話者の話では「自らの生活圏の同年代では聞いたことも無い」とのことであり、石垣市方言のウチナーヤマトゥグチとしてはやはり観察されにくいと考えられる。

第4項　世代差について

　石垣市方言において、「ガ」に係助詞「は」「も」の承接する形はどの世代にも観察されなかった。石垣市方言を母語として持つ老年層にも全く確認できなかった点を踏まえると、この用法は石垣市方言のウチナーヤマトゥグチではない。先述したが、石垣市方言には沖縄本島方言に見られる格助詞 ga と nu の弁別は無く、ほぼ nu に統一されている。また、沖縄本島方言には格助詞「が」に係助詞「は」の接続した gaa, noo（「がは」に対応）や係助詞「も」の接続した ga'N, nu'N（「がも」に対応）があるが、石垣市方言にはほとんど確認できない。したがって、共通語へ干渉する伝統的な方言そのものに形態が存在していないのであり、ウチナーヤマトゥグチ「ガは」「ガも」としても現れないのは当然であるといえよう。

　さらに、若年層でも「ガは」「ガも」は観察されない。これは、石垣市方言に「ガは」「ガも」が生まれる基盤がなかったことに加え、共通語も多少影響したと考えられる。石垣市方言で「ガは」「ガも」が現れないのは、端的に言

313

えば、石垣市方言においてそれらに対応する語が無いからであり、更にその根本には格助詞「が」に対応する ga と nu の区別が無いことが影響していると考えられる。

第3節　「ガは」「ガも」の地域差

　係助詞「は」「も」の前に付くウチナーヤマトゥグチ「ガ」の用法は、沖縄本島中南部方言と八重山方言で顕著な差異がみられた。沖縄本島中南部方言の上田方言では老年層と中年層に観察された。その一方、石垣市方言では老年層、中年層、若年層のどの世代でも観察されなかった。

　この地域差は、伝統的な方言の差としてみることができる。先述したとおり、上田方言を含む沖縄本島中南部方言には、「ガは」「ガも」に直訳的に対応する語が観察される。しかし、石垣市方言にはそれらに対応する語がない。この差がウチナーヤマトゥグチとしての地域差に反映されているのである。

　また、「ガは」「ガも」の意味についても、野原（1998）に指摘されているように、伝統的な方言の用法が反映されているとみることができる。一方、「ガは」「ガも」の地域差及び伝統的な方言の差異については、格助詞「が」に対応する語の地域差が反映されているとみることもできる。

第1項　上田方言の「が」に対応する語

　格助詞「が」に対応する語は、琉球方言圏内でも地域差が顕著にみられる。内間（1990）は、沖縄本島中南部方言では、格助詞「が」に対応する語として ga と nu の二つが観察されるとしている。沖縄本島中南部方言に属する上田方言にも ga と nu の二つが観察される。

《上田方言の格助詞 ga, nu 》

　41　waŋ ga ʔitʃuɴ（私が行きます）

　42　ʔari ga jumuɴ（彼が読む）

　43　ʔamma: ga ʔiki ri tʃi ʔi:ta（母が行ってこいと言っていた）

第 4 章　係助詞「は」「も」の前に付く「ガ」の用法

44　ko:iʃi ga ru wassaru（買うのがわるいんだ／買うのがぞわるい）

45　wata nu jamuɴ（腹が痛い）

46　çïsa nu jari ʔattʃu:saɴ（足が痛いので歩けない）

47　ki: nu kari:ɴ（木が枯れる）

　上田方言では、共通語の格助詞「が」に対応する語のうち、人称代名詞など
を承ける場合には ga、普通名詞を承ける場合には nu で承けられる。この区別
は、いわゆる「ウチ・ソト意識」（内間 1990）に基づくものであると考えられ
る。そして、「がは」「がも」に対応する語の存在は、「ウチ・ソト意識」が話
者にとって非常に重要なものであることを示唆している。

第 2 項　石垣市方言の「が」に対応する語

　一方、石垣市方言では格助詞「が」に対応する語は、nu が現れる。これは
内間（1990）にもあり、伝統的に nu が使われていると考えられる。

《石垣市方言の格助詞 nu 》

48　ari nu jumuɴ（彼が読む）

49　pan nu jami aragarunu（足が痛いので歩けない）

50　dʒin nu du aru（お金がある／お金がぞある）

　また、石垣市方言には格助詞「が」に対応する nu と係助詞 du が融合した
'Ndu という助詞も用いられる。これは nu と明確な基準をもって使い分けられ
ているわけではない。また du の文末と呼応する働きも弱くなっている。

《石垣市方言の助詞 'Ndu 》

51　habu ndu ïru sa:（ハブがいるよ）

52　ki: ndu kare:ru（木が枯れる）

53　bada ndu jamuɴ（腹が痛い）

315

このように、石垣市方言では共通語の格助詞「が」に対応する語は nu や 'Ndu などの nu 系で現れ、形態として ga は観察されない。また、この nu は格助詞の後ろに付いて、承ける語を強調するような働きをすることもない。つまり、格助詞の後ろに付くウチナーヤマトゥグチの助詞「ガ」は、形態は共通語の格助詞「が」と同じであるが、「が」に対応する語の用法が干渉したものではないのである。

　この ga と nu の使い分けについて、内間（1990）は「ウチ・ソト意識」による使い分けを指摘し、琉球方言の ga と nu の使い分けは承ける名詞への親疎によって行われているとしている。つまり、話者にとって身近にとらえた対象（ウチなるもの）である場合には ga が承け、客観的にとらえた対象（ソトなるもの）である場合には nu で承けることで、その親疎を示しているとしている。

　また、石垣市方言を含む八重山方言にみられる現象については内間（2011）で次のように述べている。

　　八重山方言のように、ガが失われているものもある。八重山方言ももとは承ける形式を異にして、ウチ・ソト意識で使い分けられていたものと解される。その承ける形式に混乱が生じたときに（中略）かかる形式を異にしてうまく機能分担化をなしえなかった結果として、ガは排除されたものと解される。

（内間 2011 p.83）

　この記述から、石垣市方言では、格助詞「が」に対応する語が現在では nu 系に統一されているが、かつては使い分けられていた可能性が挙げられる。そして、石垣市方言では、共通語の格助詞「が」に対応する語は伝統的に nu であったことが分かる。また、内間（1990）は nu と自由交替的に用いられる nudu, 'Ndu があることも述べており、nu 系の語も使われていたことが窺える。

第4章　係助詞「は」「も」の前に付く「ガ」の用法

第3項　「ウチ・ソト意識」と「がは」「がも」

　ここまでみたように、格助詞「が」に対応する語は上田方言と石垣市方言とで差異がみられる。そして、格助詞「が」に対応する語は、「がは」「がも」に対応する語の存在と関連していると考えられる。ga と nu の使い分けがある上田方言には「がは」「がも」があるのに対して、nu 系に統一されている石垣市方言にはみられないことからも推測される。

　既に述べたとおり、共通語では格助詞「が」に係助詞「は」「も」が接続する際には「がは」「がも」とはならず、「は」「も」となる。一方、伝統的な上田方言では「が」に対応する ga, nu に係助詞「は」に対応する 'ja が接続する場合には、gaa, noo となり、「がは」に直訳できる形態で現れる。「も」に対応する 'N が接続する場合にも、ga'N, nu'N となり、やはり「がも」に直訳できる形態で現れる。つまり、「が」に対応する形態が明示されるのである。

　そして、伝統的な方言で ga, nu が明示される理由としては、「ウチ・ソト意識」の存在が関わっている。ga と nu は、現在では承ける名詞の種類による使い分けになっているが、かつては承ける名詞に対する親疎によって使い分けられていた。それは、話者にとってウチなるものであるか、ソトなるものであるかを表す、重要な用法であったためだと考えられる。つまり、名詞を承ける助詞が ga と nu のどちらかであるかを示すことは、「ウチ・ソト意識」を自明のものとして示すことになるのである。

　上田方言を含む沖縄本島中南部方言で gaa, noo や ga'N, nu'N のように、ga や nu が明示されるのは「ウチ・ソト意識」の重要性を示すものであり、その用法が根底にあり、ウチナーヤマトゥグチ「ガは」「ガも」として現れていると考えられる。しかし、伝統的な方言では ga, nu と異なる形態で使い分けられていたものが、「ガ」のみに収斂されていることをみると、格助詞「が」に対応させるかたちで「ウチ・ソト意識」を表す用法は形骸化していると考えられる。

　この点に関連して、内間（2011）は、那覇方言において〈主格〉の ga の承ける名詞の種類が拡大していることや、〈所有格〉の nu が承ける名詞の種類が拡大していることをうけ、次のように述べている。

317

琉球方言では（中略）承ける形式を異にする働きから次第に変化して、今
度はかかる形式を異にして、ガは用言にかかって主格を表示し、ヌは体言
にかかって連体修飾する働き、すなわち現代共通語的体系へ移行しつつあ
ることがみえてくる。 　　　　　　　　　　　　　　　（内間　2011 p.83）

内間（2011）は共通語化との関わりについては言及していないが、共通語と
同じように、ga が〈主格〉を表し、nu が〈所有格〉を表すようになっている
ことを述べている。これは、格助詞「が」及び「の」に対応する語によって
「ウチ・ソト意識」が明示化されなくなってきたことを示唆するものである。
　一方、石垣市方言には「がは」「がも」に対応する語が観察されないことは
既に述べた。石垣市方言では格助詞「が」に対応する語は nu で現れる。この
nu に係助詞 'ja や係助詞 'N が接続しようとした場合には、'ja, 'N 単独で現れ
る。

《石垣市方言の「は」「も」》
54　ari nu jumuɴ（彼が読む）＋ 'ja（は）→ are: jumuɴ（彼は読む）
　　　　　　　　　　　　　　　　　　　／ * ari noo jumuɴ

55　ari nu jumuɴ ＋ N（も）→ ari ɴ jumuɴ（彼も読む）
　　　　　　　　　　　　　　／ * ari nun jumuɴ

そして、石垣市方言に「がは」「がも」が観察されない要因は、格助詞「が」
に対応する語での使い分けが見られないことが関係している。沖縄本島中南部
方言とは異なり、石垣市方言は格助詞「が」に対応する語が nu 系のみである。
これは、格助詞「が」に対応する語での「ウチ・ソト意識」は表されないこと
を示す。したがって、格助詞「が」に対応する語を自明のものにする蓋然性が
低く、係助詞が後接する際にも「が」が現れないと考えられるのである。
　ウチナーヤマトゥグチ「ガは」「ガも」に地域差が現れるのは、伝統的な方

第4章　係助詞「は」「も」の前に付く「ガ」の用法

言の差が要因であると考えられる。そして、その地域差は、格助詞「が」に対応する語に、「ウチ・ソト意識」が担われているかによる違いでもあることが窺えるのである。

第4項　ウチナーヤマトゥグチの「ガは」「ガも」

　沖縄本島方言に「ガは」「ガも」が現れ、石垣市方言に現れない要因は、伝統的な方言で「が」に対応する語を明示する必要性の有無にある。「が」に対応する語の使い分けで「ウチ・ソト意識」を示す沖縄本島方言では、名詞をga と nu のどちらで承けるかは非常に重要であった。「がは」「がも」に対応する語が、伝統的な方言で観察されることからもそれは窺える。ウチナーヤマトゥグチ「ガは」「ガも」が観察されるのは、格助詞「が」に担われていた「ウチ・ソト意識」の痕跡を示すものである。

　しかし、ウチナーヤマトゥグチでは ga と nu という形態での使い分けは失われ、「ガ」に統一されている。これは、共通語において〈主格〉を示す語は「が」のみであることが大きく影響している。ウチナーヤマトゥグチは、伝統的な方言を共通語に置き換えようとする過程で生じたという特徴を有する。伝統的な方言では〈主格〉を示す際に区別されていた ga と nu だが、共通語では「が」のみに統一されていたことから、共通語に置き換える際には「ガ」に統一されたのだろうと解釈できる。

　この現象は、伝統的な方言の影響が小さくなることで起こったと推測される。桑江（1930）には、伝統的な方言では nu となるところを、共通語にする際に「ノ」と置き換える例があったことを挙げている。

　　　「が」を使用すべきところに、「ノ」を用ふ。「雨が降つたら」を、「雨ノふ
　　　つたら」　　　　　　　　（桑江 1930 p.34：漢字は新字体を使用、符号は省略）

　「雨」は普通名詞であり、〈主格〉を表す場合、伝統的な方言では nu で承ける。桑江（1930）の例は nu を直訳的に共通語に置き換えた結果、「ノ」となっていると考えられる。したがって、かつては gaa, noo や ga'N, nu'N もそれ

319

ぞれ「ガは・ノは」、「ガも・ノも」と使用されていた可能性はある。しかし、「ノは」「ノも」が使用される例は観察されないことから、ウチナーヤマトゥグチとしては「ガは」「ガも」に統一されていたとも考えられる。いずれにせよ、格助詞「が」に対応する語の使い分けによって「ウチ・ソト意識」が表されていたが、ウチナーヤマトゥグチでは使い分けは失われていると言える。

第5項 「が」の〈卑下〉と「ウチ・ソト意識」

ウチナーヤマトゥグチ「ガは」「ガも」の意味用法に関連して、野原（1998）は日本古語の「が」にはかつて相手を見下す〈卑下〉の意味があったことを指摘し、沖縄本島方言にみられる gaa や gaN で表される意味は、その残存である可能性を挙げている。上田方言のウチナーヤマトゥグチ「ガは」「ガも」の意味用法をみると、野原（1998）と一致することから、伝統的な方言の影響が窺えた。そして、〈卑下〉と〈万能〉は〈卑下〉が向けられる対象の違いであり、同一の働きである可能性を挙げた。

一方、相手を下にみる、或いは相手の万能性を称える意味は、係助詞「は」「も」の〈取り立て〉の働きによる可能性も指摘した。古代日本語の「が」は、「の」と尊卑による使い分けがなされていたのは、大野（1987）をはじめとして、多くの先行研究で指摘されていることである。野原（1998）も、「が」に対応する ga に〈卑下〉する意があり、それが gaa や ga'N の用法にみられるとしている。

しかし、言外のものと比較するという機能は、共通語の係助詞「は」「も」にもみられる。また、「ガは」「ガも」によって表される意味をみると、「ガは」であれば「は」が、「ガも」であれば「も」が用いられる。これは、「ガは」「ガも」の意味を、主として「は」「も」が担っていることを表わす。言い換えれば、「ガ」は承ける名詞が〈主格〉であることを表わすのみであり、意味の面には関与していないと見ることができる。つまり、ウチナーヤマトゥグチ「ガは」「ガも」は、伝統的な琉球方言の形態が直訳的に共通語に置き換えられたものであり、「ガは」「ガも」が〈万能〉〈卑下〉の意を表わしているのではないとも考えられる。〈卑下〉〈万能〉の働きが係助詞「は」「も」によるものであるとす

れば、この ga が係助詞 'ja, 'N が接続しても姿を現していることには別の要因を考える必要がある。

ここで、内間（1990）（2011）の「ウチ・ソト意識」から考えてみたい。これまでみたように、内間（1990）は格助詞「が」に対応する ga, nu の使い分けは「ウチ・ソト意識」に基づいており、その観点は琉球方言話者には重要であったとしている。

これを「ガは」「ガも」に置き換えて考えてみると、ウチナーヤマトゥグチにおいても、「ガは」「ガも」のように「ガ」が残される理由は、やはり伝統的な方言で「が」を明示しようとする意識が強かったためだと考えられるのである。形態の面では、ga と nu の使い分けは失われてしまっているが、「がは」「がも」に対応する語が伝統的な方言に残っていることが基盤となり、それを共通語に直訳的に置き換えた結果、「ガは」「ガも」として現れたのだろう。

伝統的な方言では noo, nu'N が用いられる文で「ガは」「ガも」が現れることは、「ノは」「ノも」が共通語の影響を受けて「ガは」「ガも」となったことを示さなければならない。しかし、共通語に置き換えるうえで、「〈主格〉＝「が」」という意識が働いたと考えれば、「ノは」「ノも」は現れにくいとみることもできる。内間（2011）も那覇方言の記述において、「ガは用言にかかって主格を表示し、ヌは体言にかかって連体修飾するという働き、すなわち現代共通語的体系へ移行しつつあることがみえてくる」（p.83）と述べていることからも、ウチナーヤマトゥグチとして現れる時点で noo, nu'N も「ガは」「ガも」となっていたと推測される。

このように、「ガは」「ガも」の「ガ」と、「が」の〈卑下〉との関わりについてはまだ課題が残っている。「ガは」「ガも」が伝統的な方言を基盤にしていることは疑いないが、その要因が、特有の意味用法を表すためのものか、「ウチ・ソト意識」の形骸化したものかについては他の地域での現れ方をみる必要がある。

第4節　まとめ

　ウチナーヤマトゥグチ「ガは」「ガも」は、伝統的な琉球方言 gaa, noo 及び ga'N, nu'N が共通語に置き換えられたものであることを述べた。そして、これらが現れた背景には格助詞「が」に対応する語を明示しようとする意識が考えられた。

　沖縄本島中南部方言に属する上田方言で観察され、石垣市方言には現れない点も、格助詞「が」に対応する伝統的な方言における差によるものと考えられた。格助詞「が」に対応する語が ga と nu で使い分けられている上田方言では「ガは」「ガも」が現れる。一方、格助詞「が」に対応する語が nu 系に統一され、複数の語での使い分けがみられない石垣市方言では「ガは」「ガも」はない。それは、係助詞「は」「も」に接続されても、「が」を明示しようとする意識の強さを表している。そして、その背景には「ウチ・ソト意識」が、格助詞「が」に対応する語で表されていると考えられる。

　ただし、上田方言の若年層ではすでに観察されなくなっている。これは、世代が下るにつれて、共通語の影響が強くなっていることを示す。ウチナーヤマトゥグチの体系も変化していることが窺える。地域差だけでなく、世代差についてもウチナーヤマトゥグチ研究では重要な観点であることを示唆するものである。

注

*1　以下に、野原（1998）の記述を引用する。

　　岩波大系本『万葉集』3-236「不聽と言へど強ふる志斐のが強語このころ聞かずて朕戀ひにけり」の「が」の語注に「人名・人代名詞の下の連体助詞ガはその人物に親愛の意を表すか、或いはその人物を低め卑しめる意を表す」とある。　　　　　　　　　　　　　　　　　　　　　　　　　　　　　（p.768）

第5章　格助詞に後接する「ガ」の用法

第5章
格助詞に後接する「ガ」の用法

　ここでは、格助詞に後接する「ガ」の用法について、上田方言と石垣市方言
の各世代に観察された文を記述し、分析する。表記方法は第3章に統一する。

第1節　上田方言

第1項　老年層
　用例無し。

　上田方言の老年層には格助詞に後接する「ガ」の用法は観察されなかった。
本永（1994）には、共通語の誤用の例として、「沖縄方言には独特の係助詞 du
（古語の「ぞ」にあたる）があるが、これが「が」と訳されて（中略）「どこで
がやるか」、「いつからがやるか」、「これがいいよ」、「これにが似あうよ」な
どのような言い方」（pp.224-225）があると記述されている。本永（1994）は対
応関係に疑問を残しているとしながらも、係助詞「ぞ」に対応する「ガ」の存
在を述べている。

　しかし、上田方言老年層では「ガ」の挿入する形が現れた例は確認できなか
った。上田方言にも係助詞 du は存在しており、この「ガ」が du に対応して
いるのであれば、上田方言でも確認できるはずである。老年層に現れないこと
は、沖縄本島方言には定着していない可能性がある。この点については、中年
層・若年層の用法を踏まえて言及する。

323

第 2 項　中年層

　用例無し。

　上田方言中年層においても、格助詞に後接する「ガ」は確認できなかった。上田方言を母語として持つ老年層にも確認できなかったことを考えると、上田方言には存在していない用法であると推測される。伝統的な方言を聞けば分かる中年層に確認できない点は、本永（1994）の記載に反することになり、非常に興味深い点である。

　本永（1994）は調査の対象者として、1959 年から1967年生を選定し、彼らが使用する共通語の「誤用」として琉球方言 du に対応する「ガ」の存在を挙げており、これは首里と本島南部（南風原町・与那原町・知念村の隣接三市町村）で確認できていると述べている。本永の選定した年代は本書の中年層に相当するが、上田方言の結果とは大きく異なっている。この「ガ」が係助詞 du に対応しているのであれば、上田方言にも係助詞 du は存在しており、「ガ」は確認できなければならない。よって、上田方言に現れないという点は本永（1994）の記述とは合致しないものである。また、豊見城市上田は沖縄本島南部に位置し、本永（1994）の挙げた三市町村と同様、沖縄本島南部方言に属している。よって、伝統的な方言の違いと考えることも難しい。これらを踏まえて考えると、上田方言の中年層に現れなかった格助詞に後接する「ガ」の用法は、石垣市方言の用法を踏まえた上で考える必要があると思われる。

第 3 項　若年層

　用例無し。

　老年層・中年層と同様、若年層にも格助詞に「ガ」が承接する用法は確認できなかった。方言を母語として持つかどうかにかかわらず、世代を通して確認できないことに鑑みると、上田方言にはウチナーヤマトゥグチとしては存在していないことが窺える。これは延いては沖縄本島方言圏全域で現れない可能性を示唆するものである。

第5章　格助詞に後接する「ガ」の用法

第4項　世代差について

　格助詞に後接する「ガ」の用法について、本永（1994）では「誤用」として挙げられていたが、上田方言では全く確認できなかった。それは、この「ガ」が係助詞 du に対応する語であることに疑問を残すものである。上田方言にも係助詞 du は存在しており、文末と呼応関係を示す、いわゆる係り結びの用法も確認できている。よって、du が「ガ」と直接的に対応しているのであれば、上田方言でも「ガ」として現れるはずである。しかし、老年層から若年層まで確認できなかったことを踏まえると、琉球方言 du と「ガ」の対応関係については、石垣市方言における用法を分析した上で考察していかなければならない。

　ここで考えられるのは、共通語によって淘汰された可能性である。マスメディアや教育の普及によって、上田方言を含む沖縄本島方言においても共通語化が顕著に進んだことは疑いないことである。元々は上田方言にも存在していたが共通語の強い影響によって規範意識が芽生え、共通語には存在しない「格助詞＋ガ」の用法を消失させたとも考えられる。しかし、上田方言で「ガは」「ガも」の文例が豊富に確認できることを踏まえれば、共通語が「格助詞＋ガ」の用法だけを駆逐したと考えるのは難しい。よって、上田方言での現象を考えれば、係助詞 du が「ガ」に対応する語であるとするためには、石垣方言の用法と比較・考察をする必要がある。

第2節　石垣市方言

第1項　老年層

1　蛇が ガ 怖い

2　口が ガ 悪い

3　お茶が ガ 飲みたい

4　海に ガ 行く

5　その本は家に ガ ある

6　タクシーに ガ 乗る

7　母に ガ 笑われた

325

8 おまえと ガ 話したい

9 妹と ガ 行く

10 君から ガ 始めなさい

11 登野城で ガ 育った

12 鉛筆で ガ 書く

13 車で ガ 行く

　石垣市方言の老年層には、格助詞に後接する「ガ」が観察される。1から3までは格助詞「が」に、4から7までは格助詞「に」に、8と9は格助詞「と」、10は格助詞「から」、11と12は「で」に付く例である。そして、この「ガ」は共通語としての意識が非常に強い用法である。

　また、「ガ」が付くことによって、承ける名詞句を「他の物ではない」と強調する。石垣市方言の助詞 du の〈強調〉する働きは、宮城（2003b）にも記述がある。それぞれの格助詞から一例を挙げ記述すると次のようになる。｛　｝内には言外に示される意を示す。

1' 蛇が ガ 怖い：｛他の動物ではなくて｝蛇が怖い

4' 海に ガ 行く：｛他の場所ではなくて｝海に行く

8' おまえと ガ 話したい：｛他の人ではなくて｝おまえと話したい

10' 君から ガ 始めなさい：｛他の人ではなくて｝君から始めなさい

13' 車で ガ 行くよ：｛他の乗り物ではなくて｝車で行くよ

　このように、「ガ」が付くことによって「蛇が」「海に」「おまえと」「君から」「車で」を強調され、「他の物ではない」という意味が表される。石垣市方言の格助詞に後接する「ガ」は〈強調〉の働きを示すことができる。この働きは、石垣市方言の助詞 du と類似している。1から13の文を、伝統的な方言に直すと、「ガ」には du が対応して現れる。

1' habu nu du nguriʃaːru

第 5 章　格助詞に後接する「ガ」の用法

2'　ɸu̥tsï <u>nu du</u> barusa:ru

3'　tʃa: <u>nu du</u> numi ɸu̥sa:ru

4'　tumo:rï <u>kai du</u> haru

5'　kunu sïmutsï ja ja: <u>ŋga du</u> aru

6'　haija: <u>kai du</u> nuru

7'　bune: nu uja <u>kai du</u> ba:rarïda

8'　wan <u>tu du</u> hanasï ʃi: pu̥sa:ru

9'　utudu <u>tu du</u> haru

10'　wanu <u>kara du</u> hadʒimirja:

11'　tunusï̥ku <u>ŋga du</u> tsï̥kana:ta

12'　jempi̥tsï <u>ʃi du</u> kakuru

13'　kuruma <u>kara du</u> haru

　したがって、格助詞に後接する「ガ」は伝統的な石垣市方言の助詞 du がウチナーヤマトゥグチとして現れた結果であると言える。

第 2 項　中年層

14　蛇が ガ 怖い

15　口が ガ 悪い

16　お茶が ガ 飲みたい

17-1　海に ガ 行く

17-2　海に ガ 行くの？

18　その本は家に ガ ある

19　タクシーに ガ 乗る

20　母に ガ 笑われた

21　おまえと ガ 話したい

22　妹と ガ 行く

23　彼と ガ 遊ぶ

24　君から ガ 始めなさい

327

25　君から ガ やれ

26　登野城で ガ 育った

27　鉛筆で ガ 書く

28-1　車で ガ 行く

28-2　車で ガ 行くのか？

　石垣市方言の中年層には、格助詞に後接する「ガ」の例が確認できる。また、老年層と同様、格助詞「に」「と」「から」「で」と承接しやすいことが特徴である。老年層でも日常的に使用されており、中年層にも継承されている。

　中年層話者によれば「ガが付くことによって、複数の中から取り出して選ぶという意識が含まれる」とのことであった。上記の例で言えば、「17-1 海に ガ 行く」と言うことによって、「他の場所ではなく、海に行く」という意になる。この点も老年層と共通する。これらのことから考えると、本永（1994）が指摘したように、琉球方言の係助詞 du の意味が共通語化された形であると言えるかもしれない。

第3項　若年層

29　蛇が ガ 怖い

30　口が ガ 悪い

31　お茶が ガ 飲みたい

32-1　海に ガ 行く

32-2　海に ガ 行くの？

33　その本は家に ガ ある

34　タクシーに ガ 乗る

35　母に ガ 笑われた

36　おまえと ガ 話したい

37　妹と ガ 行く

38　あいつと ガ 遊ぶ

39　君から ガ 始めなさい

第5章　格助詞に後接する「ガ」の用法

40　君から ガ やれ

41　石垣で ガ 育った

42　鉛筆で ガ 書く

43　車で ガ 行く

　石垣市方言の若年層においても、格助詞に後接する「ガ」の用法が観察される。老年層や中年層と同様、また、この「ガ」が〈強調〉の意味を表す点も老年層や中年層の用法と重なる。「ガ」によって〈強調〉を表す用法は若年層にも継承されていることが窺えることから、石垣市方言のウチナーヤマトゥグチとして、今後も継承されていくと推測される。

第4項　世代差について

　格助詞に後接する「ガ」の用法は、石垣市方言の全ての世代で定着している。特に、共通語の格助詞「が」「に」「と」「から」「で」には付きやすいという特徴が窺える。

　また、表す意味についても「他の物ではない」と強調する点で共通している。以下に文と表される意味を記す。

《「ガ」による〈強調〉の用法》

29　蛇が ガ 怖い：{他の動物ではなくて} 蛇が怖い

32-1　海に ガ 行く：{他の場所ではなくて} 海に行く

37　妹と ガ 行く：{他の人とではなくて} 妹と行く

40　君から ガ やれ：{他の人からではなくて} 君からやれ

43　車で ガ 行くよ：{他の手段ではなく} 車で行くよ

　また、この「ガ」の働きは伝統的な石垣市方言の助詞 du に類似する。石垣市方言の助詞 du も格助詞に後接することができ、〈強調〉を表す。「ガ」と du は接続される位置も、意味用法の面でも共通することから、「ガ」は du を共通語に置き換えようとして現れたものであると考えられる。

329

老年層、中年層、若年層の間には、目立った世代差は観察されなかった。石垣市方言のウチナーヤマトゥグチとしては日常的に使用されている。

第3節　格助詞に後接する「ガ」の地域差について

ここでは、格助詞に後接する「ガ」について、上田方言と石垣市方言の用法を比較しながら、その特徴について考察していく。まずは、上田方言と石垣市方言のウチナーヤマトゥグチにおける各世代の用法を端的に示す。

①上田方言

㋐老年層

・用例無し

㋑㋒中年層

・用例無し

㋒若年層

・用例無し

②石垣市方言

㋐老年層

・蛇が ガ 怖い
・海に ガ 行く
・おまえと ガ 話したい
・君から が 始めなさい
・車で ガ 行く

㋑中年層

・蛇が ガ 怖い
・海に ガ 行く
・彼と ガ 遊ぶ
・君から ガ やれ
・車で ガ 行く

㋒若年層

・海に ガ 行く
・彼と ガ 遊ぶ
・君から ガ やれ
・車で ガ 行く

第5章 格助詞に後接する「ガ」の用法

上田方言と石垣市方言を比較すると、格助詞に後接する「ガ」の用法は石垣市方言に特化していることが分かる。石垣市方言では「ガ」が付くことによって、「他の物ではない」という意味が加わる。また、各世代で「ガ」の付く格助詞の種類が一致する点も特徴的である。

語の形態を見る限りでは、「ガ」には格助詞の「が」が関係していると推測できる。また、意味の面では、桑江（1930）や本永（1994）でも指摘されているように、琉球方言の係助詞 du が内包されている。この点は伝統的な石垣市方言で、「ガ」には du が対応して現れたことからも窺えることである。

第1項 格助詞「が」に対応する語について

続いて、「ガ」という形態に関連して、共通語の格助詞「が」に対応する語の現れ方をみる。共通語の格助詞「が」に対応する語は主に ga と nu が現れる。そして、これらは承ける名詞への親疎によって使い分けられている。内間（1990）はこれを「ウチ・ソト意識」と呼び、この「ウチ・ソト意識」は琉球方言話者には非常に重要なものだとしている。現在では、上田方言のように、承ける名詞の種類による使い分けになっている方言もあるが、ga と nu を使い分けようとする意識が残っている。

《上田方言の格助詞 ga, nu 》

44 waŋ ga ʔitʃuɴ（私が行きます）

45 ʔari ga jumuɴ（彼が読む）

46 ʔamma: ga ʔiki ri tʃi ʔi:ta（母が行ってこいと言っていた）

47 ko:iʃi ga ru wassaru（買うのがわるいんだ／買うのがぞわるい）

48 wata nu jamuɴ（腹が痛い）

49 çisa nu jari ʔattʃu:saɴ（足が痛いので歩けない）

50 ki: nu kari:ɴ（木が枯れる）

331

このように、人称代名詞などの場合には ga、普通名詞の場合には nu で承けられる。

　一方、石垣市方言では格助詞「が」に対応する語は nu が現れる。これは内間（1990）にも観察されている。

《石垣市方言の格助詞 nu 》

51　ari nu jumuN（彼が読む）

52　pan nu jami aragarunu（足が痛いので歩けない）

53　dʒin nu du aru（お金がある）

　また、石垣市方言には格助詞「が」に対応する nu と係助詞 du が融合した ’Ndu という助詞も用いられる。これは nu と明確な基準をもって使い分けられているわけではない。また du の文末と呼応する働きも弱くなっている。

《石垣市方言の助詞 ’Ndu 》

54　habu ndu ïru sa:（ハブがいるよ）

55　ki: ndu kare:ru（木が枯れる）

56　bada ndu jamuN（腹が痛い）

　このように、石垣市方言では共通語の格助詞「が」に対応する語は nu や ’Ndu などの nu 系で現れ、形態として ga は観察されない。また、この nu は格助詞の後ろに付いて、承ける語を強調するような働きをすることもない。つまり、格助詞に後接するウチナーヤマトゥグチの助詞「ガ」は、形態は共通語の格助詞「が」と同じであるが、「が」に対応する語の用法が干渉したものではないのである。

　これは、「カラ」に見られた現象とは異なる。「カラ」の場合には、伝統的な琉球方言 kara と共通語の格助詞「から」の形態が似ているにもかかわらず、〈移動の手段〉を表す意味用法が完全には一致しないことが大きな要因であった。形態が重なっていることで、kara と「から」の意味用法も重なっていると

認識し、使用したと解釈できる。

　しかし、石垣市方言のウチナーヤマトゥグチにみられる、格助詞に後接する「ガ」の場合には「カラ」とは現れ方が異なる。「カラ」のように、形態が一致しているわけではないため、「ガ」として現れる要因が形態以外の面にもある。

　ウチナーヤマトゥグチは伝統的な方言の用法を基盤として現れる。ただし、伝統的な石垣市方言では、格助詞「が」はnu系に対応して現れるため、直訳的に「ガ」にあてる語がない。よって、「ガ」の出自は格助詞「が」に対応する語以外の要因も考える必要がある。

　一方、「ガ」の〈強調〉の働きは、伝統的な方言の助詞duと非常によく似ている。形態は「ガ」であるが、機能はduの用法が現れている。

　ちなみに、共通語の格助詞「が」にも格助詞の後ろに付いて強調するような働きはなく、上田方言のga及びnuにもそのような働きは観察されない[*1]。よって、「ガ」は用法の面ではやはりduの干渉を受けていると考えられる。

　しかし、石垣市方言に顕著に確認できることと、duに対応する「ガ」という形態をふまえて考えると、語の形態的な重なりだけでは説明が付かない。石垣市方言では格助詞「が」に対応する語はほぼnu系である。ウチナーヤマトゥグチの特徴として、伝統的な琉球方言と共通語とで、形態は重なるが意味用法では完全には重複しないという点があった。この格助詞に後接する「ガ」は、その点には合致しない。意味の面にはduの用法が干渉している点は間違いないだろう。しかし、音対応の面だけでは説明がつかない。〈強調〉の意が「ガ」という形態で現れる点については、まだ課題が残っている。

第2項　上田方言と石垣市方言の比較

　次に、格助詞に後接する「ガ」について、沖縄本島中南部方言に属する上田方言と比較し、地域差が見られることを示す。先述のように、石垣市方言話者に観察される「ガ」は、「他の物ではない」と強調する働きをもつ。この「ガ」の強調する働きは、伝統的な琉球方言の助詞duと類似している。このduは共通語の「ぞ」に対応するとされている語である。以下、石垣市方言のduの例を挙げる。

《石垣市方言の du を用いた例》　※〔　〕内には直訳を示す

57　saba nu <u>du</u> ɸu̥sa:ru〔草履が *ぞ* 欲しい〕

58　tumo:rï kai <u>du</u> tsi̥kasaru〔海に *ぞ* 近い〕

59　wanu tu <u>du</u> hanasï ʃi: ɸu̥sa:ru〔君と *ぞ* 話したい〕

60　wanu kara <u>du</u> hadʒimirja:〔君から *ぞ* 始めなさい〕

61　ɸudi ʃi <u>du</u> kakuru〔筆で *ぞ* 書く〕

　また、格助詞に付く「ガ」の例を伝統的な方言に直すと、「ガ」の位置には du が対応して現れる。57から61の例を石垣市方言のウチナーヤマトゥグチに直すと次のようになる。

57'　草履<u>が</u> ガ 欲しい

58'　海<u>に</u> ガ 近い

59'　君<u>と</u> ガ 話したい

60'　君<u>から</u> ガ 始めなさい

61'　筆<u>で</u> ガ 書く

　石垣市方言のウチナーヤマトゥグチ「ガ」は、伝統的な方言の助詞である du を共通語に直訳した結果であると考えられる。また、57から61の例と、57'から61'の例を比較してみると、du と「ガ」は格助詞の後ろに現れている。これは「ガ」が du を共通語化しようとした形であることを窺わせる。

　一方、上田方言にも du は観察される。しかし、上田方言のウチナーヤマトゥグチでは格助詞に「ガ」の付く例は確認できなかった。石垣市方言と上田方言のどちらにも、du のつく文とつかない文は観察される。それにもかかわらず、石垣市方言のウチナーヤマトゥグチには du に対応する「ガ」が現れ、上田方言のウチナーヤマトゥグチでは現れない。この「ガ」の用法はウチナーヤマトゥグチにも地域差があることを示すものである。

第 5 章　格助詞に後接する「ガ」の用法

《上田方言の du を用いた例》

62　saba nu du ɸu̥sa:ru〔草履が ぞ 欲しい〕

63　ʔumi ŋke: du tʃikasaru〔海に ぞ 近い〕

64　ʔja: tu du hanaʃi: ʃi: busaru〔君と ぞ 話したい〕

65　ʔja: kara du hadʒimiru wa〔君から ぞ 始めなさい〕

66　ɸudi ʃi du katʃuru〔筆で ぞ 書く〕

　ここで、格助詞に後接する「ガ」の有無について、上田方言と石垣市方言
（特に石垣方言）のウチナーヤマトゥグチの例を比較する。上に挙げたうち、
「58 海に近い」「60 君から始めなさい」「61 筆で書く」の例で比較すると以下の
ようになる。参考として、du の付く例と付かない例を示す。ちなみに、石垣
市方言にも「ガ」の付かない例は観察される。〈強調〉を表す際に「ガ」が用
いられる。

58　海に近い

	伝統的な方言		ウチナーヤマトゥグチ
石垣市方言	58-1	tumo:rï kai du tsï̥kasaru	67　海 に ガ 近い
	58-2	tumo:rï kai tsï̥kasaɴ	
上田方言	63-1	ʔumi ŋke: du tʃikasaru	68　海 に × 近い
	63-2	ʔumi ŋke: tʃikasaɴ	

60　君から始めなさい

	伝統的な方言		ウチナーヤマトゥグチ
石垣市方言	60-1	wanu kara du hadʒimirja:	69　君 から ガ 始めなさい
	60-2	wanu kara hadʒimirja:	
上田方言	65-1	ʔja: kara du hadʒimiru wa	70　君 から × 始めなさい
	65-2	ʔja: kara hadʒimiru wa	

335

61　筆で書く

	伝統的な方言		ウチナーヤマトゥグチ
石垣市方言	61-1	ɸudi ʃi du kaku	71　筆で ガ 書く
	61-2	ɸudi ʃi kakuɴ	
上田方言	66-1	ɸudi ʃi du katʃuru	72　筆で ✕ 書く
	66-2	ɸudi ʃi katʃuɴ	

　石垣市方言のウチナーヤマトゥグチでは、「58 海に近い」の「に」の後ろに「ガ」が付くことによって、「他の場所ではない」と強調する意が現れる。「60 君から始めなさい」の場合にも「から」の後ろに「ガ」が付くことによって「他の人ではない」の意が加わる。「61 筆で書く」の場合には、後ろに「ガ」が付くことで「他の道具ではない」と強調する意が加わる。しかし、上田方言のウチナーヤマトゥグチでは格助詞の後ろに「ガ」が付いて強調するような用法はみられず、共通語と同じような文が現れる。

　このように、石垣市方言のウチナーヤマトゥグチでは du に対応するところに「ガ」が現れてくるが、上田方言ではみられない。その他の地域での現れ方については今後の課題であるが、石垣市と沖縄本島のウチナーヤマトゥグチにも地域差があることを示すものである[2]。格助詞に後接する「ガ」については、石垣市方言話者に、世代を通して継承されている点をみても、今後も使用され続ける可能性は高いと考えられる。

第4節　まとめ

　格助詞に後接する「ガ」について、上田方言と石垣市方言での現れ方を分析した。そして、この「ガ」が石垣市方言の全ての世代に観察された一方で、上田方言では観察されなかったことから、ウチナーヤマトゥグチに地域差があることを示した。

　今後の課題として、沖縄本島中南部方言と八重山方言以外での現れ方につい

336

て記述し、実態を明らかにしていく必要がある。特に、「ガ」の現れる要因に、琉球方言の助詞 du があるのであれば、助詞 du をもつ他の地域のウチナーヤマトゥグチを分析することによって、「ガ」の現れる要因をより精緻に考察することができる。

また、沖縄本島中南部方言での現れ方についてもより詳細な調査が必要となる。本永（1994）の指摘するように、格助詞に後接する「ガ」の用法は、沖縄本島中南部方言にも使用されていた可能性がある。「ガ」の要因となっている琉球方言の助詞 du は上田方言を含めた沖縄本島中南部方言にも観察される。そのため、「ガ」が地域差となって現れているのには、du の有無以外の要因を考える必要がある。共通語化が進む琉球方言圏内においては、ウチナーヤマトゥグチも共通語の影響によって、より共通語に近い姿になっている。世代差を含め、より広範囲で多くの地域での調査、分析が求められる。

注

* ＊1 「が」によって承ける語を強調するような働きをもつことは山崎（1965）に述べられている。山崎（1965）は格助詞「が」「の」の相違について、「助詞「の」が順行的に上接語から下接語へと強い粘着力をもって結合させていく機能を持っているのに対し、助詞「が」はもっぱらその上接語に意味の主点または重点をおくような機能を担っている」（p.405）とし、「助詞「が」は、主語格表示の機能をもつと解してよい」（p.411）と述べた。石垣市方言のウチナーヤマトゥグチ「ガ」も前に来る語を強調するという働きと通ずるところがあると考える。
* ＊2 沖縄県教育委員会県立学校教育課編（2014）には同様の「ガ」が宮古方言にもあることが記述されている。

第6章
ウチナーヤマトゥグチの終助詞の用法

　ウチナーヤマトゥグチとして現れた終助詞の用法は、上田方言・石垣市方言の全世代において同じ表現が確認できた。よって、以下には語例とその用法について述べていき、各方言及び各世代に分けて記述することは避ける。

第1節　「サー」

　ここでは、ウチナーヤマトゥグチの終助詞「サー」について記述する。ウチナーヤマトゥグチの終助詞「サー」は、共通語「さ」にはみられにくい用法をもつ。

　1　昨日、映画 見に行った サー（昨日、映画を見に行ったよ）

　2　昨日、映画 見に行ってない サー（昨日、映画を見に行ってないよ）

　3　そこにある サー（そこにあるよ）

　4　そこにはない サー（そこにはないよ）

　5　早く持って来て サー（早く持って来てよ）

　ウチナーヤマトゥグチの終助詞「サー」は、上田方言と石垣市方言で同様に確認できる。「サー」は共通語の終助詞「さ」と語の形態が類似していることもあり、共通語としての意識が非常に強い助詞である。

第6章　ウチナーヤマトゥグチの終助詞の用法

　この「サー」は共通語の終助詞「さ」では表せない用法を持っている。沖縄県教育委員会県立学校教育課編（2014）によると、ウチナーヤマトゥグチ「サー」は〈念押し〉を表すと記述されている。

　一方、国立国語研究所（1951）によると、共通語の終助詞「さ」は「①軽くあっさり言いはなす」(p.53) と「②質問・反問・反ばく」(p.54) を意味する。また、浅川・竹部（2014）は「文末に接続して意味を強める」(p.436) としている。ウチナーヤマトゥグチでも、共通語の「さ」に近い用法をもっているが、「さ」を短く言うことはほとんどなく、「サー」と長呼化して言う。これにより、なげやりなニュアンスが軟化され、柔和な表現となる。1から5までの「サー」は、共通語の「よ」に近い。共通語の「よ」が〈念押し〉を示すことからも「よ」と「サー」は対応していることが分かる。

　一方、〈質問・反問・反ばく〉の意を表わすのは難しい。

6-1　もういいさ

6-2　もういいサー

7-1　こんなのできて当たり前さ

7-2　こんなのできて当たり前サー

8-1　どこに行ってたのさ

8-2　＊どこに行ってたのサー

　8-2のような文は「サー」を用いては言えない。これは反ばくするような意を「サー」が持っていないためである。また、6-2や7-2の場合も、言えなくはないが、共通語のような、突き放すようなニュアンスは伴われない。そして、「サー」を用いることによって、「さ」よりも柔らかい表現となる。このように、共通語「さ」とウチナーヤマトゥグチ「サー」は表す意味が全く重なるわけではない。

　続いて、伝統的な方言での現れ方をみる。上田方言では共通語の終助詞

339

「よ」に対応する終助詞 sa が確認できる。また、石垣市方言においても「よ」に対応する sa, saa が観察される。また、意味の面に焦点を当てると、上田方言の終助詞 sa 及び石垣市方言の終助詞 sa, saa は〈強調・念押し〉を表す。

《伝統的な方言》
①上田方言 sa

9　ʔari ga katʃu sa（彼が書くよ）

10　na: ʃimu sa（もういいよ）

②石垣市方言 sa, saa

11　ari nu kaku sa（彼が書くよ）

12　kure: jassa:n sa:（これは安いよ）

13　are: takasa:n sa:（あれは高いよ）

　このように、形態は sa であるが、意味の面では共通語「よ」に対応している。これによって、ウチナーヤマトゥグチの終助詞「サー」が現れたと考えられる。

　また、共通語「よ」とも若干のニュアンスの相違が存在する。例えば、「5 早く持ってきてサー」の文では、「サー」を用いた時には、共通語「よ」を用いた時よりも相手を咎める意味合いが弱くなる。このニュアンスの違いは上田方言と石垣市方言の話者に共通しており、ウチナーヤマトゥグチ「サー」特有のものになっている。この現象は、ウチナーヤマトゥグチが共通語として認識されていく過程で、共通語「よ」との使い分けを図ろうとしたことによって生まれたものであり、ウチナーヤマトゥグチ「サー」としての新しい用法であると考えられる。また、各世代において確認できたことからも、このニュアンスによる使い分けは両方言で今後も継承されていく可能性がある。

第6章 ウチナーヤマトゥグチの終助詞の用法

第2節 「ネー」

ここでは、ウチナーヤマトゥグチ「ネー」について記述する。ウチナーヤマトゥグチ「ネー」を使った文には次のようなものがある。

14 あの本 φ 読んだネー？（あの本を読んだか？）

15 あの本 φ 読んでないネー？（あの本を読んでないのか？）

16 もう終わったネー？（もう終わったか？）

17 まだ終わってないネー？（まだ終わってないのか？）

18 あなたが行くネー？（あなたが行くのか？）

19 どこに行くネー？（どこに行くのか？）

20 いつ行くネー？（いつ行くのか？）

21 誰が行くネー？（誰が行くのか？）

ウチナーヤマトゥグチの「ネー」は、先述の「サー」と同様に日常的に用いられる。また、「ネー」と長呼化して現れることも特徴の一つである。14 から 19 までは相手に問いかけるような上昇イントネーションを伴い、〈質問〉を表す。野田（2002）は、共通語の終助詞「ね」は上昇イントネーションを伴うことで、〈確認要求〉〈同意要求〉を表し、聞き手と話し手との知識や意向が一致していることを問う用法があることを指摘している。一方、ウチナーヤマトゥグチ「ネー」は、14 や 15 の場合には相手への〈確認要求〉と捉えることもできるが、単にその行為が行われたかどうかを尋ねる場合に用いられる。共通語に置き換えるとすれば「（の）か」に近い。16 や 17、18 も同様に、〈確認要求〉を表していると捉えることもできるが、〈質問〉でも捉えられる。ただし、筆者の内省では「ネー」が用いられるときには単に〈質問〉として用いることが多い。

341

14-1　あの本 φ 読んだね？　〈確認要求〉

14-2　あの本 φ 読んだネー？　〈質問〉

16-1　もう終わったね？　〈同意要求〉

16-2　もう終わったネー？　〈質問〉

18-1　あなたが行くね？　〈同意要求〉

18-2　あなたが行くネー？　〈質問〉

　このように、ウチナーヤマトゥグチ「ネー」は共通語「ね」にはない、〈質問〉の意を表わすことができる。それは、ウチナーヤマトゥグチ「ネー」は19 や 20、21 のように、疑問詞を含んだ場合にも使用することができることからも分かる。ウチナーヤマトゥグチ「ネー」は疑問詞とともに用いて〈質問〉の意を表わすことができる。「（の）か」との明確な使い分けはないが、共通語「（の）か」よりもよく用いられる。

19-1　＊どこに行くね？

19-2　どこに行くネー？

20-1　＊いつ行くね？

20-2　いつ行くネー？

21-1　＊誰が行くね？

21-2　誰が行くネー？

　しかし、伝統的な方言では、〈質問〉を表す「か」に対応する語で、形態的に「ね」に対応する語は現れない。以下に文を示す。

第6章　ウチナーヤマトゥグチの終助詞の用法

《伝統的な方言》

①上田方言 ga, 'i

22　kure: ta: ga katʃu ga（これは誰が書くか）

23　nu: so: ga（何をするのか）

24　ʔja: ga ʔitʃumi（あなたが行くのか）

25　ʃigutu so:ti:（仕事をしていたか）

②石垣市方言 'juu, rjaa, φ , baa

26　dʒi: kakun ju:（字を書くのか）

27　iko:bi na: kai bagi rja:（いくつずつに分けるか）

28　no: du ʃi: rja:（何をしているのか／何ぞするのか）

29　tigami kakuɴ（手紙を書くか）

30　ama: attsa:da:（あそこは暑かったか／あそこは暑かった）

31　ikam ba:（行きはしないか／行かないのか）

　このように、「（の）か」に対応する語において、「ね」に形態的に対応する形態は現れない。つまり、共通語「ね」との差異はみられるものの、「ネー」という形態で現れる要因が明確でない。〈質問〉を表す「ネー」は、日常的に用いられるが、その対応関係には課題が残っている。

　また、次のように動詞の志向形に接続する「ネー」も観察される。そして、この「ネー」は〈勧誘〉ではなく、話し手がこれからその行為をするという〈意志〉を示す。この場合は、文末に上昇イントネーションは伴われない。

32　もう行きましょうネー（もう行きましょうね）

33　これ、食べましょうネー（これ、食べましょうね）

　この「ネー」の用法は、高江洲（2002）にも報告されている。高江洲（2002）では「〜しましょうね」という表現をウチナーヤマトゥグチとして認めており、その根拠として「食べますね」の方言形である「カマイーを対応す

343

る標準語形にし、文法的な意味は方言をひきついでいる」(p.153) と指摘している。よって、「ネー」単独ではなく、「〜しましょうね」という文末表現（動詞の志向形＋〈意志〉を表す終助詞 'ii）をウチナーヤマトゥグチとしているのである。

　32 や 33 の文は共通語では〈勧誘〉に解釈されるようである。その要因は「〜しましょう」という形にある。しかし、上田方言の若年層話者は、「〜しましょう」だけでは〈勧誘〉〈意志〉のどちらを表しているかは判断ができないとしている。「ネー」が付くことによって話し手の〈意志〉であることが伝わるということである。

(1) 志向形の分析

　「〜しましょうネー」が〈意志〉を表す用法は、伝統的な方言と共通語の対応関係にずれがあることが考えられる。琉球方言では、〈意志〉を表す際に、共通語の助動詞「う」に対応する語が必要なく、活用形単独で表すことがある。

《〈意志〉を表す用法》

①上田方言

　34　na: ʔitʃa:（もう行こう）

　35　nama kama:（今食べよう）

②石垣市方言

　36　mo: ika:（もう行こう）

　37　nama ho:ra:（今食べよう）

　この kakaa, kamaa はそれぞれ kacu'N, kamu'N の志向形である。共通語では「活用形＋助動詞」で表す〈意志〉を、琉球方言では活用形のみで表すことができる。ちなみに、志向形は共通語に当てはめると「〜しよう」であり、かつ共通語「〜しよう」は〈勧誘〉と〈意志〉のどちらも表すことのできる表現である。

344

第6章　ウチナーヤマトゥグチの終助詞の用法

　また、「志向形＝～しよう」という意識は「行こう」「食べよう」に丁寧語「ます」を加えた「行きましょう」「食べましょう」にも同様に働いたと推測される。話者の内省では、「～しましょう」と「～しよう」は前者が上の世代に対して用いるような丁寧な言い方、後者が同世代や下の世代に対して用いる言い方という差だけで用法に違いはない。32 や 33 の文を例に分析すると次のようになる。

32-1　もう行きましょうネー　　　〈意志〉・丁寧な言い方
32-2　もう行きましょう　　　　　〈勧誘〉・丁寧な言い方
32-3　もう行こうネー　　　　　　〈意志〉・同世代・下の世代への言い方
32-4　もう行こう　　　　　　　　〈勧誘〉・同世代・下の世代への言い方

33-1　これ、食べましょうネー　　〈意志〉・丁寧な言い方
33-2　これ、食べましょう　　　　〈勧誘〉・丁寧な言い方
33-3　これ、食べようネー　　　　〈意志〉・同世代・下の世代への言い方
33-4　これ、食べよう　　　　　　〈勧誘〉・同世代・下の世代への言い方

　共通語で「～しましょう」が用いられた場合には〈勧誘〉を表し、ウチナーヤマトゥグチの話者以外には、話し手の〈意志〉では通じない用法である。ウチナーヤマトゥグチでも「～しよう」「～しましょう」は〈勧誘〉の意に捉えることもでき、「ネー」が付くことによって〈意志〉の意が際立つ。つまり、「ネー」の有無によって〈意志〉かどうかが判断されるのである。伝統的な方言でも、話し手の〈意志〉であることを明示するためには、終助詞が必要となる。

　また、「～しようネー」が「～しましょうネー」に比べて同世代に対して用いられる点は、「～しようネー」が生活語としての「方言」として使用されていることを表わす。伝統的な方言でもなく、地域共通語としてのウチナーヤマトゥグチでもないことばが存在することが示されている。

345

(2) 終助詞の面から

　続いて、終助詞「ね」に対応する語の面から分析する。終助詞「ね」に対応する琉球方言の終助詞は 'ii であり、志向形にも付くことができる。これにより、「志向形＋終助詞 'ii 」が「しようね」「しましょうね」と訳されたのだと考えられる。高江洲（2002）でも「さそいかけの形をもちいて一人称の意志をあらわす文をつくるとき、いいおわりのくっつき「ね」がつく」と記述され、「ネー」の特徴的な用法であるとしている[*1]。上田方言のウチナーヤマトゥグチ、石垣市方言のウチナーヤマトゥグチにおいても、一人称と用いられると〈意志〉の意が判然とする（38-1, 39-1）。

　38-1　私が行きましょうネー　　　　：話し手の〈意志〉

　38-2　あなたが行きましょうネー　　：〈念押し〉

　39-1　私が食べましょうネー　　　　：話し手の〈意志〉

　39-2　あなたが食べましょうネー　　：〈念押し〉

　また、上田方言でも志向形だけでも話し手の〈意志〉を表すことができるが、より〈意志〉であることを明示するためには終助詞 hii が用いられる。上田方言には共通語の助詞「ね」に対応する hii, 'jaa があり、志向形に接続することから、高江洲（2002）の指摘と一致する。また、上田方言の hii と 'jaa は使い分けがされている。

《 hii と 'jaa の使い分け（上田方言）》

　40　dʒi: kaka çi:（字を書こうね／字 ɸ 書こうね）

　　⇒ 話し手の〈意志〉

　41　dʒi: kaka ja:（字を書こうね／字 ɸ 書こうね）

　　⇒〈念押し〉

　上田方言 hii, 'jaa は共通語「ね」に対応する語として現れるが、それぞれ相

手への〈意志〉を表すか〈念押し〉を表すかによって使い分けが行われている。共通語では、話し手の〈意志〉は「～しよう」で表し、〈念押し〉は「ね」が接続する。そして、共通語には終助詞「ね」を接続させて話し手の〈意志〉を表す用法はない。上田方言 hii, 'jaa はどちらも「ね」に対応することから、ウチナーヤマトゥグチ「ネー」が〈意志〉を表すようにみえたと考えられる。

　石垣市方言においても同様に、動詞の志向形に終助詞「ね」に対応する raa, sooraa が接続する。石垣市方言にも「ネー」を用いることによって、話し手の〈意志〉を伝える用法の基盤はある。上田方言と石垣市方言、どちらのウチナーヤマトゥグチとしても観察できたのは、伝統的な方言の干渉があったからと考えられる。

《終助詞「ね」に対応する石垣市方言 raa, sooraa 》

42　dʒi: kaka ra:（字を書こうね／字 φ 書こうね）

43　ure: kaiʃa: so:ra:（あれはきれいだね／それはきれいね）

　以上のように、ウチナーヤマトゥグチ「ネー」は〈質問〉を表す用法と、志向形に接続して〈意志〉を表す用法が観察される。どちらの用法も、伝統的な方言の干渉によって生まれたものであるが、〈意志〉を表す用法は、「～しよう」に対応する伝統的な方言の現れ方も含めての表現となっている。「～しよう」「～しましょう」という語で、話し手の〈意志〉を表す用法については、内間（2011）にも指摘されている。そして、内間（2011）は志向形が話し手の〈意志〉を表す用法に用いられるのは「相手との同一化、同一視が根底にある」（p.29）ことが要因になっていることを挙げている[*2]。このような伝統的な琉球方言に特有な意識が伝統的な琉球方言が話せない世代にも継承されていることは、非常に興味深く、今後どのように継承されていくかも注目する必要がある。

　さらに、「～しようネー」は同世代や下の世代に使われる表現であるため、「～しましょうネー」よりも敬意の度合いは低い。「～しようネー」の存在は、伝統的な方言と地域共通語の中間に位置することばが存在することを示す。伝

統的な方言を理解できない若年層にも「方言」と認識することばがあり、生活語という点に注目するとすれば、この「～しようネー」も「方言」であると考えられる。「～しようネー」の表現そのものは「共通語である」という意識で使用しているが、語彙や文末表現には「方言」として使用することばもある。伝統的な方言以外の「方言」についても分析が必要となる。

第3節　「ハズ」

44　すぐ来るハズ（すぐに来るだろう）

45　すぐは来ないハズ（すぐには来ないだろう）

46　雨 降るハズよ（雨が降るだろうよ）

47　雨 降らんハズよ（雨は降らないだろうよ）

48　そうだハズ（そうだろう）

49　そうじゃないハズ（そうではないだろう）

ウチナーヤマトゥグチ「ハズ」は共通語の形式名詞「はず」が終助詞化した形で用いられている例である。表す意味は〈推量〉であるが、共通語の用法とは若干のずれがある。上田方言には〈推量〉の意味で用いる助詞は sjee, sani があるが、共通語「はず」に対応する hazi が共通語「だろう」として現れる。この点は『沖縄語辞典』（1976）にも記載があり、沖縄本島方言では〈推量〉を表す際には hazi が用いられると考えられる。

《上田方言の hazi》

50　ʃigu tʃuːnu hadʒi（すぐ来るだろう）

51　ʔami ɸui nu hadʒi doː（雨が降るだろうよ）

また、「はず」に対応する語で〈推量〉を表す用法は、石垣市方言も宮良

348

（2003）に haᵈʒi が記載されている。したがって、共通語の形式名詞「はず」に対応させて〈推量〉を表す用法は、琉球方言圏全域で定着している可能性がある。ウチナーヤマトゥグチ「ハズ」は琉球方言 hazi 系との形態的な対応関係が一致していることが影響し、共通語として認識されるようになったのであろう。

　この「ハズ」は共通語「だろう」と同様に〈推量〉の意を表すが、その根拠は非常に軽薄である。例えば、「44 すぐに来るハズ」と言った場合には「来る」可能性も「来ない」可能性も五分五分ぐらいである。つまり、この「ハズ」は〈推量〉を表す語として用いられているが、その根拠は浅く、どこか無責任である。また、否定表現にも普通に用いられるが、この場合も可能性の有無は関係しない。

　この点に関連して、かりまた（2008）には琉球方言の hazi 系は「根拠のとぼしい推量をあらわす」(p.55) 用法があり、「それが沖縄のわかい人の使用する「（スル・シタ）ハズ」にもひきつがれている」(p.55) としている。これを踏まえるとウチナーヤマトゥグチ「ハズ」は、伝統的な方言の干渉を受けた語であるといえる。

　上田方言・石垣市方言で、共通語「だろう」と明確な使い分けが行われているわけではない。ただし、上田方言、石垣市方言のどちらの話者にも「だろう」はあまり用いられない。老年層から若年層まで確認できることから、今後もウチナーヤマトゥグチとして継承されていくだろうと考えられる。

第4節　まとめ

　以上、ウチナーヤマトゥグチの終助詞「サー」「ネー」「ハズ」について分析した。終助詞については、高江洲（2002）などの先行研究においても詳しく考察されているわけではない。上記に挙げた三つの語は上田方言・石垣市方言の全世代で確認できたことから、現代の琉球方言圏に広く普及しているものと考えられる。「サー」「ネー」「ハズ」の各語にしても共通語にはない用法がみられ、共通語との接触のなかで、ウチナーヤマトゥグチとしての新しい用法を拡大さ

せたと考えられる。

「サー」「ハズ」がウチナーヤマトゥグチとして用いられている要因について
は共通語との形態的一致が挙げられる。共通語と伝統的な方言が形態的に一致
している（或いは形態的に対応している）ことがウチナーヤマトゥグチの現れ
る大きな特徴であると考えられる。これら二語は共通語「さ」「はず」がある
ため、いずれもその条件を満たしている。上田方言 sa 及び石垣市方言 saa は
共通語「よ」に対応する語として現れる語であり、また、琉球方言 hazi は共
通語「だろう」に対応する語として現れるため、共通語との形態的一致・意味
的隔差が要因となっているのは明らかである。

一方、「ネー」については伝統的な方言（上田方言 hii, 'jaa 石垣市方言 raa,
sooraa）と形態的に対応する語が共通語にないことが要因となって、意味的に
対応している共通語「ね」に置き換えて表している。「サー」「ハズ」とは成立
する過程が異なっているが、伝統的な用法を反映している点、共通語「ね」に
は無い用法である点を踏まえると、ウチナーヤマトゥグチとしての新しい用法
であると考えることができる。

ウチナーヤマトゥグチの終助詞には世代差がみられなかったことを考えると、
その姿を保ちやすいという特徴があると考えられる。「カラ」の〈移動の手
段〉や「ガは・ガも」が観察されなくなっていた上田方言の若年層にも「サ
ー」「ネー」「ハズ」は観察される。この点は石垣市方言の若年層も同様である。
よって、終助詞を含めた文末表現には伝統的な方言が残りやすいことが推測さ
れる。今後、これらの用法がどのように変化していくのか、注視する必要があ
る。

注 ────────────────────────────────

　＊1　「いいおわりのくっつき」は共通語の終助詞と同義である。

　＊2　内間（2011）は伝統的な琉球方言にみられる「相手との一体化、同一視」の
　　　具体例として、「教える」を「ナラースン（習わせる）」、「借りる」を「カラ
　　　スン（借らせる）」と表現することなどを挙げている。そして、その根底には
　　　「ウチ・ソト意識」が影響していることを指摘している。

350

第7章　ウチナーヤマトゥグチの「〜ショッタ」・「〜シテアル」形式について

第7章
ウチナーヤマトゥグチの
「〜ショッタ」・「〜シテアル」形式について

　ウチナーヤマトゥグチは、文法カテゴリーの面にも伝統的な方言の干渉がみられる。特に、工藤（2006）が指摘するように、〈エヴィデンシャリティー〉を表す形式が、共通語と大きく異なる。本章ではウチナーヤマトゥグチの「〜シテアル」形式と「〜ショッタ」形式について、具体的な文を記述しながら分析を行う。

第1節　「〜シテアル」形式について

　本節では、ウチナーヤマトゥグチの「〜シテアル」形式について、世代差、地域差をふまえた上で記述する。この「〜シテアル」形式は、工藤（2014）でも指摘されているように、伝統的な方言を共通語で表そうとした結果である。工藤（2014）は首里方言の運動動詞のうち、①「主体動作動詞（食べる）」、②「主体動作客体変化動詞（開ける）」、③「主体変化動詞（開く）」のアスペクト体系を、次のようにまとめている。以下、工藤（2014）より表を抜粋する。

①食べる

	完成	進行（動作継続）
非過去	kanuɴ 【シオル相当形式】	kadoːɴ（kanuɴ）＊ 【シテオル相当形式】
過去	kadaɴ 【シタ相当形式】	kadoːtaɴ 【シテオッタ相当形式】

351

②開ける

	完成	進行（動作継続）	｛客体結果＋推定｝＊
非過去	ʔakiːɴ 【シオル相当形式】	ʔakitoːɴ（ʔakiːɴ）＊ 【シテオル相当形式】	｛ʔakiteːɴ｝ 【シテアル相当形式】
過去	ʔakitaɴ 【シタ相当形式】	ʔakitoːtaɴ 【シテオッタ相当形式】	ʔakiteːtaɴ 【シテアッタ相当形式】

③開く

	完成	進行	主体結果
非過去	ʔacuɴ 【シオル相当形式】	ʔacuɴ 【シテオル相当形式】	ʔacoːɴ 【シテアル相当形式】
過去	ʔacaɴ 【シタ相当形式】	｛ʔacutaɴ｝ 【シオッタ相当形式】	ʔacoːtaɴ 【シテオッタ相当形式】

（工藤 2014 p.528）

＊筆者註：①、②においては〈進行〉の意味での使用がなくなりつつあるため（ ）で括っている。また｛ ｝内はエヴィデンシャルな意味を表すことを意味する（工藤 2014）。

「～シテアル」形式に相当するのは②「主体動作客体変化動詞」にみられる―eeʼN 形である[*1]。工藤（2014）は、首里方言に独自である点について、「主体動作客体変化動詞において「シテアル」相当形式が〈客体結果〉を表す」（p.524）ことを指摘している。

また、首里方言 ― eeʼN 形は動詞によらず、「痕跡（形跡）や記録といった〈間接的証拠〉に基づく過去の事象の確認（推定）」（p.451）、「証拠に基づく推定（間接確認）」（p.527）を表すとし、〈間接的エヴィデンシャリティー〉を表すようになっていると述べている。また、この用法はウチナーヤマトゥグチ「～シテアル」形式にも継承されていることを指摘している。

一方、共通語では「～している」が〈動作継続（進行）〉と〈結果継続〉を表すのに対し、「～してある」は主に〈結果継続〉を表す。しかし、それぞれは全ての動詞に付くことができるわけではなく、「～してある」はいわゆる他動詞にしか付くことができない。「動作・作用の結果、対象の状態に変化が生

じ、その状態が保たれている」という意を表わすのが共通語の「〜してある」形式だと考えられる。

また、山口・秋本編（2001）によると、「〜してある」形式の「主語に立つものは、誰かの動作によってある状態になったということを表わ」し、「表現には現れない誰かの意図が内包されている」が、「結果の状態を表す文では動作の主を主語として表さない」（p.28；藤井俊博執筆部分）としている。つまり、共通語では「〜してある」形式を用いる場合、動作主は主語として明示されないのが一般的である。

ここでは、工藤（2014）の指摘を踏まえながら、金田一（1950）の動詞分類を基に、上田方言と石垣市方言の「〜シテアル」形式について、共通語との違いを踏まえながら記述していく。金田一（1950）の分類を使用するのは、工藤（2014）に取り上げられていない動詞に「〜シテアル」形式がみられるか、〈進行〉〈結果継続〉などがどのように現れるかを分析するためである。ちなみに、上田方言は首里方言と同じ沖縄本島中南部方言に属するため、アスペクト体系についても首里方言と差異はないと考える。

第1項　上田方言

(1) 老年層

まず、伝統的な上田方言での現れ方をみる。参考として、〈継続〉を表す「〜している」に対応する形式と並べて記述する。

1−1　munu kareːɴ　ご飯を食べてある

1−2　munu karoːɴ　ご飯を食べている

2−1　taː ŋgana kameːteːɴ　誰かを探してある

2−2　taː ŋgana kametoːɴ　誰かを探している

3−1　ʔami nu ɸuteːɴ　雨が降ってある

3−2　ʔami nu ɸutoːɴ　雨が降っている

4－1　sentakumono ɸutʃeːɴ　洗濯物を干してある

4－2　senakumono ɸutʃoːɴ　洗濯物を干している

5－1　jaʃeː koːteɴ　野菜を買ってある

5－2　jaʃeː koːtoːɴ　野菜を買っている

6－1　haru ŋkeː jaʃeː ʔiːteːɴ　畑に野菜を植えてある

6－2　haru ŋkeː jaʃeː ʔiːtoːɴ　畑に野菜を植えている

7－1　mma ga na ŋkeː ndʒeːɴ　どこかに行ってある

7－2　mma ga na ŋkeː ndʒoːɴ　どこかに行っている

8－1　kiː nu kariteːɴ　木が枯れてある

8－2　kiː nu karitoːɴ　木が枯れている

　このように、上田方言で〈継続〉を表す際には「～している」形式に対応する—ooʼN と、「～してある」形式に対応する—eeʼN がある。—ooʼN 形を使う場合には、その動作や作用が継続して行われている〈進行〉を表し、—eeʼN 形を使うと「その動作や作用が完了した結果が続いている」という〈結果継続〉を表す。

　続いて、ウチナーヤマトゥグチでの現れ方をみる。また、その形式によって表される意味も記入する。

1－1　ご飯を食べテアル　〈結果継続〉・〈痕跡に基づく推定〉

1－2　ご飯を食べている　〈進行〉・〈結果継続〉

2－1　誰かを探しテアル　〈結果継続〉・〈痕跡に基づく推定〉

2－2　誰かを探している　〈進行〉・〈結果継続〉

第7章　ウチナーヤマトゥグチの「～ショッタ」・「～シテアル」形式について

3-1　雨が降っテアル　〈結果継続〉・〈痕跡に基づく推定〉
3-2　雨が降っている　〈進行〉・〈結果継続〉

4-1　洗濯物を干しテアル　〈結果継続〉・〈痕跡に基づく推定〉
4-2　洗濯物を干している　〈進行〉・〈結果継続〉

5-1　野菜を買っテアル　〈結果継続〉・〈痕跡に基づく推定〉
5-2　野菜を買っている　〈進行〉・〈結果継続〉

6-1　畑に野菜を植えテアル　〈結果継続〉・〈痕跡に基づく推定〉
6-2　畑に野菜を植えている　〈進行〉

7-1　どこかに行っテアル　〈結果継続〉・〈痕跡に基づく推定〉
7-2　どこかに行っている　〈進行〉・〈結果継続〉

8-1　木が枯れテアル　〈結果継続〉・〈痕跡に基づく推定〉
8-2　木が枯れている　〈結果継続〉

　このように、上田方言の老年層では〈結果継続〉を表す「～シテアル」形式が使用される。伝統的な方言の─ee'N 形を〈結果継続〉の意で用いている。老年層で観察された「～シテアル」形式は金田一（1950）の「継続動詞」「瞬間動詞」に所属するものである。

　共通語において、「瞬間動詞」は「～している」形式で〈結果継続〉を表すため、この点は共通語と共通する。ただし、ウチナーヤマトゥグチでは「8 枯れる」のような「瞬間動詞」にも「その状態が保たれている」という意で「～シテアル」形式を使うことができるという。

　また、「～シテアル」形式を使うことで〈間接的エヴィデンシャリティー〉である〈痕跡に基づく推定〉を表すこともできる。これは工藤（2014）が指摘

355

する点と一致する。例えば、先に挙げた文に文脈を付記して記述すると、次のようになる。

 1-1 ご飯を食ベテアル

  ：食べ物が入っていた容器が空になっているのに気付いた

 3-1 雨が降っテアル

  ：知らない間に雨が降ったことを、地面が濡れているのを見て知った

 4-1 洗濯物を干してアル

  ：ベランダに洗濯物が干されているのを見た

 7-1 どこかに行っテアル

  ：家にいたはずの弟のがいなくなっているのに気付いた

「～シテアル」形式を用いることによって、「食べ物が入っていた容器が空になっているのを見て」「知らない間に地面が濡れているのを見て」「知らない間に洗濯物が干されているのを見て」「知らない間に弟がいなくなっているのを知って」といったような文脈が含まれる。さらに、その前提となる文脈には、その事態が起こったことを推測される痕跡が残っていることが含まれている。これは、「～シテアル」形式が、エヴィデンシャルな意味を担うようになっていることを表わす。

 また、「～シテアル」形式は一人称が動作主になることはできない。これは伝統的な方言の ―eeʼN 形にも共通するところであり、話し手が推定していることを「～シテアル」形式が表わすためである。

 1-1-1 * waɴ neː munu kareːɴ 私はご飯を食べてある

 1-1-2 ʔareː munu kareːɴ 彼はご飯を食べてある

 4-1-1 * waŋ ga sentakumono ɸutʃeːɴ 私が洗濯物を干してある

 4-1-2 ʔammaː ga sentakumono ɸutʃeːɴ 母が洗濯物を干してある

第7章　ウチナーヤマトゥグチの「〜ショッタ」・「〜シテアル」形式について

7-1-1　* wan ne: mma ga na ŋke: ndʒe:N　私はどこかに行ってある

7-1-2　taru: ja mma ga na ŋke: ndʒe:N　太郎はどこかに行ってある

　上田方言老年層話者のウチナーヤマトゥグチ「〜シテアル」形式は、共通語よりも多くの動詞に使用できる。そして、「〜シテアル」形式によって〈結果継続〉を表すとともに、〈痕跡に基づく推定〉を表すようになっている。伝統的な方言のアスペクト体系が、ウチナーヤマトゥグチにも継承されていることが窺える。

（2）中年層

　次に、上田方言中年層話者に観察された「〜シテアル」形式を記述する。

9-1　ご飯を食べテアル　〈結果継続〉・〈痕跡に基づく推定〉

9-2　ご飯を食べている　〈進行〉

10-1　お茶を飲んデアル　〈結果継続〉・〈痕跡に基づく推定〉

10-2　お茶を飲んでいる　〈進行〉

11-1　友達と遊んデアル　〈結果継続〉・〈痕跡に基づく推定〉

11-2　友達と遊んでいる　〈進行〉

12-1　雨が降っテアル　〈結果継続〉・〈痕跡に基づく推定〉

12-2　雨が降っている　〈進行〉

13-1　鋸で木を伐っテアル　〈結果継続〉・〈痕跡に基づく推定〉

13-2　鋸で木を伐っている　〈進行〉

14-1　畑に野菜を植えテアル　〈結果継続〉・〈痕跡に基づく推定〉

14-2　畑に野菜を植えている　〈進行〉

15-1　誰かが扉を開けテアル　〈結果継続〉・〈痕跡に基づく推定〉

15-2　誰かが扉を開けている　〈進行〉・〈結果継続〉

16-1　母が洗濯物を干しテアル　〈結果継続〉・〈痕跡に基づく推定〉

16-2　母が洗濯物を干している　〈進行〉・〈結果継続〉

17-1　とっくに人にあげテアル　〈結果継続〉・〈痕跡に基づく推定〉

17-2　とっくに人にあげている　〈結果継続〉

18-1　どこかに行っテアル　〈結果継続〉・〈痕跡に基づく推定〉

18-2　どこかに行っている　〈進行〉・〈結果継続〉

19-1　雨に濡れテアル　〈結果継続〉・〈痕跡に基づく推定〉

19-2　雨に濡れている　〈進行〉・〈結果継続〉

20-1　カビが生えテアル　〈痕跡〉に基づく推定（・〈結果継続〉）

20-2　カビが生えている　〈結果継続〉

　上田方言中年層話者の「～シテアル」形式は〈結果継続〉を表すことができる。この点は伝統的な方言の—ee'N 形や老年層のウチナーヤマトゥグチと共通している。

　また、「～シテアル」形式を用いることで〈間接的エヴィデンシャリティー〉も表すことができる。「9-1 ご飯を食べテアル」、「17-1 とっくに人にあげテアル」、「20-1 カビが生えテアル」などは、それが起こった痕跡からの推定を表している。

　工藤（2014）が記述するウチナーヤマトゥグチは「伝統方言をもはや話さないが聞いて分かる世代の方々」（p.600）のもので、本書の中年層に相当する。工藤（2014）は、ウチナーヤマトゥグチの「～シテアル」形式について、〈変

358

化後の結果〉に加え、「〈先行時の動作主体の推定〉というエヴィデンシャルな意味が複合化されている」(p.605) としている。これは上田方言の中年層話者にも観察される。例えば、「15 誰かが扉を開けテアル」は文脈によって二つの意味に解釈できる（｛　｝内に前提となる文脈を示す）。

15　誰かが扉を開けテアル

15-1　｛扉が開いているのを見て｝誰かが扉を開けテアル：〈結果継続〉

15-2　｛入口に葉が入っているのを見て｝誰かが扉を開けテアル：〈痕跡に基づく推定〉

　同じ「15 誰かが扉を開けテアル」という文であるが、〈結果継続〉と〈痕跡に基づく推定〉の二つの文脈を表すことができ、場面によって解釈が異なる。加えて、話し手の〈推定〉を表す形式のため、一人称が主体にならない点も、老年層と共通する。中年層に特有な用法は観察されなかったが、上田方言のウチナーヤマトゥグチとして日常的に使用されていると考えられる。

（3）若年層

　若年層話者にも「〜シテアル」形式は用いられる。例えば次のようである。

21-1　猫がいテアル　〈痕跡に基づく推定〉

21-2　＊猫がいている

22-1　ご飯を食べテアル　〈結果継続〉・〈痕跡に基づく推定〉

22-2　ご飯を食べている　〈進行〉

23-1　お茶を飲んデアル　〈結果継続〉・〈痕跡に基づく推定〉

23-2　お茶を飲んでいる　〈進行〉

24-1　雨が降っテアル　〈痕跡に基づく推定〉

24-2　雨が降っている　〈進行〉

25-1　木を伐ってアル　〈結果継続〉・〈痕跡に基づく推定〉
25-2　木を伐っている　〈進行〉

26-1　畑に野菜を植えテアル　〈結果継続〉・〈痕跡に基づく推定〉
26-2　畑に野菜を植えている　〈進行〉(・〈結果継続〉)

27-1　家の扉を開けテアル　〈結果継続〉・〈痕跡に基づく推定〉
27-2　家の扉を開けている　〈進行〉

28-1　野菜を買ってアル　〈結果継続〉・〈痕跡に基づく推定〉
28-2　野菜を買っている　〈進行〉・〈結果継続〉

29-1　どこかに行っテアル　〈結果継続〉・〈痕跡に基づく推定〉
29-2　どこかに行っている　〈進行〉・〈結果継続〉

30-1　人にあげテアル　〈結果継続〉・〈痕跡に基づく推定〉
30-2　人にあげている　〈進行〉・〈結果継続〉

31-1　猫が死んデアル　〈痕跡に基づく推定〉(・〈結果継続〉)
31-2　猫が死んでいる　〈結果継続〉

32-1　病気が治っテアル　〈痕跡に基づく推定〉
32-2　病気が治っている　〈結果継続〉

33-1　雨に濡れテアル　〈結果継続〉・〈痕跡に基づく推定〉
33-2　雨に濡れている　〈結果継続〉

第7章　ウチナーヤマトゥグチの「〜ショッタ」・「〜シテアル」形式について

34-1　かびが生えテアル　〈痕跡に基づく推定〉

34-2　かびが生えている　〈結果継続〉

35-1　ここから出発しテアル　〈痕跡に基づく推定〉

35-2　ここから出発している　〈結果継続〉

36-1　火が消えテアル　〈痕跡に基づく推定〉

36-2　火が消えている　〈結果継続〉

37-1　道が曲がっテアル　〈痕跡に基づく推定〉

37-2　道が曲がっている　〈状態〉

38-1　この子は親に似テアル　〈状態〉

38-2　この子は親に似ている　〈状態〉

　若年層の「〜シテアル」形式にも、老年層や中年層と同様に〈結果継続〉を表す用法がある。「〜シテアル」形式を使うことで〈結果継続〉を表すという意識は強く、共通語では「〜している」を用いて〈結果継続〉を表す動詞でも「〜シテアル」を使う例がみられる。

31-1　猫が死んデアル

31-1-1　あそこに猫が死んデアル：「猫が死んだ状態が続いている」の意

33-1　雨に濡れテアル

33-1-1　あの犬は雨に濡れテアル：「犬が雨に濡れたが続いている」の意

　共通語「死ぬ」「濡れる」は「〜している」が用いられることで〈結果継続〉を表す動詞である。ウチナーヤマトゥグチでも「〜シテイル」形式で〈結果継続〉を表すことができるが、同様の意で「〜シテアル」形式を用いることができる。

361

また、「〜シテアル」形式によって、〈痕跡に基づく推定〉を表す用法も継承されている。この用法は多くの動詞に観察される。〈結果継続〉と〈痕跡に基づく推定〉を文脈によって使い分ける点、一人称が主体になれない点は共通している。

　若年層に特徴的な点としては、状態動詞「いる」にも使える点である。「21-1　猫がいテアル」は次のような文脈で用いられる。

21-1　猫がいテアル：家の中に猫の毛が落ちているのに気付いた

　これも〈痕跡に基づく推定〉を表す。存在動詞に「〜シテアル」形式が付く用法が、老年層や中年層にみられなかったことを考えると、使用できる動詞の範囲が広がっている可能性がある。工藤（2014）は伝統的な方言に「存在動詞（中略）にも間接的エヴィデンシャリティー形式があ」（p.606）ることを述べるとともに、「ウチナーヤマトゥグチでは「イテアル（イタール）形式は普通しようされない」（p.606）としている。若年層で観察されたのは、「〜シテアル」形式によって〈痕跡に基づく推定〉を表す用法が定着したことで、状態を表す動詞にも用いることができるようになっていることを示す。

　共通語の動詞「いる」は金田一（1950）では状態動詞に所属し、「〜している」形式をとらない。ウチナーヤマトゥグチにおいても、「いテイル」は非文となる。一方、「〜シテアル」形式は〈痕跡に基づく推定〉の意で用いることができる。共通語との差異が明確に現れている形式である。

　さらに、金田一（1950）の「第四種の動詞」に属する「曲がる」「似る」も「〜シテアル」形式をとることができる。ただし、「37-1　曲がッテアル」の場合には「一度曲がったことを認識している」、「曲がった跡がある」などのように、〈痕跡に基づく推定〉を意味することが多い。

　一方、「38-1　この子は親に似テアル」の場合には「〜している」との違いが判然としない。「「似る」という状態が続いている」と解釈すれば〈結果継続〉を表す「〜シテアル」形式が用いられたとも考えられる。話者によれば、微妙なニュアンスの違いがあるが明確に違う点が示せるわけではないという。ただ

第7章　ウチナーヤマトゥグチの「〜ショッタ」・「〜シテアル」形式について

し、「似テアル」という表現が成立することは間違いないということであった。「似ている」と「似テアル」の違いについては今後の課題とする。

　上田方言のウチナーヤマトゥグチ「〜シテアル」形式は、動詞に付いて〈結果継続〉を表す。特に、若年層では共通語よりも多くの動詞に付くことが観察されたことは、ウチナーヤマトゥグチが母語として継承されていく中で用法を広げつつあることを示すものである。

　また、「〜シテアル」形式を用いることで〈間接的エヴィデンシャリティー〉を表す。具体的には〈痕跡に基づく推定〉である。この用法も、老年層・中年層・若年層に観察されており、ウチナーヤマトゥグチとして定着している。

第2項　石垣市方言

　続いて、石垣市方言話者の「〜シテアル」形式について、伝統的な方言での現れ方をふまえながらみていく。仲原（2013）は、伝統的な石垣市方言のアスペクト体系を記述している。以下には、石垣市方言の動詞「読む」のテンス・アスペクトをまとめた表の一部を引用する。

	非過去	過去	
		普通過去	直前過去
継続相	jumiɴ（読んでいる）	jumida（読んでいた）	——
結果相	jumeeɴ（読んである）	jumeeda（読んであった）	——

（仲原　2013 p.108 より一部抜粋）

　この表から、石垣市方言の〈過去〉にも、〈動作継続（進行）〉〈結果〉の二形式があり、それぞれは形態の違いによって使い分けられていることが分かる。また、「〜シテアル」形式に対応する形態もあるため、石垣市方言のウチナーヤマトゥグチにも「〜シテアル」が現れることが予測される。

(1) 老年層

　まず、伝統的な方言での現れ方をみる。では、「〜シテアル」形式は次のように表される。

363

39-1　mbon hoːreːɴ　ご飯を食べてある

39-2　mbon hoːriɴ　ご飯を食べている

40-1　tʃaː du numeːɴ　お茶を飲んである

40-2　tʃaː du numiɴ　お茶を飲んでいる

41-1　p̥ïtu du tumeːrjeːɴ　人を探しである

41-2　p̥ïtu du tumeːɴ　人を探している

42-1　ʃukudai nu ui ŋga tsïkeːɴ　机の上に置いてある

42-2　ʃukudai nu ui ŋga tsukiɴ　机の上に置いている

43-1　ituː makeːɴ　糸を巻いてある

43-2　ituː makiɴ　糸を巻いている

44-1　jaː ju p̥ïtu kai karaʃeːɴ　家を人に貸してある

44-2　jaː ju p̥ïtu kai karaʃiɴ　家を人に貸している

45-1　oː ju kuraʃeːɴ　豚を殺してある

45-2　oː ju kuraʃiɴ　豚を殺している

46-1　jaɴ ju noːʃeːɴ　病気を治してある

46-2　jaɴ ju noːʃiɴ　病気を治している

47-1　taː ŋgasa nu tureːɴ　誰かが取ってある

47-2　taː ŋgasa nu turiɴ　誰かが取っている

48-1　hari saːma nuieːɴ　針で縫ってある

364

第7章　ウチナーヤマトゥグチの「〜ショッタ」・「〜シテアル」形式について

48-2　hari sa:ma nuiN　針で縫っている

49-1　asabi na du harirje:N　遊びに行ってある

49-2　asabi na du hariN　遊びに行っている

50-1　a:mi kai dzohe:rje:N　雨に濡れてある

50-2　a:mi kai dzohe:riN　雨に濡れている

51-1　ki: nu karje:N　木が枯れてある

51-2　ki: nu kariN　木が枯れている

　石垣市方言の「〜シテアル」形式について、伝統的な方言では—ee'N形が対応して現れる。宮城（2003b）によれば、—ee'N形は「結果が残っている状態、又、過去にその事実があったということを確認する」(p.43) 意味を表す。これは〈結果継続〉や〈間接的エヴィデンシャリティー〉を表していると考えられる。さらに、この—ee'N形が一人称を主語にすることができない点も、話し手の推定を表していることを示すものである。対して、〈継続〉を表す「〜シテイル」形式は—u'N形が接続することで現れる。これも宮城（2003b）と一致する。

　一方、石垣市方言の—ee'N形は、金田一（1950）の「第四種の動詞」にも観察される。

52-1　ure: mi:dun uja kai du nija:rje:N　この子は親に似テアル

52-2　ure: mi:dun uja kai du nija:N　この子は親に似ている

　「第四種の動詞」は、普通「〜している」形式をとって用いられる動詞であるが、〈結果継続〉を表す「〜してある」は使われない。しかし、石垣市方言には「〜してある」に対応する—ee'N形が付く例が観察される。共通語と伝統的な琉球方言とのアスペクト体系の差異が現れている。

365

続いて、ウチナーヤマトゥグチでの現れ方についてみる。石垣市方言老年層話者には、ウチナーヤマトゥグチとして次のように現れる。

39-1　ご飯を食べテアル　〈結果継続〉・〈痕跡に基づく推定〉
39-2　ご飯を食べている　〈進行〉

40-1　お茶を飲んデアル　〈結果継続〉・〈痕跡に基づく推定〉
40-2　お茶を飲んでいる　〈進行〉

41-1　人を探しテアル　〈結果継続〉・〈痕跡に基づく推定〉
41-2　人を探している　〈進行〉

42-1　机の上に置いテアル　〈結果継続〉・〈痕跡に基づく推定〉
42-2　机の上に置いている　〈結果継続〉

43-1　糸を巻いテアル　〈結果継続〉・〈痕跡に基づく推定〉
43-2　糸を巻いている　〈進行〉

44-1　家を人に貸しテアル　〈結果継続〉（・〈痕跡に基づく推定〉）
44-2　家を人に貸している　〈結果継続〉

45-1　豚を殺しテアル　〈結果継続〉・〈痕跡に基づく推定〉
45-2　豚を殺している　〈進行〉

46-1　病気を治しテアル　〈結果継続〉・〈痕跡に基づく推定〉
46-2　病気を治している　〈進行〉・〈結果継続〉

47-1　誰かが取っテアル　〈結果継続〉・〈痕跡に基づく推定〉
47-2　誰かが取っている　〈進行〉・〈結果継続〉

第7章　ウチナーヤマトゥグチの「〜ショッタ」・「〜シテアル」形式について

48-1　針で縫っテアル　〈結果継続〉・〈痕跡に基づく推定〉

48-2　針で縫っている　〈進行〉・〈結果継続〉

49-1　遊びに行っテアル　〈結果継続〉・〈痕跡に基づく推定〉

49-2　遊びに行っている　〈進行〉・〈結果継続〉

50-1　雨に濡れテアル　〈結果継続〉・〈痕跡に基づく推定〉

50-2　雨に濡れている　〈結果継続〉

51-1　木が枯れテアル　〈結果継続〉・〈痕跡に基づく推定〉

51-2　木が枯れている　〈結果継続〉

52-1　この子は親に似テアル　〈状態〉

52-2　この子は親に似ている　〈状態〉

　石垣市方言の「〜シテアル」形式は、伝統的な方言の— ee'N 形を共通語に直訳したものであると考えられる。意味の面でも— ee'N 形の〈客体の結果継続〉の意を持っている。

　先述のとおり、共通語で〈結果継続〉の意で「〜してある」形式をとることはできる。石垣市方言のウチナーヤマトゥグチも同様に、動詞を「〜シテアル」形式にすることで〈結果結果〉を表すことができる。また、「52-2 この子は親に似テアル」のように、「似る」にも付くことができる点には、伝統的な方言を直訳的に置き換えたことが顕著に現れているといえる。老年層話者によれば、「似ている」と「似テアル」には微妙なニュアンスの違いがあるが、どちらも「その状態にある」ことを示すということであった。

　また、「〜シテアル」形式を用いることで、「その行為が行われるところはみていないが、それが行われた痕跡がある」という意を含むことができる。これは工藤（2014）の指摘する〈間接的エヴィデンシャリティー〉の用法であり、

367

〈痕跡に基づく推定〉を表している。

40-1 お茶を飲んデアル
: お茶が入っていたコップが空になっているのを見て
47-1 誰かが取っテアル
: 置いていたはずの荷物がなくなっているのい気付いて
50-1 雨に濡れテアル
: 降雨のあと、外に出していた荷物が濡れているのに気付いて

この〈痕跡に基づく推定〉はほとんどの動詞に観察される用法である。さらに、一人称が主体になることができない点も、伝統的な方言と共通する。

41-1-1 * bana: p̥ïtu du tumeːrjeːɴ 私は人を探してある

41-1-2 are: p̥ïtu du tumeːrjeɴ 彼は人を探してある

48-1-1 * bana: hari saːma nuieːɴ 私は針で縫ってある

48-1-2 are: hari saːma nuieːɴ 私は針で縫ってある

49-1-1 * bana: asabi na du harirjeːɴ 私は遊びに行ってある

49-1-2 are: asabi na du harirjeːɴ 彼は遊びに行ってある

このように、石垣市方言のウチナーヤマトゥグチ「～シテアル」形式は、伝統的な方言の─eeʼɴ形を共通語に置き換えたものである。〈間接的エヴィデンシャリティー〉を表す点や人称制限がある点も、伝統的な石垣市方言と共通する。老年層話者にとって、共通語としての意識も強いことから、石垣市方言のウチナーヤマトゥグチとして日常的に用いられていることが窺える。

(2) 中年層

続いて、石垣市方言中年層の「～シテアル」形式について分析する。まず、

第7章　ウチナーヤマトゥグチの「〜ショッタ」・「〜シテアル」形式について

「〜シテアル」形式が観察された文を記述する。

53-1　字を書いテアル　〈結果継続〉・〈痕跡に基づく推定〉

53-2　字を書いている　〈進行〉

54-1　匂いを嗅いデアル　〈結果継続〉・〈痕跡に基づく推定〉

54-2　匂いを嗅いでいる　〈進行〉・〈結果継続〉

55-1　ご飯を食べテアル　〈結果継続〉・〈痕跡に基づく推定〉

55-2　ご飯を食べている　〈進行〉・〈結果継続〉

56-1　お茶を飲んデアル　〈結果継続〉・〈痕跡に基づく推定〉

56-2　お茶を飲んでいる　〈進行〉・〈結果継続〉

57-1　手紙を読んデアル　〈結果継続〉・〈痕跡に基づく推定〉

57-2　手紙を読んでいる　〈進行〉・〈結果継続〉

58-1　ゆっくり休んデアル　〈結果継続〉・〈痕跡に基づく推定〉

58-2　ゆっくり休んでいる　〈進行〉・〈結果継続〉

59-1　人が歩いテアル　〈結果継続〉・〈痕跡に基づく推定〉

59-2　人が歩いている　〈進行〉・〈結果継続〉

60-1　ここに置いテアル　〈結果継続〉・〈痕跡に基づく推定〉

60-2　ここに置いている　〈進行〉・〈結果継続〉

61-1　弟と行っテアル　〈結果継続〉・〈痕跡に基づく推定〉

61-2　弟と行っている　〈進行〉・〈結果継続〉

62-1　着物を干しテアル　〈結果継続〉・〈痕跡に基づく推定〉
62-2　着物を干している　〈進行〉・〈結果継続〉

63-1　物を壊しテアル　〈結果継続〉・〈痕跡に基づく推定〉
63-2　物を壊している　〈進行〉・〈結果継続〉

64-1　鋸で木を伐っテアル　〈結果継続〉・〈痕跡に基づく推定〉
64-2　鋸で木を伐っている　〈進行〉・〈結果継続〉

65-1　袋に入れテアル　〈結果継続〉・〈痕跡に基づく推定〉
65-2　袋に入れている　〈進行〉・〈結果継続〉

66-1　たくさん買っテアル　〈結果継続〉・〈痕跡に基づく推定〉
66-2　たくさん買っている　〈進行〉・〈結果継続〉

67-1　名前を隠しテアル　〈結果継続〉・〈痕跡に基づく推定〉
67-2　名前を隠している　〈進行〉・〈結果継続〉

68-1　病気を治しテアル　〈結果継続〉・〈痕跡に基づく推定〉
68-2　病気を治している　〈進行〉・〈結果継続〉

69-1　お金を出しテアル　〈結果継続〉・〈痕跡に基づく推定〉
69-2　お金を出している　〈進行〉・〈結果継続〉

70-1　紐を結んデアル　〈結果継続〉・〈痕跡に基づく推定〉
70-2　紐を結んでいる　〈進行〉・〈結果継続〉

71-1　枝を折っテアル　〈結果継続〉・〈痕跡に基づく推定〉
71-2　枝を折っている　〈進行〉・〈結果継続〉

第7章　ウチナーヤマトゥグチの「～ショッタ」・「～シテアル」形式について

72-1　魚を売ッテアル　〈結果継続〉・〈痕跡に基づく推定〉
72-2　魚を売っている　〈進行〉・〈結果継続〉

73-1　三つに分けテアル　〈結果継続〉・〈痕跡に基づく推定〉
73-2　三つに分けている　〈進行〉・〈結果継続〉

74-1　家の扉を開けテアル　〈結果継続〉・〈痕跡に基づく推定〉
74-2　家の扉を開けている　〈進行〉・〈結果継続〉

75-1　家に帰ッテアル　〈結果継続〉・〈痕跡に基づく推定〉
75-2　家に帰っている　〈進行〉・〈結果継続〉

76-1　雨に濡れテアル　〈結果継続〉・〈痕跡に基づく推定〉
76-2　雨に濡れている　〈進行〉・〈結果継続〉

77-1　木から落ちテアル　〈結果継続〉・〈痕跡に基づく推定〉
77-2　木から落ちている　〈進行〉・〈結果継続〉

78-1　着物を着テアル　〈結果継続〉・〈痕跡に基づく推定〉
78-2　着物を着ている　〈進行〉・〈結果継続〉

79-1　ひとりで来テアル　〈結果継続〉・〈痕跡に基づく推定〉
79-2　ひとりで来ている　〈進行〉・〈結果継続〉

80-1　包丁を研いデアル　〈結果継続〉・〈痕跡に基づく推定〉
80-2　包丁を研いでいる　〈進行〉・〈結果継続〉

81-1　水をこぼしテアル　〈結果継続〉・〈痕跡に基づく推定〉

371

81-2　水をこぼしている　〈進行〉・〈結果継続〉

82-1　火を消しテアル　〈結果継続〉・〈痕跡に基づく推定〉
82-2　火を消している　〈進行〉・〈結果継続〉

83-1　火が消えテアル　〈痕跡に基づく推定〉（・〈結果継続〉）
83-2　火が消えている　〈結果継続〉

84-1　きれいに顔を洗っテアル　〈結果継続〉・〈痕跡に基づく推定〉
84-2　きれいに顔を洗っている　〈進行〉・〈結果継続〉

85-1　道を教えテアル　〈結果継続〉・〈痕跡に基づく推定〉
85-2　道を教えている　〈進行〉・〈結果継続〉

86-1　仕事を辞めテアル　〈結果継続〉・〈痕跡に基づく推定〉
86-2　仕事を辞めている　〈結果継続〉

87-1　字を習っテアル　〈結果継続〉・〈痕跡に基づく推定〉
87-2　字を習っている　〈進行〉・〈結果継続〉

「〜シテアル」形式については確認できる文は多い。意味は〈結果継続〉であり、動作や行為の結果の状態が続いていることを表わす。「〜シテアル」形式をとる動詞に違いはあるが、〈結果継続〉を示すという点では共通する。

　また、痕跡が残っており、起こった事態を推定する場合にも用いる。話者によれば、「〜シテアル」形式を使うことで、次のような文脈が前提とされる。老年層でも記述したが、中年層ではより多くの文が得られたため、改めて記述する。

53-1　字を書いテアル：紙に字を書いた跡が残っているのに気付いて

372

第7章　ウチナーヤマトゥグチの「～ショッタ」・「～シテアル」形式について

57-1　手紙を読んデアル：手紙の封が切られているのを見て

64-1　鋸で木を伐っテアル：植えられていた木がなくなっているのを見て

71-1　枝を折っテアル：伸びていた枝がなくなっているのを見て

78-1　着物を着テアル：畳んで置いていたはずの着物が脱ぎ捨てられているのを見て

　このように、「～シテアル」形式を用いることによって、〈痕跡〉を知覚したことによる〈推定〉を表す際に用いられる。また、多くの場合には視覚からの情報に用いるが、他の知覚動詞にも付くことができる。

88　昨日、大声で歌を歌っテアル〈聴覚〉：声が枯れているのを聞いて

89　魚を焼いテアル〈嗅覚〉：魚を焼く匂いがして

　さらに、存在動詞「いる」（石垣市方言では「オル」とすることもある）にも付くことができる。

90　猫がいテアル：部屋の中に猫の毛が落ちているのをみて

91　猫がオッテアル（おってある）：部屋の中に猫の毛が落ちているのをみて

　老年層にもみられたように、「～シテアル」形式には、主体となる人称に制限がある。具体的にいえば、一人称や二人称を動作の主体とすることができない。これは、推定する主体が話し手であるため、発話の行われる場にいない人物の行動について推定する際に用いられることが関連しているためと考えられる。

56-1-1　＊私はお茶を飲んデアル

56-1-2　あの人はお茶を飲んデアル

373

65-1-1 ＊私が袋に入れテアル

65-1-2 あの人が袋に入れテアル

77-1-1 ＊私が木から落ちテアル

77-1-2 あの人が木から落ちテアル

　石垣市方言中年層話者では、多くの「～シテアル」形式が観察される。「～シテアル」形式を用いることで〈結果継続〉や〈痕跡に基づく推定〉（〈〈間接的エヴィデンシャリティー〉〉）を表す。また、主体となる人称に制限がある点も伝統的な方言と共通している。石垣市方言の「～シテアル」形式において、中年層に特有な用法はみられない。

(3) 若年層

　石垣市方言の若年層話者にみられた「～シテアル」形式について、まずは具体的な例を記述する。

92-1　ご飯を食べテアル　〈結果継続〉・〈痕跡に基づく推定〉

92-2　ご飯を食べている　〈進行〉（・〈結果継続〉）

93-1　お茶を飲んデアル　〈結果継続〉・〈痕跡に基づく推定〉

93-2　お茶を飲んでいる　〈進行〉（・〈結果継続〉）

94-1　誰かを探しテアル　〈結果継続〉・〈痕跡に基づく推定〉

94-2　誰かを探している　〈進行〉

95-1　雨が降っテアル　〈痕跡に基づく推定〉

95-2　雨が降っている　〈進行〉

96-1　鋸で木を伐っテアル　〈結果継続〉・〈痕跡に基づく推定〉

第7章　ウチナーヤマトゥグチの「〜ショッタ」・「〜シテアル」形式について

96-2　鋸で木を伐っている　〈進行〉

97-1　畑に野菜を植えテアル　〈結果継続〉・〈痕跡に基づく推定〉
97-2　畑に野菜を植えている　〈進行〉・〈結果継続〉

98-1　家の扉を開けテアル　〈結果継続〉・〈痕跡に基づく推定〉
98-2　家の扉を開けている　〈進行〉・〈結果継続〉

99-1　母が洗濯物を干しテアル　〈結果継続〉・〈痕跡に基づく推定〉
99-2　母が洗濯物を干している　〈進行〉・〈結果継続〉

100-1　とっくに人にあげテアル　〈結果継続〉・〈痕跡に基づく推定〉
100-2　とっくに人にあげている　〈結果継続〉

101-1　母が野菜を買っテアル　〈結果継続〉・〈痕跡に基づく推定〉
101-2　母が野菜を買っている　〈進行〉・〈結果継続〉

102-1　花も咲いテアル　〈結果継続〉・〈痕跡に基づく推定〉
102-2　花も咲いている　〈結果継続〉

103-1　ここから出発しテアル　〈結果継続〉・〈痕跡に基づく推定〉
103-2　ここから出発している　〈結果継続〉

104-1　本を買いに行っテアル　〈結果継続〉・〈痕跡に基づく推定〉
104-2　本を買いに行っている　〈進行〉・〈結果継続〉

105-1　木が枯れテアル　〈結果継続〉・〈痕跡に基づく推定〉
105-2　木が枯れている　〈結果継続〉

106-1　このお店は古いのをずっと売っテアル　〈結果継続〉

106-2　このお店は古いのをずっと売っている　〈結果継続〉

　石垣市方言の若年層にも「～シテアル」形式は日常的に使用される。共通語では「～している」形式で〈結果継続〉を表す動詞にも、ウチナーヤマトゥグチでは「～シテアル」を用いることがある。そして、「～シテアル」形式を用いることで、その動作や行為が行われる場面は見ていないが、その痕跡が残っており、そこからその動作や行為が行われたことを推定することを表す。老年層、中年層に観察された〈間接的エヴィデンシャリティー〉を表す用法が若年層にも継承されていることが分かる（老年層・中年層と重複するため、意味用法及び文脈の記述は省略する）。

　また、伝統的な方言の—ee'N 形や老年層・中年層の「～シテアル」と同様、一人称を主体にすることはできない。さらに、若年層に特有の用法は観察されなかった。全ての世代に観察できたことは、ウチナーヤマトゥグチとして継承され、使用されていることを窺わせる。

第3項　「～シテアル」形式の世代差と地域差

　ウチナーヤマトゥグチの「～シテアル」形式について、上田方言と石垣市方言での現れ方を記述した。その意味は〈結果継続〉であり、共通語と共通するが、共通語よりも多くの動詞に付くことができる。同時に、〈痕跡に基づく推定〉を表すことができる。そして、その基盤には伝統的な琉球方言の用法があることが観察された。

　高江洲（1994）や工藤（2014）には、沖縄本島中南部方言のウチナーヤマトゥグチ「～シテアル」形式が〈客体の結果継続〉とともに、〈間接的エヴィデンシャリティー〉を表す点が指摘されている。上田方言においても、〈間接的エヴィデンシャリティー〉である〈痕跡に基づく推定〉の用法が観察された。そして、伝統的な方言を母語に持つ老年層だけでなく、中年層や若年層にも現れた。伝統的な方言の—ee'N 形の用法が、ウチナーヤマトゥグチにも継承されていることが窺える。

376

第 7 章　ウチナーヤマトゥグチの「～ショッタ」・「～シテアル」形式について

　また、石垣市方言においても、老年層・中年層・若年層の全ての世代で「～シテアル」形式が〈間接的エヴィデンシャリティー〉を表す形式として用いられる。伝統的な石垣市方言にも「～シテアル」に対応する―ee'N 形があり、この形で〈間接的エヴィデンシャリティー〉である〈痕跡に基づく推定〉を表す。この用法がウチナーヤマトゥグチとして継承されている。石垣市方言においても、形態は「～シテアル」という共通語形になっているが、意味用法には伝統的な方言―ee'N 形を反映していることが窺えた。

　「～シテアル」形式を用いることで〈結果継続〉を表す用法は、共通語「～してある」と重なる。しかし、〈間接的エヴィデンシャリティー〉を表す用法は、共通語にはみられない、ウチナーヤマトゥグチに特徴的な用法である。上田方言と石垣市方言の間での地域差がみられなかったことは、これらの伝統的な方言のアスペクト体系に大きな差異がないことによる。そして、〈結果継続〉や〈間接的エヴィデンシャリティー〉の用法は伝統的な方言が干渉していることから現れていると考えられる。若年層の世代にまで観察されていることや、地域差がみられないことをふまえると、地域共通語として定着していると言えるだろう。

　一方、上田方言の若年層や石垣市方言の老年層で、金田一（1950）で「第四種の動詞」に分類されていた動詞にも「～シテアル」形式が付く例が観察された。共通語には許容されない用法に広がっており、ウチナーヤマトゥグチ特有の用法へと派生していることを表す。伝統的な琉球方言が共通語と接触したことによって生まれたウチナーヤマトゥグチであるが、地域共通語として継承されていくなかで、新たな姿を獲得していることは非常に興味深い点である。

　今後、ウチナーヤマトゥグチの体系や用法がどのように変化していくのか注視する必要がある。そのためには、「～シテアル」形式に対応する伝統的な方言での現れ方も含め、多くの地域で調査を行い、分析・考察を加える必要がある。

　ちなみに、本節で取り上げた「～シテアル」形式は、ウチナーヤマトゥグチの例として記述される場合に「～シタール」とされていることがある。「テア」の母音連続が融合して「ター」になっている。筆者の内省では「～シテア

377

ル」と「～シタール」に文法的な違いはないが、「～シタール」は「方言的な言い方」である。ウチナーヤマトゥグチは「共通語である」としての意識で用いるもので、使う対象が誰であっても構わない。一方、「～シタール」は「～シテアル」の方言形であり、上の世代や敬意を払わなければならない相手には使えない。「～シテアル」は共通語、「～シタール」は方言という意識上の区別がある。この点は、伝統的な方言を母語に持たない世代がもつ「方言」の存在を示すものである。

第2節 「～シヨッタ」形式について

ウチナーヤマトゥグチの「～シヨッタ」形式は、高江洲（1994）や工藤（2006）に記述が見られる。工藤（2006）は沖縄本島中南部方言のウチナーヤマトゥグチ「～シヨッタ」形式は、〈過去・目撃〉を表す— ta'N 形を共通語に直訳した結果現れたものであるとしている。そして、琉球方言の動詞が「連用形＋居（を）り＋む」の構成から成っていると考えられるため、その「居り」が潜在的に干渉している点を指摘している。

また、工藤（2014）では、ウチナーヤマトゥグチ「～シヨッタ」形式は、〈直接的エヴィデンシャリティー〉を明示するもので「〈運動（動作・変化）の知覚〉」（p.607）を表すとしている。そして、「視覚のみならず、聴覚、触覚、嗅覚であってもよ」（p.607）く、「伝統方言の文法的意味が継承され」（p.608）ている例であると述べている。

このような「～シヨッタ」形式に関する先行研究は、主に沖縄本島中南部方言のウチナーヤマトゥグチに対するものである。しかし、ウチナーヤマトゥグチには方言差があることを考えれば、琉球方言圏の他の地域でも同じような現象が見られるかを調査し、分析する必要がある。本節ではウチナーヤマトゥグチ「～シヨッタ」形式が、石垣市方言でどのように現れるか。また、伝統的な方言では沖縄本島中南部方言と差異が見られるのかについて検討する。

第7章　ウチナーヤマトゥグチの「〜ショッタ」・「〜シテアル」形式について

第1項　上田方言

（1）老年層

　まず、沖縄本島中南部方言に属する上田方言での現れ方についてみる。伝統的な上田方言では、〈過去〉を表す二つの形式が存在する。例えば次のようなものである。

107　筆で書いた

107−1　ɸudi ʃi katʃutaɴ

107−2　ɸudi ʃi katʃaɴ

108　彼が読んだ

108−1　ʔanu tʃu ga jumutaɴ

108−2　ʔanu tʃu ga judaɴ

109　ご飯を食べた

109−1　munu kamutaɴ

109−2　munu karaɴ

110　草は畑で燃やした

110−1　ku̥sa ja haru uti meːsu̥taɴ

110−2　ku̥sa ja haru uti meːtʃaɴ

111　石を蹴った

111−1　ʔiʃi kiːtaɴ

111−2　ʔiʃi kittʃaɴ

112　あの人が行くと言った

112−1　ʔanu tʃu ga ʔitʃun di ʔiːtaɴ

112−2　ʔanu tʃu ga ʔitʃun di ʔiːtʃaɴ

379

113 海で泳いだ

113-1 ʔumi ndi ʔi:dʒutaɴ

113-2 ʔumi ndi ʔi:dʒaɴ

114 鳥がたくさん飛んだ

114-1 tui nu ʔuho:ku tubutaɴ

114-2 tui nu ʔuho:ku tudaɴ

115 あの子はよく笑った

115-1 ʔanu warabe: ju: ware:taɴ

115-2 ʔanu warabe: ju: warataɴ

116 鋸で木を伐った

116-1 nukudʒiri ʃi ki: tʃi:taɴ

116-2 nukudʒiri ʃi ki: tʃittʃaɴ

117 畑に野菜を植えた

117-1 haru ŋkai jaʃe: ʔi:jutaɴ

117-2 haru ŋkai jaʃe: ʔi:taɴ

118 机の上に置いた

118-1 tsu̥kue nu ʔi: ŋkai ʔutʃiki:taɴ

118-2 tsu̥kue nu ʔi: ŋkai ʔutʃikitaɴ

119 魚を買った

119-1 ʔiju ko:itaɴ

119-2 ʔiju ko:taɴ

120 着物を売った

第7章　ウチナーヤマトゥグチの「〜ショッタ」・「〜シテアル」形式について

120-1　tʃiN ʔuitaN

120-2　tʃiN ʔutaN

121　上に服を着た

121-1　wa:bi kara tʃin tʃi:taN

121-2　wa:bi kara tʃin tʃitʃaN

122　遊びに行った

122-1　ʔaʃibi: ga ʔitʃutaN

122-2　ʔaʃibi: ga ndʒaN

123　雨に濡れた

123-1　ʔami ŋke: nri:taN

123-2　ʔami ŋke: nritaN

124　ゆっくり立った

124-1　jo:nna: tatʃutaN

124-2　jo:nna: tattʃaN

125　風で倒れた

125-1　kadʒi ʃi to:ri:taN

125-2　kadʒi ʃi to:ritaN

126　木が枯れた

126-1　ki: nu kari:taN

126-2　ki: nu karitaN

127　枝が折れた

127-1　juda nu ʔu:ri:taN

381

127-2　juda nu ʔuːritaɴ

128　猫が屋根から落ちた

128-1　majaː nu jaː nu ʔi kara ʔutiːtaɴ

128-2　majaː nu jaː nu ʔi kara ʔutitaɴ

129　隣の家から聞こえた

129-1　tunai nu jaː kara tʃikariːtaɴ

129-2　tunai nu jaː kara tʃitʃaɴ

130　あの先生の話はよく分かった

130-1　ʔanu ʃenʃeː hanaʃeː juː wakaitaɴ

130-2　ʔanu ʃenʃeː hanaʃeː juː wakataɴ

このように、〈過去〉を表す形式には二種類が現れる。話者によれば、これらの違いは「その動作を目撃したか」によって区別され、それぞれ −1 の文を用いる場合には「その動作を知覚した」というニュアンスが加わる。また −1 の文は話し手自身の行為には用いにくく、「私は wan neː」が付くと非文になることが多い。工藤（2014）も — taɴ 形には「人称制限があって、一人称主語の場合には使用できない」(p.522) としている。

　一方、〈反復〉を表す際には人称制限がない点も挙げている。上田方言でも「昔はよく ŋkaʃeː juː」のような過去の習慣を表す語句が挿入されると、この場合には話し手自身の行為として提示することもできる。

107'　* wan neː ɸudi ʃi katʃutaɴ　私は筆で書きよった

116'　* wan neː nukudʒiri ʃi kiː tʃiːtaɴ　私は鋸で伐りよった

121'　* wan neː waːbi kara tʃin tʃiːtaɴ　私は上に服を着よった

107''　wan neː ŋkaʃeː juː ɸudi ʃi katʃutaɴ　私は昔はよく筆で書きよった

第 7 章　ウチナーヤマトゥグチの「～ショッタ」・「～シテアル」形式について

116''　wan ne: ŋkaʃe: ju: nukudʒiri ʃi ki: tʃi:taɴ　私は昔はよく鋸で木を伐り
　　　よった

121''　wan ne: ŋkaʃe: ju: wa:bi kara tʃin tʃi:taɴ　私は昔はよく上に服を着よ
　　　った

　また、先に挙げた伝統的な方言の文をウチナーヤマトゥグチに直すと、次の
ように区別される。また、共通語に見られない形式が現れた部分のみ、カタカ
ナで記す。

107－1　ɸudi ʃi katʃutaɴ　筆で書きヨッタ

107－2　ɸudi ʃi katʃaɴ　筆で書いた

108－1　ʔanu tʃu ga jumutaɴ　彼が読みヨッタ

108－2　ʔanu tʃu ga judaɴ　彼が読んだ

109－1　munu kamutaɴ　ご飯を食べヨッタ

109－2　munu karaɴ　ご飯を食べた

116－1　nukudʒiri ʃi ki: tʃi:taɴ　鋸で木を伐りヨッタ

116－2　nukudʒiri ʃi ki: tʃittʃaɴ　鋸で木を伐った

117－1　haru ŋkai jaʃe: ʔi:jutaɴ　畑に野菜を植えヨッタ

117－2　haru ŋkai jaʃe: ʔi:taɴ　畑に野菜を植えた

118－1　tsu̥kue nu ʔi: ŋkai ʔutʃiki:taɴ　机の上に置きヨッタ

118－2　tsu̥kue nu ʔi: ŋkai ʔutʃikitaɴ　机の上に置いた

121－1　wa:bi kara tʃin tʃi:taɴ　上に服を着よった

121－2　wa:bi kara tʃin tʃitʃaɴ　上に服を着た

383

122-1　ʔaʃibi: ga ʔitʃutaN　遊びに行きヨッタ

122-2　ʔaʃibi: ga ndʒaN　遊びに行った

123-1　ʔami ŋke: nri:taN　雨に濡れヨッタ

123-2　ʔami ŋke: nritaN　雨に濡れた

　このように、−1 の文はウチナーヤマトゥグチに直すと「～シヨッタ」形式として現れる。一方、−2の文は単純な過去の形式「～した」で表す。「～シヨッタ」形式と「～した」は伝統的な方言と同様に、「その行為や動作が行われるのを目撃した」かどうかによって使い分けられ、「～シヨッタ」形式には「その行為が行われるのを見た」という〈目撃〉が表される。この点について、工藤（2014）は「～シヨッタ」形式によって〈直接的エヴィデンシャリティー〉が表され、西日本諸方言の「～ヨッタ」形式とは異なる、ウチナーヤマトゥグチの特徴であるとしている[2]。

　また、「～シヨッタ」形式は、知覚動詞や思考を表す動詞にも用いられる。その際には「それが起こったことを知覚した」意を表わす。

131-1　tunai nu ja: kara tʃikari:taN　隣の家から聞こえヨッタ〈聴覚〉

131-2　tunai nu ja: kara tʃikattaN　隣の家から聞こえた

132-1　ʔanu ʃeNʃe: hanaʃe: ju: wakaitaN　あの先生の話はよく分かりヨッタ
　　　〈思考〉

132-2　ʔanu ʃeNʃe: hanaʃe: ju: wakataN　あの先生の話はよく分かった

　このように、「～シヨッタ」形式で表される〈直接的エヴィデンシャリティー〉は視覚的に確認できたことだけでなく、聴覚によって得られた情報も表すことができるのである。上田方言では〈聴覚〉のみであったが、その他の知覚動詞についても今後分析する必要がある。

第7章　ウチナーヤマトゥグチの「～ショッタ」・「～シテアル」形式について

　さらに、高江洲（1994）は、ウチナーヤマトゥグチには〈現在・未来〉を表す「～ショル」形式もあると報告している。しかし、その形式は上田方言では観察されていない。高江洲（1994）は沖縄本島中南部方言（首里方言）のアスペクト体系について、ウチナーヤマトゥグチでの表れ方をふまえて、「起きる」を例に、表にまとめている。以下に、その表の一部を抜粋して示す。

		みとめ	
	標準語	ウチナーヤマトゥグチ	方言
現在・未来	おきる	おきる	ʔukijuN
		おきよる	
過去	おきた	おきた	ʔukitaN
		おきよった	ʔuki:taN

(高江洲 1994 p.266)

　このように、「～ショッタ」形式は、伝統的な琉球方言と共通語のアスペクト体系の差異が現れているものであると言える。

　しかし、非過去形式の「～ショル」はウチナーヤマトゥグチには観察されなかった。高江洲（1994）の表をみても、「おきよる」に対応する方言形が空いている。上田方言を含む沖縄本島中南部方言には、元々「～ショル」に相当する形式がなかったと考えられる。

(2) 中年層

　中年層は、伝統的な方言を話すことはしないが理解はできる世代である。中年層話者にもウチナーヤマトゥグチ「～ショッタ」形式は確認される。この形式を用いることで「他人の行為を見た」というニュアンスが伴われる。これは老年層に見られた、伝統的な方言と一致するところである。

133-1　ご飯を食べヨッタ

133-2　ご飯を食べた

134-1　筆で書きヨッタ

385

134-2　筆で書いた

135-1　友達を家に呼びヨッタ
135-2　友達を家に呼んだ

136-1　朝から晩まで働きヨッタ
136-2　朝から晩まで働いた

137-1　雨が降りヨッタ
137-2　雨が降った

138-1　鳥がたくさん飛びヨッタ
138-2　鳥がたくさん飛んだ

139-1　あの子はよく笑いヨッタ
139-2　あの子はよく笑った

140-1　魚を買いヨッタ
140-2　魚を買った

141-1　机の上に置きヨッタ
141-2　机の上に置いた

142-1　人にあげヨッタ
142-2　人にあげた

143-1　畑に野菜を植えヨッタ
143-2　畑に野菜を植えた

第7章　ウチナーヤマトゥグチの「～ショッタ」・「～シテアル」形式について

144-1　窓を開けヨッタ

144-2　窓を開けた

145-1　本を買いに行きヨッタ

145-2　本を買いに行った

146-1　ゆっくり立ちヨッタ

146-2　ゆっくり立った

147-1　風で倒れヨッタ

147-2　風で倒れた

148-1　家の中に隠れヨッタ

148-2　家の中に隠れた

149-1　猫が屋根から落ちヨッタ

149-2　猫が屋根から落ちた

　上田方言の中年層の「～ショッタ」形式は、老年層と同様、〈直接的エヴィデンシャリティー〉を表す。例えば、「126-1 魚を買いヨッタ」は「魚を買ったのを見た」という意で用いられ、「買った」とはニュアンスが異なる。また、〈目撃〉という要素が加わるため、話し手自身が主体にはなれない。ただし、老年層と同様、「昔はよく」のような過去の習慣を表す語が付いた場合には一人称も使用できる。

　一方、〈知覚〉を表す動詞の場合には、話し手が主体になることができる。その際には〈知覚〉したことを報告する意が含まれる。

150-1　隣の家から聞こえヨッタ　〈聴覚〉

150-2　隣の家から聞こえた

387

151-1　いい匂いがしヨッタ　〈嗅覚〉
151-2　いい匂いがした

152-1　ヨモギの味がしヨッタ　〈味覚〉
152-2　ヨモギの味がした

153-1　昨日、頭痛がしヨッタ　〈痛覚〉
153-2　昨日、頭痛がした

154-1　足が痺れヨッタ　〈痛覚〉
154-2　足が痺れた

　また、思考を表す動詞、感情を表す動詞にも用いることができ、「それが起こったことを知覚した」ことを表す。しかし「よく」など、過去の習慣を表す語がつかない場合には、話し手自身が主体になることは難しい。

155-1　おじいちゃんが考えヨッタ　〈思考〉
155-2　おじいちゃんが考えた

156-1　怒られていらいらしヨッタ　〈感情〉
156-2　怒られていらいらした

　この「〜シヨッタ」形式が伝統的な方言の干渉によるものだと考えれば、ウチナーヤマトゥグチが地域共通語的な役割を確立し、老年層の世代から継承されていることを示すものである。
　一方、「〜シヨッタ」形式が使えない例として、以下のものが観察される。

157　＊暑くて卵が腐れヨッタ

158　＊隣には牛小屋がありヨッタ

159　＊弟はとてもしっかりしていヨッタ

　このような文例では「～ショッタ」形式は用いられない。動詞との共起に関
係がある可能性が高い。話者によれば、「157 暑くて卵が腐れヨッタ」の文は
「腐るというのは状態であり、変化の過程を目にすることができないから」と
いう理由から「～ショッタ」形式は用いられないという。「158 隣には牛小屋
がありヨッタ」や「159 弟はとてもしっかりしていヨッタ」の文も同様に、変
化の過程が可視的でないことから「～ショッタ」形式は用いられないと考えら
れる。

（3）若年層

　上田方言の若年層話者のウチナーヤマトゥグチでは、「～ショッタ」形式が
以下のように現れる。単純な過去を表す共通語の「～した」形式と合わせて記
述する。

160-1　ご飯を食べヨッタ

160-2　ご飯を食べた

161-1　筆で書きヨッタ

161-2　筆で書いた

162-1　友達を家に呼びヨッタ

162-2　友達を家に呼んだ

163-1　朝から晩まで働きヨッタ

163-2　朝から晩まで働いた

164-1　雨が降りヨッタ

164-2　雨が降った

165-1　鳥がたくさん飛びヨッタ
165-2　鳥がたくさん飛んだ

166-1　あの子はよく笑いヨッタ
166-2　あの子はよく笑った

167-1　川で遊びヨッタ
167-2　川で遊んだ

168-1　魚を買いヨッタ
168-2　魚を買った

169-1　机の上に置きヨッタ
169-2　机の上に置いた

170-1　人にあげヨッタ
170-2　人にあげた

171-1　畑に野菜を植えヨッタ
171-2　畑に野菜を植えた

172-1　窓を開けヨッタ
172-2　窓を開けた

173-1　本を買いに行きヨッタ
173-2　本を買いに行った

第 7 章　ウチナーヤマトゥグチの「〜ショッタ」・「〜シテアル」形式について

174-1　ゆっくり立ちヨッタ

174-2　ゆっくり立った

175-1　風で倒れヨッタ

175-2　風で倒れた

176-1　家の中に隠れヨッタ

176-2　家の中に隠れた

177-1　猫が屋根から落ちヨッタ

177-2　猫が屋根から落ちた

178-1　六時に起きヨッタ

178-2　六時に起きた

179-1　木が枯れヨッタ

179-2　木が枯れた

　上田方言の若年層では、老年層や中年層よりも「〜ショッタ」形式の使える動詞が多い。若年層でも「〜ショッタ」形式によって表される意味は〈直接的エヴィデンシャリティー〉であり、「その行為や動作が行われたことを経験的に知っている」ことを表す。また、多くの場合、「〜ショッタ」形式をとる際の動作主は三人称である。一人称が主語になる場合に使用できない点は伝統的な方言においても同様である。一方、過去の習慣を表す際には一人称を用いることができる。

　思考を表す動詞や感情を表す動詞、〈目撃〉以外の知覚を表す動詞に付くことができる点も中年層と共通する。対して、若年層では存在動詞「いる」「ある」にも用いることができる。共起できる動詞の種類が増えていることは、「〜ショッタ」形式が表現として定着していることを示すものである。存在動

391

詞に付いた場合には「いたこと」「あったこと」を知覚し記憶していることを
表わす。

180-1　おじいちゃんが考えヨッタ　〈思考〉
180-2　おじいちゃんが考えた

181-1　あの先生の話はよく分かりヨッタ〈思考〉
181-2　あの先生の話はよく分かった

182-1　怒られてイライラしヨッタ　〈感情〉
182-2　怒られてイライラした

183-1　ガサガサと音がしヨッタ　〈聴覚〉
183-2　ガサガサと音がした

184-1　ヨモギの味がしヨッタ　〈味覚〉
184-2　ヨモギの味がした

185-1　いい匂いがしヨッタ　〈嗅覚〉
185-2　いい匂いがした

186-1　頭痛がしヨッタ　〈痛覚〉
186-2　頭痛がした

187-1　ハブがいヨッタ　存在動詞
187-2　ハブがいた

188-1　お金がありヨッタ　存在動詞
188-2　お金があった

また、本永（1994）や高江洲（2002）にもあるように、その行為が起こったことを報告する際にも用いられる。この際にも一人称や二人称は用いられない。

189　（何を割ったのかを詰問されて）ガラスを割りヨッタ
190　（誰が壊したのかを詰問されて）あいつが壊しヨッタ
191　（いつ言ったのかを詰問されて）さっき言いヨッタ
192　（どこに行ったのかを詰問されて）学校に行きヨッタ

そして、話し手が知覚したことを報告するときに用いやすいことから、非難の意を込めて報告する際に「～ショッタ」形式を用いることが多い。

さらに、「～ショッタ」形式を使うことによって、「起きるとは思わなかったのに起こった」「不覚にも起きてしまった」というような〈意外性〉を表すこともある。これは「～ショッタ」形式が、驚きや発見を表すミラティブな意味を複合していることを示唆するものである。

193　ドアを開けたら弟がいヨッタ：「誰もいないと思ったのに」という意味
194　あいつが本を読みヨッタ：「読まないと思ったのに」という意味
195　暑くて卵が腐れヨッタ：「腐れてしまった」という意味

「～ショッタ」形式が〈意外性〉を表す用法は、特に若年層に観察される。中年層までは目撃を含めた知覚ができない動作については「～ショッタ」形式を用いることはできなかったが、若年層では〈意外性〉を表す用法によって用いることができるようになっている。

第2項　石垣市方言

（1）老年層

石垣市方言の運動動詞で、〈過去〉を表す形式は次のように現れる。

196　sïmutsï du jumuda　本を読んだ

197　ɸudi ʃi du kakuda　筆で書いた

198　hanasï sï̥kuda　話を聞いた

199　mbon ho:da　ご飯を食べた

200　nukkiri ki: kï̥suda　鋸で木を伐った

201　mma ŋga du tsï̥kuda　ここに置いた

202　taka:ɲi kauda　たくさん買った

203　a:mi kai du dzohe:da　雨に濡れた

204　ki: nu du karida　木が枯れた

205　ki: kara du utida　木から落ちた

206　ui kara du kisïda　上に着た

207　misï̥ko: tatsuda　ゆっくり立った

208　pï̥tu:rï ʃi du ki:da　一人で来た

209　ɸu̥ssareru adʒi du sïta　腐ってる味がした

210　tunarï nu ja: kara sï̥karida　隣の家から聞こえた

211　habu nu du uda　ハブがいた

212　hana: ŋga ʔada　花があった

石垣市方言では、〈過去〉を表す形式は— da形が接続することが多い。ただ
し、石垣市方言の〈過去〉を表す形式には、次のような形も観察された。

213−1　asabi na haruda　遊びに行った

213−2　uja tu ma:dun hatta　親と一緒に行った

このように、〈過去〉を表すのに異なる形式が観察される。この点について、

第7章　ウチナーヤマトゥグチの「～ショッタ」・「～シテアル」形式について

仲原（2013）は、石垣市方言にも「目の前で目撃したり、知覚したこと、または動作が完了していることを述べる」（p.108）形式があることを述べている。また、宮城（2003b）にも「完了形」である Qta 形があることが述べられている。ここで、仲原（2013）より、石垣市方言の動詞「読む」のテンス・アスペクトをまとめた表の一部を引用する。

	非過去	過去	
		普通過去	直前過去
完成相	jumuN（読む）	jumuda（読んだ）	jumiQta（読んだ）

（仲原　2013 p.108 より一部抜粋）

　この表によれば、石垣市方言には〈過去〉を表す際に二つの形式が用いられることになる。仲原（2013）は〈普通過去〉が「通常使用される過去形」（p.108）であり、〈直前過去〉が「目の前で目撃したり、知覚したこと、または動作が完了していることを述べる」（p.108）という使い分けがあることを述べている。これは、上田方言に観察された過去を表す二つの形式の使い分けと一致する。したがって、工藤（2014）の〈直接的エヴィデンシャリティー〉と仲原（2013）の〈直前過去〉は同じ意味用法を示すと考えられ、石垣市方言でも使い分けに基づいて「～シタ」と「～ショッタ」を区別している可能性はある。

　次に、ウチナーヤマトゥグチについてみる。石垣市方言の老年層にも、次のような「～ショッタ」形式が観察される。

196－1　本を読みヨッタ
196－2　本を読んだ

197－1　筆で書きヨッタ
197－2　筆で書いた

395

198-1　話を聞きヨッタ

198-2　話を聞いた

199-1　ご飯を食べヨッタ

199-2　ご飯を食べた

200-1　鋸で木を伐りヨッタ

200-2　鋸で木を伐った

201-1　ここに置きヨッタ

201-2　ここに置いた

202-1　たくさん買いヨッタ

202-2　たくさん買った

203-1　雨に濡れヨッタ

203-2　雨に濡れた

204-1　木が枯れヨッタ

204-2　木が枯れた

205-1　木から落ちヨッタ

205-2　木から落ちた

206-1　上から着ヨッタ

206-2　上から着た

207-1　ゆっくり立ちヨッタ

207-2　ゆっくり立った

396

第7章　ウチナーヤマトゥグチの「～ショッタ」・「～シテアル」形式について

208-1　一人で来ヨッタ

208-2　一人で来た

　このように、石垣市方言老年層話者にも「～ショッタ」形式は観察される。
話者によれば、「～ショッタ」を用いることで、その行為や動作が行われたこ
とを〈目撃〉したことを意味する。また、動作主には人称制限があり、「私」
「君」などの一人称、二人称をとることは難しい。

199-1-1　＊私がご飯を食べヨッタ

199-1-2　＊君がご飯を食べヨッタ

199-1-3　彼がご飯を食べヨッタ

200-1-1　＊私が鋸で木を伐りヨッタ

200-1-2　＊君が鋸で木を伐りヨッタ

200-1-3　彼が鋸で木を伐りヨッタ

205-1-1　＊私が木から落ちヨッタ

205-1-2　＊君が木から落ちヨッタ

205-1-3　彼が木から落ちヨッタ

　さらに、感情を表す動詞や〈目撃〉以外の知覚を表す動詞、存在動詞「い
る」「ある」にも付くことができる。単なる〈目撃〉だけでなく、より広い〈直
接的エヴィデンシャリティー〉を表すことができる点は上田方言と共通する。

209-1　とても喜びヨッタ　〈感情〉

209-2　とても喜んだ

210-1　ガサガサと音がしヨッタ　〈聴覚〉

397

210-2　ガサガサと音がした

211-1　ヨモギの味がしヨッタ　〈味覚〉
211-2　ヨモギの味がした

212-1　いい匂いがしヨッタ　〈嗅覚〉
212-2　いい匂いがした

213-1　足が痺れヨッタ　〈痛覚〉
213-2　足が痺れた

214-1　猫がいヨッタ　存在動詞
214-2　猫がいた

215-1　花がありヨッタ　存在動詞
215-2　花があった

　ただし、老年層話者には伝統的な方言の二つの過去形式と、「～シヨッタ」と「～シタ」形式を対応させる意識は薄い。高江洲（2013）にあるように、—Qta形が目撃したことや知覚したことを述べる形式として用いられるのであれば、ウチナーヤマトゥグチ「～シヨッタ」の表す意味と共通する。そのため、「～シヨッタ」形式と—Qta形の用法は対応して現れてもいい。しかし、—Qta形は観察されたものの、そこまで厳密な対応関係はみられなかった。石垣市の伝統的な方言と「～シヨッタ」形式の対応関係は、今後注視する必要がある。

(2) 中年層

　続いて、石垣市方言中年層話者の「～シヨッタ」形式について分析する。石垣市方言の中年層話者には次のような「～シヨッタ」形式が確認される。

第7章　ウチナーヤマトゥグチの「〜ショッタ」・「〜シテアル」形式について

216-1　ご飯を食べヨッタ

216-2　ご飯を食べた

217-1　友達と遊びヨッタ

217-2　友達と遊んだ

218-1　そのまま川に流しヨッタ

218-2　そのまま川に流した

219-1　何回も数えヨッタ

219-2　何回も数えた

220-1　泣き虫のくせに喧嘩しヨッタ

220-2　泣き虫のくせに喧嘩した

221-1　鳥がたくさん飛びヨッタ

221-2　鳥がたくさん飛んだ

222-1　あの子はよく笑いヨッタ

222-2　あの子はよく笑った

223-1　ここに置きヨッタ

223-2　ここに置いた

224-1　魚を買いヨッタ

224-2　魚を買った

225-1　人にあげヨッタ

225-2　人にあげた

226-1　先にお金を払いヨッタ

226-2　先にお金を払った

227-1　家を壊しヨッタ

227-2　家を壊した

228-1　袋に入れヨッタ

228-2　袋に入れた

229-1　雨に濡れヨッタ

229-2　雨に濡れた

230-1　ゆっくり立ちヨッタ

230-2　ゆっくり立った

231-1　木が枯れヨッタ

231-2　木が枯れた

232-1　家の中に隠れヨッタ

232-2　家の中に隠れた

233-1　沖縄に船で行きヨッタ

233-2　沖縄に船で行った

234-1　枝が折れヨッタ

234-2　枝が折れた

235-1　簡単に取れヨッタ

第7章　ウチナーヤマトゥグチの「～ショッタ」・「～シテアル」形式について

235-2　簡単に取れた

236-1　着物が乾きヨッタ
236-2　着物が乾く

237-1　家に帰りヨッタ
237-2　家に帰った

　石垣市方言中年層の「～ショッタ」形式は、上田方言のウチナーヤマトゥグ
チに見られた「～ショッタ」形式と意味の面でも共通している。この「～ショ
ッタ」形式を用いることによって「その行為が行われるのを見た」という意が
加わる。〈直接的エヴィデンシャリティー〉を示す形式である。また、やはり
一人称とは共起しにくく、他人の行為を目撃した際に用いることが顕著に示さ
れている。
　さらに、老年層と同様に、思考や感情を表す動詞、〈目撃〉以外の知覚を表
す動詞、存在動詞「いる」「ある」にも付くことができる。

238-1　あの先生の話はよく分かりヨッタ　〈思考〉
238-2　あの先生の話はよく分かった

239-1　家族が心配しヨッタ　〈感情〉
239-2　家族が心配した

240-1　後ろから呼んだら驚きヨッタ　〈感情〉
240-2　後ろから呼んだら驚いた

241-1　ガサガサと音がしヨッタ　〈聴覚〉
241-2　ガサガサと音がした

242-1　隣の家から聞こえヨッタ　〈聴覚〉

242-2　隣の家から聞こえた

243-1　ヨモギの味がしヨッタ　〈味覚〉

243-2　ヨモギの味がした

244-1　いい匂いがしヨッタ　〈嗅覚〉

244-2　いい匂いがした

245-1　臭い匂いがしヨッタ　〈嗅覚〉

245-2　臭い匂いがした

246-1　家から海がよく見えヨッタ　〈視覚〉

246-2　家から海がよく見えた

247-1　足が痺れヨッタ　〈痛覚〉

247-2　足が痺れた

248-1　猫がいヨッタ　存在動詞

248-2　猫がいた

249-1　お金がありヨッタ　存在動詞

249-2　お金があった

　一方、「その動作や行為が行われたことを知っている」という〈直接的エヴィデンシャリティー〉の用法から派生して、その行為が行われたことへの消極的な評価を加えて報告する用法もある。

250　草を畑で燃やしヨッタ

第7章　ウチナーヤマトゥグチの「〜ショッタ」・「〜シテアル」形式について

251　彼は医者になりヨッタ

252　友達の話を信じヨッタ

　例えば、「250 草を畑で燃やしヨッタ」の場合、言外に「燃やしてはいけないのに燃やした」という意味が加えられる。「251 彼は医者になりヨッタ」の場合には「本当は別の職業に就いてほしかったのに」というようなニュアンスを伴う。「252 友達の話を信じヨッタ」では、「信じてはいけないのに」というようなニュアンスが加わる。話者によって現れる例は異なるものの、「〜ショッタ」形式を用いることによって表される。消極的な評価を加えて報告する用法は、話し手が知覚したことを第三者に報告する際に用いられる点から派生したと考えられる。

　ただし、中年層話者には「〜ヨッタ」形式自体を用いないとすることも多く、ウチナーヤマトゥグチとしての使用頻度はそれほど高くない。ある中年層話者は「〜ショッタ形式は沖縄本島でよく用いられている印象がある」としていた。伝統的な方言を母語に持つ老年層にも「〜ショッタ」形式が観察されたが、老年層で、「〜ショッタ」形式と伝統的な方言との対応関係が厳密でなかったことを踏まえると、沖縄本島のウチナーヤマトゥグチが広まった可能性もある。この点については、伝統的な方言との対応関係を明らかにする必要がある。

(3) 若年層

　石垣市方言の若年層話者にも、「〜ショッタ」形式は観察される。その使用は老年層や中年層に比べると多い。以下に、観察された例を挙げる。

253-1　髪の毛を引っ張りヨッタ

253-2　髪の毛を引っ張った

254-1　筆で書きヨッタ

254-2　筆で書いた

403

255-1 本を読みヨッタ

255-2 本を読んだ

256-1 何回も数えヨッタ

256-2 何回も数えた

257-1 あの子はよく笑いヨッタ

257-2 あの子はよく笑った

258-1 雨が降りヨッタ

258-2 雨が降った

259-1 鋸で木を伐りヨッタ

259-2 鋸で木を伐った

260-1 机の上に置きヨッタ

260-2 机の上に置いた

261-1 箱の中へ入れヨッタ

261-2 箱の中へ入れた

262-1 魚を買いヨッタ

262-2 魚を買った

263-1 人にあげヨッタ

263-2 人にあげた

264-1 本を買いに行きヨッタ

264-2 本を買いに行った

第7章　ウチナーヤマトゥグチの「～シヨッタ」・「～シテアル」形式について

265-1　遊びに行きヨッタ

265-2　遊びに行った

266-1　親と一緒に行きヨッタ

266-2　親と一緒に行った

267-1　雨に濡れヨッタ

267-2　雨に濡れた

268-1　風で倒れヨッタ

268-2　風で倒れた

269-1　家の中に隠れヨッタ

269-2　家の中に隠れた

270-1　扉に指が挟まりヨッタ

270-2　扉に指が挟まった

　このように、石垣市方言の若年層にも「～シヨッタ」形式が多く観察される。意味は自分自身が知覚したことから得た確実な情報を相手に示す。また、思考や感情を表す動詞、〈目撃〉以外の知覚を表す動詞、存在動詞「いる」「ある」にも付くことができる。石垣市方言の老年層、中年層と共通する点でもある。

271-1　名前をおじいちゃんが考えヨッタ　〈思考〉

271-2　名前をおじいちゃんが考えた

272-1　怒られてイライラしヨッタ　〈感情〉

272-2　怒られてイライラした

405

273-1　ガサガサと音がしヨッタ　〈聴覚〉

273-2　ガサガサと音がした

274-1　隣の家から聞こえヨッタ　〈聴覚〉

274-2　隣の家から聞こえた

275-1　ヨモギの味がしヨッタ　〈味覚〉

275-2　ヨモギの味がした

276-1　腐ってる味がしヨッタ　〈味覚〉

276-2　腐ってる味がした

277-1　いい匂いがしヨッタ　〈嗅覚〉

277-2　いい匂いがした

278-1　臭いにおいがしヨッタ　〈嗅覚〉

278-2　臭いにおいがした

279-1　足が痺れヨッタ　〈痛覚〉

279-2　足が痺れた

280-1　ハブがいヨッタ　存在動詞

280-2　ハブがいた

281-1　昔は子供がたくさんいヨッタ　存在動詞

281-2　昔は子供がたくさんいた

　また、この「～シヨッタ形式」は自身の体験を伝える際には用いることが少なく、第三者の行為を伝える場合によく用いられる。それによって「自分はそ

第7章　ウチナーヤマトゥグチの「～ショッタ」・「～シテアル」形式について

の動作・行為が行われたことを知っている」というニュアンスが込められる。次の文の場合には一人称を用いることができるということだが、工藤（2014）は「～ショッタ」形式が〈反復〉を表す場合には用いることができると述べており、その例になると考えられる。

282-1　朝から晩まで働きヨッタ

282-2　朝から晩まで働いた

一方、単に「知っている」というニュアンスだけでなく、「予期せずして」「意外である」というニュアンスが込められることもある。例えば、次のような文が観察される。

283　暑くて卵が腐れヨッタ：「勝手に腐った」「知らない間に腐った」という意味

284　簡単に取れヨッタ：「思ったよりも簡単に取れた」という意味

285　簡単に諦めヨッタ：「もう少し頑張ると思ったが」という意味

これらの文は「そのようなことが起こるとは思わなかった」という〈意外性〉が伴われる。これは老年層や中年層には観察されなかった用法である。上田方言においても、若年層には〈意外性〉が観察されたことを踏まえると、世代を下るにつれて、用法が拡大していることが窺える。

第3項　「～ショッタ」形式の地域差と世代差

　ここまで、上田方言と石垣市方言における「～ショッタ」形式について、具体的な文を記述しながら分析した。上田方言のウチナーヤマトゥグチと石垣市方言のウチナーヤマトゥグチにおいて、目立った地域差は観察されなかった。〈目撃〉を含む〈知覚〉に基づく〈直接的エヴィデンシャリティー〉を表す用法をもち、一人称や二人称とともには用いにくい点も共通している。

　以下には、上田方言と石垣市方言の世代差についてまとめる。

（1）上田方言

　上田方言のウチナーヤマトゥグチにおける「〜シヨッタ」形式は〈知覚〉を表す直接的エヴィデンシャリティーの形式である。〈目撃〉を示す用法が多いが、視覚以外の知覚である〈嗅覚〉〈聴覚〉にも用いることができる。その行為や動作が行われたことを〈知覚〉したことを伝える形式が「〜シヨッタ」形式であるといえる。伝統的な方言を母語にする老年層では、伝統的な方言との対応関係をみたが、動詞の— ta'N 形と「〜シヨッタ」形式が対応していることが窺えた。伝統的な方言にも〈過去〉の意で用いられるが、〈目撃〉したことを表わす、いわゆる〈直接的エヴィデンシャリティー〉を表す際に用いられる形式がある。そして、この点が「〜シヨッタ」形式に継承されている。

　中年層や若年層でも「〜シヨッタ」形式は〈直接的エヴィデンシャリティー〉の意で用いられており、ウチナーヤマトゥグチが伝統的な意味を継承している。その一方で、若年層では「〜シヨッタ」形式が、非難する意をもって報告したり、〈意外性〉を表す用法がみられた。エヴィデンシャルな意味からミラティブな意味への移行は、非常に興味深い現象である。今後、伝統的な方言での現れ方も含めて分析していく必要がある。

（2）石垣市方言

　石垣市方言のウチナーヤマトゥグチにも「〜シヨッタ」形式が全ての世代で観察される。ただし、伝統的な方言との対応関係、特に形式の面においては課題が残る。高江洲（2013）では「〜シヨッタ」形式に相当する— Qta 形が挙げられており、臨地調査でもいくつか観察されたが、「〜シヨッタ」形式が— Qta 形に対応して現れると断言するには至らなかった。石垣市方言の老年層にも「〜シヨッタ」形式が〈直接的エヴィデンシャリティー〉を表す形式として用いられていることから、伝統的な方言の干渉があることは大いに推測される。今後、より詳細な調査・分析を行わなければならない。

　中年層では、〈目撃〉による〈直接的エヴィデンシャリティー〉を表す用法が、報告する内容に消極的な評価を加えるニュアンスを伴っている例がみられた。これは上田方言の若年層にもみられる用法であった。

第7章　ウチナーヤマトゥグチの「〜ショッタ」・「〜シテアル」形式について

　石垣市方言の若年層には〈意外性〉を表す用法も観察された。「〜ショッタ」形式がエヴィデンシャルな意味に加え、ミラティブな意味を持つようになっており、上田方言と同様の現象がみられる。老年層や中年層には観察されなかったことを踏まえると、若年層の特徴であると言える。

(3) 非過去形「〜ショル」について

　「〜ショッタ」形式の非過去形である「〜ショル」形式は、どの世代にも観察されなかった。工藤（2014）はウチナーヤマトゥグチの「〜ショル」形式について、次のように述べている。

　　　若い世代のなかに、「行キヨル」「開キヨル」のような非過去形のショル形
　　　式を使用する人があるようである。　　　　　　　　　（工藤　2014 p.604）

　また、沖縄県教育委員会県立学校教育課編（2014）でも「〜ショル」形式が「話し手の眼前で動作が始まりつつある」(p.58) 意味を表すことを述べている。
　しかし、上田方言と石垣市方言では、どの世代にも「〜ショル」形式は観察されなかった。筆者の内省においても、「〜ショッタ」形式は頻繁に使用するが、「〜ショル」形式は用いない。工藤（2014）や沖縄県教育委員会県立学校教育課編（2014）が若い世代にみられるとしていることから、ウチナーヤマトゥグチの体系に変化が起きていることが窺える。
　伝統的な方言の消滅とともに、共通語化が進む現在、ウチナーヤマトゥグチの体系も世代を下るにつれて少しずつ変化していくことが推測される。琉球方言圏各地での実態とともに、世代差を明らかにしていくことも、今後の大きな課題であると言える。

注

　＊1　動詞の—ee'N形について、金城（1944）は「現在の完了態」(p.170) を示す
　　　　としている。—ee'N形の共通語訳には「〜てある」を当てていることから、

〈結果継続〉を意味していると思われる。また、内間・野原（2006）は、―ee'N 形を「確証過去終止形」とし、「現在、ある結果が残っていて、過去に確かにある動作が行われたことを表わす」（p. xxix）と述べている。

*2　工藤（2014）は、西日本諸方言の「〜ショッタ」形式は〈動作進行〉というアスペクト的意味を表すことを述べている。

終章　ウチナーヤマトゥグチ研究のこれから

終章
ウチナーヤマトゥグチ研究のこれから

　本書では、ウチナーヤマトゥグチの助詞や文末表現について、北琉球方言圏に属する上田方言と南琉球方言圏に属する石垣市方言の用法を、老年層・中年層・若年層の世代差をふまえながら分析、考察し、その特徴を明らかにした。また、両方言の用法を比較することによって、ウチナーヤマトゥグチに地域差があることを示そうとした。各項目に課題は残るが、琉球方言圏内に使用されるウチナーヤマトゥグチが一律でないことを示すことができた。

　以下に、ウチナーヤマトゥグチの助詞「カラ」や「ガ」、終助詞及び「〜シテアル」形式・「〜シヨッタ」形式の文末表現についてのまとめと今後の課題を挙げる。

第1節　まとめと今後の課題

第1項　「カラ」

　ウチナーヤマトゥグチ「カラ」は上田方言と石垣市方言に観察される。この「カラ」は共通語の格助詞「で」の〈手段・道具〉、「を」の〈動作の行われる場所〉、「に」の〈動作の到達する所〉の意味に対応して現れる。これらの用法は、上田方言 kara、石垣方言 kara の用法が共通語「から」に干渉した結果起こった言語現象であるが、そのうち、「に」に対応する「カラ」については、ウチナーヤマトゥグチが共通語として認識されていくなかで派生させた新しい用法であると考えられた。

　共通語「で」の〈手段・道具〉の用法は〈移動の手段〉と〈情報源〉の意味

411

を表すが、上田方言と石垣市方言では「カラ」の現れ方が異なる。上田方言では〈移動の手段〉に世代差がみられたが、〈情報源〉は老年層、中年層、若年層の全てで確認できる。石垣市方言のウチナーヤマトゥグチでも〈移動の手段〉を表す用法は世代を下るに連れて狭まっていくが、〈情報源〉を表す用法は若年層でのみ観察された。

　また、両方言の中年層では、〈移動の手段〉を表す際、承ける体言を「自らが運転するかどうか」という観点に基づいて共通語「で」との使い分けが行われる。これは、中年層の世代が、共通語と使い分けるために生み出した、新たな用法である可能性もある。伝統的な方言での現れ方も含めて、今後の課題である。

　上田方言の中年層では、「を」と「カラ」との間に、「物理的距離」という観点に基づいた使い分けが見られた。これは、石垣市方言の中年層でも観察されたことから、中年層における特徴の一つである。また、石垣市方言の中年層や若年層では〈強調〉の意を表わす用法も観察された。

　このように、共通語と使い分けを図ろうとする用法が確認できた。特に、「物理的距離」については、承ける体言が身近に豊富にあり、所有者が限定されにくいものであるとき、その体言が近い距離にある場合は「を」、遠い距離にある場合は「カラ」を用いる。この使い分けは上田方言と石垣市方言で観察されており、地理的に隔てられた地域で同様の現象が確認できたのは非常に興味深い。さらに、石垣市方言では指示代名詞との繋がりが見られ、コ系の指示代名詞と「を」、ア系の指示代名詞と「カラ」が結び付きやすい傾向にあることが確認できた。

　「物理的距離」という観点に基づく使い分けが行われている点は、「ウチ・ソト意識」の存在とその重要性を示唆するものである。「物理的距離」はその事物を遠い・近いと判断しているのであるが、それは「心理的距離」に基づくもので「ウチ・ソト意識」に通ずると考えられる。今後は、共通語での「を」と「から」の使い分けも踏まえながら、調査、分析を行っていく必要がある。

　最後に、共通語「に」に対応する「カラ」である。本書では特に「上カラ着る」「下カラ着る」に注目して分析を行った。この用法は伝統的な方言との対

終章　ウチナーヤマトゥグチ研究のこれから

応関係を明らかにできなかったが、ウチナーヤマトゥグチとして上田方言と石
垣市方言の全ての世代に観察される。また、首都圏方言若年層話者へのアンケ
ート調査によって「上カラ着る」は許容されるが、「下カラ着る」は許容され
ていないことを明らかにできた。この用法が、伝統的な方言の干渉によるもの
か、ウチナーヤマトゥグチ「カラ」特有の用法なのかについては、今後、多く
の地域での実態を把握する必要がある。ウチナーヤマトゥグチ「カラ」が地域
共通語として定着していくなかで、意味用法を広げている可能性を示唆するも
のである。

第2項　係助詞「は」「も」の前に付く「ガ」

　ウチナーヤマトゥグチ「ガ」は、伝統的な方言を顕著に反映している。「ガ
は」「ガも」の用法が「ウチ・ソト意識」を明示するためのものであることも
示すことができた。これによって、琉球方言圏における「ウチ・ソト意識」が、
琉球方言の共時態であるウチナーヤマトゥグチにも影響していることが窺える。
格助詞 ga, nu の使い分けによって「ウチ・ソト意識」が担われている上田方
言（沖縄本島方言）では現れ、その使い分けが存在しない石垣市方言（八重山
方言）では現れない。「ガは」「ガも」の「ガ」が担っている「ウチ・ソト意
識」の重要性が現れていると考えられた。

　また、この「ガ」は特定の意味を表すのではなく、〈主格〉を表す「が」を
明示しようとする「ウチ・ソト意識」の結果である可能性も述べた。〈主格〉
の「が」に対応する語は琉球方言圏内でも差異があり、沖縄本島方言及び八重
山方言以外での現れ方をみることで、ウチナーヤマトゥグチ「ガは」「ガも」
との関わりをより詳細に考察できる。

　一方、上田方言においても、「ガは」「ガも」が老年層と中年層に使用される
一方、若年層には用いられないという世代差がみられた。若年層のウチナーヤ
マトゥグチが、より共通語に近くなっていることが窺える。今後、琉球方言圏
の共通語化の実態を考えるうえでも興味深い用法である。

413

第3項　格助詞に後接する「ガ」

　格助詞に後接する「ガ」は、石垣市方言に多く観察された。そして、この「ガ」が伝統的な石垣市方言の助詞 du を共通語化したことで生まれたものであることが、伝統的な方言との対応関係を分析することにより明らかとなった。「ガ」が付くことで〈強調〉を示し、「他の物ではない」意を表わす。そして、石垣市方言には全ての世代で使用される。上田方言では観察されなかったことから、ウチナーヤマトゥグチに地域差があることを示す用法の一つであるといえる。

　ただし、格助詞に後接する「ガ」については、多くの課題が残っている。特に、琉球方言の助詞 du は沖縄本島方言にも観察されるため、du が「ガ」となったとするには、伝統的な方言の地域差だけでは説明ができない。また、du が「ガ」という形態によって現れている点も解決されていない。この「ガ」は、琉球方言だけでなく、共通語「が」が接続助詞へと用法を広がっていく過程と重ねて考えられる可能性もある。地域差も含めて、琉球方言圏内各地での現れ方を分析したい。

　このように見ると、伝統的な琉球方言にみられる「ウチ・ソト意識」は、ウチナーヤマトゥグチにも強く影響していることが窺える。これは、「ウチ・ソト意識」が重要な観点であることを示しており、琉球方言が衰退した後も潜在的に継承されていることを示唆するものである。同時に、「戦後」「本土復帰」という社会的背景もウチナーヤマトゥグチが発達する上で無視できない要因であったことも、世代差を見ることによって明らかとなったと思われる。

第4項　文末表現

　ウチナーヤマトゥグチの終助詞「サー」「ネー」「ハズ」、「〜シテアル」・「〜ショッタ」形式は上田方言と石垣市方言に観察される。これらは、共通語と重なる用法を持ちながらも、特有の用法を示す。終助詞のうち、特に「ネー」が、動詞の志向形に接続して話し手の〈意志〉を表す用法は、ウチナーヤマトゥグチに特有である。このほか、「サー」や「ハズ」も、共通語とは異なるニュアンスで用いられた。

終章　ウチナーヤマトゥグチ研究のこれから

「～シテアル」形式は共通語と同様、〈結果継続〉を示す用法をもつ。加えて〈間接的エヴィデンシャリティー〉を表す用法も観察される。具体的には、〈痕跡〉に基づく〈推定〉を表す用法である。この用法も伝統的な方言からの干渉によるものである。また、共通語では「～してある」が付かない動詞にも付くことができる例が観察された。

対して、「～ショッタ」形式は〈直接的エヴィデンシャリティー〉を表し、〈知覚〉したことを示す際に用いられる。また、若年層には〈意外性〉というミラティブな意味を表す用法も観察された。ウチナーヤマトゥグチの世代差が現れている例となっている。

「～シテアル」・「～ショッタ」形式は、伝統的な方言のアスペクト体系を反映している。これらの例の地域差も今後明らかにしていく必要がある。終助詞を含めた文末表現には、方言的な特徴が現れやすいことは屋比久（1987）や本永（1994）にも指摘がある。本書での分析でも、終助詞や「～シテアル」「～ショッタ」形式は若年層に観察されており、今後も継承されていく可能性は高いと考えられる。

第2節　ウチナーヤマトゥグチに関する研究の展望

ウチナーヤマトゥグチが接触言語としての一面があることを考えれば、琉球方言や日本語に対してだけでなく、世界の言語研究にも貢献できる。しかし、伝統的な琉球方言の研究に比較すると、ウチナーヤマトゥグチはまだまだ研究しなければならない点が多くある。

ウチナーヤマトゥグチ研究の最も大きな課題として、実態の解明が挙げられる。特に、琉球方言が衰退していく中で琉球方言の共時態がウチナーヤマトゥグチであることを踏まえれば、本書で選定した沖縄本島方言・八重山方言以外での現れ方を調査し、その全容を明らかにすることで、各地のウチナーヤマトゥグチの特徴を明らかにすることが求められる。また、ウチナーヤマトゥグチが伝統的な方言の特徴を有していることばでもあることから、琉球方言の今後の変遷過程を考える上で重要な存在となる。琉球方言が各村落で異なるのであ

415

れば、それを基盤としたウチナーヤマトゥグチも多様性に富んでいることが推測される。また、共通語の影響が強くなっていることを考えると、助詞だけでなく、語彙や音韻の面でも研究についても早急に行われる必要がある。

　さらに、ウチナーヤマトゥグチが、新たな琉球方言の一つとして琉球方言圏に継承されていることを考えると、琉球方言圏各地の実態を捉え、観察された用法を分析することで、ウチナーヤマトゥグチの定義を確立させることも急務である。ウチナーヤマトゥグチにも世代差があり、若年層ではウチナーヤマトゥグチ特有の用法すら観察されにくくなっていることを考えると、ウチナーヤマトゥグチ自体も失われつつあるといえる。ウチナーヤマトゥグチの地域差も含め、実態を記録、分析することも重要となる。また、ウチナーヤマトゥグチの「ウチナー」が「沖縄本島」を指すことを考えれば、琉球方言圏内におこなわれる「ウチナーヤマトゥグチ的言語」を総称する概念を考える必要がある。ウチナーヤマトゥグチの多様性を明らかにしていくことも、今後の琉球方言研究には求められるだろう。

　加えて、ウチナーヤマトゥグチは伝統的な琉球方言と共通語の接触によって生まれたことばであり、その存在は言語接触に関する研究だけでなく、ピジンやクレオール研究にも貢献できる。伝統的な琉球方言と共通語の接触によって生まれたことばが、共通語でも伝統的な琉球方言でもない、新しい方言体系を生みつつあることを表わす。また、世代差や地域差がみられることは、ウチナーヤマトゥグチにも、特徴を保ちやすい面と共通語の体系を受け入れる面があることを示唆する。その中で、日常生活で意識されることの少ない助詞などは、形態や用法も類似していることから、共通語として認識され、継承されているのだろうと考えられる。また、終助詞を含めた文末表現にも伝統的な方言の用法や体系が入りこみやすいことが窺える。

　そして、現在の琉球方言圏内の言語生活は、方言の共通語化の観点からも注目される。先述のとおり、ウチナーヤマトゥグチ自体も共通語に近い姿に変わりつつある。その一方、伝統的な方言を母語にもたない中年層、若年層にもそれぞれが「方言」と認識し、使用することばもある。特に、若い世代におけるウチナーヤマトゥグチと「方言」は連続体であり、明確に切り離すことはでき

終章　ウチナーヤマトゥグチ研究のこれから

ない。誰に対して用いるかによって微妙な差が現れる。そういったことばがどのような意識で用いられているのか、地域差はあるのかなど、琉球方言圏で行われている言語生活の実態を摑むことも、今後の大きな課題であると考える。

　一方、世界に目を向けると、ブラジルなどの沖縄系移民コミュニティーで話されることばとの比較も必要となる。琉球方言の多様性を考えれば、沖縄移民のコミュニティー内においても共通語的な役割を果たすことばが必要となる。その役割をウチナーヤマトゥグチが担っていたとすれば、琉球方言圏内のウチナーヤマトゥグチと比較することで、それぞれの特徴を明らかにすることができる。同時に、伝統的な方言の残りやすい面や、変化しやすい面について考察するための重要な示唆を与えてくれるだろう。

　伝統的な琉球方言が消滅しつつあるなか、ウチナーヤマトゥグチは琉球方言話者としてのアイデンティティーを担っていく可能性もある。現在の琉球方言圏の言語生活も含め、より詳細な調査と、分析が求められる。今後の琉球方言を考える上で、ウチナーヤマトゥグチ研究は必要不可欠である。

417

参考文献

会田貞夫・中野博之・中村幸弘　2011『学校で教えてきている現代日本語の文法』右文書院

浅川哲也・竹部歩美　2014『歴史的変化から理解する現代日本語文法』おうふう

石垣市史編集委員会編　1994『石垣市史　各論編　民俗　上』石垣市

石垣謙二　1955『助詞の歴史的研究』岩波書店

井上史雄　1983《新方言》と《言葉の乱れ》に関する社会言語学的研究』（昭和56・57年度文部省科学研究費補助金〔総合研究A〕研究成果報告書）東京大学出版会教材部

井上史雄　1996「現代方言のキーワード」『方言の現在』（小林隆・篠崎晃一・大西拓一郎編）pp.36–51　明治書院

井上史雄　2000『東北方言の変遷』秋山書店

上村幸雄　1961「三　方言の実態と共通語化の問題点　7　沖縄本島」『方言学講座　第4巻』（東条操監修）pp.335–357　東京堂

内間直仁　1984『琉球方言文法の研究』笠間書院

内間直仁　1990『沖縄言語と共同体』社会評論社

内間直仁　1994『琉球方言助詞と表現の研究』武蔵野書院

内間直仁　2011『琉球方言とウチ・ソト意識』研究社

内間直仁・新垣公弥子　2000『沖縄北部・南部方言の記述的研究』風間書房

内間直仁・野原三義　2006『沖縄語辞典―那覇方言を中心に―』研究社

大野晋　1974『日本語をさかのぼる』岩波書店

大野晋　1987「4　助詞の機能と解釈」『文法と語彙』pp.63–84　岩波書店

大野晋　2000『係り結びの研究』岩波書店

大野晋・佐竹昭宏編　1990『岩波　古語辞典　補訂版』岩波書店

大野眞男　1995「中間方言としてのウチナーヤマトゥグチの位相」『言語　別冊』24 (12) pp.178–191　大修館書店

沖縄県教育委員会県立学校教育課編　2014『高校生のための「郷土のことば」―沖縄県

（琉球）の方言―』沖縄県教育委員会

沖縄古語大辞典編集委員会　1995『沖縄古語大辞典』角川書店

小倉肇　1974「助詞「がに」の歴史―その起源をめぐって―」『國語研究』(37) pp.1-18 國學院大學国語研究会

加治工真市　1983「首里方言入門」『言語』（言語編集部編）12 (4) pp.33-42 大修館書店

加治工真市　1984「8 八重山方言概説」『講座方言学 10―沖縄・奄美地方の方言―』（飯豊毅一・日野資純・佐藤亮一編）pp.289-361 国書刊行会

加治工真市　1987「八重山方言の比較音韻論序説」『琉球方言論叢』（琉球方言研究クラブ 30 周年記念会編）pp.93-117 琉球方言論叢刊行委員会

加治工真市　1996「波照間方言の音韻研究」『沖縄文化研究』(22) pp.137-181 法政大学沖縄文化研究所

上村孝二　1998『九州方言・南島方言の研究』秋山書店

かりまたしげひさ　2006「沖縄若者ことば事情―琉球・クレオール日本語試論―」『日本語学』25 (1) pp.50-59 明治書院

かりまたしげひさ　2008「トン普通語・ウチナーヤマトゥグチはクレオールか―琉球・クレオール日本語の研究のために―」『沖縄国際大学南島文化研究所紀要 南島文化』(30) pp.55-65 沖縄国際大学南島文化研究所

菊千代・高橋俊三　2005『与論方言辞典』武蔵野書院

金城朝永　1944『那覇方言概説』三省堂

金田一春彦　1950「国語動詞の一分類」『言語研究』(15) pp.48-63 日本言語学会

工藤真由美・八亀裕美　2008『複数の日本語 方言からはじめる言語学』講談社

工藤真由美　2014『現代日本語ムード・テンス・アスペクト論』ひつじ書房

久野マリ子・久野眞・大野眞男・杉村孝夫　1990「琉球竹富島の方言―黒潮文化圏の言語研究―」『國學院大學日本文化研究所プロジェクト成果報告』（國學院大學日本文化研究所編）國學院大學日本文化研究所

倉井則雄　1987『トン普通語処方箋』（私家版）

桑江良行　1930『標準語對照 沖縄語の研究』青山書店

国立国語研究所編　1951『現代語の助詞・助動詞―用例と実例―』

国立国語研究所編　1976『沖縄語辞典』大蔵省印刷局

此島正年　1966『国語助詞の研究』桜楓社

呉屋孝治　2010「八重山方言助詞『ガ』『ヌ』の研究」『琉球大学言語文化論叢』（言語文化研究会編）(7) pp.1-30 言語文化研究会

真田信治　1987「ことばの変化のダイナミズム―関西方言における neo-dialect について―」『言語生活』(42) pp.26-32

真田信治　1996『地域語のダイナミズム（地域語の生態シリーズ・関西篇）』おうふう

座安浩史　2012a「ウチナーヤマトゥグチ助詞「カラ」の研究」『琉球大学言語文化論叢』（言語文化研究会編）（9）pp.1-11 言語文化研究会

座安浩史　2012b「南琉球・石垣方言の助詞「カラ」の用法—ウチナーヤマトゥグチの観点から—」『首都圏方言の研究』（久野マリ子編）（3）pp.26-37 國學院大學大学院文学研究科久野研究室

座安浩史　2013「首都圏方言・若年層話者における助詞「から」の用法—「上から着る」「下から着る」の実態調査から—」『首都圏方言の研究』（久野マリ子編）（4）pp.18-29 國學院大學大学院文学研究科久野研究室

座安浩史　2014a「ウチナーヤマトゥグチの助詞「ガ」の用法について」『國學院大學大学院紀要—文学研究科—』（小川直之編）（45）pp.155-178 國學院大學大学院

座安浩史　2014b「首都圏方言における「上から着る」「下から着る」の用法—若年層話者へのアンケート調査をもとに—」『首都圏方言の研究』（久野マリ子編）（5）pp.28-37 國學院大學大学院文学研究科久野研究室

座安浩史　2015「格助詞の後ろに付くウチナーヤマトゥグチ「ガ」の用法—石垣市方言を具体例に—」『國學院雑誌』116（9）pp.1-19 國學院大學総合企画部広報課

塩田紀和　1961「四　学校における方言と共通語教育　3　琉球」『方言学講座　第4巻』（東条操監修）pp.431-443 東京堂

柴田武　1965『生きている方言』筑摩書房

尚学図書　1989『日本方言大辞典』小学館

上代語辞典編修委員会　1983『時代別国語大辞典 上代編』三省堂

新村出編　1998『広辞苑 第五版』岩波書店

鈴木一彦・林巨樹　1973『品詞別 日本文法講座9 助詞』明治書院

高江洲頼子　1994「ウチナーヤマトゥグチ—その音声、文法、語彙について—」『沖縄言語研究センター研究報告3 那覇の方言』pp.245-289 沖縄言語研究センター

高江洲頼子　2002「ウチナーヤマトゥグチをめぐって」『国文学 解釈と鑑賞』67（7）pp.151-160 至文堂

高江洲頼子　2011「7　沖縄」『日本語ライブラリー　言語学』（真田信治編）pp.123-141 朝倉書店

東条操監修　1961『方言学講座　第4巻』東京堂

時枝誠記　1950『日本文法 口語篇』岩波書店

豊見城市史編集委員会　2008『豊見城市史 第二巻 民俗編』

仲宗根政善　1960「沖縄方言の動詞の活用」『国語学』（41）pp.51-73 武蔵野書院

長田須磨・須山名保子・藤井美佐子　1979『奄美方言分類辞典』笠間書院

永田高志　1991「沖縄に生まれた共通語（文法編）」『琉球の方言』（15）pp.138-173 法政大学沖縄文学研究所

永田高志　1996『地域語の生態シリーズ　琉球で生まれた共通語—琉球篇—』おうふう

永田高志　2009「ウチナーヤマトグチ発生のメカニズム（方言の新語）」『日本語学』11月
　　臨時刊行号　28（14）pp.124-135　明治書院

仲原穣　2013「6「八重山語」概説」『琉球諸語の復興』（沖縄大学地域研究所編）pp.99-
　　124　芙蓉書房出版

中松竹雄　1973『沖縄語の文法』沖縄言語文化研究所

中松竹雄　1984「5　沖縄諸島（本島）の方言」『講座方言学10—沖縄・奄美地方の方言
　　—』（飯豊毅一・日野資純・佐藤亮一編）pp.177-216　国書刊行会

名嘉真三成　1992『琉球方言の古層』第一書房

中本謙　2007「沖縄奥武方言の助詞〔ガ〕〔ヌ〕と〔ガー〕〔ノー〕」『琉球の方言』（31）
　　pp.177-187　法政大学沖縄文化研究所

中本正智　1976『琉球方言音韻の研究』法政大学出版局

中本正智　1981『図説　琉球語辞典』力富書房

中本正智　1983『琉球方言語彙史の研究』三一書房

中本正智　1985『日本語の系譜』青土社

中本正智　1990『日本列島　言語史の研究』大修館書店

成田義光　1960「沖縄における Bilingalism について」『国語学』（国語学会編）（41）pp.86
　　-93　武蔵野書院

西岡敏　2004「沖縄語首里方言の助詞「ンカイ」「ナカイ」「ニ」「ガ」「カイ」—共通語の
　　「に」「へ」と対照させつつ—」『沖縄国際大学日本語日本文学研究』（野原三義先生退
　　任記念号）9（1）pp.1-11　沖縄国際大学日本語日本文学会

西岡敏　2013「4「沖縄語」概説」『琉球諸語の復興』（沖縄大学地域研究所編）pp.65-
　　85　芙蓉書房出版

日本国語大辞典編集委員会他編　2001『日本国語大辞典』小学館

日本語文法学会編　2014『日本語文法事典』大修館書店

野田春美　2002「第8章　終助詞の機能」『新日本語文法選書4　モダリティ』（仁田義雄・
　　益岡隆志・田窪行則編）pp.261-288　くろしお出版

野原三義　1992『うちなあぐち考』沖縄タイムス社

野原三義　1998『新編　琉球方言助詞の研究』沖縄学研究所

野原三義　1997『日本のことばシリーズ47　沖縄県のことば（北琉球）』（平山輝男・大島
　　一郎・大野眞男・久野眞・久野マリ子・杉村孝夫編）明治書院

橋本進吉　1948「國語法要説」『國語法研究』pp.1-81　岩波書店

橋本進吉　1959『國文法體系論』岩波書店

橋本進吉　1969『助詞・助動詞の研究』岩波書店

服部四郎　1976『言語学の方法』　岩波書店

平山輝男編（大島一郎・中本正智共著）1966『琉球方言の総合的研究』明治書院

平山輝男編　1983『琉球宮古諸島方言基礎語彙の総合的研究』桜楓社

平山輝男編　1988『南琉球の方言基礎語彙』桜楓社

平山輝男・大島一郎・大野眞男・久野眞・久野マリ子・杉村孝夫編　1993『現代日本語方言大辞典』明治書院

藤原幸男　1996「復帰後沖縄における学力問題の展開」『ことば　生活　教育』pp.202-222 ルック

外間守善　1971『沖縄の言語史』法政大学出版局

外間守善　1981『沖縄の言葉　日本語の世界9』中央公論社

前新透　2011『竹富方言辞典』（波照間永吉・高嶺方祐・入里照男編著）南山舎

町博光　1996「中間方言の形成―琉球方言の現状と新沖縄口の展開―」『方言の現在』（小林隆・篠崎晃一・大西拓一郎編）pp.100-113 明治書院

宮城信勇　2003a『石垣方言辞典』本文編（加治工真市監修）沖縄タイムス社

宮城信勇　2003b『石垣方言辞典』文法・索引編（加治工真市監修）沖縄タイムス社

宮良當壯　1930『八重山語彙』東洋文庫

宮良当壮 1961「三　方言の実態と共通語化の問題点　8　沖縄先島」『方言学講座　第4巻』（東条操監修）pp.358-378 東京堂

室町時代語辞典編修委員会　1994『時代別国語大辞典　室町編』明治書院

本永守靖　1994『琉球圏生活語の研究』春秋社

屋比久浩　1987「ウチナーヤマトゥグチとヤマトゥウチナーグチ」『国文学　解釈と鑑賞』52（7）pp.119-123 至文堂

山口明穂・秋本守英　2001『日本語文法大辞典』明治書院

山崎良幸　1965『日本語の文法機能に関する体系的研究』風間書房

山田孝雄　1908『日本文法論』宝文館出版

山田孝雄　1930『日本文法学要論』角川書店

山田孝雄　1936『日本文法学概論』宝文館出版

山田孝雄　1954『奈良朝文法史』宝文館出版

ローレンス, ウエンス　2000「八重山方言の区画について」『宮良當壯記念論集』（石垣繁編）pp.547-559 宮良當壯生誕百年記念事業期成会

ロング, ダニエル　2010「言語接触論から見た琉球ウチナーヤマトゥグチの分類」『人文学報』（首都大学東京都市教養学部人文・社会系編）（428）pp.1-30 東京都立大学人文学部

資料編

　　ここでは、第2章の助詞用法の体系を立てる際に集めた資料を掲載する。伝統的な琉球方言の貴重な資料の一つとなることを期待している。なお、上田方言と石垣市方言では、同じ調査票を用いており、資料の番号は共通している。「NR」は資料が得られなかったことを示す。アクセント表記は省略した。

資料①　上田方言　助詞の用法

001）私が行きます。[waŋ ga ʔitʃuɴ]

002）君が行く。[ʔja: ga ʔikuwa]　※「君が行け」に対応。

003）彼が読む。[ʔari ga jumuɴ]

004）母が行ってこいと言っていた。[ʔamma: ga ʔiki ri tʃi ʔi:taɴ]

005）泣き虫のくせに喧嘩するのか。[natʃibusa: ga ɴ ʔo:i mi]

006）買うのがわるいんだ。[ko:iʃi ga ru wassaru]

007）彼と私とがいる。[ʔari tu wan tu wuɴ]

008）この後からが面白い。[ʔunu ʔatu kara ru ʔi:rukisaɴ]

009）彼ばかりが見る。[ʔari ga ru ndʒuɴ]　※「彼がぞ見る」に対応。

010）彼までが見る。[ʔari n ndʒuɴ]　※「彼も見る」に対応。

011）本を買いに行く。[hoŋ ko:i ga ʔitʃuɴ]

012）遊びに行く。[ʔaʃibi: ga ʔitʃuɴ]

013）芋堀りに行く。[mmuɸui ga ʔitʃuɴ]

014）腹が痛い。[wata nu jamuɴ]

423

015）足が痛いので歩けない。〔çisa nu jari ʔattʃuːsaN〕

016）ハブがいる。〔habu ga wuN〕

017）お金がある。〔dʒiŋ ga ʔaN〕

〔dʒin nu ʔaN〕

018）雨が降る。〔ʔami ɸuiN〕

〔ʔami nu ɸuiN〕

019）木が枯れる。〔kiː nu kariːN〕

〔kiː ga kariːN〕　※ 人伝てする場合

020）するのがあるよ。〔ʃuʃi ga ʔan doː〕

021）豚と山羊とがいる。〔ʔwaː tu çidʒaː tu wuN〕

　※「豚と山羊といる」に対応。

022）巣ばかりがある。〔ʃiː bikaːŋ ga ʔaN〕

〔ʃiː bikaːn nu ʔaN〕

023）魚を買った。〔ʔiju koːtaN〕

024）子供に小遣いをやった。〔warabiː ŋkeː dʒiŋ kwi̥taN〕

025）鋸で木を切る。〔nukudʒiri ʃi kiː tʃiːN〕

026）ご飯を食べる。〔munu kamuN〕

027）いったい何をしようというのか。〔ʔitteː nuː sun dʒitʃi ga〕

028）誰を探しているのか。〔taː kameːtu ga〕

029）机の上に置く。〔tsukue nu ʔiː ŋkeː ʔutʃuN〕

030）ここに来い。〔mma ŋkeː kuːwa〕

031）畑に野菜を植える。〔haru ŋkeː jaseː ʔiːjuN〕

032）家にいるよ。〔jaː ŋkeː wun doː〕

033）山に登る。〔jama ŋkeː nubuiN〕

034）沖縄に行く。〔ʔutʃina ŋkeː ʔitʃuN〕

035）海に行く。〔ʔumi ŋkeː ʔitʃuN〕

036）六時に起きる。〔rokudʒi ni ʔukiːN〕

037）小さい時に覚えた。〔kuːsai ni ʔubitaN〕

038）君にだけ教える。〔ʔjaː tʃui ŋkeː naraːsuN〕

資料編

039) 人にあげた。[tʃu ŋke: kwi̥taɴ]

040) 母に叱られた。[ʔamma: ŋke: nura:ttaɴ]

041) 犬に嚙まれた。[ʔini ŋke: ku:rattaɴ]

042) 風に吹き飛ばされた。[kadʒi ŋke: ɸu̥tʃitubasattaɴ]

043) 雨に濡れた。[ʔami ŋke: nritaɴ]

044) もう大人になった。[na: ʔuɸuttʃu nataɴ]

045) 雨が降って、道が川になる。[ʔami nu ɸuja: ni mitʃe: ka:ra nato:ɴ]

046) この子は親に似ている。[ʔunu warabe: ʔuja ŋke: nitʃo:ɴ]

047) 私の家は海に近い。[watta: ja: ja ʔumi ŋke: tʃikasaɴ]

048) 三つに分ける。[mi:tʃi ŋke: waki:ɴ]

049) 行くのに預ける。[ʔitʃuʃi ŋke: ʔadʒiki:ɴ]

050) 兄と弟にさせる。[ʃi:dʒa tu wuttu ŋke: ʃimi:ɴ]

051) 彼ばかりに言う。[ʔari bika:n ni ŋke: ʔi:juɴ]

052) 箱の中へ入れる。[haku nu naka ŋke: ʔiri:ɴ]

053) 真ん中へ座らせる。[mannaka: ŋke: çirakirasuɴ]

054) 手へ傷をつける。[ti: ŋke: kidʒi tʃi̥ki:ɴ]

055) 畑へ野菜を植える。[haru ŋke: jaʃe ʔi:juɴ]

056) 山へ登る。[jama ŋke: nubuiɴ]

         [jama ke: nubuiɴ]

057) 町へ行く。[matʃi ke: ʔitʃuɴ]

058) 沖縄へ行く。[ʔutʃina: ŋke: ʔitʃuɴ]

059) 海へ行く。[ʔumi ŋke: ʔitʃuɴ]

060) あなたへだけ話そう。[ʔja: tʃui ŋke: ru ʔi:ɴ]

061) 親へお金を送る。[ʔuja ŋke: dʒiɴ ʔukuiɴ]

062) 若い頃は人へこき使われた。

  [wakasa nu tuki ne: tʃu ŋke: ʔippe: kuntʃi̥ka:ttaɴ]

063) 犬へ嚙まれた。[ʔini ŋke: ku:rattaɴ]

064) 波へ流された。[nami ŋke: nagasattaɴ]

425

065) 水へ溺れた。[midʒi ŋke: buppitaɴ]

[midʒi ŋke: bukkwitaɴ]

066) 色が赤へ変わる。[ʔiru nu aka: ŋke: kawaiɴ]

067) 彼は医者へなった。[ʔare: isa nataɴ]

068) 母親へ似ている。[ʔinagu nu uja ŋke: nitʃoːɴ]

069) 二つずつへ分ける。[ta:tʃi na: ŋke: wakiːɴ]

070) 品物が安いのへ集まる。[ʃinamun nu jassaʃi ŋke: juiɴ]

[ʃinamun nu jassaʃi ŋke: ʔatʃimaiɴ]

071) 海と畑とへ行く。[ʔumi tu haru ŋke: ʔitʃuɴ]　※「海と畑に行く」に対応。

072) 海ばかりへ行く。[ʔumi bika: ni ŋke: ʔitʃuɴ]

073) 友達と遊ぶ。[duʃi ntʃa: tu ʔaʃibuɴ]

[ruʃi ntʃa: tu ʔaʃibuɴ]

074) 親と一緒に行った。[ʔuja tu madʒoːn ndʒaɴ]

075) 昔とはすっかり変わった。[ŋkaʃi toːna: sʊkkari kawataɴ]

076) 水が氷となる。[midʒi ga koːri naiɴ]

077) ガサガサと音がする。[gasagasa ʔutu suɴ]

078) 早々と帰る。[heːbe: tu keːiɴ]

079) お茶を非常に濃く入れる。[tʃa: ʔippe: kataku ʔiriːɴ]

080) 黒々と生えている。[kuruguru: tu miːtoːɴ]

081) さっぱりと忘れる。[sappari tu waʃʃiːɴ]

082) 来るのと同時に帰る。[tʃuːʃi tu madʒoːŋ keːiɴ]

083) 子と孫とと行かせる。[kwa tu mmaga tu jarasuɴ]

　※「子と孫と行かせる」に対応。

084) 祖父ばかりと遊ぶ。[mmeː bikaːn tu ʔaʃibuɴ]

085) 彼が行くと言った。[ʔari ga ʔitʃun di ʔiːtaɴ]

086) これは美味しいと思う。[ʔure: maːsan di ʔumuiɴ]

087) 名は太郎という。[na: ja taro: na: jan ri iː sa]

088) 私を弟と見てくれる。[wan ne: wuttu ritʃi ntʃikwituɴ]

089) バスはここから出発する。[basu mma kara ndʒiːɴ]

426

資料編

090）朝から晩まで働く。[ʔasa kara bam madi hataratʃuɴ]

091）裏口から入ってくる。[ʔuragutʃi kara ʔitʃitʃuːɴ]

092）あなたからよく言っておいてください。[ʔja: sa:ni ju: ʔitʃituraʃi]

　　※「あなたで良く言っておいてください」に対応。

093）弟から目を離さないで下さい。[wuttu kara mi: hanatʃe: naraɴ]

094）子育てから離れる。NR

095）君から行きなさい。[ʔja: kara ʔikuwa]

096）酒は米から作る。[sake: kumi kara tsʊ̥kuiɴ]

097）沖縄へ舟から行く。[ʔutʃina: ja ɸuni kara ʔitʃuɴ]

　　※「沖縄は舟から行く」に対応。

098）小さなことから喧嘩が始まる。

　　[ʔuppi nu kwe:te: nu kutu kara ʔo:e: hadʒimaiɴ]

099）親から見ればまだ子供だ。[ʔuja kara ntʃe: nama warabi jaɴ]

　　　　　　　　　　　　　　　[ʔuja kara ntʃe: nama warabi ru jaru]

100）大人から子供までみんな集まる。

　　[ʔuɸuttʃu kara kwantʃa: ŋke: muru ʔatʃimaiɴ]

101）兄からして近頃は遅いよ。[ʔappi: ja tʃɨkagoro ni:san do:]

　　※「兄は近頃遅いよ」に対応。

102）おじいさんは浜から歩いていた。[mme: ja hama kara ʔattʃutaɴ]

103）帽子もかぶらずに太陽から歩いている。

　　[bo:ʃi ŋ kandʒan di ti:da mmi: kara ʔattʃuɴ]

104）これは家から着るものだ。[kure: ja kara tʃi:ʃi ru jan do:]

105）行きから悪かった。[ʔitʃi: ni kara wassataɴ]

106）若い頃から変わっていた。[wakasa ni kara kawatutaɴ]

107）書くのから始めなさい。[katsuʃi kara hadʒimiruwa]

108）手と足とから洗いなさい。[ti: çɪsa kara ʔarari]

　　※「手足から洗え」に対応。

109）彼がから言い出す。[ʔari ga ʔi:ndʒasuɴ]　　※「彼が言い出す」に対応。

110）人がから渡る。[tʃu: ga kara wataiɴ]

427

111）畑へから行く。[haru kara ʔitʃuɴ]　※「畑から行く」に対応。

112）沖縄ばかりから来る。[ʔutʃina: bike:ŋ kara tʃu:ɴ]

113）風で倒れる。[kadʒi ʃi tu:ri:ɴ]

114）病気で休む。[bjo:ki ʃi jukuiɴ]

115）筆で書く。[ɸudi ʃi: katsuɴ]

116）手で作る。[ti: ʃi tsukuiɴ]

117）酒は米で作る。[sake: kumi ʃi tʃukuiɴ]

118）二日で仕上げる。[ɸutʃika ʃi tudʒumi:ɴ]

119）弟たちで仕上げるよ。[ʔuttu ntʃa: ga tudʒumi:ɴ]
　※「弟たちが仕上げる」に対応。

120）ここにあるので間に合わせなさい。[mma ŋke: ʔaʃi sa:ni mania:suwa]

121）鍬と鎌とで切る。[kwe: tu ʔirara ʃi tʃi:ɴ]　※「鍬と鎌で切る」に対応。

122）手ばかりで作る。[ti: bika: ʃi tsu̥kuiɴ]

123）川で遊んだ。[ka:ra uti ʔaʃiraɴ]

124）海で泳ぐ。[ʔumi ndʒi ʔi:dʒuɴ]

125）上と下とで遊ぶ。[ʔi: tu çitʃa uti ʔaʃibuɴ]　※「上と下で遊ぶ」に対応。

126）これは沖縄ばかりで作る。[kure: ʔutʃina: uti bika:n tsu̥kuiɴ]
　※「これは沖縄でばかり作る」に対応。

127）それよりかあの方が良い。[kuri jaka ʔare: maʃi]
　　　　　　　　　　　　　　[kuri jaka ʔari ja maʃi]

128）肉より魚は高い。[ʃiʃi jaka ʔiju ja takasaɴ]

129）冬より夏が良い。[ɸui jaka natʃe: maʃi]

130）君より他にはいない。[ʔja: jaka ɸuka ne: ʔuraɴ]

131）命より大切なものは無い。[nutʃi jaka de:dʒina mun ne:ɴ]

132）行きより荒れている。[ʔitʃi:ni jaka ja ʔaritoɴ]
　※「行きよりは荒れている」に対応。

133）泣くのより笑うのが良い。[natʃuʃi: jaka ne: waraiʃe: maʃi]

134）あれがより君が行くのが良い。[ʔari ga itʃuʃi: jaka ʔja: ga itʃuʃe: maʃi]
　※「あれが行くのより君が行くのが良い」に対応。

428

資料編

135) 馬がより山羊がよく食べる。[mma jaka çi:dʒa: ga ʔuːsa kamuɴ]

[mma jaka çi:dʒa: ga ʔuɸusa kamuɴ]

136) 見るばかりよりするのが良い。[ndʒuʃi jaka du: ʃi suʃe: maʃi]

[ndʒuʃi jaka du: ʃi ʃuʃe: maʃi]

※「見るより自分でするのが良い」に対応。

137) 雨ばかり降っている。[ʔami bika:n ɸu̥to:ɴ]

138) 酒ばかり飲む。[saki bika:n numuɴ]

139) 読みばかりする。[jumuʃi bika:ɴ suɴ]

140) 高くばかりなる。[ʔagai ʃi bika:n naɴ] ※「上がってばかりだ」に対応。

141) 一里ばかり歩いた。[ʔitʃiri bika:n ʔattʃaɴ]

142) 泣かんばかりにして頼む。[nakanaka: ʃi tanumuɴ]

※「泣きそうで頼む」に対応。

143) もう出発するばかりになっている。[na: ndʒiːʃi bika:n du jaɴ]

144) 今、起きたばかりだ。[nama du ʔukitaru]

145) 家のことばかり心配する。[ja: nu kutu bika:ɴ ʃiwa suɴ]

146) 天気が悪くなるばかりだ。[tintʃi ja warukunai bika:n ri jan do:]

147) 形ばかりの結婚式をあげる。[katatʃi bika:n nu ni:bitʃi suɴ]

148) 貸さないと言ったばかりに悪く言われる。

[karasantan taminake: waruku natto:ɴ]

149) 使うのばかり持ってこい。[tʃike:ʃi bike:m mutʃiku:wa]

150) 兄と弟ばかりいる。[ʃi:dʒa tu wuttu bike:uɴ]

151) 彼がばかり見る。[ʔari tʃui ru ndʒuru] ※「彼ひとりが見る」に対応。

152) 猫がばかり見る。[maja: bike:n du kamuru]

[maja: bika:n du kamuru]

153) 彼とばかり遊ぶ。[ʔari tu bika:ɴ ʔaʃibuɴ]

154) 酒なんぞばかり飲んではいけない。[saki bika:n nure: naraɴ]

※「酒ばかり飲んではいけない」に対応。

155) 畑まで聞こえる。[haru madi n tʃikari:ɴ] ※「畑までも聞こえる」に対応。

156) 東から西まで広がる。[ʔagari kara iri madi çirugaiɴ]

429

157) 風まで吹く。[kadʒi madi n ɸu̥tʃuN]　※「風までも吹く」に対応。

158) 眠っているものまで起こして連れていく。

[nintu ʃi madi N ʔukutʃi soːti ʔitʃuN]

※「眠っている者までも起こして連れていく」に対応。

159) それほどまでにしなくて良いのではないか。

[ʔaNsuka madi santi N ʃimeː sani]

※「それまでしなくても良いのではないか」に対応。

160) 思い切って行くまでだ。[ʔumitʃittʃi itʃuʃi ika naraN]

※「思い切って行くしかない」に対応。

161) 書くまで待っておく。[katsu nu heːkaː matsuN]

162) 高くまでなって買うことができない。[takaku nati koːi nu ku̥tu naraN]

163) 行くのまで止める。[ʔitʃuʃeː madi jamiN]

164) 馬と牛とまで舟に乗せる。[mma tu ʔuʃi tu ɸuni ŋkeː nuʃiːN]

※「馬と牛と舟に乗せる」に対応。

165) 君がまで行くのか。[ʔjaː madi N ʔitʃumi]

※「君までも行くのか」に対応。

166) 風がまで吹く。[kadʒi madi n ɸu̥tʃuN]　※「風までも吹く」に対応。

167) 親にまでも言う。[ʔuja ŋkeː madi N ʔiːN]

168) 酒などまで飲ましてはいけない。[saki mareː numatʃeː naraN]

※「酒までは飲ましてはいけない」に対応。

169) 昼寝などはしない。[çirunindʒeː saN]

170) 煙草などは吸うよ。[tabakoː ɸu̥tʃun doː]　※「煙草は吸うよ」に対応。

171) 書きなどしたらいけない。[katsu̥ʃiː madi santiN ʃimuN]

172) 安くなどしたらいけない。[jaʃimiteː naraN]

※「安くしてはいけない」に対応。

173) 家でやるのなどあるに違いない。[jaː nti ʃuʃi ga aru hadʒi]

※「家でするのがあるだろう」に対応。

174) 馬と牛など飼う。[mma tu ʔuʃi tu koːiN]　※「馬と牛と飼う」に対応。

175) あれがなど行かないよ。[ʔari gaː ʔikan doː]

430

資料編

※「あれがは行かないよ」に対応。

176）学校になどいるよ。[gakko: ŋke: wun do:]　※「学校にいるよ」に対応。

177）子供が酒ばかりなど飲んではいけない。

[warabi nu saki bike: nure: naraɴ]

※「子供が酒ばかり飲んではいけない」に対応。

178）傘なんかもういらない。[kasa jana: iriju: ne:ɴ]

179）茶など飲みなさい。[tʃa: numuwa]　※「茶を飲みなさい」に対応。

180）煙草など吸ってはいけない。[tabako: ɸutʃe: naraɴ]

※「煙草は吸ってはいけない」に対応。

181）海など行っては許さないぞ。[ʔumi ke: ndʒe: naran do:]

※「海へ行ってはいけないよ」に対応。

182）壊しなどしたらいけない。[jante: naran do:]

※「壊してはいけないよ」に対応。

183）高くなどしてはいけない。[ʔagite: naran do:]

※「上げてはいけないよ」に対応。

184）言うのなどありはしないか。[nuŋ ga na ʔi:ʃe: ne:ni]

※「何か言うのはないか」に対応。

185）砂と砂利となどあるといいよ。[ʃina tu dʒari tu ʔaine: naisa]

186）あれがなど絶対にしないよ。[ʔari ga: dʒettai saɴ ʃiga]

[ʔari ga: dʒettai san do:]

※「あれがは絶対しないよ」に対応。

187）人となど喧嘩したらいけない。[ttʃu tu ʔo:te: naraɴ]

※「人と喧嘩してはいけない」に対応。

188）水ばかりなんか飲んだらいけないよ。[midʒi bika:n nure: naraɴ]

189）歩いて十分ぐらいです。[ʔattʃi dʒippum bika:n kakaiɴ]

190）あのぐらいは私もできる。[ʔanu ʔatai ja wa: ga n naisa]

※「あのぐらいは私がもできるさ」に対応。

191）足あたり洗いなさい。[çisa nu migura:tʃi ʔare:wa]

192）背中あたり掻きなさい。[kuʃinagani kaku:wa]

193）もう五年ぐらい前に会った。［na: gonem bika:n me:ni ʔataɴ］

194）働きぐらいすればいいのだが。［ʃigutu ɴʃe: ʃimu nu mun du］

195）書くものなど持ってこい。［katsuʃi ga ʔare: mutʃiku:wa］

196）馬と牛となど飼う。［mma tu ʔuʃi tu ko:iɴ］

197）山になどいるよ。［jama ŋke: wun do:］

198）麦ばかりなど植える。［mudʒi bike:ɴ ʔi:juɴ］

199）食べるぐらいはなんとかなるよ。［kamuɴ ʔatai ja tʃaŋ gana naisa］

　　　　　　　　　　　　　　　　［kamuŋ gure: ja tʃaŋ gana naisa］

200）あのぐらいは私もできる。［ʔanu ʔatai ja wa: ga n naisa］

　※「あのぐらいは私がもできる」に対応。

201）沖縄あたりは一人で行くことができる。

　［ʔutʃina: ʔatai ja du: tʃui jatiɴ ʔitʃuɴ］

202）彼ぐらい強い人はいない。［ʔari jaka tʃu:saʃe: ʔuraɴ］

203）親ぐらいは覚えているでしょう。［ʔujantʃa: ga ʔubito: nu hadʒi jasa］

　※「親たちが覚えているだろうよ」に対応。

204）あとどのぐらい残っているか。［ʔatu tʃa nu ʔatai nuku̥to: ga］

205）海が荒れてもこのぐらいだよ。［ʔumi ga ariti ɴ ʔunu atai jasa］

206）書くぐらいはできる。［katsuʃi bika:ɴ ja naisa］

207）痛むのぐらいは我慢できる。［jamuʃi atai ja nidʒirariɴ］

　　　　　　　　　　　　　　　［jamuʃi gure: ja nidʒirariɴ］

208）親と子とぐらいは養える。［ʔujakkwa atai ja tʃi̥kana:ri:ɴ］

　　　　　　　　　　　　　　　［ʔujakkwa gure: ja tʃi̥kana:ri:ɴ］

209）君がぐらいはできない。［ʔja: ga: atai naraɴ］　※ 軽蔑の意を込める場合。

210）馬がぐらいは引くことができる。［mma nu n çi̥tʃunu kutu n naiɴ］

　※「馬がも引くこともできる」に対応。

211）草などぐらいは刈ることができる。［kusa gure: kainu ku̥tu n naiɴ］

　※「草ぐらいは刈ることができる」に対応。

212）いくつずつ分けようか。［ʔikutʃi na: waki: ga］

432

資料編

213) 少しずつ運びなさい。［ʔiçina: ʔiçina mutʃihakubi］

　　　　　　　　　　　　　［ʔiçina: ʔiçina mutʃihakubuwa］

214) 少しずつ考えてくれよ。［ʔiçina: kaŋge:ti turaʃi jo:］

215) 二つと三つとずつ替える。［ta:tʃi tu mi:tʃi tu na: ke:iN］

216) いくつとずつ替えたか。［ʔikutʃi na: ke:ta ga］

　※「いくつずつ替えたか」に対応。

217) いくつへずつ分けるか。［ʔikutʃi na: waki: ga］

　※「いくつずつ分けるか」に対応。

218) いくらばかりずつするのか。［tʃassa bika:N su: ga］

219) これぽっち残すのか。［ʔuppi gwa: nuku̥sumi］

220) 一人だけ残すのか。［tʃui bika: nu nuku̥sumi］

221) 使うのだけはありはしないか。［tʃike: nu buno: ʔae: sani］

222) 老人と子供とだけ残せるか。［tusui tu warabintʃa: bika:n nuku̥sarin naN］

223) 一人ばかりだけ残せない。［tʃui gwa: nu̥kusaraN］

224) 書くまで来なかった。［katsu nu he:ka ku:n taN］

225) 日が暮れるまで来なかった。［ju: jukkwi: nu he:ka ku:n taN］

226) これさえあればよい。［kuri sae are: ʃimi ru suru］

227) お茶さえ飲まない。［tʃa: ntʃo:n numaN］

228) 女でさえできるのに、男ができないのか。

　［ʔinagu nu: tʃo:n nai nu mun nu ʔikiga nu ʔurin naran naN］

229) 書きさえしない。［katsu̥ʃe: tʃo:N saN］

230) 書いてさえいない。［katʃe: tʃo:n ne: saN］

231) 髪さえ結べば、もう出かけられる。［karadʒi sae kunde: ndʒirari:N］

232) 肉さえ煮ればもうおしまいだ。［ʃiʃi bike: nire: na: ʃimuN］

　　　　　　　　　　　　　　　　［ʃiʃi tʃo:n nire: na: ʃimuN］

233) 見るのさえいない。［ndʒuʃe: ʔuraN］　※「見るのはいない」に対応。

234) 君と私とさえ残らないといけない。［ʔja: tu wan tu nukure: ʃimuN］

235) 馬やら牛やらさえ食べない。［mma jatiN ʔuʃi jatin kamaN］

　　　　　　　　　　　　　　　　［mma jatiN ʔuʃi jatiŋ kwa:N］

433

236) 私がさえできる。[waŋ ga jatin naiɴ]

237) 鳥がさえ食わない。[tui nu ŋ kwaːɴ]　※「鳥がも食べない」に対応。

238) 家にさえいない。[ja: ŋke: ntʃoːɴ ʔuraɴ]

239) 君ばかりさえおればよい。[ʔja: tʃui ʔure: ʃimuɴ]

240) 隣までさえ行かない。[tʃuke: tunai madi ɴ ʔikaɴ]
　　※「近い隣までも行かない」に対応。

241) お茶でも飲もうよ。[tʃa: jatiːn numana]

242) 子供でも行くことができる。[warantʃa: jatiːɴ ʔitʃu̥se: naiɴ]

243) 書きでもすると良い。[katsuʃi jatiːn ʃe: ʃimuɴ]

244) 安くでもしたらよいのだが。[jaʃimi: ne: ʃimi nu muɴ ja:]

245) 見るのでも持ってこい。[ndʒuʃi jatim muttʃi̥kuːwa]

246) 君と私とでも行こう。[ʔja: tu wan tu: jatiɴ ʔikaː]

247) 私がもできる。[wa: ga n naiɴ]

248) 山羊がでも食わない。[çidʒa: ga n kwaːɴ]

249) 他人とでも行く。[tanin tu jatin ʔitʃuɴ]

250) 弟ばかりでも連れてこい。[wuttu bikaːɴ jatiːɴ soːtikuːwa]

251) 沖縄まででも行く。[ʔutʃina: madi jatiɴ ʔitʃuɴ]

252) 手に持てるだけ持とう。[ti: ŋke: mutari: nu bute: mutʃuɴ]

253) お前にだけ言う。[ʔja: tʃui ŋke: du ʔiːru]

254) 食べるだけのお金はある。[kamum buno: dʒino: ʔaɴ]

255) 言ってみるだけだ。[ʔitʃi utʃum bikaːɴ]
　　　　　　　　　　[ʔitʃi ntʃum bikaːɴ]

256) 思うだけでも怖いよ。[ʔumuta bikeːɴ ʃiɴ ʔuturusaɴ]

257) 自慢するだけあって、あの子は良くできる。
　　[dʒimaɴ suru bikeːn are: dikiːɴ]

258) これだけすればもう十分だよ。[ʔuppi ʃe: na dʒuːbuɴ jasa]

259) これはここだけの話だよ。[kure: mma bikaːɴ nu hanaʃi ru doː]

260) 盗人にだけはなるものではない。[nusuru bikaːɴ ja ʃe: naraɴ]

261) 三升ほどください。[sandʒu koːra]　※「三升ください」に対応。

262）大きければ大きいほどよい。［magisare: magisaru gutu maʃi jasa］

263）あれっきりもう来ない。［ʔari kara na: ku:ɴ］

　※「あれからもう来ない」に対応。

264）たった一本しか残っていない。［tara: ti:tʃi ru nuku:to:ru］

265）これをするのは私しかいない。［kuri suʃe: wan tʃui ga ru ʔuɴ］

266）行くしか方法が無い。［ʔitʃuʃi ʔika ɸu̥ka ja ne:ɴ］

　※「行くのしか他はない」に対応。

267）誰やら来たようだ。［ta: ga jara tʃo:n ne: sussa:］

268）何が何やら分からない。［nu: ga kwi: jara wakaraɴ］

　※「何が杭やら分からない」に対応。

269）字を書くのだろうか。［dʒi: ru katʃurui］

270）誰が高いだろうか。［ta: ga takasa ga］

271）書くのかしら。［katʃu nu hadʒi］　※「書くのだろう」に対応。

272）書いているのかしら。［katʃi ru wue ja sani］

273）書くのがあるのかしら。［katʃu̥ʃi ga ʔai ga sura］

　　　　　　　　　　　　［katʃu̥ʃi ga ʔanu hadʒi］

274）鍬と鎌とを持っていくのかしら。［kwe: tu ʔirara tu mutʃiitʃu ga ja:］

275）誰かがいるのかしら。［ta: ga na ʔuiru suga ja:］

276）親と行くのかしら。［ʔuja tu ru ʔitʃu gaja:］

277）字ばかり書くのかしら。［dʒi: baka: n du katʃu gaja:］

278）ご飯さえ食べないのかしら。NR

279）字を書くのだ（字ぞ書く）。［dʒi: du katʃuru］

280）あれが美しいのだ（あれぞ美しい）。［ʔari du tʃurasaru］

281）書くのだ（書きぞする）。［katʃi du suru］

282）書いているのだ（書きてぞいる）。NR

283）書くのがあるのだ（書くのがぞある）。［katsu̥ʃi ga ʔaɴ］

　※「書くのがある」に対応。

284）豆と大根と植えるのだ（豆と大根とぞ植える）。

　［ma:mi tu de:kuni tu ru ʔi:juru］

285) 私が行くのだ（私がぞ行く）。［waŋ ga ru ʔitʃuru］

286) 鳥が食うのだ（鳥がぞ食う）。［tui nu ru kwairu］

287) 仕事ばかりするのだ（仕事ばかりぞする）。［ʃigutu baka:n ru suru］

288) お茶を飲んでいるんだよ（お茶をぞ飲んでいる）。［tʃa: ru nuro:ru］

289) 遊んでいるんだよ（遊んでぞいる）。［ʔaʃiri ru ʔuru］

290) 私のものなんだがね。［wa: mun ru jaʃiga ja:］

291) 彼がまでぞできるんだよ。［ʔari madi ru nairu］

292) 字なんぞ書ければよいのだが。［dʒi: katʃijusure: ʃimunu muN］

293) 水なんぞ飲めば治る。［midʒi bike:n du nuro:ru no:iN］

294) 書きなんぞすれば良い。［katʃi bika:N ʃe: ʃimi ru ʃuru］

295) 書いてなんぞおれば良い。［katʃo: ke: ʃimuN］

　※「書いておけばよい」に対応。

296) 食べるのなんぞあったら良いのだが。［kamuʃi ga ʔare: ʃimu nu mun ja:］

　※「食べるのがあったら良いのだが」に対応。

297) 弟と兄となんぞおれば良い。［wuttu tu ʃi:dʒa tu ʔure: ʃimuN］

　※「弟と兄とおればよい」に対応。

298) 君がなんぞ書けば間違わない。［ʔja: ga katʃi ne: matʃige: ne:N］

　※「君が書けば間違いない」に対応。

299) 家になんぞいたら良い。［ja: ŋke: ʔuto:ke: ʃimuN］

　※「家にいたら良い」に対応。

300) お金ばかりなんぞ使ったらいけない。［dʒim bika:n tʃikate: naraN］

　※「お金ばかり使ってはいけない」に対応。

301) 雨も降っているが、風も吹いている。

　　［ʔami n ɸu̥to:ʃi ga kadʒi n ɸu̥tʃo:N］

302) 花も咲いている。［hana N satʃo:N］

　　　　　　　　　　［hana N ʃatʃo:N］

303) 子供も知っていることだ。［warabi nu N ʃitʃo:n do:］

　※「子供がも知っているよ」に対応。

304) もう二日も続いている。［na: ɸu̥tʃika n tʃidʒitʃo:N］

436

資料編

305）私の他には誰もいない。[wan ika ɸu̥ka ne: ta: ɴ ʔuraɴ]

306）書きもしない。[katʃi ɴ saɴ]

307）書いてもいない。[katʃi ɴ ʔuraɴ]

308）書くのも分からない。[katsuʃi ɴ wakaraɴ]

　　　　　　　　　　　　　　[katʃuʃi ɴ wakaraɴ]

309）あれとこれとも見分けることができない。

　[ʔari tu kuri tu miwaki n tʃi̥kaɴ]

　※「あれとこれと見分けもつかない」に対応。

310）私がもできる。[wa: ga n naiɴ]

311）鳥がも食う。[tui nu ŋ kwe:ɴ]

312）芋ばかりも食べられない。[mmu bika:ɴ ja kamaraɴ]

　※「芋ばかりは食べられない」に対応。

313）私がばかりも見てもいけない。[wan tʃui ʃi ndʒin naraɴ]

314）君は明日も来てくれるかい。[ʔja: ja ʔatʃa: n tʃi turasumi]

315）米は少なかった。[kumi ga ʔikirasataɴ]

316）今は暮らしやすい。[nama: kuraʃi jassaɴ]

317）冬は寒くてあまり動けない。[ɸujo: çi:sa nu ammari ʔudʒukaraɴ]

318）砂糖は甘いが、塩は辛い。[sa:ta: ja amasa ʃiga ma:so: su:karasaɴ]

319）このお菓子は美味しくない。[ʔunu kwa:ʃi: ma:ko:ne:ɴ]

320）どう言っても聞かないのだね、この子は。

　[tʃassa itʃintʃikaɴ, kunu warabe:]

321）書きはしない。[katʃi ɴ saɴ]　※「書きもしない」に対応。

322）書いてはいない。[katʃe: ʔuraɴ]

323）書くのはいない。[katsu̥ʃe: ne:ɴ]

　　　　　　　　　　[katʃu̥ʃe: ne:ɴ]

324）畑と海とは行く。[haru tu ʔumi to: ʔitʃuɴ]

325）彼がはできるよ。[ʔari ga: nai sa]

326）鳥がは食わないよ。[tui nu ŋ kuwa:ɴ saɴ]

　　　　　　　　　　　[tui nu ŋ kwa:ɴ saɴ]

437

327）水ばかりは飲めない。［midʒi bika:n ne: numaraɴ］

328）親がまではそんなに言わないよ。［ʔuja no: ʔaɴʃi mare: ʔiran do:］

　　※「親がはそんなにまで言わないよ」に対応。

329）親がさえは言わない。［ʔuja no: tʃo:ɴ ʔiram muɴ］

330）これこそ大変だ。［ʔuri jaka de:dʒe: ne:ɴ］

　　※「これより大変はない」に対応。

331）お前のことを思えばこそこんなことを言うのだ。

　　［ʔja: kutu ʔumuti du ʔaɴʃi ʔi:n do:］

332）お前が行くのをこそお喜びになるよ。

　　［ʔja: ga ʔitʃu kutu ru ʔussasun do:］

333）それこそきれいな花だよ。［ʔuri ga ru ʔippe: tʃurasaru hana do:］

334）魚をこそたくさん取ってきたよ。［ʔiju tʃassan tuttʃan do:］

　　　　　　　　　　　　　　　　［ʔiju ʔoho:ku tuttʃan do:］

　　※「魚をたくさん取ってきたよ」に対応。

335）溺れてこそ死ぬのではないかと思った。［bukkwiti ʃinu: ndi ʔumutaɴ］

　　※「溺れて死ぬと思った」に対応。

336）そこにあるぞ。［ʔuma ŋke: ʔaʃe:］

　　　　　　　　　［ʔuma ŋke: ʔan do:］

337）これは魚だぞ。［ʔure: ʔiju ru jaru］

　　　　　　　　　［ʔure: ʔiju ru jan do:］

338）私が行くぞ。［wa: ga ʔitʃun do:］

339）これは高いぞ。［ʔure: takasan do:］

340）そんなところへ行くものか。［ʔaŋ guto: nu tukuru ŋke: ja ʔika:］

　　　　　　　　　　　　　　　　［ʔaŋ guto: nu tukuru ŋke: ja ʔikan do:］

　　　　　　　　　　　　　　　　［ʔaŋ guto: nu tukuru ŋke: ja ʔitʃu mi ja: ja］

341）君は明日も来てくれるかい。NR

342）えっ、来るんだって。［ʔe:, tʃu: ndi naɴ］

343）これからどうなるの。［nri kara tʃa: nai gaja:］

344）君が行くか。［ʔja: ga ʔitʃumi］

438

資料編

345）これは強いか。［ʔureː tʃuːsami］

346）これは書くものか。［ʔureː katʃuʃi ru jaru i］

347）これでいいのかな。［ʔuri ʃi ʃimu gajaː］

348）去年、行ったっけ。［kudzu ndʒa gajaː］

349）彼が書くかしら。［ʔari ga katsu gajaː］

　　　　　　　　　　　［ʔari ga katʃu gajaː］

350）あそこは深いかしら。［ʔama ɸukasa gajaː］

351）誰かしら、ここにいるのは。［taː ja ga ʔuma ŋkeː ʔuʃeː］

352）傘など忘れるな。［kasaː waʃʃin na］

353）字を書くなよ。［dʒiː kaku na joː］

354）あれと遊ぶなよ。［ʔari toː ʔaʃibu na joː］

　※「あれとは遊ぶなよ」に対応。

355）病気は悪いんだって？［bjoːkeː mbusan ri jaː］

356）あそこにいたのは君たちだったって？

　　［ʔama ŋkeː ʔutaʃeː ʔittaː ru jatan ri jaː］

357）どこが悪いって？［maː nu wassan riː］

358）えっ、道にハブがいたって？［mitʃi ŋkeː habu ga wutan ri jaː］

　※「道にハブがいたってよ」に対応。

359）昔あったとさ。［mukaʃeː ʔatan ri jaː］　※「昔はあったってよ」に対応。

360）もう行かないってよ。［na ʔikan ri doː］

361）もうどうしようもないってよ。［na tʃaː n naran ri doː］

362）君が読むのかね。［ʔjaː ga jumumi］

363）この水はきれいかね。［kunu midʒeː tʃurasami］

364）これは強いだろうかね。NR

365）手紙を書くか。［tigami katsumi］

　　　　　　　　　　［tigami katʃumi］

366）あそこは寒いか。［ʔama çiːsami］

367）あれは舟ではないか。［ʔari ɸuni ru jami］

　　　　　　　　　　［ʔari ɸuni ja ʔarani］

439

368) 君は本当に行けるか。[ʔja: ja ɸunto: ʔitʃiju: sumi]

369) これは誰が書くか。[kure ta: ga katʃu ga]

370) 何をしているのか。[nu: so: ga]

371) 何が高いか。[nu: nu takasa ga]

372) 子供が何が分かるか。[warabi nu nu: wakai ga]

373) 君は何をしようというのか。[ʔja: ja nu: sun ri: nu ba: ga]

374) 君は何処へ行こうといくのか。[ʔja: ja ma: ŋkai ʔitʃun ri: nu ba: ga]

375) 早く行きなよ。[he:ku ʔiku:wa]

376) 今すぐ書きなよ。[nama sugu kakuwa]

377) 早く仕事しなよ。[he:ku ʃigutu suwa]

378) どこかへ行っているってば。[ma: ga na ŋke: ndʒo:n ri]

379) 実に元気がいいねぇ。[dʒitʃi ni geŋki ga mandussa:]

　　　　　　　　　　　　[dʒitʃini geŋki ga mandun ja:]

380) 字を書こうね。[dʒi: kaka çi:]

　　　　　　　[dʒi: kaka ja:]　※ 相手に言う場合は後者

381) あれはきれいだね。[ʔari ja tʃurasan ja:]

382) きっと五時には来るよ。[tʃa:ʃiŋ godʒi ne: tʃu:sa]

383) 彼が書くよ。[ʔari ga katsusa]

　　　　　　[ʔari ga katʃusa]

384) これは高いよ。[ʔure: takasan do:]

385) あのね、これはね、とても難しい。[ʔanu: jan kure: ʔippe: mudʒikasaɴ]

386) 彼が行くわけよ。[ʔari ga itʃun ri ʔi:ʃe:]

　※「彼が行くと言っている」に対応。

387) これは優しいわけよ。[ʔure: du:jaʃʃi: gwa: jasa]

388) 彼が書くのになあ。[ʔari ga katʃu ʃiga ja:]

389) これは大きいのになあ。[ʔure: magisa nu mun ja:]

　　　　　　　　　　　[ʔure: magisa ʃiga ja:]

390) 彼が読むものを。[ʔari jumu nu mun nu]

391) 彼は若いものを。[ʔare: wakasa nu mun nu]

資料編

392) 水は飲むんだなあ。[midʒe: numuʃi jasa]

393) あれは珍しいに違いない。[ʔari: ja çirumaʃi: mun ja:]

[ʔari: ja çirumaʃi: du jan ri:n re:]

394) 仕事をしていたか。[ʃigutu so:ti:]

395) あそこは暑かったか。[ʔama ja ʔatʃisa ti:]

396) ほら、彼が行くでしょう。[ʔane, ʔari ga itʃuɴ ʔi:ʃe:]

[ʔane, ʔari ga ʔitʃu je: sani]

397) 見ても高いでしょう。[ntʃin takasa je: sani]

398) 字を書こうね。[dʒi: kaka çi:]

[dʒi: kaka i:]

399) 草を取ろうね。[kṵsa tura çi:]

400) もう書いたか。[na: katʃi:]

401) 行きはしないか。[ʔikan du ʔaru i]

402) そうした方がよいのではないか。[ʔan ne ru: suʃe: maʃi ja arani:]

403) どうしようかね。[tʃa: su ga ja]

404) きっとあれが書くよ。[tʃa:ʃiɴ ʔari ga katʃu sa]

405) きっとあれは高いよ。[tʃa:ʃiɴ ʔare: takasan do:]

406) まあ、いいさ。[ʔa: ʃimu sa]

407) 早く書けよ。[he:ku kaki jo:]

408) これは安いよ。[kure: jassan do:]

409) それ、鎌だよ。[ʔure: ʔirara ru jan do:]

410) 字を書こうよ。[dʒi: kakana ja:]

[dʒi: kake: ça:]　※ 後者は侮蔑の意がかなり強い。

411) これは長いよ。[kure: nagasan do:]

[kure: nagaʃe: ça:]　※ 後者は侮蔑の意がかなり強い。

412) もう行きましょうよ。[na: ʔitʃabira na]

413) あそこは暑いですよ。[ʔama: ʔatʃisaibi:n do:]

414) これは弟ですよ。[kure: wuttu ru jaibi:n de:]

[kure: wuttu ru jaibi:n do:]

441

415) もうそれでいいじゃないか。[naː ʔussaʃi ʃimeː sani]

416) そんなこといけないわよ。[ʔuŋ gutu ʃeː naraɴ ʃiga]

[ʔuŋ gutu ʃeː ʃimaɴ ʃiga]

417) もう誰もいないや。[naː taː ɴ ʔuraɴ ʃiga]

資料編

資料②　石垣市方言　助詞の用法

001）私が行きます。[ba: ike:ɴ ju:]　※「私が行きますよ」に対応。

002）君が行く。[wa: ikja:]　※「君が行け」に対応。

003）彼が読む。[ari nu jumuɴ]

004）母が行ってこいと言っていた。[appa: nu iki te guba]

005）泣き虫のくせに喧嘩するのか。[nakke: nu kusï ŋga auɴ]

006）買うのがわるいんだ。[kau çitu ndu barasa:]

007）彼と私とがいる。[ari tu ban tu du bïruɴ]

008）この後からが面白い。[uri kara du umusa:rï]

009）彼ばかりが見る。[ari taŋga: du mija:ru]

010）彼までが見る。[ari m mija:duru]　※「彼も見ている」に対応。

011）本を買いに行く。[hoŋ kai na ikuɴ]

012）遊びに行く。[asabi na ikuɴ]

013）芋掘りに行く。[akkoŋ kaiʃi na ikuɴ]

014）腹が痛い。[bada ndu jamuɴ]

015）足が痛いので歩けない。[pan nu jami aragarunu]

016）ハブがいる。[habu ndu ïru]

017）お金がある。[dʒin nu du aru]

018）雨が降る。[a:mi du ɸuiru]

019）木が枯れる。[ki: ndu kare:ru]

020）するのがあるよ。[sï: mun du are:ɴ]

021）豚と山羊とがいる。[o: tu pibidʒa du ïru]

022）巣ばかりがある。[sï: taŋga: du arje:ɴ]

023）魚を買った。[ïzï kaïda]

　　　　　　　　[ïzï ju kaïda]

024）子供に小遣いをやった。[ɸa:na: ŋkai dʒiɴ ju çi:da]

025）鋸で木を切る。[nukkuri sa:ri ki: kị sï da]

026）ご飯を食べる。[mbon ɸo:da]

443

027）いったい何をしようというのか。[noː du sïːn di ʃiːrja]

028）誰を探しているのか。[taru du tumeːrja]

029）机の上に置く。[sïkudai nuːi ŋga du tsïkuɴ]

030）ここに来い。[kuma kai kuba]

031）畑に野菜を植える。[hatagi ŋga jasai ibiːɴ]

032）家にいるよ。[jaː ŋga du ïru]

033）山に登る。[jama kai nuburuɴ]

034）沖縄に行く。[ukinaː kai ikuɴ]

035）海に行く。[umi kai ikuɴ]

036）六時に起きる。[rokudʒi ŋga ukiːɴ]

　　　　　　　　　[rokudʒi ni ukiːɴ]

037）小さい時に覚えた。[gumasaː nu basï ubuinda]

038）君にだけ教える。[wan taŋgaː kai naːraʃuɴ]

039）人にあげた。[çitu kai çiːda]

040）母に叱られた。[appaː kai idzarïda]

041）犬に嚙まれた。[iŋ kai hoːreː]

042）風に吹き飛ばされる。[kadʒi kai tubasareː]

043）雨に濡れた。[aːmi kai ndzoːreː]

044）もう大人になった。[moː uipï̥tu naroːri rjeːɴ]

045）雨が降って、道が川になる。[aːmi hoːda mitsï nu kaːra narin du uru]

046）この子は親に似ている。[unu ɸaː uja ŋkeː nijaɴ]

047）私の家は海に近い。[bantʃa ja umi nu tsïkasa ŋga du aru]

　　※「私の家は海の近くにある」に対応。

048）三つに分ける。[miːtsï kai bagïruɴ]

049）行くのに預ける。[iku pï̥tu kai adzukiruɴ]

050）兄と弟にさせる。NR

051）彼ばかりに言う。[ari taŋgaː kai aŋkirjaːɴ]

052）箱の中へ入れる。[haku nu naka kai iriːɴ]

053）真ん中へ座らせる。[mannaka ŋga bïsïrjaː]

資料編

054）手へ傷をつける。［ti: ŋkai kidzï tsïke:N］

055）畑へ野菜を植える。［hatagi ŋga jasai ibi:N］

056）山へ登る。［jama kai nuburuN］

057）町へ行く。［matsï kai ikuN］

058）沖縄へ行く。［ukina: kai ikuN］

059）海へ行く。［umi kai ikuN］

060）あなたへだけ話そう。［wan taŋga: kai hanasara:］

061）親へお金を送る。［uja kai dʒin ukuruN］

062）若い頃は人へこき使われた。［bagasa:ru ŋke: pʲïtu kai tsïka:rida］

063）犬へ嚙まれた。［iŋ kai ho:re:］

064）波へ流された。［umi kai du nagasari:N］

065）海へ溺れた。［umi ŋga obore:da］

066）色が赤へ変わる。［iru ndu aka: kai ka:ruN］

067）彼は医者へなった。［are: iʃa du nariru］

068）母親へ似ている。［appa: kai nijaN］

069）二つずつへ分ける。［ɸuta:dï na: kai bagïruN］

070）品物が安いのへ集まる。NR

071）海と畑とへ行く。［umi tu hatagi ŋkai du ikuN］

072）海ばかりへ行く。［umi taŋga: kai ikuN］

073）友達と遊ぶ。［dusï̥ sa:ri asabiN］

074）親と一緒に行った。［uja sa:ri du ma:dzon ikuda］

075）昔とはすっかり変わっている。［ŋkaʃi to: sï̥kkari ka:rire:N］

076）水が氷となる。［midzï ndu ko:ri nariru］

077）ガサガサと音がする。［gasagasa: utu ndu sï̥:ru］

078）早々と帰る。［haiʃa: kairu］　※「早く帰る」に対応。

079）お茶を非常に濃く入れる。NR

080）黒々と生えている。NR

081）さっぱりと忘れている。［no:kam basï̥ke: du uru］

082）来るのと同時に帰る。NR

083）子と孫とと行かせる。[ɸa: tu ma: tu du ikaʃa:]

084）祖父ばかりと遊ぶ。[uʃumai taŋga: tu asabuɴ]

085）彼が行くと言っていた。[ari ndu ikun de angudaɴ]

086）これは美味しいと思う。[kure: umasa: de umuire:ɴ]

087）名は太郎という。[namae ja taro: de du ʔaŋkuttʃo:]

088）私を弟と見てくれる。[banu ju wutudu de du umja:re:ɴ]

089）バスはここから出発する。[baʃo: uma kara du ndiɴ]

090）朝から晩まで働く。[sï̥tumudi kara junem ma:di hatarakuɴ]

091）裏口から入ってくる。NR

092）あなたからよく言っておいてください。[wanu kara ju: aŋki çi:ri]

093）弟から目を離さないで下さい。[utudu kara mi: hanasuna jo:]

094）子育てから離れる。NR

095）君から行きなさい。[wanu kara ikja:]

096）酒は米から作る。[sake: maï kara du tsïkuru]

097）沖縄へ舟から行く。[ukina: kai ɸuni kara ikuɴ]

　　　　　　　　　　　[ukina: kai ɸuni sa:di ikuɴ]

098）小さなことから喧嘩が始まる。[gumasa: nu koto kara du airu]

099）親から見ればまだ子供だ。[uja kara mi:ka: ne:da ɸa:na: du jaru]

100）大人から子供までみんな集まる。

　[u:p°ï̥tu kara ɸa:na: madi mu:ru atsïmariɴ]

101）兄からして近頃は遅いよ。NR

102）おじいさんは浜から歩いていた。[usïmai ja umi kara du arago:rïda]

103）帽子もかぶらずに太陽から歩いている。

　[bo:ʃi ŋ kabaŋ kutu ni mitsï kara arago:rida]

104）これは家から着るものだ。[ure: ja: ŋga du kï̥ sï do:]

105）行きから悪かった。[iku basï kara barasa:da]

106）若い頃から変わっていた。[gumasa: nu keŋ kara ka:rida]

107）書くのから始めなさい。[kaku muŋ kara hadʒimirja:]

108）手と足とから洗いなさい。[ti: tu paŋ tu a:raï]

446

資料編

※「手と足と洗う」に対応。

109）彼がから言い出した。[ari kara du anguda]

110）人がから渡る。[pɿ̥tu kara du wataru]

111）畑へから行く。[hatai kai du ikuɴ]

112）沖縄ばかりから来た。[ukina: taŋga: du kjaɴ]

113）風で倒れる。[kadʒi ʃi du toːreːru]

　　　　　　　　[kadʒi saːri du toːreːru]

114）病気で休む。[jaɴ saːri du jasïmiru]

115）筆で書く。[ɸudi ʃi du kakiru]

116）手で作る。[tiː saːri du tsɿ̥kuru]

117）酒は米で作る。[sake: maï ʃi du tsïkuru]

118）二日で仕上げる。[ɸutsɿ̥ka ʃi ʃiagiːɴ]

　　　　　　　　　[ɸutsɿ̥ka saːri ʃiagiːɴ]

119）弟たちで仕上げるよ。[wutudu nu meːda ndu ʃiagiru]

120）ここにあるので間に合わせなさい。NR

121）鍬と鎌とで切る。[kanihai tu gagï ʃi du kiru]

122）手ばかりで作る。[tiː taŋga: ʃi tsïkuruɴ]

123）川で遊んだ。[kaːra ŋga asabiru]

124）海で泳ぐ。[umi ŋga ujuguɴ]

125）上と下とで遊ぶ。[ui tu sɿ̥ta ŋga du asabiru]

126）これは沖縄ばかりで作る。[kure: ukina: taŋga: du tsïkuriru]

127）それよりはあの方が良い。[uri jakka: ja ari du masï]

128）肉より魚は高い。[niku jakkan ïzï du takasaːru]

129）冬より夏が良い。[ɸuju jakkan natso: masï]

130）君より他にはいない。[wanu jakkan ɸu̥kane: uraɴ]

131）命より大切なものは無い。[nutsï jakkan daizï nu muno: neːnu]

132）行きより荒れている。[ikuda baʃu: jakkan areːduːru]

133）泣くのより笑うのが良い。[nakusɿ̥ jakan baro:so: masï]

134）あれがより君が行くのが良い。[ari jakkaɴ wa: ikïso: masï]

447

135）馬がより山羊がよく食べる。［mma jakkan pibidʒa ndu juː hoijaɴ］

136）見るばかりよりするのが良い。［miːsï jakan duː ʃi sïːsoː masï］

　※「見るのより自分でするのが良い」に対応。

137）雨ばかり降っている。［aːmi taŋgaː du ɸuiru］

138）酒ばかり飲む。［saki taŋgaː du numuɴ］

139）読みばかりする。［jumi taŋgaː sïɴ］

140）高くばかりなる。［takasa taŋgaː du nariɴ］

141）10 メートルばかり歩いた。［dʒuː meːtoru gurai arugiːɴ］

142）泣かんばかりにして頼む。NR

143）もう出発するばかりになっている。NR

144）今、起きたばかりだ。［nama du ukida bakka doː］

145）家のことばかり心配する。［jaː nu ku̥tu taŋgaː du ʃiba sïːru］

146）天気が悪くなるばかりだ。［oːtsïki nu barasaː soːraː］

147）形ばかりの結婚式をあげる。［katatsï taŋgaː nu ainaː du agiːɴ］

148）貸さないと言ったばかりに悪く言われる。

　［kasanu du angïdaː du janaɸu̥tsï ʃirareːɴ］

149）使うのばかり持ってこい。

　［tsïkoː bun taŋgaː mutʃikuː］　※「使う分ばかり持って来い」に対応。

150）兄と弟ばかりいる。NR

151）彼がばかり見る。［ari taŋgaː du mjaːru］

152）猫がばかり食う。［majaː taŋgaː hoiru］

　　　　　　　　　　［majaː taŋgaː du hoiru］

153）彼とばかり遊ぶ。［uri tu du naːi asabiru］

154）酒なんぞばかり飲んではいけない。［gusï taŋgaː numeː naranu］

　　　　　　　　　　　　　　　［gusï taŋgaː du numeː naranu］

155）畑まで聞こえる。［hatagi maːdi sï̥kareːduru］

　※「畑まで聞こえている」に対応。

156）東から西まで広がる。［anta kara inta madi çirugariɴ］

157）風まで吹く。［kadʒi madi n ɸu̥kiduru］

448

資料編

※「風までも吹いている」に対応。

158）眠っているものまで起こして連れていく。

　　［nibirï pʲ̥tu madi ukuʃitiɴ saːri ikjaɴ］

159）それほどまでにしなくて良いのではないか。

　　［andʒi madi saːntin miʃaːneːnudu］

160）思い切って行くまでだ。NR

161）書くまで待っておく。［kaku madi matʃeːɴ］

162）高くまでなって買うことができない。［takasa madi nariti kaːrambaɴ］

163）行くのまで止める。［iku maːdi ɴ jamiːɴ］

164）馬と牛とまで舟に乗せる。［mma tu usï tu madi n ɸuni kai nuʃiːɴ］

165）君がまで行くのか。［wanu madi ɴ ikuɴ］　※「君までも行く」に対応。

166）風がまで吹く。［kadʒi madi n ɸukiduru］

　※「風までも吹いている」に対応。

167）親にまで言う。［uja kai madi aŋkaba du naru］

168）酒などまで飲ましてはいけない。［gusï maːdi numaʃeː naranu］

169）昼寝などはしない。［pïroːma nibeː saːnu］　※「昼寝はしない」に対応。

170）煙草などは吸うよ。［tabagoː ɸukuɴ］　※「煙草は吸う」に対応。

171）書きなどしたらいけない。NR

172）安くなどしたらいけない。［jassa suːka ikanu］

　※「安くしたらいけない」に対応。

173）家でやるのなどあるに違いない。

　　［jaː ŋgaː sï kutu ndu aru araɴ］　※「家にはすることがある」に対応。

174）馬と牛など飼う。［mma tu usï tsïkanaiɴ］　※「馬と牛を飼う」に対応。

175）あれがなど行かないよ。NR

176）学校になどいるよ。［gakkoː ŋga du uru］　※「学校にいる」に対応。

177）子供が酒ばかりなど飲んではいけない。NR

178）傘なんかもういらない。［sanaː iranu］　※「傘はいらない」に対応。

179）茶など飲みなさい。［tʃaː numjaː］　※「茶を飲みなさい」に対応。

180）煙草など吸ってはいけない。［tabagu ɸukuneː ikanu］

449

※「煙草を吸うのはいけない」に対応。

181）海など行っては許さないぞ。［umi kai ike: naranu do:］

　　※「海に行くのはいけないぞ」に対応。

182）壊しなどしたらいけない。［kubuʃe: naranu］

　　※「壊すのはいけない」に対応。

183）高くなどしてはいけない。［takasaʃe: naranu］

　　※「高くするのはいけない」に対応。

184）言うのなどありはしないか。［aŋku mun ne:nu］

　　※「言うものはないか」に対応。

185）砂と砂利となどあるといいよ。［sïna tu dʒari tu aruka: narun do:］

186）あれがなど絶対にしないよ。［are: no:ɴ sa:nu］

　　　　　　　　　　　　　　　　［ari nu no:ɴ sa:nu］

187）人となど喧嘩したらいけない。［pɿ̥tu tu ai ja: naranu］

　　※「人と喧嘩はいけない」に対応。

188）水ばかりなんか飲んだらいけないよ。［midzï taŋga: nume: naranu do:］

　　※「水ばかり飲むのはいけないよ」に対応。

189）歩いて十分ぐらいです。［aragiti dʒippum bagara do:］

190）あのぐらいは私もできる。［uri gurai ja banu n naruɴ］

191）足あたり洗いなさい。［paŋ gurai a:rai］

192）背中あたり掻きなさい。［kʉsï gurai kake:］

193）もう五年ぐらい前に会った。［mo: goneŋ gurai mae ŋga ada］

　　　　　　　　　　　　　　　　［mo: gonem bagara mae ŋga ada］

194）働きぐらいすればいいのだが。［hataragu gurai ja sa:ba du naru］

195）書くものなど持ってこい。［kḁku munu gurai mutʃikuba］

196）馬と牛となど飼う。［mma tu usï tu gurai tsïkanariɴ］

197）山になどいるよ。［jama ŋga: un do:］　※「山にはいるよ」に対応。

198）麦ばかりなど植える。［mun taŋga: du ïbe:ru］

　　※「麦ばかり植える」に対応。

199）食べるぐらいはなんとかなるよ。［ho: gurai ja an do:］

資料編

※「食べるぐらいはあるよ」に対応。

200）あのぐらいは私もできる。[uri gurai ja banu n naruɴ]

201）沖縄あたりは一人で行くことができる。

　[ukina: gurai ja ɸiturï sï ikuɴ]　※「沖縄あたりは一人で行く」に対応。

202）彼ぐらい強い人はいない。[uri gurai ja tsu:sa nu pï̥tu ja uranu]

203）親ぐらいは覚えているでしょう。[uja gurai ja ubuja: duru sa:]

204）あとどのぐらい残っているか。[atu iko:bi nukuri rja:]

205）海が荒れてもこのぐらいだよ。[ume: arerï baɴ unu gurai do:]

206）書くぐらいはできる。[kaku gurai ja naruɴ]

207）痛むのぐらいは我慢できる。[jamu gurai ja gaman naruɴ]

208）親と子とぐらいは養える。[uja ɸa: ja tsï̥kana:riɴ]

　※「親子は養える」に対応。

209）君がぐらいはできない。[wanu ʃe: naranu]

　※「私ではできない」に対応。

210）馬がぐらいは引くことができる。NR

211）草などぐらいは刈ることができる。[ɸu̥sa karu gurai naridusï]

　※「草を刈るぐらいできる」に対応。

212）いくつずつ分けようか。[ikutsï na: kai bagi rja:]

　※「いくつずつに分けるか」に対応。

213）少しずつ運びなさい。[mme:n na: hakubi jo:]

214）少しずつ考えてくれよ。[mme:n na: kaŋgaja: çi:ri jo:]

215）二つと三つとずつ替える。NR

216）いくつとずつ替えたか。[iko:bi na: kaida:]

　※「いくつずつ替えたか」に対応。

217）いくつへずつ分けるか。[iko:bi na: kai bagi rja:]

　※「いくつずつに分けるか」に対応。

218）いくらばかりずつするのか。NR

219）これぽっち残すのか。[tada o:bi du nukusuɴ]

220）一人だけ残すのか。[pï̥tu:ri taŋga: du nuku̥sï:]

451

221) 使うのだけはありはしないか。NR

222) 老人と子供とだけ残せるか。[uiɸi̥tu tu ɸa: tu nukusariɴ]

223) 一人ばかりだけ残せない。[p̥i̥tu: dure: nukusaranu]

224) 書くまで来なかった。[kaku madi ku:na:ta]

225) 日が暮れるまで来なかった。[tïda nu utti ma:di ŋ ku:na:ta]
　　※「日が暮れるまでも来なかった」に対応。

226) これさえあればよい。[uri dza:gi aruka: miʃaɴ]

227) お茶さえ飲まない。[tʃa: ndza:n numanu]

228) 女でさえできるのに、男ができないのか。
　　[mi:duɴ sae naru mununu bïkidun nu naranu du kuto: ne:nu]
　　※「女さえできるものが男ができないことはない」に対応。

229) 書きさえしない。[kakusï n naranu]　　※「書くのもしない」に対応。

230) 書いてさえいない。[kakusï ndzan naranu]
　　※「書くのさえしない」に対応。

231) 髪さえ結べば、もう出かけられる。NR

232) 肉さえ煮ればもうおしまいだ。[niku bagasïka: na: uwari:ɴ]
　　※「肉を煮ればもう終わりだ」に対応。

233) 見るのさえいない。[mi:pïtu taŋga: uranu]
　　　　　　　　　　　　[mi:pïtu sae uranu]

234) 君と私とさえ残らないといけない。NR

235) 馬やら牛やらさえ食べない。[mma ɴ usï ɴ sae ɸa:nu]
　　※「馬も牛もさえ食べない」に対応。

236) 私がさえできる。[banu taŋga: du naru]

237) 鳥がさえ食わない。[tun na: ɸa:nu]

238) 家にさえいない。[ja: ŋga ɴ uranu]　　※「家にもいない」に対応。

239) 君ばかりさえおればよい。[wan taŋga: uruka: miʃa:ɴ]

240) 隣までさえ行かない。NR

241) お茶でも飲もうよ。[tʃa: jaruban nu:ma]

242) 子供でも行くことができる。[ɸa:na: jarubaɴ ʔikariɴ]

資料編

243）書きでもすると良い。NR

244）安くでもしたらよいのだが。NR

245）見るのでも持ってこい。［miːmuɴ jarabam mutʃikubaː］

246）君と私とでも行こう。［wanu tu banu tu jarabaɴ ika：］

247）私がもできる。［banu jarabaɴ naruɴ］　※「私でもできる」に対応。

248）山羊がでも食わない。［pibidʒa ɴ jarabaɴ ɸaːnu］
　※「山羊もでも食べない」に対応。

249）他人とでも行く。［wakaram pʲĭtu tu jarabaɴ ikuɴ］

250）弟ばかりでも連れてこい。［wutudu jarabaɴ saːrikubaː］

251）沖縄まででも行く。［ukinaː madi jarabaɴ ikuɴ］

252）手に持てるだけ持とう。［tiː ŋga mutsari oːbi jarabam mutsa］
　※「手に持てるだけでも持とう」に対応。

253）お前にだけ言う。［wan taŋgaː kai aŋgïɴ］

254）食べるだけのお金はある。［hoː oːbeː dʒiɴ ja aɴ］

255）言ってみるだけだ。［ikiː miːda oːbi］

256）思うだけで怖いよ。［umui taŋgaː jarabaɴ nuguriʃaɴ］

257）自慢するだけあって、あの子は良くできる。NR

258）これだけすればもう十分だよ。［oːbi sïːka miʃaːneːnu］

259）これはここだけの話だよ。［kureː kuma taŋgaː nu hanasï daraː］

260）盗人にだけはなるものではない。［nusïtu du ja sïmunoː aranu］
　※「盗人はするものではない」に対応。

261）三キロほどください。［saŋkiro gurai çijoː rjaː］

262）大きければ大きいほどよい。［maiʃa ru kaː maiʃa ru ɸudu dʒoːtoː］

263）あれっきりもう来ない。［ari kiri kuːnu］

264）たった一本しか残っていない。［tada ɸitiːdï ʃĭkaː nukuriru］

265）これをするのは私しかいない。［uri sïːsoː ban taŋgaː du uru］

266）行くしか方法が無い。［iku ʃĭkaː hoːhoː nu neːɴ］

267）誰やら来たようだ。［taː ŋgasa kiːn doː］

268）何が何やら分からない。［noː du noː juː bagaranu］

269）字を書くのだろうか。［dʒiː kakuɴ juː］

270）誰が高いだろうか。［taː nu takasaː rjaː］

　　　　　　　　　　　　　［taː ndu takasaː ru kajaː］

271）書くのかしら。NR

272）書いているのかしら。NR

273）書くのがあるのかしら。［k̩aku munoː aɴ］

274）鍬と鎌とを持っていくのかしら。NR

275）誰かがいるのかしら。［taː ndu urjaː］

　　　　　　　　　　　　　［taː ŋgasaː uri du uru aranu］

276）親と行くのかしら。［uja tu du iku kajaː］

277）字ばかり書くのかしら。［dʒiː taŋgaː du k̩aku kajaː］

278）ご飯さえ食べないのかしら。［mbon dzan ɸaːnuː kajaː］

279）字を書くのだ（字ぞ書く）。［dʒiː du k̩akuru］

280）あれが美しいのだ（あれぞ美しい）。［ari ndu kaiʃareːn raː］

281）書くのだ（書きぞする）。［kakun dura］

282）書いているのだ（書きてぞいる）。［kaki du uru duraː］

283）書くのがあるのだ（書くのがぞある）。［kaku munu ndu arjan raː］

　　※「書くものがあるのだ」に対応。

284）豆と大根と植えるのだ（豆と大根とぞ植える）。

　　［mami tu daikun tu du ïbiru］

285）私が行くのだ（私がぞ行く）。［baː du ikuɴ］

286）鳥が食うのだ（鳥がぞ食う）。［turï ndu ɸoiru］

287）仕事ばかりするのだ（仕事ばかりぞする）。［ʃigutu taŋgaː du sïːru］

288）お茶を飲んでいるんだよ（お茶をぞ飲んでいる）。［tʃaː du numiru doː］

289）遊んでいるんだよ（遊んでぞいる）。［asabi du uru］

290）私のものなんだがね。［baː munu jasïŋgaraː］

291）彼がまでぞできるんだよ。［ari n nareːɴ juː］

　　※「彼もできているよ」に対応。

292）字なんぞ書ければよいのだが。［dʒiː du k̩akibï ʃïka: miʃaːreɴ juː raː］

293）水なんぞ飲めば治る。［midzï numuka: noːruɴ］

　　※「水を飲めば治る」に対応。

294）書きなんぞすれば良い。［kạki dzaːgi sïːka: miʃaː］

　　※「書きさえすれば良い」に対応。

295）書いてなんぞおれば良い。NR

296）食べるのなんぞあったら良いのだが。［ɸoːmunu dzaːgi aruka: miʃaːɴ］

　　※「食べ物さえあれば良い」に対応。

297）弟と兄となんぞおれば良い。［wutudu tu ʃidʒa nu uruka: miʃaːɴ］

　　※「弟と兄がいればよい」に対応。

298）君がなんぞ書けば間違わない。［waː nu kakuka: matʃigai neːnu］

　　※「君が書けば間違いない」に対応。

299）家になんぞいたら良い。［jaː ŋga urïka: miʃaːɴ］

　　※「家にいれば良い」に対応。

300）お金ばかりなんぞ使ったらいけない。［dzïn taŋga: tsïkaite: naranu］

　　※「お金ばかり使ってはいけない」に対応。

301）雨も降っているが、風も吹いている。

　　［aːmi n ɸui sïŋga kadʒi n ɸuki du uru］

302）花も咲いている。［hana ɴ saki du ureːɴ］

303）子供も知っていることだ。［ɸaːna: ɴ wakari du ureːɴ］

304）もう二日も続いている。［moː ɸutsïka n tsïzïkirjaɴ］

305）私の他には誰もいない。［banu ɸụkaː taː ɴ uranu］

306）書きもしない。［kaki ɴ saːɴ］

307）書いてもいない。［kaki ɴ uraɴ］

308）書くのも分からない。［kakisï m bagaraɴ］

309）あれとこれとも見分けることができない。

　　［ari ŋ kuri n noː du noː du bagaraɴ］

　　※「あれもこれも何が何が分からない」に対応。

310）私がもできる。NR

311）鳥がも食う。NR

312）芋ばかりも食べられない。［akkon taŋga: n ɸa:runu］

313）私がばかりも見てもいけない。NR

314）君は明日も来てくれるかい。［wa: attsa ŋ ki:çi:ru］

315）米は少なかった。［maï ja ikirïsa du arjaɴ］

316）今は暮らしやすい。［nama: kuraʃi jassa: rje:ɴ］

317）冬は寒くてあまり動けない。［ɸujo: pi:ʃa nu ugarunu］

318）砂糖は甘いが、塩は辛い。

　　［satta: ja amasa:suŋ ga ma:su: ja karasaɴ］

319）このお菓子は美味しくない。［unu kwa:so: mmasa:ne:nu］

320）どう言っても聞かないのだね、この子は。NR

321）書きはしない。［kạke: sa:nu］

322）書いてはいない。［kạke: uraɴ］

323）書くのはいない。［kạku muno: ne:nu］　※「書く者はいない」に対応。

324）畑と海とは行く。［hatagi tu umi kai to: ikuɴ］

　　※「畑と海にとは行く」に対応。

325）彼がはできるよ。NR

326）鳥がは食わないよ。NR

327）水ばかりは飲めない。［midzï taŋga: ja numarunu］

328）親がまではそんなに言わないよ。［uja: ja andʒi ma:de: aŋkanu］

　　※「親はそんなにまでは言わない」に対応。

329）親がさえは言わない。［uja jarubaɴ aŋkanu］

　　※「親さえ言わない」に対応。

330）これこそ大変だ。［kuri du de:dzï do:］

331）お前のことを思えばこそこんなことを言うのだ。

　　［wa: kuto: umja: du aŋku dura:］

332）お前が行くのをこそお喜びになるよ。［wa: ikiki du jurukubo: du ura:］

333）それこそきれいな花だよ。［uri du kaiʃa: nu hana dura:］

334）魚をこそたくさん取ってきたよ。［gjantu ïzï du turïki:da］

　　※「たくさん魚をこそ取ってきた」に対応。

資料編

335）溺れてこそ死ぬのではないかと思った。[obore:te sïnun de du umo:da]

336）そこにあるぞ。[uma ŋga du aru do:]

337）これは魚だぞ。[kure: ïzï dura]

338）私が行くぞ。[ba: ikun do:]

339）これは高いぞ。[kure: takasa:n do:]
　　　　　　　　　　　　　　　[kure: takasa:N sa:]

340）そんなところへ行くものか。[andʒi nu kata kai ikanu]
　※「そんな所に行かない」に対応。

341）君は明日も来てくれるかい。NR

342）えっ、来るんだって。NR

343）これからどうなるの。[uri kara no: du narja:]

344）君が行くか。[wa: ikuɴ ju:]

345）これは強いか。[kure: tsï:sa:N]

346）これは書くものか。[kure: kạku munu du jaru]

347）これでいいのかな。[uri ʃi miʃa:ŋ kaja:]

348）去年、行ったっけ。[kudzo: ikuda kaja:]

349）彼が書くかしら。[ari nu kakuŋ kaja:]

350）あそこは深いかしら。[ama: ɸu̥kasa:ŋ kaja:]

351）誰かしら、ここにいるのは。[uma ŋga uru pï̥to: taru du jaru kaja:]
　※「ここにいる人は誰かなあ」に対応。

352）傘など忘れるな。[sana: ju: basï̥ki na]

353）字を書くなよ。[dʒi: kaku na jo:]

354）あれと遊ぶなよ。[ari to: asabu na]　※「あれとは遊ぶな」に対応。

355）病気は悪いんだって？[jaɴja tsï̥sa du aru ttʃo]

356）あそこにいたのは君たちだったって？[ama ŋga udaso: wada: du jada:]
　※「あそこにいたのは君たちだった」に対応。

357）どこが悪いって？[dzïma ndu barusa: ttʃo]

358）えっ、道にハブがいたって？NR

359）昔あったとさ。[mukasï andʒi nu kutu ada so:]

457

※「昔そんなことがあったとさ」に対応。

360）もう行かないってよ。[me: ikanu de sa:]

361）もうどうしようもないってよ。[me: no: N sï:ku tu naranu]

362）君が読むのかね。[wa: ndu jumu:]

363）この水はきれいかね。[kunu midʒe: kaiʃan kaja:]

　　　　　　　　　　　　　[kunu midʒe: kaiʃaN so:]

364）これは強いだろうかね。[kure: tsï:sa:ŋ kaja:]

365）手紙を書くか。[tigami kakuN]

　　　　　　　　　[tigami kakuNju:]

366）あそこは寒いか。[ama: pi:ʃa:ŋ kaja:]

　　　　　　　　　　[ama: pi:ʃa:n dura:]

367）あれは舟ではないか。[are: ɸuni aranu kaja:]

　　　　　　　　　　　　[are: ɸuni aranu ju:]

368）君は本当に行けるか。[wa: ɸunto: ikibuʃi:N]

369）これは誰が書くか。[kure: ta: ndu kakja:]

370）何をしているのか。[no: du ʃi: rja:]

371）何が高いか。[no: ndu takasa: rja:]

372）子供が何が分かるか。[ɸa: nu no: du baga rja:]

373）君は何をしようというのか。[wa: no: du sïn di ʃi: rja:]

374）君は何処へ行こうといくのか。[wa: dzïma kai du ikun de ʃi: rja:]

375）早く行きなよ。[he:ku na ika ra:]

　　　　　　　　[he:ku na iki rja:]

　　　　　　　　[çigu na: ikja:]

376）今すぐ書きなよ。[nama sugu kakja:]

377）早く仕事しなよ。[çigu na: ʃigutu ʃi: jo:]

378）どこかへ行っているってば。[dzïma ŋga sakai du ikiru sa:]

379）実に元気がいいねぇ。[tʃu:ku geŋki nu a so:ra:]

380）字を書こうね。[dʒi: kaka ra:]

　　　　　　　　[dʒi: kạku so:]

458

資料編

381）あれはきれいだね。［ure: kaiʃa: soːra:］

382）きっと五時には来るよ。［godʒi ŋga kiːɴ sa:］　※「五時に来るよ」に対応。

383）彼が書くよ。［ari nu kaku sa］

　　　　　　　　［ari nu kaku jo:］

　　　　　　　　［ari nu kakeːɴ ju:］

384）これは高いよ。［ure: takasaːɴ sa］

　　　　　　　　　［ure: takasa nu］

385）あのね、これはね、とても難しい。NR

386）彼が行くわけよ。NR

387）これは優しいわけよ。［kure: jasasa: soːra:］　※「これは優しいよ」に対応。

388）彼が書くのになあ。［ari nu kakun umuida suŋga ra:］

　※「彼が書くと思ったのになあ」に対応。

389）これは大きいのになあ。［ure: maiʃa: suŋga ra:］

390）彼が読むものを。NR

391）彼は若いものを。［are: bagasa: suŋga ra:］　※「彼は若いのになあ」に対応。

392）水は飲むんだなあ。［midzï ju numuɴ sa:］

393）あれは珍しいに違いない。［are: midʒirasa: nu ŋga matʃigai ne:ɴ］

394）仕事をしていたか。［ʃigutu ʃi:da: so:］

395）あそこは暑かったか。［ama: attsa:da:］

396）ほら、彼が行くでしょう。［are: ikuɴ sa:］　※「彼が行くよ」に対応。

397）見ても高いでしょう。［mi:ban takasaɴ soːra:］

398）字を書こうね。［dʒi: kaka ra:］

　　　　　　　　［dʒi: kaku jo:］

399）草を取ろうね。［ɸu̥sa tura ra:］

400）もう書いたか。［me: kakuda:］

401）行きはしないか。［ikam ba:］

402）そうした方がよいのではないか。［andʒi sï:sï du masï aranu］

　　　　　　　　　　　　　　　　　［andʒi sï:sï du masï aram ba］

459

403）どうしようかね。［noː du sïːkaː］

　　　　　　　　　　［noː du ʃaː］

404）きっとあれが書くよ。［areː nu kakuːɴ saː］

405）きっとあれは高いよ。［areː takasaːɴ saː］

406）まあ、いいさ。［miʃaːneːm ba］

407）早く書けよ。［çigu naː kakjaː］

　　　　　　　　［çigu naː kakam ba］

　　　　　　　［haiʃaː kakjaː］

　　　　　　　［haiʃaː kakam ba］

408）これは安いよ。［kureː jassaːɴ saː］

　　　　　　　　　［kureː jassaːn doː］

409）それ、鎌だよ。［ureː gagï dura：］

410）字を書こうよ。［dʒiː kaka ra：］

411）これは長いよ。NR

412）もう行きましょうよ。［meː ika meː］

413）あそこは暑いですよ。［ama attsaːn doː］

414）これは弟ですよ。［kureː wutudu di areːɴjuː］

　　　　　　　　　　［kureː wutudu soː］

415）もうそれでいいじゃないか。［meː uriːʃi miʃaːneːnu］

416）そんなこといけないわよ。［andʒi nu kutuː sïːsï naranu dura：］

417）もう誰もいないや。［meː taː n uranu］

初出一覧

＊以下に記載のない章は、博士論文執筆時に書き下ろし。

＊どの章も初出論文に加筆・修正を加えている。

第3章　ウチナーヤマトゥグチの助詞「カラ」の用法

「ウチナーヤマトゥグチ助詞「カラ」の研究」『琉球大学言語文化論叢』（琉球
　大学言語文化研究会編）第9号、2012年3月

「南琉球・石垣市方言の助詞「カラ」の用法―ウチナーヤマトゥグチの観点か
　ら―」『首都圏方言の研究』（久野マリ子編）第3号、2012年

第4章　係助詞「は」「も」の前に付く「ガ」の用法

「ウチナーヤマトゥグチの助詞「ガ」の用法について」『國學院大學大学院紀要
　―文学研究科―』第45輯、2014年3月

第5章　格助詞に後接する「ガ」の用法

「格助詞の後ろに付くウチナーヤマトゥグチ「ガ」の用法―石垣市方言を具体
　例に―」『國學院雑誌』第116巻9号、2015年9月

第6章　ウチナーヤマトゥグチの終助詞の用法

「ウチナーヤマトゥグチの終助詞の研究―「サー」「ネー」「ハズ」の用法を中
　心に―」『琉球大学言語文化論叢』（琉球大学言語文化研究会編）第13号、
　2016年3月

おわりに

　本書では、琉球方言と共通語の接触によって生まれたウチナーヤマトゥグチについて、北琉球方言圏及び南琉球方言圏における実態を、多少なりとも明らかにできたように思う。特に、北琉球方言圏の豊見城市上田方言と、南琉球方言圏の石垣市方言のウチナーヤマトゥグチについて、世代ごとの用法を記述しながら分析、考察できたことで、地域共通語であるウチナーヤマトゥグチにも地域差や世代差があることを示すことができた。また、ウチナーヤマトゥグチと共通語との使い分けや、伝統的な琉球方言において重要な観点である「ウチ・ソト意識」が継承されていることも確認できた。これらは、北琉球方言圏と南琉球方言圏を比較することによって確認できたものである。琉球方言の多様性を考えれば、さらに多くの地域での実態調査と比較研究が求められる。

　共通語化が進み、伝統的な琉球方言が衰退していくなか、琉球方言の痕跡を残したウチナーヤマトゥグチが、新たな琉球方言としてみなされていく可能性を考えれば、ウチナーヤマトゥグチの資料を蒐集し、分析、考察をすることは必要不可欠であろう。共通語の影響により、ウチナーヤマトゥグチ自体も姿を変えつつあることも踏まえたうえで、多角的な研究を行っていかなければならない。

　最後に、本書は多くの方々の御協力によって成し遂げることができた。筆者のみの力では、本書はより脆弱なものになっていたに違いない。特に、筆者の突然の訪問にもかかわらず、快く調査にご協力いただき、様々な知見を御教示いただいた上田方言及び石垣市方言の話者の方々には心から感謝申し上げたい。話者の方々のご協力が無ければ、これだけ豊富な資料を得、詳細な分析・考察を行うことはできなかった。また、國學院大學・久野マリ子先生には、筆者の拙い分析や考察に対して様々な助言をいただき、ご多忙の中手厚くご指導を賜

った。筆者が行き詰っている時には、一緒になって資料に向き合ってくださり、研究の方向性を示していただくなど、本書は久野先生のご尽力がなければ成しえなかった。さらに、琉球大学・中本謙先生にも、本当に多くの助言とご指導を賜った。心より深謝申し上げたい。加えて、研究発表の場においても、多くの先生方や先輩方からご指導を賜った。多くの貴重なご意見を賜れたことは、研究を深める上で大変有意義であり、様々な知見を得ることができた。記して深く感謝申し上げる。

　沖縄を離れ、東京で研究を行えることは、ウチナーヤマトゥグチ研究にとっては非常に有意義であった。日常の何気ない会話の中にも、ウチナーヤマトゥグチと共通語の差異に気付かされることが多かった。研究への知見を深められる環境に身を置けたことは幸いであったように思う。今後とも、自身の母語であるウチナーヤマトゥグチと向き合いながら、研究活動を行っていきたい。

　　　　2017年2月

　　　　　　　　　　　　　　　　座安 浩史

索引

【あ】

意志 17, 205, 343〜347, 414

石垣市方言 12, 21, 24, 76, 208, 218, 224, 231, 232, 265, 273, 280, 284, 311, 312, 325, 330, 338, 363, 376, 378, 411, 413, 414

移動の手段 263〜268, 282, 283, 285, 287 〜289, 332, 350, 411, 412

上田方言 12, 21, 22, 31, 170, 171, 183, 191, 200, 260, 269, 277, 282, 287, 288, 291, 297, 300, 302, 309, 314, 317, 320, 323, 330, 333, 335, 338, 343, 348, 353, 357, 359, 376, 379, 385, 389, 407, 411, 413, 414

ウチ 194, 293, 294, 316, 317

ウチ・ソト意識 194, 195, 209, 231, 258, 293〜295, 301, 315〜322, 331, 350, 412 〜414

ウチナーヤマトゥグチ 9, 11〜14, 19, 260, 270, 273, 277, 280, 302, 324, 338, 351, 378, 411

エヴィデンシャリティー 351

　間接的―― 352, 355, 358, 362, 363, 365, 367, 368, 374, 376, 377, 415

　直接的―― 378, 384, 387, 391, 395, 397, 401, 402, 407, 408, 415

沖縄本島中南部方言 11, 22, 172, 190, 304, 314, 317, 318, 322, 333, 336, 337, 353, 376, 378, 379, 385

沖縄本島方言 9, 22, 29, 173, 174, 176, 186, 194, 210, 211, 228, 230, 272, 277, 289, 309, 313, 319, 320, 323〜325, 348, 413〜415

【か】

「ガ」 302〜304, 307, 308, 311〜314, 316, 317, 319〜321, 323〜337, 411, 413, 414

改新方言 20

係助詞 170, 171, 191, 224, 250, 302, 323, 413

係り結び 191〜193, 196, 200, 224, 225, 230, 251, 325

係り結びの崩壊 196, 197, 209, 217, 225

格助詞 170〜172, 208, 239, 260, 323, 411, 414

「ガは」 304, 305, 307〜314, 317〜322, 325, 413

「ガも」 304, 305, 307〜314, 317〜322, 325, 413

「カラ」 260〜298, 300, 301, 332, 333, 350, 411〜413

北琉球方言圏 11, 202, 217, 288, 411

共時態 10, 16, 177, 191, 260, 265, 287, 413, 415

強調 192, 196, 204, 205, 225, 275, 276, 286, 292, 295, 296, 326, 329, 333, 335, 412, 414

共通語化 9, 10, 18, 19, 207, 217, 248, 259, 277, 307, 311, 318, 325, 328, 334, 337, 409, 413, 414, 416

464

索引

クレオール 15, 20, 416
国語教育 14, 15, 18
誤用 13, 14, 18, 297, 323〜325
痕跡に基づく推定 354, 355, 357〜363,
　366〜372, 374〜377

【さ】
「サー」 338〜341, 349, 350, 414
四箇字 24
「〜シテアル」 10, 351〜353, 355〜359,
　361〜363, 365, 367〜369, 372〜374,
　376〜378, 411, 414, 415
若年層 12, 19, 23, 28, 121, 238, 264, 268,
　272, 276, 279, 281, 283, 285, 308, 313,
　324, 328, 330, 359, 374, 389, 403
終助詞 170, 171, 200, 231, 254, 338
主格 172, 173, 196, 208, 217, 226, 227,
　239, 306, 307, 312, 317〜321, 413
首里・那覇方言 11, 22, 179, 182, 194〜
　196, 200
情報源 264, 266, 268, 282, 283, 285〜290,
　412
「〜ショッタ」 10, 351, 378, 384, 385, 387
　〜389, 391, 393, 395, 397, 398, 401, 403,
　405, 407〜411, 414, 415
世代差 11, 15, 19, 20, 269, 282, 284, 287
　〜289, 309, 313, 322, 325, 329, 330, 337,
　350, 351, 376, 407〜409, 411〜416
接触言語 415
全国共通語 9, 18, 19
ソト 194, 293, 294, 316, 317

【た】
地域共通語 10, 18, 283, 345, 347, 377,
　388, 413
地域差 11, 20, 287, 289, 300, 314, 318,

319, 322, 330, 333, 334, 336, 337, 351,
　376, 377, 407, 411, 414〜417
中年層 12, 23, 26, 262, 266, 270, 274, 278,
　281, 283, 285, 300, 307, 312, 324, 327,
　330, 357, 368, 385, 398, 412
伝統的な琉球方言 9〜14, 17, 20, 122,
　173, 208, 250, 320, 322, 332, 333, 347,
　350, 365, 376, 377, 385, 414〜417
動作の行われる場所 269, 271, 273, 274,
　282, 285, 287, 288, 296, 411
動作の到達する所 277, 279〜282, 285,
　287, 297, 411

【な】
那覇方言 11, 22, 179, 181, 182, 185, 191,
　194〜196, 200, 202, 207, 219, 317, 321
「ネー」 341〜347, 349, 350, 414

【は】
「ハズ」 348〜350, 414
ピジン 15, 416
副助詞 170, 171, 183, 218, 245
「物理的距離」 271〜273, 275, 276, 286,
　291〜296, 301, 412
弁別 185, 231, 236, 312, 313
方言差 11, 378
母語 10, 11, 16, 272, 279, 282, 286, 287,
　289, 300, 301, 312, 313, 324, 363, 376,
　378, 403, 408, 416
本土方言 122, 298

【ま】
南琉球方言 11, 202, 238, 286, 288, 411

【や】
八重山方言 11, 12, 21, 219, 227, 230, 231,

465

235, 237, 286, 295, 314, 316, 337, 413, 415

【ら】

老年層 12, 23, 24, 260, 265, 269, 273, 277, 280, 283, 285, 302, 311, 323, 325, 330, 353, 363, 379, 393

［著者略歴］

座安浩史（ざやす・ひろふみ）

1987年沖縄県生まれ。琉球大学教育学部卒業。琉球大学大学院教育学研究科国語教育専修修了。國學院大學大学院文学研究科博士後期課程修了。博士（文学）。
2015年7月、『國學院雑誌』学生懸賞論文・佳作。同年8月、「国際語としての日本語に関する国際シンポジウム（EJHIB2015）」優秀発表賞。
専攻は日本語学。現在、國學院大學大学院特別研究員。

ウチナーヤマトゥグチの研究

発行日……………………2017年3月10日・初版第1刷発行

著者……………………座安浩史
発行者…………………大石良則
発行所…………………株式会社森話社
　　　　　　　　　　　〒101-0064 東京都千代田区猿楽町1-2-3
　　　　　　　　　　　Tel 03-3292-2636
　　　　　　　　　　　Fax 03-3292-2638
　　　　　　　　　　　振替 00130-2-149068
印刷……………………株式会社厚徳社
製本……………………榎本製本株式会社

ⓒ Hirofumi Zayasu 2017 Printed in Japan
ISBN 978-4-86405-112-5 C3081

沖縄文化はどこから来たか──グスク時代という画期

高梨修・阿部美菜子・中本謙・吉成直樹著　考古遺物・オモロ・琉球方言・神話・DNAなど、多角的なアプローチで沖縄文化の出自を探り、グスク時代開始期（12世紀頃）の日本文化南漸を提起する。四六判312頁／本体3200円＋税

沖縄古語の深層──オモロ語の探究 [増補版]

間宮厚司著　「グスク」「テダ」「オモロ」など、沖縄を象徴する言葉の語源をさぐり、『おもろさうし』の言語の特徴を、大和古語との比較から平易に説き明かす。「ウリズン」などの語源論を追加した増補版。
四六判232頁／本体1900円＋税

琉歌の表現研究──和歌・オモロとの比較から

ヤナ・ウルバノヴァー著　沖縄独特の抒情歌である琉歌の表現を、日本の和歌や沖縄の古謡・オモロと比較する。膨大な歌数を対象にした調査を踏まえ、琉歌はオモロから発生したという定説に対し、和歌表現の強い影響下で成立した可能性を指摘する。A5判344頁／本体7400円＋税

琉球宮廷歌謡論──首里城の時空から

末次智著　地域も時代も越えて広がっていくうたは、琉球の「宮廷」ではどのように響いたのか。本州弧の宮廷歌謡との比較を織り混ぜつつ、首里城という祭祀空間を読み解く。A5判464頁／本体8200円＋税

『おもろさうし』と群雄の世紀──三山時代の王たち

福寛美著　王朝成立以前の琉球に割拠し、文字資料を残さなかった三山の王たちの息吹を、おもろはどのように伝えているのか。おもろにまといつく「古代」「神秘」といった神話をはぎとり、そこに残存する歴史の断片を発見する。四六判296頁／本体3200円＋税

〈境界〉を越える沖縄──人・文化・民俗

小熊誠編　日本の最南端に位置し、独自の王国を持った沖縄には、地理的・歴史的に様々な「境界」が存在する。変動し重層する「境界」と、それを越えて移動する人や文化を、門中・観光・華僑・祭祀・墓・移民など多様なトピックから描き出す。四六判312頁／本体3000円＋税

琉球史を問い直す——古琉球時代論

吉成直樹／高梨修・池田榮史著　王国成立に至る琉球の歴史は、「内的発展」で説明しうるのか。沖縄の独自性・独立性を強調するあまり打ち捨てられてきた周辺地域の動態に焦点をあて、琉球史に新たな展望をひらく。
四六判 288 頁／本体 2900 円＋税

「宗教」と「無宗教」の近代南島史——国民国家・学知・民衆

及川高著　「宗教」をめぐるイメージは日本の近代化に伴って形成され、政治や啓蒙を介し民衆を翻弄していった。ときに期待や熱狂を生み、ときに抑圧や弾圧をもたらした「宗教」イメージの変遷を、奄美・沖縄を舞台にダイナミックに描き出す。A5 判 328 頁／本体 4800 円＋税

「学校芸能」の民族誌——創造される八重山芸能

呉屋淳子著　「古風」や「伝統」をまとったものだけが民俗芸能ではない。石垣島の高校生たちが、地域の人びとと共に創り出す「学校芸能」に、民俗芸能の新しい継承形態と未来を探る。A5 判 304 頁／本体 6800 円＋税

〈老い〉の営みの人類学——沖縄都市部の老年者たち

菅沼文乃著　遊郭をその起源とし、戦後は歓楽街として発展・衰退をみた沖縄本島の辻地域。伝統的な沖縄社会とは異なるこの地域で、人はどのように老いていくのか。社会が期待する高齢者像を受けいれず、逡巡の中から自らの老いを選びとる人びとを描くエスノグラフィー。A5 判 240 頁／本体 6200 円＋税

琉球列島の「密貿易」と境界線　1949-51

小池康仁著　米軍占領下の琉球において、台湾・日本との間に引かれた境界線を越え、物資を運んだ人々がいた——。軍政資料、裁判記録、当事者へのインタビューなどから、戦後の復興に寄与した「密貿易」人達の経済活動を明らかにする。A5 判 360 頁／本体 5600 円＋税

近代沖縄の洋楽受容——伝統・創作・アイデンティティ

三島わかな著　廃藩置県以降の沖縄において、洋楽はどのように受容され、普及したのか。「異文化」である洋楽導入の過程をひもとくことで、近代沖縄人のアイデンティティ再編のありようを跡づける。A5 判 384 頁／本体 7500 円＋税